당신이 꼭 알아둬야 할
구글의 배신

왜 구 글 은 우 리 에 게 치 명 적 인 가 ?

당신이꼭알아둬야할 구글의배신

Siva Vaidhyanathan

시바 바이디야나단

/

황희창 옮김

브레인스토어

아주 빠르게 돌아가는 세상에서
참을성을 배워가고 있는 자야(Jaya)에게

그것은 의지를 꺾지 않는다. 다만 부드럽게 하고, 굽히게 하고, 방향을 제시한다. 강압적으로 행하게 하지 않지만, 누군가의 행위에 끊임없이 반대를 한다. 파괴하는 것이 아니라 무언가가 하나의 존재가 되는 것을 막는다. 폭군같이 구는 게 아니라 단지 저지할 뿐이다.

알렉시스 드 토크빌(Alexis de Tocqueville)

∾

구글은 전지전능하고 어디에나 존재하는 것처럼 보인다. 게다가 자신들은 자비롭다고 주장하기까지 한다. 사람들이 구글에 경외감과 존경심을 가지고 거의 신격화하는 것도 놀랄만한 일은 아니다.

구글이라는 렌즈를 통해 세상을 바라보면서 잃은 것은 무엇이고 얻은 것은 무엇일까? 이 책은 그동안 사람들이 구글에 보였던 헌신뿐 아니라 점점 자라고 있는 배신에 대해서도 묘사할 것이다. 무엇보다 구글을 세상의 선과 계몽을 담당한 권력으로서가 아닌 단순한 기업으로 바라볼 때 구글과 더 잘 지낼 수 있다는 사실을 알려줄 것이다.

사람들은 구글을 구세주로 볼지 모른다. 하지만 구글은 카이사르처럼 사람들을 지배한다. 웹의 신화는 웹이 야생적이고, 그래서 통치를 할 수도, 통치를 받을 수도 없다고 가정하도록 사람들을 이끌어왔다. 하지만 이는 사실이 아니다. 얼마 전까지도 웹상에는 거대한 권력의 공백이 있었다. 사람들은 구글이 그 공백을 채우도록 초대했다. 걷잡을 수 없이 확장되는그렇다고 전 세계적이라고 할 수는 없지만 웹 세상에서 사람들은 구글에게 무엇이 중요하고 무엇이 진실인지 결정하도록 허락했다. 사람들은 구글이 우리의 이익을 위해 행동한다고 믿고 확신한다. 그리고 정보 생태계를 이해하는 데 필요한 가치, 방법, 절차 등에 대한 통제권을 넘겨줬다.

이 책에서는 사람들이 적극적으로, 또 의도적으로 검색 시스템에 영향을 미치거나 때로는 규제를 하면서 웹이 정보를 전달하는 방식에 대한 책임을 져야 한다고 주장한다. 훌륭하고 강력한 이 기업의 단기 이익에 기여하는 대신, 오랫동안 전 세계에 이익이 될 수 있는 체계를 만들어야만 한다고 말한다.

아직까지 사람들의 삶에서 구글의 역할과 사람들이 구글에 갖는 신념에 대해 문제를 삼는 것이 쉽지만은 않다. 구글은 대다수 사람들에게 직접적인 해를 끼친 적이 거의 없고 오히려 도움을 주고 있다. 그리고 내가 이런 일을 하게 될 거라고는 생각도 못했다. 퍼스널 컴퓨터 초창기 때부터 나는 네트워크화 된 디지털 기기들을 잘 안다고 생각해왔다. 나는 지난 30여 년 동안 일어난 기술의 변화 속에서 변혁 및 민주화의 가능성을 봤다. 전 세계적으로 호황을 누리고, 자유가 싹트고, 비교적 평온한 날들이 지속된 지난 1990년대에 나는 디지털 네트워크 속에서 향후 인류가 부딪치게 될 거대한 문제들을 해결할 수 있는 존재들을 봤다. 당시 나는 전 세계가 냉전의 교착상태를 넘어 경쟁적인 개방시장이나 기본적인 인권, 그리고 자유 민주주의에 대한 대략적인 합의를 이룰 것이라고 생각했다. 물론 이런 목적을 이루기 위한 길이 아직까지 대부분의 국가들에게는 먼 나라 이야기일 뿐 아니라 많은 장애가 남아 있지만 말이다.[1] 나는 디지털화가 부유한 국가들에게는 상업적인 공간을 줄이며, 언제나 높은 진입 장벽을 갖췄던 시장에 새로운 경쟁자들을 초대할 것으로 전망했다. 사람들이 정보의 부족이나 불균형 분배 같은 오랜 문제들을 극복하기만 한다면 교육이나 비판적 사고가 급속히 퍼질 것이라고 예상했다.

하지만 새로운 세기 초부터 뭔가 기분이 찜찜하고 열정도 식어갔다. 누구에게나 무료로 개방된 인터넷에 대한 거대한 희망이, 적절하지 못한 보안방법사기, 스팸, 바이러스, 멀웨어(Malware)을 비롯 문화와 기술을 통제하려는 사기업들 때문에 축소되는 걸 목격했다.[2] 개방성, 투명성, 신뢰성, 그리고 민주주의에 대한 저항은 내가 상상했던 것보다 더 컸고, 내가 사는 곳을 포함해 계몽의 힘이 벌써 오래전에 승리를 거뒀다고 생각되는 국가들에도 나타났다.[3] 전 세계적으로 인터넷에 쉽게 접근할 수 있게 되면서 야기되는 환경이 무정부주의나 소수 독재정치 같이 정반대 방향으로 가는 건 아닌지, 또 신중하게 숙고하고, 상호 존중하며 공공의 이익을 우선하는 공익적 덕성들을 주장하는 기관들의 힘을 약화시키는 건 아닌지 걱정이 됐다.[4] 나는 디지털화를 강화하고 모든 것들을 네트워크화 하려는 사람들이 기술이 사회에서 어떻게 작용하는지에 관해 단순하고 비뚤어진 견해를 가지고 있다는 점에 주목했다.[5] 나는 기술을 젊은이들은 꼭 숙달해야 하고, 나이든 사람들은 마지못해 받아들이거나 거부하다가 결국 용납할 수밖에 없는 것으로 묘사되는 게 걱정이 됐다.[6] 그리고 유일하게 한 회사, 즉 구글만이 인간들의 이런 복잡하고 어려운 문제들을 기술적 원리를 적용해 풀 수 있지 않겠느냐는 생각들에

의구심을 갖게 됐다.[7]

그래서 나는 글로벌 정보 생태계에 일고 있는 변화를 인정할 건 인정하고, 각성할 건 각성하는 방식들을 찾아봤다. 자유, 창의성, 민주주의 같은 가치나 목적은 옹호하거나 받아들이려 했고, 기술에 대한 맹신이나 시장근본주의처럼 위험하거나 해가 된다고 생각하는 트렌드는 비판했다. 그리고 구글은 이 모든 트렌드들을 전형적으로 보여주고 있다.

책은 거대하고 부유한 인터넷 회사들보다 훨씬 더 천천히 움직이기 때문에 인터넷 회사들의 최근 움직임들을 목록화하거나 분석하려 하지 않았다. 대신 향후 몇 년 동안 지속될 광범위하고 중요한 주제나 문제들을 파악하려고 노력했다. 내가 이 책을 탈고할 때와 당신이 이 책을 읽는 동안 구글에 중대한 변화가 생긴다면 그 점에 대해서는 미리 사과를 드린다. 하지만 구글의 일거수일투족을 좇는 게 내 목표는 아니라는 점을 이해해주길 바란다. 내 목적은 왜, 그리고 구글이 어떻게 사람들을 추적하는지를 설명하는 것이기 때문이다.

구글에 관해 다룬 이전 책들은 어쩌면 당연하겠지만 구글의 성장과 승리에 초점을 맞췄다. 이런 책들은 구글을 이 세상에서 가장 영향력 있고 중요한 조직으로 만든 구글의 독특한 역사, 문화, 그리고 원칙들을 기술했다. 회사의 운영 형태나 기술, 수익을 창출하는 훌륭한 방식, 창립자들의 독특한 비전,

COO의 능력, 그리고 인터넷을 이해하기 위한 혁명적인 접근 방식 등을 파헤쳤다. 나는 구글의 역사나 웹 검색의 과학적 방법들을 쓸 수는 없었다. 왜냐하면 이미 그런 주제들을 다룬 훌륭한 사례들이 많기 때문이다. 뿐만 아니라 구글의 성공을 통해 무언가를 배우거나 모방할 수 있는지에 관한 입문서를 쓸 수도 없었다. 최근에 이에 관한 또 다른 책이 나왔기 때문이다. 그렇다고 구글을 운영하는 선지자들의 정신세계를 파악하자는 의도도 아니다. 이역시 다른 연고가 있는 작가들이 이미 썼기 때문이다.[8]

이 책은 구글에 관한 이야기가 아니다. 사람들이 구글을 이용하는 방식에 대한 이야기다. 구글을 어떻게 받아들여 왔고, 여러 다양한 인간의 행동 방식에 어떻게 구글을 끌어들였는지 설명한다. 뿐만 아니라 전 세계에 걸쳐 영역을 확장하고 있는 구글에 관해 계속해서 커져가는 저항이나 우려에 대해 설명한다. 이 책은 구글과 구글을 이용하는 수억 명의 사람들 간 관계를 파헤친다. 뿐만 아니라 구글의 행위나 정책이 미치는 도덕적 중요성도 생각한다.

이 책은 구글보다는 오히려 사람들이 어떻게 구글을 이용하고, 구글에 바라는지, 또 구글에게 무엇을 제공하는지 같은, 우리들에 관한 이야기다. 나의 작은 바람은 사람들이 친절한 검색창과 멋진 로고를 갖춘 컴퓨터 화면에 접속해서 검색어를 입력했을 때 무슨 일이 일어나고 있는지에 대해 날카로운 의식을 가졌으면 하는 것이다. 웹상에서 무언가를 검색한다는 것이 신비로운 권력에 당신의 소망을 고백하는 것과 다르지 않다는 점을 깨달았으면 좋겠다. 적어도 구글과 구글 서비스, 그리고 웹 전반에 대한 과장을 누그러뜨리고, 새로운 기업에 대한 맹신이나 존경에서 벗어나 멀쩡한 정신으로, 사람들이 자초하고 촉발했던 고통스러운 변화에 관심을 갖도록 전반적인 여론이 바뀌었으면 좋겠다. 무엇보다 인간 지식의 미래에 순진무구하고 현혹된 경외감보다는 지혜와 공포심을 가지고 접근하길 바란다.

복음이 된 구글

초기에 월드 와이드 웹은 정리되지는 않았지만 서로 연결된 문서들이 엄청나게 모여 있는 곳이었다. 여러 문서들은 서로 뒤죽박죽 뒤엉켜 있었다. 온갖 쓰레기 같은 것들에서 가치 있는 것을, 또 어떻게든 남을 이용해 먹으려는 것들에서 신뢰를, 그리고 거짓들 속에서 진실을 가려내기란 거의 불가능했다. 무정부 상태의 관점에서 보자면 웹은 아주 흥미진진하고 민주적인 곳이었다. 웹이 점점 팽창하고 상상할 수 없을 정도로 광대해지면서 어두운 부분들도 점점 더 커져갔고, 또 눈에 띄지 않게 됐다. 몇몇 회사들은 웹의 유용한 기능들을 보여주면서 검색자들이 대혼란에서 벗어날 수 있도록 노력했다. 하지만 이들 회사들의 서비스는 다루기가 복잡하고 불완전한데다, 때로 뇌물을 받고 검색 결과를 조작하기도 했다. 웹 세상은 지저분하고 희망이 없어 보였다. 소중하긴 했지만 신선함과 미묘함은 사라져버렸다.

그런 상황에서 구글이 나타났다. 구글은 깨끗했다. 순수했다. 그리고 단순했다. 검색 결과를 상위에 놓았다고 돈을 받지 않았다. 중립적이고 민주적인 것처럼 보이는 순위 시스템은 무력한 사람들에게 힘을 제공했다. 만약 한 사이트가 다른 사이트보다 더 많이 언급되면 사용자들에게 더 관련 있는 것으로 여겨졌고, 검색 결과는 더 위에 나타났다. 이렇게 가장 좋은 검색 엔진은 아닐지라도 가장 거대한 검색 엔진이 탄생하게 됐다.

이 책은 구글로 알려진 기업의 탄생에 관한 이야기다. 모든 신화에서처럼 구글이라는 성서에는 영원히 살 수 없는 우리네 인간들이 구글 시스템 자체의 본질을 이해할 수 있는지 곰곰이 생각하게 하면서 좌절하게 만드는 모순을 담고 있다. 아마 구글에서의 우리 역할은 의심하는 것이 아니라 믿는 것일 것이다. 인터넷 서핑을 통해서 구글 시스템이 제공하는 아름다운 일출을, 아니 적어도 몇 글자를 써넣기만 하면 아름다운 디지털 일출 이미지를 쉽게 발견할 수 있다는 데 경외심을 가져야 할지도 모른다. 다른 모든 신화들처럼 구글은 완벽한 검색엔진을 창조하겠다는 야망과 '전 세계의 정보를 조직화해 어디서나 접근 가능하고 유용하게 할' 사명을 지녔고, '악해지지 말자' 라는 모토를 전제하고 있다.

구글이 세상에 처음 모습을 드러낸 후 입소문을 타고 퍼져나가면서 사용자들은 지난 십여 년 동안 구글이 제공하는 서비스를 경험하게 됐고, 그런 믿음을 기반으로 구글은 완벽하게 문화로 스며들어왔다. 내가 말하는 '구글화 Googlization' 는 바로 이런 의미이다. 청소년들의 일상적인 대화뿐 아니라 〈섹스앤더시티〉의 대본에까지 어느 곳에서건 명사 또는 동사로 사용되고 있는 일종의 유비쿼터스 브랜드다. 정부조차도 구글화되거나, 구글이 그동안 체계화하고 손쉽게 이용할 수 있도록 도전해온 엄청난 데이터 폭풍우에 휩쓸린 것처럼 보인다.[1]

구글은 이전에는 상상할 수 없었던 자원을 우리의 손끝에 안겨줬다. 거대한 도서관, 엄청난 파일 저장고, 정부 기록 창고, 각종 상품 자료 보관소 등 인류사회가 드나들 수 있는 거대한 통로를 제공한 것이다. 이것이 내가 의미하는 '모든 것'의 구글화이다. 구글화는 세 가지 측면에서 인류의 관심과 행동에 영향을 미치고 있다. '사람' 구글이 개인의 정보, 습관, 의견, 판단에 미치는 영향을 통해, '세상' 낯선 글로벌 감시체제와 내가 앞으로 이름 붙일 '인프라 제국주의'를 통해, 그리고 '지식' 책, 데이터베이스, 그리고 웹에 축적된 엄청난 지식들을 이용하는 데 영향을 미치면서이 그것이다.

그 결과 구글은 가장 흥미롭고 성공적인, 전무후무한 인터넷 회사가 됐다. 뿐만 아니라 개인적·집단적 판단, 의견, 그리고 가장 중요하게 욕망을 목록화하면서 가장 중요한 글로벌 조직으로 성장했다. 사람들이 구글 브랜드를 단 G메일이나 유튜브 같은 서비스로 옮겨갈수록 구글은 인터넷과 분간이 되지 않을 것이다. 모든 것의 구글화는 앞으로 좋은 쪽으로든 나쁜 쪽으로든 세상을 변화시키는 엄청난 영향을 미칠 가능성이 높다. 구글은 조직, 기업, 정부의 행동 방식에 영향을 미치면서 때로는 '사용자'들을 위하거나, 때로는 배신할 것이다.

이런 현상을 이해하려면 구글과 구글의 자비심에 대한 무비판적 신뢰를 누그러뜨리고 논쟁을 벌일 필요가 있다. 즉 구글이 그동안 세상을 새롭게 한다는 명목으로 사람들에게 해왔던 말이나 의미, 그리고 동기 등을 검토하고, 구글화의 결과는 물론, 사람들이 어떻게 반응해왔는지 면밀히 검토할 필요가 있다.

이렇게 하기 위한 첫 번째 방법은 사람들이 구글의 고객이 아니라 상품이라는 점을 깨닫는 것이다. 우리, 즉 우리의 욕망, 집착, 편애, 선호 등은 구글이 광고주들에게 파는 것들이다. 우리가 웹상에서 무언가를 찾기 위해 구글을 사용하는 동안 구글은 우리를 알아내기 위해 웹 검색 기록을 이용한다. 따라서 우리는 구글 자체뿐만 아니라, 우리가 알고 있고 믿고 있는 것에 구글이 미치는 영향 등을 좀 더 잘 이해해야 한다.

사람들은 구글을 신뢰할 뿐만 아니라 스스로를 전지전능하고 심지어 자비롭기까지 하다고 주장하는 구글에 과분하고 부당한 권력을 실어주는 경향이 있다.[2] 구글의 검색 결과는 한 치의 오차도 없이 정확하고 관련이 있을 것이라는 환상을 품는다. 버클리에 있는 캘리포니아 주립대의 심리학자들은 심지어 구글의 웹 검색 기술이 정보를 끄집어내는 인간의 뇌를 그대로 구현했다는 논문을 발표하기도 했다.[3] 그렇기 때문에 구글에서의 검색 순위가 정보의 질의 대리인이고, 사람들의 집단 사고방식을 확장한 것이라고 믿게 된 것도 이해할만하다.

하지만 이런 믿음은 건전하지 못할뿐더러 심지어 잘못되기까지 했다. 게임의 법칙은 일정한 방식으로 조작되고 있고, 사람들은 어떻게 그렇게 되는지에 대한 좀 더 분명한 생각을 할 필요가 있다.

사람들이 모든 것을 너무 쉽게 구글화 한다는 데 경각심을 가져야 한다고 조금이나마 확신시킬 수 있다면, 그래서 그것에 대한 해결책에 대해서도 생각해 보도록 이끌었으면 좋겠다. 나는 구글과 좋은 관계를 맺을 수 있는 방법을 발견할 수 있을 거라고 확신한다. 기술 혁신, 그리고 그것이 삶에 미치는 영향 같은 자질구레한 말들의 성찬에 전 세계의 시민적 책임 또는 공공의 선을 추구해야 한다는 점이 잊혀져버리는 것은 아닐까 하는 게 내 논쟁의 시작점이다. 구글에 대한 신뢰 밑바닥에 깔려있는 가정들을 올바로 인식하고, 공공 자원을 이용해 그런 부분들을 고쳐가는 능력에 밝은 미래가 달려있다. 그래서 이 책은 대놓고 정치적이기도 하다. 모든 사람들에게 양질의 정보를 전달하고 보호하기 위해 무엇을 만들 수 있을지 새롭게 상상하게 한다. 이 책은 대부분의 삶을 살아가는 지역공동체와 어렴풋이 나타나기 시작한 거대한 국가 기관들 사이에 공론장을 만드는 것이 가능한지도 고려한다. 이 공론장은 사람들이 만나서 숙고하고 가정은 물론 정치도 바꿀 수 있는 곳이다. 이런 부분들을 공정하고 정당하게 하는 데 한 회사 또는 10여 개 회사들에 의존할 수는 없다. 구글은 사람들에게 모든 것을 싸고 쉽고 재빠르게 제공하는 것처럼 보인다. 하지만 진정으로 의미 있는 것은 싸거나 쉽거나 빠르지 않다.

지난 몇 년 동안 구글의 성장을 면밀히 분석한 후 구글, 그리고 사람들과 구글과의 관계에 명확한 판단을 내릴 수 있게 됐다. 구글은 악이 아니고, 그렇다고 도덕적으로 선하지도 않다. 더군다나 단순히 중립적이지도 않다. 오히려 그와는 거리가 멀다. 구글은 사람들을 똑똑하게 만들지 못한다. 적어도 한 작가가 주장했던 것처럼 바보로 만드는 건 더더욱 아니다.[4] 구글은 사람들이 영리하게 또는 멍청하게 이용할 수 있는 일련의 도구를 제공하면서 이익을 추구하는, 공공연히 장사를 하는 기업일 뿐이다. 구글이 명백하게 선한 것만도 아니다. 사실 구글은 여러 면에서 위험하다. 사람들이 점점 더 구글을 무비판적으로 신뢰하고 의존하기 때문이다. 새로 진입하는 거의 모든 시장이나 활동 분야에 분열을 조장하고 지장을 주기 때문이다. 대체적으로 더 좋게 만들기는 하지만, 때로는 더 악화시키기도 한다. 동시에 구글은 새롭고 부유하고 강력하다. 이렇게 드문 조합이 의미하는 바는 구글이 사람들의 습관이나 관점, 판단, 거래, 그리고 상상력에 미치는 변화를 아직은 사람들이 평가하거나 받아들일 준비가 돼있지 않다는 점이다.[5]

1920년대 선구자들이 자동차와 비행기의 위험성을 예측하지 못해 위험한 것으로 판명되었던 것처럼 구글에 대한 신뢰는 그래서 위태롭다. 자동차와 비행기 기술이 위험한 것은 사용자들에게 물리적으로 위험을 초래하기 때문이 아니라, 사람들이 이를 무모하게 너무 많이 사용하고 이들 운송수단에 맞춰 일상생활을 설계했기 때문이다. 결과적으로 우리는 자신과 이 세상에 엄청난 해를 안겼다. 1910년대 초반 엔진이 달린 운송 수단 기술은 혁명적이었고 강렬한 인상을 남겼다. 20세기 초 20여 년 동안의 시점에서 보자면 아주 빠른 속도로 대륙이나 바다를 넘어 사람이나 상품을 운반할 수 있는 능력을 통해 인간 생활이 급변할 것이라 보기는 그다지 어렵지 않았다. 이런 시스템이 없는 세상을 상상조차 할 수 없는 건 고작 몇 년뿐이었고, 70여 년 동안 전 세계는 비행기, 자동차와 함께 재조직됐다.

하지만 자동차 회사들과 항공사들이 공개적인 담론과 정책을 좌지우지하면서 위험이 증가했다. 도로 법규는 거의 자동차 회사의 이익에 맞도록 급조됐다. 자동차 운전자들은 급증했고, 보행자들은 줄어들었다. 2차 세계대전 이후 항공여행과 운전은 선진국에서 일상적인 요소가 됐다. 이 두 시스템에서 비롯된 전 세계적 기후 변화, 전 세계적 테러리즘, 전 세계적 전염병 같은 외적 영향들은 이 두 가지 사안과 관련해 어떻게 수많은 잘못된 결정을 내리게 됐는지 재고하게 했다. 신속하게 만나고 이동하는 데서 발생하는 위험을 몰랐기 때문에 계획을 세우지 않았다. 그리고 제한도 두지 않았다. 심각하게 숙고하지도 않았다. 새롭고 강력한 무언가가 등장했음에도 지혜와 주의를 쏟지 않았다. 비행기와 자동차가 얼마나 위험한지 받아들이려 하지 않았다. 사람들은 자동차와 비행기가 야기하는 위험의 범위를 인정했다 하더라도 자동차, 비행기 없는 세상을 바라지 않았을 것이다. 좀 더 나은 교육이나 보호책, 법규, 그리고 시스템을 요구했을 것이다. 그렇게 함으로써 비행기나 자동차가 주는 긍정적이고 사람들을 자유롭게 하는 장점을 받아들이며 일찌감치 위험한 결과를 막았을지도 모른다.

사람들은 사람 대신 자동차와 비행기를 위한 환경을 설계했다. 정치 체계도 이들 산업들에 호의를 보이면서 보조금을 지급받기 위해 이용됐고, 마치 이들이 창조적인 자유 기업의 모델인 양 떠받들어졌다. 그래서 위험하리만치 이들에 의존하게 됐다. 이런 문제들에 대해 깨닫기 시작한 건 1960년대에 들어서였고, 지금은 이 사실을 너무 잘 알고 있다. 하지만 너무 늦었다. 가수 엘비스 프레슬리가 〈모르면 용감한 법fools rush in〉이라고 경고했던 것처럼 말이다.[6]

구글과 웹이 지배하는 분야는 자동차 시스템처럼 그렇게 위험하지는 않다. 웹페이지가 사람을 치거나, 또 천식에 걸리게 하지는 않는다. 그럼에도 구글에 대한 맹목적 신뢰는 위험하다. 왜냐하면 구글은 지금 하고 있는 일을 너무 잘 해나가고 있고, 자체 규칙도 만들었기 때문이다. 일상적으로 사람들을 죽게 하는 자동차와 달리, 구글은 다른 대안들을 몰아냄으로써 손해를 끼친다. 쉽고 강력하기 때문에, 또 싸고 편리하게 일을 처리하기 때문에 더 잘할 수 있는 기회들을 놓치게 할 수 있는 것이다. 광고나 책 검색 같은 특정 시장에서의 구글의 존재는 잠재적 경쟁자들이 혁신이나 투자하는 것을 꺼리게한다. 왜냐하면 그 누구도 현실적으로 구글에 쏠린 관심이나 투자를 빼앗을 수 없기 때문이다. 그리고 만약 구글이 공공 서비스 분야에서 상대적으로 싼 가격에 서비스를 충분히 잘 한다면, 공공 기관들은 그들의 업무를 잘 해야 한다는 압박에서 해방될 것이다. 이는 내가 '공공기능의 실패public failure'라 부르는 중요하고 골치 아픈 현상이다.

이 젊은 기업의 영향력은 꽤 강력하고, 사용자들에게 드는 비용이 거의 없기 때문에무료에 가까울 정도로, 유럽에서 구글구글 이용과 의존도에 갖는 분노와는 상반되게 미국에서는 구글에 강력한 반감을 갖고 있지 않다. 지금까지 구글이 어떻게 사람들의 생활을 더 윤택하게 하고, 프로젝트를 더 쉽게 만들며, 또 세상을 가깝게 만들었는지 분명히 봐왔기 때문에 우리가 낙관적으로 구글을 받아들였을 때 드는 비용, 위험성, 선택권, 그리고 장기적 영향에 대해서는 심각하게 고려하지 않는다. 이런 부분들은 다음 장에서 다룰 것이다.

[구글과 함께 생활하고 생각하기]

다른 신뢰 체계와 마찬가지로, 구글의 부상 이면에 깔려있는 이데올로기들은 구글을 창조한 사람들이나 구글을 이용하고 신뢰하는 사람들의 세계관을 형성하는 데 기여하고 있다. 21세기 초반의 세상을 돌아보면, 당시 지혜와 지도를 구하고자 했던 몇몇 사람들에게는 구글이 모든 것들의 모델 또는 모든 문제의 해결책으로 보였을 것이다.[7] 대부분의 사람들에게 구글은 정말로 도움이 되고 자비롭게 비쳐졌을 것이다. 장래의 개혁가들에게 구글의 특정 관행들은 신뢰성에 대한 조사가 필요하다고 생각됐을 것이다. 변절자들에게 구글은 도덕적 권위의 절정에서 추락한 것처럼 보였을 것이다.[8]

구글의 이데올로기적 근간은 각종 문서들에 잘 나타나 있다.[9] 구글 창립자들이나 창립 직원들은 사람들의 집단적·개인적 의식들을 변화시킬 수 있는 정보 기술의 힘을 굳게 믿고 있다. 하지만 구글이 어떻게 사람들과 소통하고 또 사람들이 어떻게 구글과 소통하는지 알려주는 이론에 대해서는 잘 알지 못한다. 점점 더 구글은 사람들이 세상을 보는 렌즈가 돼가고 있다. 사람들이 진실이고 중요하다고 생각하는 부분들을 반영하기보다 오히려 왜곡시킨다. 사람들의 의문이나 탐구를 디지털화된 정보 세계를 통해 여과하거나 집중시킨다. 아주 빠른 속도로 간결하게 검색 결과에 순위를 매기거나 연결하면서, 표현하고자 하는 인간의 끓어오르는 욕망을 깔끔하게 항해할 수 있는 목록으로 생성, 구글이 광범위하면서 정확하다는 위안과 그에 따르는 환상을 안겨준다. 구글이 정보를 모으고, 순위를 매기고, 관련 자료에 링크를 걸고, 정보를 보여주는 과정은 사람들이 훌륭하고, 진실하고, 가치 있고, 무언가 관련 있다고 생각하는 것들에 영향을 미친다. 이런 상황은 아주 심각하다.

엄청난 데이터와 이야기, 소리, 이미지에 쌓여 살아가고 있는 사람들에게 구글은 축복이다.[10] 사람들에게 답과 기회를 주는 것을 넘어 쓸데없는 것들을 걸러준다. 즉 사람들에게 필요한 것들을 정확하게 예상하면서 엄청난 문서들에 채이지 않도록 한다. 그래서 구글 없이 특혜를 받고, 서로 연결되며, 의미 있게 21세기 초반을 살아간다는 것을 상상하기조차 힘들다. 구글은 일상생활에서 마치 당연하다는 듯 필수적인 부분이 돼가고 있다. 어떻게 그리고 왜 이런 일이 벌어졌을까? 이렇게 광범위하게 구글에 의존하게 되면 어떤 결과가 생겨날까?

이런 질문에 답하기 위해서 우리는 구글이 여러 시장들에서 기존 세력들을 어떻게 '창의적으로 파괴'하는지, 그리고 사람들이 세상이나 그들 자신을 바라보는 방식을 어떻게 바꾸는지 어려운 질문들을 던져야 한다.[11] 만약 구글이 인터넷에 대해 지배적인 방식을 가지고 있다면, 그래서 국내나 해외를 경험할 수 있는 주요 렌즈라면, 사람들의 인식을 바꾸거나 어젠다를 설정하는 주목할 만한 힘을 갖게 되는 것이다. 구글의 편견정확성보다는 인기를, 새로운 사이트보다는 기존 사이트를, 유동적이고 다면적으로 보여줄 수 있는 외형보다는 대략적인 순위에 가치를 더 두는은 구글 알고리즘에 녹아있다.[12] 그리고 이런 편견은 가치를 매기고 인식할 뿐만 아니라 문화나 생각의 세계를 어떻게 바라보는지에 영향을 미치고 있다. 즉, 사람들은 구글의 인터페이스와 구조를 그들의 인식 체계에 포개놓고 있는 것이다. 구글 검색 첫 페이지에 무언가또는 누군가 뜨지 않으면 중요하겠는가?

여기에 앞으로 사람들이 직면하게 될 아주 중대한 질문이 있다. 구글이 아니라면 누가 중요한 정보를 통제하고, 판단하고, 순위를 매기고, 전달할까? 구글의 컴퓨터 알고리즘과 수백만 사용자 간 거래의 본질은 무엇일까? 삶의 질을 향상시키기 위해 사람들은 어떻게 구글을 이용해 왔을까? 구글은 정보 검색을 가능하게 하는 최적의 시작점종점일까? 구글, 블로거, 위키피디아가 지배하는 시대에 전문가들의 미래는 어떻게 될까? 사람들은 좀 더 발전된 시대, 더 부유한 글로벌 경제의 길을 가고 있을까? 아니면 사회 통제와 감시의 디스토피아 시대로 향하고 있을까?

[구글화의 구체화]

이 책은 소위 '기술 문화적 상상력technocultural imagination'을 다룬다.[13] 만약 누군가가 기술 문화적 상상력에 의존한다면 다음과 같은 질문을 할 것이다. 사회의 어떤 구성원들이 어떤 기술을 발전시키고, 사고팔고, 사용하는 것을 결정하는가? 어떤 기술은 성공하고 어떤 기술은 실패하는지에 영향을 미치는 요인은 무엇인가? 기술이 작용하는 방식에 영향을 미치는 문화적·경제적 가정은 무엇이고, 그런 가정에서 어떤 의도하지 않은 결과가 발생하는가? 기술 연구는 일반적으로 기술 자체와 기술이 사회에 미치는 영향그리고 그 반대에 몇 가지 중요한 질문을 제시하는 경향이 있다. 즉 어느 정도까지 기술이 역사를 이끌고, 영향을 미치고, 결정할까? 어느 정도까지 사회적 여건과 현상이 기술에 영향을 미칠까? 기술이 혁명에 불을 붙이는 걸까, 아니면 '혁명' 같은 개념이 기술의 수준이나 기대를 올리는 걸까?

다음 장에서 이런 질문들에 답을 할 것이다. 처음 두 장에서는 구글과 구글 사용자의 도덕적 세계관을 탐험할 것이다. 나는 구글이 선하든 악하든 정말 상관이 없다. 사실, 나중에 설명하겠지만, '악해지지 말자'는 개념은 사람들의 삶 속에서 구글의 존재나 활동이 끼치는 영향을 면밀히 파악하지 못하게 한다.

1장에서는 구글이 어느 정도까지 웹을 규제하고, 어느 정도까지 그런 의무를 한 회사에 짊어지우게 해야 하는지 생각해야 한다고 주장한다. 구글은 윤리적·사회적 질문들에 나름대로 기술 관료적 입장을 취하고 있다. 결국 구글은 엔지니어에 의해, 엔지니어를 위해 운영되는 회사기 때문이다. 모든 잠재적 문제는 아직 고쳐지지 않은 시스템 상의 버그이거나 좀 더 좋은 서비스를 제공하려는 노력의 특성이다. 이런 태도는 구글이 중립적인 도구가 아니고 뒤틀린 렌즈라는 사실에 가면을 씌운다. 구글은 본질적으로 연기자고 이해당사자다. 더 중요한 것은 구글 역시 일반적인 회사로, 이타적 선언에도 불구하고 단기간의 이익에 맞춰 행동할 수밖에 없다는 점이다. 그리고 가장 중요한 건 구글이 변하고 있다는 점이다. 매주 새로운 사업을 벌이고, 새로운데 집중하고 아니면 새로운 소동을 벌이고, 그래서 새로운 적이 되거나 위협이 되기도 한다. 이것이 2장의 주제다.

구글이 가장 매력적인 이유 중 하나는 어마어마한 서비스를 공짜로, 즉 아무런 대가가 없이 주는 것처럼 보인다는 것이다.[14] 하지만 구글과 사용자들 사이에는 돈이 오가지 않는 거래가 이뤄지고 있다. 사람들은 구글로부터 웹 검색, 이메일, 블로그 플랫폼, 유튜브 비디오 등을 얻는다. 대신 구글은 사람들의 습관이나 선호도 등을 얻어 효과적으로 광고를 전달할 수 있다. 구글의 핵심 사업은 소비자 프로필화다. 수많은 사람들에 관한 정보 일체를 생성한다. 웹 브라우저에 '쿠키cookies, 고객이 특정 홈페이지를 접속할 때 생성되는 정보를 담은 임시 파일-옮긴이'를 저장해놓고서 사람들의 클릭이나 호기심을 좇는다. 이것이 얼마나 중요한지, 그리고 얼마나 정확한지 사람들은 아직 잘 모르고 있다. 이 책에서는 이렇게 비용이 들어가지 않는 거래가 얼마나 위험한지, 한 곳에서 내부를 모두 볼 수 있게 만든 '원형 교도소Panopticon, 1791년 영국의 철학자 제러미 벤담이 죄수를 효과적으로 감시할 목적으로 고안한 원형 감옥을 말함- 옮긴이' 모델을 넘어 새로운 감시 형태를 설명하는 큰 그림을 보여줄 것이다. 결국 구글은 검은 상자다. 사람들에 대해 너무나 많은 것을 알고 있다. 하지만 사람들은 구글에 대해 아는 게 거의 없다. 이 책은 이런 불균형을 바로잡는다.

3장에서는 어떻게 사람들이 개인 정보를 관리하는 데 실패하고, 어떻게 구글이 개인 정보 처리과정의 속성을 분명하고 명확하게 하는 데 실패하는지 알아볼 것이다.

구글은 이데올로기 측면에서는 아주 미국적인 동시에 비전이나 지향점은 명백하게 글로벌적이다. 성공한 다국적 기업들에게 이런 부분들은 그렇게 특별한 건 아니다. 마이크로소프트는 미국에서와 마찬가지로 인도에서도 문화적·경제적으로 중요한 역할을 하고 있다. 하지만 구글은 오로지 구글을 위해, 그리고 구글의 활동을 위해 전 세계적 비전으로 무장해서는 노골적으로 지식을 구조화하고 순위를 매긴다. 이런 포괄성은 전 세계, 특히 중국에서 엄청난 알력을 생성하고 있다.

지난 2005년에서 2010년 사이 중국 정부는 종종 일부 구글 서비스들을 차단했다. 왜냐하면 구글과 중국 공산당과의 관계가 껄끄러웠기 때문이다. 중국과의 관계에 있어 노련하게 대처했음에도 불구, 글로벌 인권 단체들은 구글이 문제를 풀어가기보다 문제의 일부였다며 비판했다. 2010년 초반, 구글은 중국 정부에 그들이 정확히 원했던 부분을 전해주고서 세상을 놀라게 했다. 중국에 기반을 둔 검색 엔진을 폐쇄하고, 일자리와 소득을 창출한 그 사업 부분을 중국인들에 넘겨버린 것이다. 구글의 이런 조치로 정보의 원천이 줄어든 중국 인터넷 사용자들은 숨 막힐 듯한 검열 수준을 피하지 못하고, 정부 지원의 검색 엔진이 웹을 지배하도록 할 수밖에 없었다. 이는 무의미하고 반생산적인 몸짓이었다. 하지만 중국의 검열에 적극적으로 대응하기보다 수동적 파트너가 되기를 선택함으로써 인권 단체들로부터 대대적인 갈채를 받았다. 4장에서는 구글이 정보 교환이라는 유일한 비전을 전 세계의 문화적·정치적 상황에 맞게 적용하려고 노력하는 부분들을 다룬다.

5장과 6장에서는 '전 세계 정보를 잘 조직해서 누구나 정보에 접근할 수 있도록 한다'는 구글의 공식적 사명의 영향을 살펴본다. 5장에서는 논란이 되고 있는 구글 북 서치Google Book Search 프로그램을 평가할 것이다. 2004년에 시작된 이 프로그램은 온 세상의 정보를 조직한다는 사명은 물론, 몇몇 공학적·상업적 목적에도 도움을 주겠다는 의도였다. 대학 도서관에 비치된 저작권이 있는 수백만여 권의 책을 복사해, 방대한 시장이나 독자들에게 제공하면서 모든 책을 검색할 수 있게 하겠다는 이 대담한 시도는 구글이 기존의 존경받던 신분을 넘어 그 이상으로 나아가고 있다는 것을 분명히 보여준 첫 번째 사례로 남았다. 북 서치 프로그램을 통해 구글은 실수를 저질렀고, 연방 정부는 물론 출판계의 주요 이해관계자들이 구글의 야망에 우려를 나타내기 시작했다.[15]

대중들에게 구글의 비공식적 모토인 '악해지지 말자'는 '전 세계 정보를 잘 조직해서 누구나 접근할 수 있도록 한다'는 공식적 사명보다 더 잘 알려져 있다. 하지만 공식적 사명은 훨씬 더 흥미롭다. 이는 정말 놀라운 선언이다. 그 어떤 조직이 일관된 태도로 세상을 바꾸는 행위를 행하자고 정할 수 있을까? 웹 사용자들은 구글 서비스를 이용하기 위해 엄청난 속도로 달려들었고 구글은 웹 검색이나 이메일, 개인 '클라우드 컴퓨팅', 그리고 온라인 광고 같은 대대적으로 사용되고 있는 인터넷 기능들을 더 확장해나갔다. 6장과 결말에서는 구글이 인류의 의사소통을 지배하는 회사들과 기술들로부터 얼만큼 변화와 도전을 이끌어냈는지 생각해본다.

이 책은 인터넷에 대한 공공의 필요성을 분명하게 설명하면서 끝을 맺는다. 통제는 웹 사용자들의 사생활을 더 보장한다든가, 구글에 대한 강력한 반독재 같은 형태를 띨 수도 있다. 구글이 현재 수행하고 있는 일들이 한 회사에만 일임되기에는 너무 중요하다고 생각하는 게 어떤 형태와 방식으로 통제를 하느냐보다 더 중요하다. 하지만 어떠한 비판이나 규제에 대한 요구도 구글이 놀랄 만큼 사람들의 삶에 유익한 공헌을 했다는 사실들을 감안할 필요는 있다. 전 세계 다른 미디어 회사들이 기껏 희소성을 창출하기 위해 발버둥 칠 때, 구글은 어떻게 무궁무진한 것들을 관리해야 할지 생각하고 있었다. 그런 점에서 우리는 구글에 감사해야 한다.

이 책을 마무리할 무렵 전통적으로 대중들에게 지식을 전달하던 수단들은 거의 무너져가고 있는 것처럼 보였다. 신문들은 미국이나 유럽에서 깜짝 놀랄 정도로 속속 사업을 접고 있었다. 수많은 신문사 대표들은 구글을 비난했다. 왜냐하면 구글 혼자만 돈을 버는 것처럼 보였기 때문이다. 출판업자들 역시 불경기로 독자들이 지출을 하지 않고, 아마존이나 애플, 구글이 책을 싸게 공급하는 유통업자로의 움직임을 보이면서 공황상태에 빠져 있었다. 전 세계 경제가 경기후퇴로 휘청거리는 동안 나는 저널리즘과 출판업의 운명에 대해 수많은 주장과 논의를 들어보고 나서 전 세계 어느 곳에서든 접근할 수 있고, 사용하는 데 아무런 제약이 없는 글로벌 디지털 정보 도서관을 만드는 데 엄청난 투자를 해야 한다고 결론 내렸다. 이는 단순히 어떤 산업이나 회사에 비상 구제를 하거나 보조금을 지원해야 한다는 의미가 아니다. 사람들의 삶에 도서관 기능을 확장하고 강화하기 위해 전 세계적인 50년 계획을 수립해야 한다는 뜻이다.

마지막 결말에서는 인간 지식 프로젝트Human Knowledge Project를 제안한다. 이를 실현하기 위해서는 광범위한 생태학적 접근이 필요하기 때문에 모든 자원이나 에너지, 그리고 장려책 등을 공론장에 불어넣을 필요가 있다. 이런 생각의 밑바닥에는 인류가 이제 막 혼돈스러운 청소년기에 다다른 한 미국 기업에 그동안 노력해왔던 중요한 것들을 모두 넘겨주는 것보다 더 잘할 수 있다는 전제가 깔려있다.

구글이 젊고 경험이 많지 않다는 게 내 걱정의 근원이다. 글로벌 정보 기술 회사들은 그 어떤 조직들보다 훨씬 더 빠르게 적응하고 변화한다. 이는 일반적으로 정보 기술 회사들에도 좋고, 우리들에게도 좋다. 하지만 하나 아니 둘 또는 셋 정도의 회사가 사람들 삶의 중요한 측면에 과도한 영향력을 행사하게 된다면, 갑자기 방향이 바뀌면서 덜컹거리거나, 불에 데고, 혹은 햇볕에 눈이 멀 위험성을 안게 되는 것과 다름없다. 그런 회사들을 전적으로 믿을 수 없는 이유는 이들 회사들이 언제나 똑같을 수만은 없기 때문이다. 2020년의 구글은 2005년, 아니 2010년의 구글과는 다를 것이다. 그렇기 때문에 지금 현재 구글에 위안을 받는 부분들은 조만간 사라져버릴 것이다. 매출을 올리기 위해 웹의 육성이나 웹의 사용, 그리고 웹 상거래의 활성화 등에 의존하는 구글의 정책은 당연히 검색보다는 소비, 지식보다는 쇼핑, 그리고 불안보다는 위안에 더 특혜를 주는 시스템으로 변화할 것이다. 적어도 이런 부분이 내가 걱정하는 이유다.

Googl

1장

구글과 카이사르

구글이 어떻게 웹을 지배하게 됐을까

웹을 지배하는 구글은 기원전 48년 율리우스 카이사르Julius Caesar가 로마에서 그랬던 것처럼 통제권을 갖고 있다. 카이사르 이전에는 혼돈과 내전, 그리고 시민들의 지지를 얻지 못하고 로마를 살기 좋은 곳으로 만드는 데 실패한 나약하고 무능한 왕들만 있었을 뿐이었다. 카이사르와 마찬가지로, 국민투표 같은 건 없었지만 구글은 광대한 대중들의 지지를 기반으로 웹을 지배할 힘을 찾았다.

WWW 구글Google은 거의 전 세계 월드 와이드 웹World Wide Web 을 지배하고 있다. 그렇다고 웹 세상의 통치자를 뽑는 선거를 한 적은 없었다. 그 어떤 나라도 구글에게 그들을 대신해 통치를 해달란 적도 없다. 그 어느 누구라도 웹 세상을 안정되고 가치 있으며 신뢰할 수 있도록 노력하거나 만들 수도 없는 상황에서, 구글이 슬그머니 빈자리를 꿰찼을 뿐이었다. 그래서 그게 나쁘다는 얘기는 아니다. 사실 당시에는 그런 게 정말 필요했다. 문제는 그런 상황이 우리의 미래 정보 생태계에 최선이냐는 것이다.

초창기에 웹이나 인터넷은 지배를 받지도 않았을뿐더러 지배를 받을 수도 없다고 가정하기 쉬웠다. 웹은 자유론자들을 위한 완벽한 공간이고, 모든 목소리에 자유로이 열려있고, 실제 세상의 규범이나 관습에 구속받지 않고, 전통적인 국가 권력을 분명 넘어설 것이라고 여겨졌다.[1] 하지만 인터넷은 초기에 사람들이 단순하게 가정했던 것처럼 자유분방하고 누군가의 지배에서 벗어나 있지 않았다. 이는 온라인상에서의 법적 문제들 얘기만은 아니다. 웹이 어떻게 작동하고 사람들이 어떻게 그에 맞춰 행동하는지에 대한 인터넷의 세부 구조, 즉 '아키텍처architecture'의 영향 등과도 관련이 있다.[2] 〈누가 로저 래빗을 모함했나Who Framed Roger Rabbit〉 애니메이션에 나오는 제시카 래빗Jessica Rabbit의 말처럼, 인터넷이 나쁜 건 아니다. 그냥 그렇게 보일 뿐이다. 아직까지 아키텍처와 정부법 등이 완벽하게 인터넷을 장악한 것도 아니다. 중국에서는 분명 중국 정부가 웹을 운영하고 있다. 하지만 러시아에서는 어느 누구도 그런 역할을 맡고 있지 않다. 독일이나 프랑스, 이탈리아, 브라질 같은 나라들은 구글의 영향력을 넘어 웹을 지배할 소소한 방법들을 발견해가고 있다. 하지만 아직까지 전 세계의 그 어떤 나라도, 기업도, 그리고 조직도 구글처럼 웹 기반 활동들에 지배적인 영향력을 미치지 못하고 있다.

그래서 편리성, 편의성, 신뢰성의 힘을 바탕으로 웹을 지배하는 구글은 기원전 48년 율리우스 카이사르Julius Caesar가 로마에서 그랬던 것처럼 통제권을 갖고 있다. 카이사르 이전에는 혼돈과 내전, 그리고 시민들의 지지를 얻지 못하고 로마를 살기 좋은 곳으로 만드는 데 실패한 나약하고 무능한 왕들만 있었을 뿐이었다. 카이사르와 마찬가지로, 국민투표 같은 건 없었지만 구글은 광대한 대중들의 지지를 기반으로 웹을 지배할 힘을 찾았다. 그리고 카이사르처럼 구글의 매력은 거의 신격화됐다. 우리는 종종 구글의 마법이나 기적에만 초점을 맞추면서, 구글이 그들 영토를 지배하기 위해 힘을 쏟고 있다는 사실을 종종 놓치고 있다.[3]

그렇다면 구글은 어떻게 웹을 지배할까? 바로 사이트들이 눈에 띄도록 방문객수를 결정하는 권력을 통해 웹상에서의 특정 기준을 설정해왔다. 일례로 구글은 완벽하게 접근을 차단하는 건 아니지만, 일반적인 또는 애매한 검색어에도 포르노 사이트가 검색되지 않도록 하면서 이들 사이트들의 위상을 떨어뜨리는 경향이 있다.[4] 구글에서 검색을 시작하는 한 웹은 고요하고, 친근하고, 덜 논쟁적이며 덜 무서운 곳임을 보장하고 있다.

구글은 광고 경매 방식advertising aution program을 통해 구글의 명확한 검색 기준을 맞춘 사이트들을 선호하고 그에 합당한 보상을 하고 있다.[5] 예를 들면 단순하면서 페이지 로딩 속도가 빠르고, 플래시 애니메이션이 없으며 여행 정보를 얻으려는데 난데없이 포르노 사이트에 연결되지 않는 사이트들 말이다. 구글은 또한 사용자의 컴퓨터에 악성 프로그램을 심어 넣으려는 사이트들의 접근을 제한하는 데도 선봉에 서왔다. 이런 '멀웨어malware, 악성코드'와의 싸움은 사용자들이 웹을 믿고 시간을 소비할만한 곳으로 만드는 데 일조하고 있다. 개방형 웹의 수많은 사이트들이 사용자의 컴퓨터에 바이러스를 침투시킨다면, 사람들은 악성코드에 덜 영향을 받는 것처럼 보이는 폐쇄된 IP 기반 네트워크인 '월드 가든walled gardens' 또는 '외부인 출입제한 커뮤니티gated community'로 옮겨갈 것이다.[6] 거의 없다시피 하긴 하지만 때로 구글은 문제의 소지가 있거나, 정치적 논쟁을 불러일으키고, 회사 내지 조직이 특정 사이트를 이용해 정보를 조작하려 한다거나 할 때 검색 결과를 검열하기도 한다. 그런 경우, 구글은 검색 결과에 구글의 정책을 설명하고 정당화하는 설명을 같이 내보인다.[7]

결국 이런 정책들은 웹을 청소하는 효과를 보이면서 인터넷 사용자들이 대체적으로 편리한 경험을 할 수 있도록 보장한다. 굳이 비굴하게 음란물 검열 같은 방법을 사용하지 않고도 구글은 이런 효과를 달성할 수 있다. 하지만 결과는 비슷하다. 왜냐하면 처음 구글에 접속할 때 구글의 자체 개발 필터링 기술인 '세이프서치safe search'가 디폴트default, 기본로 켜지고 또 사람들은 습관적신뢰, 타성, 조급증으로 첫 검색 결과 페이지를 지나 다음 페이지를 클릭하지 않기 때문이다. 구글은 강압적인 정책만큼이나 디폴트 환경이 통한다는 사실을 잘 알고 있다.[8] 결국 구글은 오만하다는 우려를 피해가면서 사람들의 행동은 물론, 웹 세상을 관리하고 있다. 정말 훌륭한 기술이 아닐 수 없다.

그렇다고 구글의 지배가 카이사르 시대처럼 야만적이고 독재적이라는 의미는 아니다. 율리우스 카이사르의 죽음이 로마에 극심한 혼란과 당파 분열 같은 영향을 미친 것처럼 구글의 중심부에 날카로운 비수를 꽂는 암살을 기도해야 한다는 의미도 아니다. 사실 웹을 지배하기 위해 주변에서 기회를 기다리고 있는 조직들, 즉 상업적 텔레콤 회사들이나 언론 재벌 등은 구글보다 분명 덜 신임을 받고 있다. 여러 가지 면에서 우리는 구글이 그동안 잘 통치해왔음에 감사해야 한다. 구글은 웹 상거래나 의사소통을 바람직하고, 안정적이며, 의지할만하고, 또 편하게 만들었다. 단순하고 깔끔한 인터페이스 안에 이 모든 의도들을 숨겨놓고서 구글은 사람들의 삶을 좀 더 나아지도록 하는 방법을 알고 있다는 점을 확신하려고 한다. 사람들은 이제 골치 아픈 세세한 일들에 대해서는 걱정할 필요가 없다.

하지만 구글은 어떻게 이런 상황에 도달하게 됐을까? 어떻게 소리 소문도 없이 이런 역할을 맡아서 엄청난 이익을 남길 수 있었을까? 또 국가나 회사들에 어떤 문제를 야기하고 있을까? 그리고 우리는 적어도 구글을 어떻게 통제해야 할지 고려해야 하는 건 아닐까?

[구글의 영역]

구글은 독특하다. 분명 구글의 핵심은 웹 검색 엔진 서비스에 있다. 누군가 그들 인생에 구글을 받아들인 가장 중요한 이유는 월드 와이드 웹에 있는 그 엄청난 정보를 다루기 위해서일 것이다. 하지만 웹 기반 광고의 가장 성공적인 공급자가 된 이후 구글은 무엇보다 광고 회사라 할 수 있다.[9] 검색은 사람들이 구글을 방문하는 이유다. 광고는 구글을 계속 운영하는 힘이다. 하지만 구글 이전에도 검색 엔진 회사들은 있었고, 그들 중 몇몇 경쟁자들은 아직 살아남아서 사람들과 정보를 연결하고 있다. 또 페이스북 같이 어떤 주제에 관해 표출된 사용자들의 관심과 이를 반영한 제품이나 서비스 회사를 연결하려는 회사들이 있는 것처럼, 구글 이전에 웹 광고 회사들도 있었다. 하지만 개개인의 관심과 정보를 전 세계, 실은 어디에서나 가능할 정도로 연결하겠다는 확실한 야망을 가진 기업은 없었다. 구글의 사명은 지금까지 존재했던 어떤 매체, 그리고 그 어떤 기업들과도 다르다. 이런 사실 하나만으로도 우리는 좀 더 심각하게 구글을 받아들여야 한다.

최근에 구글은 비디오나 텍스트를 사용자들에게 전달하면서 일반적인 미디어 회사로 확장했다. 중요한 건 이런 콘텐츠들을 다른 사이트에서 제공한다는 점이다. 2006년 사용자들이 올리는 짤막한 동영상을 제공하는 데 선두주자였던 유튜브를 합병함으로써 구글은 어떤 의미에서 비디오 콘텐츠의 강력한 방송국이 됐다.[10] 이런 역할을 맡게 되면서 구글과 유튜브는 2009년 여름 이란에서 일어난 반정부 시위나 2008년 버락 오바마Barack Obama의 미국 대통령 당선 등 주요한 사건의 중심부가 됐다.

2002년 이후부터 구글은 꾸준히 사람들의 삶에 필요한 역할들을 더해가면서 구글을 어디에 분류해야 할지 복잡하게 만들었다. 이제 구글은 수백만 사용자들의 이메일 호스트 역할을 한다. 2003년에는 혁신적인 무료 블로그 호스팅 서비스인 블로거Blogger를 인수했다. 소셜 네트워킹 사이트인 오르컷

Orkut을 운영하고도 있다. 오르컷은 브라질, 인도에서는 인기가 좋지만 다른 곳에서는 그렇지 않다. 또 구글 보이스Google Voice를 통해 인터넷 전화 서비스VoIP를 제공하면서 스카이프의 장거리 인터넷 전화 서비스와 경쟁하고 있으며, 구글 체크아웃Google Checkout 서비스를 통해 웹 기반 거래 대금의 지불을 용이하게 하고 있다.

구글은 소프트웨어 회사이기도 하다. 구글은 현재 워드프로세스, 엑셀, 파워포인트, 캘린더 서비스 같은 온라인 소프트웨어 서비스를 제공하고 있다. 이 서비스들은 모두 클라우드인터넷상의 서버를 통해 데이터 저장, 네트워크, 콘텐츠 사용 등 IT 관련 서비스를 한 번에 사용할 수 있는 컴퓨팅 환경─옮긴이 상에서 운영되며 서로 다른 컴퓨터에 여러 버전의 파일들을 넣어놓고 관리할 필요가 없을 뿐만 아니라, 다른 사람들과의 공동작업도 쉽게 만들었다. 지난 몇 년 동안 모질라Mozilla 사와 손잡고 오픈 소스로 운영되는 파이어폭스Firefox 브라우저를 지원했음에도, 2008년에 자체 웹 브라우저인 크롬Chrome을 출시했다. 2009년에는 클라우드 컴퓨팅을 위한 크롬 OS를 선보였는데 이는 마이크로소프트의 핵심 상품인 윈도우즈Windows에 대한 정면 도전이었다. 구글은 또한 휴대폰용의 혁신적인 개방형 플랫폼을 개발하고 있다. 이 플랫폼은 건강 기록을 온라인으로 제공하게 된다. 게다가 구글은 구글 맵스Google Maps나 스트리트뷰Street View, 구글 어스Google Earth 같은 위치 기반 내비게이션 서비스의 선두주자로, 웹을 넘어 실제 세상에까지 검색과 브라우징 능력을 넓혀나가고 있다. 무엇보다 지난 2004년부터 시작된 구글 북스Google Books 프로젝트는 수백만 권에 달하는 책을 이미 스캔했고, 그들 중 수많은 책들을 온라인상에서 무료로 이용할 수 있게 했다. 한편으로는 도서관 기능에 다가가고 있고, 다른 한편으로는 출판업자로서의 권리도 가지게 됐다. 2007년에 구글은 휴대폰 운영 시스템 계획을 발표하면서, 경쟁을 촉발하고 서비스를 향상시키기 위해 미국 정부가 휴대폰 회사에 주파수 범위를 할당하는 방식을 바꿔야 한다고 주장하기 시작했다.[11] 2005년부터는 구글 맵스, 스트리트뷰, 구글 어스처럼 지구 위에서 바라본 위성 이미지를 가지고 지구를 탐험할 수 있도록 하는 서비스를 시작하면서 실제 세계도 구글화해왔다. 오직 한 회사가 이 모든 서비스를 하고 있기 때문에 구글은 계속해서 널리 퍼져가는 구글이라는 브랜드 외에 다른 이름을 붙일 필요성을 느끼지 못한다.

이렇게 사업을 다각화하면서 구글은 다른 경쟁 회사들을 혼란스럽게, 그리고 당황스럽게 해왔다. 어떤 회사도, 심지어 마이크로소프트조차도 이런 분야에서 경쟁을 해본 적이 거의 없기 때문에 구글을 규제할 기관 역시 구글의 시장 지배력이 얼마나 되는지 짐작조차 하기 힘들다. 이메일이나 응용 프로그램, 블로그, 이미지 호스팅, 건강 기록, 휴대폰 플랫폼 등 이 모든 분야에서 구글은 다른 주요 회사들과는 다르다. 온라인 비디오, 절판된 책 검색, 온라인 광고, 그리고 웹 검색 등에서는 압도적인 우위를 지키고 있기 때문에 다른 경쟁자들은 장기적으로 구글과 경쟁하기 위해 필요한 인프라를 개발할 엄두조차 내지 못한다.

이렇게 구글은 승자가 독식하는 경주에서 월드 와이드 웹의 가장 중요한 유틸리티를 제공하면서 승자로 군림해왔다. 2008년 강력한 경기 침체로 글로벌 경제의 모든 분야가 영향을 받고 일부는 초토화되기도 했지만, 구글의 기업 가치는 200억 달러약 22조 원 이상, 그리고 전체 순수입만 40억 달러약 4조 4,000억 원에 이르는 매출을 올렸다. 2008년 당시 구글은 수천 명의 사람들을 해고하기는 했지만, 2010년에는 약 2만 명 이상의 직원들이 일하고 있었다.[12]

[충돌]

여러 분야의 시장에 진출했다는 점, 또 예측을 할 수 없을 만큼 변화무쌍하다는 점 때문에 수많은 기존 세력들은 구글을 겨냥하거나 압박하기 위해, 아니면 자신들에게 미치는 단속을 완화하기 위해 규제 기관이 개입해야 한다고 요청해왔다.

2007년 구글이 미 연방통신위원회에 새롭게 할당되는 라디오 주파수는 휴대폰 설계나 운영 방식을 공개하겠다고 약속한 회사들에만 줘야 한다고 강력히 주장하자, 주요 미국 통신 회사들은 이 제안을 제한하고 억제하기 위해 벌떼처럼 들고 일어났다. 구글이 야후에 온라인 광고 협력 방안을 제안하자, 미 규제기관들은 급히 진화에 나섰다. 다른 광고 회사들이 구글-야후 연합으로 전체 시장이 지배될 것을 두려워했기 때문이었다. 구글과 야후가 합친다면 미국에서 검색 엔진의 90퍼센트 점유율을 차지하게 될 것이다. 구글이 온라인 '배너 광고'의 선두 주자인 더블클릭DoubleClick을 인수하려 하자, 전국의 광고 회사들은 이를 저지해야 한다고 요구했다. 물론 성공하지는 못했다. 구글이 유튜브 사용자들의 저작권 침해 가능성을 차단하는 것은 거부하면서, 서비스 공급자들의 책임을 면제하는 저작권 조항에 기대려 하자, 비아콤Viacom은 이 법 조항을 바꾸기 위해 구글을 고소하는 노골적인 조치를 취했다. 인터넷 서비스 공급자 역할을 담당하던 통신 회사들이 그들 소유의 콘텐츠는 최대한 빠르게 공급하고, 비용을 지불하지 못하는 사람들에게는 서비스 질을 낮추는 식으로 인터넷 이용 방식을 변화시키려 했지만, 구글은 '네트워크 중립성'을 지켜야 한다며 로비를 했다. 이렇게 구글은 단기간에 강력한 수많은 적들을 만들었다. 구글의 대부분 입장은 대중의 이해관계네트워크 중립성을 지키는 점이나 저작권 책임에서 벗어나 있는 '피난처(safe-harbor)' 같은와 맞아떨어졌다. 강력한 사생활 보호법에 맞서 싸우는 부분들은 예외긴 하지만.[13]

구글의 임원들은 특정 시장에서 구글이 너무 독점을 하는 것 아니냐는 질문에 맞부딪칠 때면 인터넷상에서 진입 장벽은 매우 낮기 때문에, 구글이 10여 년 전에 야후나 알타비스타를 몰아낸 것처럼 혁신적인 서비스를 지닌 다른 젊은 회사들도 그럴 것이라고 항변한다. 기술이나 독점적 계약을 볼모로 사용자들의 콘텐츠나 데이터를 일종의 '감금' 상태로 만들면서 계속해서 구글 서비스를 이용할 수밖에 없게 하고서는 이런 이점을 이용해 영향력을 행사할 수도, 하려고 하지도 않는다는 것이 말이 되느냐는 질문에 구글 임원들은 사용자들이 쉽게 구글 같은 회사로 옮겨갈 수 있다는 점을 지적한다. 구글 고문 변호사인 다나 와그너Dana Wagner의 "경쟁은 한 번의 클릭으로 끝나는 것"일 뿐이라는 말처럼 말이다.[14]

물론, 이런 논의들은 실제 중요한 요인을 무시하고, 인터넷 회사들은 실체가 없고 가상적이라는 부분에 의존하는 경향이 있다. 만약 구글이 단지 영리한 사람들이나 단순한 컴퓨터 코드만의 집합체라면 이런 부분들은 타당하다. 하지만 구글 역시 연구실, 서버 팜Server Farm, 수많은 서버들이 모여 있는 곳—옮긴이, 데이터망 같은 물리적 사이트들의 집합체이다. 구글의 프로세싱 파워나 서버 공간을 따라한다는 것은 마이크로소프트를 넘어 그 어떤 회사라도 감히 상상할 수조차 없다. 다른 구글 서비스들과의 통합을 통해 얻을 수 있는 이점을 포기하면서까지 구글을 피하거나 다른 서비스로 옮길 수 있다면 와그너의 사용자 행동에 관한 주장은 타당하다.

구글은 커뮤니케이션 시장에 더욱 더 많은 사람들이 몰릴수록 서비스가 향상된다는 '네트워크 효과network effect' 개념도 무시한다.[15] 2억5,000만 명이 연결된 서비스와 비교했을 때 오직 한 사람과 연결되는 전화는 아주 제한된 가치를 가질 수밖에 없다. 유튜브는 다른 비슷한 서비스들보다 더 많은 동영상 제공자나 시청자들을 끌어들이기 때문에 비디오 플랫폼으로 더욱 가치가 있다. 더 많은 사용자들이 유튜브에 몰릴수록 유튜브 사용에 따른 더 많은 가치를 얻을 수 있고, 그래서 더 많은 사용자들이 유튜브에 몰리게 된다. 네트워크 효과는 표준화를 가져오고 독점 가능성을 야기한다.

현재 구글 서비스의 네트워크 효과는 전화나 팩스기의 확산을 통해 봐왔던 기하급수적 효과와는 다르다. 만약 전 세계에서 단 한 사람만이 G메일을 이용한다 해도 이 사용자에게는 가치가 있다. 왜냐하면 다른 일반적인 이메일 인터페이스와 호환이 잘 되기 때문이다. 하지만 단지 소수의 사람들만이 웹 검색에 구글을 이용한다면, 웹 검색을 향상시킬 수 있는 충분한 데이터를 확보하지 못할 것이다. 구글이 더 좋은 건 사용자들이 많기 때문이고, 사용자들이 더 많은 건 구글이 더 좋기 때문이다. 이는 기하학적이라기보다 산술적인 네트워크 효과다. 이는 중요하다. 구글 서비스를 선택하지 않거나 다른 서비스로 바꾸게 되면 웹 이용 능력의 저하를 가져오기 때문이다.

지금까지의 설명으로 보자면, 구글은 독점 기업이고 19세기 말 내지 20세기 초에 개발된 반독재 규정이나 법률을 통해 구글을 독점 기업으로 대하고 붕괴시켜야 한다고 주장하는 것처럼 보일 수도 있다. 하지만 구글은 독특하기 때문에 기업 간 경쟁이나 규정은 새로운 사고를 요구한다. 너무나 새로운 현상이기 때문에 과거의 비유 내지 선례가 현재 이 회사가 경쟁자들이나 사용자들에게 제공하는 도전들과 딱 맞아떨어지지는 않는다. 지금까지 구글은 사람들이 구글을 다루는 것보다 사람들을 훨씬 잘 다루고 있다. 구글에 대한 와그너의 방어 논리가 취약하다고 해서 일부 시장에서 구글의 야망에 제동을 걸거나, 구글을 여러 회사로 찢어놓으면 더 좋아질 거란 의미는 아니다. 하지만 구글이 이전의 어떤 회사와 견주어도 깊이와 넓이 면에서 다르다는 사실만으로 구글을 감시하고 우려할만한 충분한 근거가 된다. 또 경쟁사들이나 규제기관이 어떻게 구글 사업에 접근해야 하는지에 대한 일반적인 대답이 없다는 것을 의미하기도 한다. 모든 것들은 사안별로 고려해야 하고 특정 부분에 대해서는 감시의 눈길을 보내야 한다. "구글은 독점기업인가?"는 잘못된 질문이다. 대신 구글이 실제로 행하는 일이 무엇이고, 경쟁사들이 하고 있는 일이나 미래에 행할 만한 일들과 어떻게 견줄 수 있는지 조사하는 데서부터 시작해보자. 그러고 나서야 모든 것의 구글화가 의미하는 바가 무엇이고, 이미 구글화가 행한 것은 어떤 것인지를 좀 더 잘 알 수 있게 될 것이다.

[좀 더 나은 검색을 위한 검색]

우선 구글의 핵심 사업인 웹 검색부터 시작해보자. 웹 검색이 아직까지 걸음마 단계라는 점은 다들 인정한다. 야후나 구글 모두 일반적으로 엇비슷한 방식으로 검색 서비스를 하고 있고, 그렇기 때문에 어디가 훨씬 더 뛰어난 검색 결과를 제공한다고 말할 수도 없다. 사람들은 습관 내지 웹 브라우저에 기본 장착된 검색 서비스, 이메일 클라이언트, 속도 같은 서로 다른 요인들에 따라 플랫폼을 선택한다.[16] 거의 모든 검색 엔진 회사들에서 컴퓨터들은 사용자가 검색창에 써넣는 일련의 검색어를 받아들인 후 이에 맞는 방대한 웹 페이지 복사본 목록을 찾아다닌다. 그렇게 검색어에 맞아떨어지는 각각의 페이지들은 일종의 '관련성'을 판단하는 시스템을 통해 즉각 순위가 매겨진다. 구글은 이런 순위 시스템을 '페이지랭크PageRank'라 부른다. 다른 수많은 페이지들의 링크를 불러와 검색 결과 목록을 위에서부터 보여주는 식이다. 이렇게 추천된 페이지가 더 중요하거나 순위가 높을수록 페이지랭크 점수 체계 내에서 더 무게가 실리게 된다.[17] 구글 서버에 복사된 각각의 웹사이트들엔 이렇게 즉각적으로 검색 결과 페이지의 어느 곳에 위치할지가 계산된 상대적인 점수가 매겨져 있다. 구글은 이 순위가 검색어에 대한 관련성을 반영한 것이라고 주장한다. 관련성은 대체적으로 가치가 있다는 것을 의미하지만, 이는 상대적이고 우발적이다. 왜냐하면 관련성은 단순히 검색 그 자체가 아니라 개인이 과거에 검색했던 검색 히스토리에 기인해 특정상황에 맞게 계산되기 때문이다. 이런 이유로 대부분의 웹 검색 회사들은 이전의 검색 기록을 보유하면서 사용자가 어느 곳에 있느냐에 주목한다. 이런 접근방식이 일반적이고, 대부분의 상황에서 사용자들에 잘 들어맞는다. 하지만 수많은 검색 엔진 회사들은 검색어가 입력됐을 때 컴퓨터가 좀 더 깊이 '사고' 하도록 총력을 기울여왔다. 2008년 이후 사람들은 검색어의 의도나 맥락을 이해하는 능력에 크게 의존하는, 기존과 다른 검색 방식을 제공하는 수많은 검색 엔진들이 출몰하는 것을 봐왔다. 그리고 구글은 당연하게, 정기적으로 검색 방식을 바꾸고 있다.

2008년 불명예스럽게 등장한 쿨Cuil 검색엔진은 일단의 전직 구글 직원들이 만들었다. 쿨의 출시는 과도한 홍보와 관심으로 엉망이 됐다. 첫 출시 후 3일간 사용자들은 이 시스템이 굉장히 느리고 허점이 많다는 사실을 발견했다. 쿨은 마이크로소프트의 검색 엔진인 빙Bing이나 구글보다 훨씬 더 많은 자료 목록을 찾는다고 자랑한다. 그리고 쿨은 가능성 있는 결과 페이지의 인기도만을 따지는 페이지랭크보다 가장 기본적인 의미 분석을 통해 관련성을 더 잘 판단할 수 있다고 주장한다. 2009년 여름까지 쿨은 기본적인 검색에서는 상당히 훌륭한 결과를 내보였지만, 아무도 알지 못한 듯했다. 가장 중요한 것은 쿨이 구글이나 다른 검색 엔진이 사용자의 웹 브라우저에 남겨 각종 정보를 확인할 수 있는 로그 기록이나 쿠키 같은 사용자 데이터를 수집하지 않기로 공언했다는 점이다. 왜냐하면 쿨은 사람들이 무슨 생각을 하느냐보다, 가능한 결과 페이지가 의미하는 게 무엇이냐에 더 관심이 있었기 때문이다. 쿨은 혁신적인 검색 서비스지만 최악의 비즈니스와 홍보로 고생을 해야 했다.[18]

2009년 초, 괴짜 사업가이자 과학자인 스티븐 울프람Stephan Wolfram은 본인 스스로 '컴퓨터 지식 엔진computational knowledge engine' 이라 부르는 울프람 알파Wolfram Alpha 검색 엔진을 선보였다. 울프람은 미국의 웹 전문가들을 상대로 일련의 소규모 시연회를 열면서 호기심을 자아내고 관심을 이끌어낼 수 있었다. 일반 상업적 검색 엔진과 달리, 알파는 질문에 공공연하게 사용 가능한 웹이나 동영상 페이지를 찾도록 설계되지 않았다. 심지어 웹사이트를 목록화 하지도 않는다. 그렇기 때문에 사용자나 광고주들에게 알파의 효용성은 한계가 있다. 하지만 지식의 관리나 발견이라는 개념으로 보면 알파는 혁명적 잠재력이 있다. 알파에게 "암모니아 분자는 몇 개의 원자로 이뤄져 있을까?"라고 물어본다면 알파는 당신에게 답을 줄 것이다. 알파는 사실을 찾는다. 때로는 다른 별개의 데이터베이스를 통해 새로운 정보를 연산하면서 사실을 생성하기도 한다. 울프람 알파는 특정 시장에서 어떤 방식으로든 구글과 경쟁하려 하지 않는다비록 구글 웹 검색은 같은 질문에 야후 앤서즈(Yahoo Answers)에서 끌어온 페이지를 상단에 링크해놓고 사용자들을 안내하긴 하겠지만. 그럼에도 알파가 성공을 하게 된다면 수많은 구글 검색어 중에서 약간의 과학적 질문들을 옮겨울 수 있게 될 것이다. 그래도 구글은 거의 눈치를 채지 못할 것이다. 알파의 기술적 요소들을 구글 서비스에 차용하기로 결정하지 않는다면 말이다. 울프람 알파가 기계 기반의 지식 발전에 유용한 실험을 제공하면서 기여했다는 점은 분명하다. 하지만 울프람 알파는 쇼핑을 위한 게 아니다.[19] 전 세계 사람들에게 영향을 미치는 구글과는 전혀 다르고, 또 웹 검색이나 일반적인 정보에 주요한 회사가 되기보다는 의미있는 기업으로 남으려는 의도로 설계된 것이다.

현재 주요 검색 엔진은 질문에 대한 의미를 '읽지' 않는다. 단순히 '항해'할 뿐이다. 즉 가리킬 뿐이다. 하지만 모든 거대 검색 회사들그리고 대부분의 작은 검색 회사들도 마찬가지로은 검색 산업에서 '시맨틱 검색semantic search'으로 알려진, 검색어의 맥락상 의미에 맞게 검색하는 작업을 진행하고 있다. 예를 들면 2001년에 사용자가 '노르웨이의 수도는 어디?'라고 구글에 입력했다면 '노르웨이의 수도는 어디?'라는 문장이 포함된 일련의 페이지를 보여줬을 것이다. 반면 컴퓨터 과학자나 언어학자들이 부르는 '자연 언어natural language'를 읽는 시맨틱 검색 엔진은 사람들이 쓰는 용어의 패턴을 이해하고, '노르웨이의 수도는 어디?'라고 물었을 때 사용자들이 질문에 대한 답을 원하는 것이지 단순히 똑같은 질문을 하는 다른 일련의 페이지를 원하는 것이 아니라고 예측한다. 자연 언어, 즉 시맨틱 검색 시스템 생성의 목적을 달성하기 위해 검색 회사들에겐 두 가지 요소가 필요하다. 언어학이나 논리학, 컴퓨터 공학 분야의 훌륭한 전문가와 인간이 만들어내는 방대한 언어를 바탕으로 복잡한 통계적 분석을 할 수 있는 컴퓨터가 그것이다. 수많은 검색 회사들은 전자를 구비하고 있다. 오로지 구글, 야후, 그리고 마이크로소프트만이 후자를 갖추고 있다. 그들 중에서 구글이 다른 기업들을 이끌고 있다.

구글이 세계에서 가장 큰 몇몇 도서관들로부터 수백만 권의 책을 열정적으로 스캔하고 '읽는' 것도 우연이 아니다. 구글은 수많은 상황에서의 수많은 언어들을 통해 자연 언어 검색을 할 수 있을 만큼의 알고리즘을 생성하기 위해 충분한 문법이나 용어 사례를 수집하길 원한다. 구글은 이미 검색 프로세스에 시맨틱 분석 요소를 배치해놓고 있다. 페이지랭크는 더 이상 평등하거나 민주적이지 않다. 2009년 7월에 구글 검색창에 '노르웨이의 수도는 어디?'라는 검색어를 쳤더니 프린스턴 대학교에서 운영하는 웹 데피니션web Definition 사이트의 '오슬로'가 맨 위에 있었다. 그 다음 결과는 위키피디아의 '오슬로'였다.

이미 한 검색 회사가 시맨틱 검색과 커뮤니티에 기반을 두고 자료의 질을 평가하는 방식을 결합한 모델을 만드는 데 최선의 노력을 기울이고 있다. 이런 기준에 의하면 하키아Hakia는 이 세상 최고의 검색 엔진이 될 것이다. 하키아는 의학 정보에 정통할 뿐만 아니라, 의학 전문가들을 동원해 검색 가능한 결과 사이트의 가치나 유효성을 평가한다. 그렇다고 검색 결과가 대체적으로 구글보다 확실하게 뛰어난 것도 아니다. 하키아가 수많은 검색에서 의학 저널 결과를 상위에 올리는 건 확실하다.[20] 하지만 2009년 7월에 'IT 밴드IT band'라는 검색어를 놓고 구글과 하키아를 비교 검색해본 결과 하키아의 검색 결과가 부적절한 반면 구글에서의 검색 결과는 훌륭했다. 구글은 곧바로 마요 클리닉Mayo Clinic의 정형외과 사이트로 안내해 엉덩이에서 무릎에 이르는 인대 조직이 만성적으로 조이거나 고통을 주는 질병의학적으로 '장경인대 증후군'으로 알려진이라고 알려줬다. 의학 전문 검색 사이트인 하키아는 위키피디아의 '더 밴드The Band'로 안내했는데, '더 밴드'는 1965년과 1966년 밥 딜런Bob Dylan을 영입하면서 처음으로 국제무대에서 갈채를 받기 시작한 밴드로

1976년 팀이 해체될 때까지 미국 음악계의 거장으로 맹활약을 펼쳤다.[21]

야후가 검색 게임에 머무르려고 노력하는 동안, 두 거대한 검색 엔진 구글과 마이크로소프트는 계속해서 서로 전투를 벌이고 있다. 단순히 검색 엔진 분야에만 한정된 것도 아니다. 구글이 점점 더 공격적으로 다른 분야에 진출하면서, 컴퓨터 소프트웨어뿐만 아니라 온라인 서비스까지 싸움의 장이 커지고 있다. 2009년 6월, 마이크로소프트는 야후와 손잡고 라이브 서치Live Search 엔진을 완전히 개조한 빙Bing이라는 검색 엔진을 내놓았다. 구글과 차별화하기 위해 마이크로소프트는 빙이 검색 엔진이 아니라 '결정 엔진decision engine, 네티즌들의 의사 결정을 도울 수 있는 검색 엔진이라는 뜻_옮긴이' 이라고 광고했다. 여행이나 쇼핑, 건강, 그리고 지역 정보 등으로 특화했다. 즉 울프람 알파가 구글에서 일부 검색이 떨어져 나오도록 실험한다면, 마이크로소프트는 소비자들을 끌어오길 희망한다. 마이크로소프트는 광고를 통해 사용자들이 단순히 물건을 구입하려고 할 때에도 구글은 잡다한 것, 즉 너무 많은 정보를 제공한다고 조롱한다. 초기에 빙은 야후로부터 끌어온 사용자들로 강하게 밀어붙이는 듯 보였으나, 미국 검색 시장에서 구글에 강력한 위협이 되지는 못했다.[22]

2009년 7월, 마이크로소프트가 다시 그들의 핵심 사업, 즉 돈을 만들어내는 활동인 웹 검색과 광고에 초점을 맞추게 할 목적으로 빙을 발표했을 때, 구글은 작고 값싼 컴퓨터인 넷북에서 가볍고 깔끔하게 잘 돌아가는 컴퓨터 운영 시스템을 개발한다고 발표하면서 반격을 가했다. 크롬 OS웹 브라우저인 크롬과 같은로 알려진 이 운영 시스템은 예를 들면 단순하게 크롬 같은 브라우저만을 운영한다. 이 OS는 웹 서비스를 용이하게 한다. 사용자들을 마이크로소프트 윈도우나 오피스처럼 설계된 프로그램으로 부터 떨어져나가게 하면서,

구글 닥스Google Docs 같은 프로그램으로 옮겨가게 한다는 것이다. 현실적으로 구글의 이런 계획은 퍼스널 컴퓨터 소프트웨어 시장을 장악하고 있는 마이크로소프트에 단기적으로, 또 직접적으로 위협이 되지는 않는다. 하지만 시간이 흐를수록 가격에 더 민감하고, 연산 능력보다 인터넷 연결에 더 관심을 갖는 개발도상국 같은 신흥 시장을 갉아먹을 수도 있다.

이 모든 것들이 두 거대 기업 간에 추는 춤 장단의 일부로 나타났다. 이런 춤이 펼쳐지는 경연장 중에는 법정, 그리고 규제기관도 있다. 마이크로소프트는 지난 2000년에 심각한 법률적 타격을 입었다. 미국과 유럽의 규제기관들이 웹브라우저 시장에서 경쟁을 제한하는 마이크로소프트의 관행에 철퇴를 가했고, 수많은 시장에서 마이크로소프트의 이점을 제한하겠다고 위협을 했던 것이다. 2008년 마이크로소프트는 규제기관들이 구글의 야망과 계획을 실행하지 못하도록 압력을 가하고 있다. 2008년 마이크로소프트의 결정적인 이의 제기로 구글과 야후의 웹 광고 협력 방안이 폐기되기도 했다.[23]

빙은 구글의 핵심 수익원에 위협이 되지 않았다. 크롬 역시 마이크로소프트의 주 수익원을 위협하지 않을 것이다. 하지만 세상에 어떤 변화가 일어나게 되면 구글이나 마이크로소프트 중 한 회사는 특히 조직이나 직원새로운 회사의 압력이나 소비자들의 논란, 정부 조치 등 때문에 등이 큰 변화를 겪게 될 것이고, 다른 회사는 이를 이용할 태세를 갖출 것이다.

유럽과 북미에서 구글의 검색 시장 점령에 가장 흥미롭게 나타난 반응은 쿠에로Quero였다. 2005년 프랑스와 독일 정부가 협력해서 자금 지원을 했고, EU의 지원을 받은 쿠에로는 구글에 내재돼있는 미국 문화에 대한 편견을 바로잡자는 의도로 개발됐다. 하지만 자금 지원이 충분하지 않았고, 개발은 지지부진했다. 이 프로젝트는 쿠에로의 영역과 역할을 놓고 프랑스와 독일의 이견을 해결할 수 없어 2007년에 접게 됐다. 2010년 구글은 유럽 웹 사용자들에 전례가 없을 정도로 인기를 끌고 있다.

이런 새로운 시도들은 구글이 검색 시장에서 가지고 있는 중요한 부분들을 잡아떼 낼 정도로 강력하지는 않다. 구글의 영역은 잘 진행되고 있기에 약간 더 좋은 서비스나 검색 결과, 또는 인터페이스 디자인이 사용자들에게는 별로 영향을 미치지 못한다. 대부분의 사용자들에게 현재의 구글은 가장 편한 선택이고, 구글의 여러 서비스들이 유용하다는 점은 부인할 수 없다. 그래서 자연스럽게 구글의 세계에 머무르기 쉽다. 하지만 의식적으로 이를 뛰어넘으려 해야 한다. 4장에서 논의하겠지만, 구글의 지배력은 전 세계에서 가장 흥미로운 시장인 일본, 한국, 러시아, 그리고 중국을 제외한 시장에만 적용된다. 하지만 궁극적으로 어디서든 행해지는 수많은 검색에 대한 구글의 지배력은 만약 웹의 지적 · 문화적 건강을 우려한다면 중요한 문제가 된다. 구글화로 인한 경제적 영향이 걱정된다면, 우리는 돈만 따라가면 된다. 사용자들에게 시장점유율 같은 문제는 별로 상관이 없다. 하지만 웹상에 광고를 하는 회사들은 그렇지 못하다.

[광고]

적어도 수익 창출만 놓고 보면, 구글의 핵심 사업은 검색을 용이하게 하는 것이 아니다. 광고 공간을 파는 것이다. 아니 광고주들에게 사람들의 관심을 팔고, 그 관심에 접근하는 비용과 그런 광고들의 상대적인 노출 정도를 관리하는 것이다. 이 분야에서 구글은 성공 그 이상이다. 정말 대단하다.

구글 이전 시대에 회사들은 잠재 고객들에게 광고를 통해 정보를 제공하면서 제품을 팔았다. 구글은 이 모델을 완벽하게 바꿨다. 구글은 앞서 언급한 바 있지만, 사실 사용자들의 관심과 충성도를 기반으로 한다. 구글은 겉보기에는 사용자들이 찾는 정보를 공짜로 제공하면서, 한편으로는 수백만 구글 사용자들이 매일 공짜로 웹에 제공하는 기가바이트 급의 개인 정보와 창의적인 콘텐츠를 수집해 광고주들에게 이를 판다. 주요 광고 프로그램인 애드워즈AdWords를 통해 구글은 검색 결과 오른쪽 단에 위치한 광고 목록에서 어떤 광고를 가장 위로 올릴지 위치를 결정하기 위해 광고주들을 대상으로 즉석 경매를 실시한다.

구글을 사용하는 것은 공짜와는 거리가 멀다.[24] 인터넷을 이용하려면 선불로 지급한 비용컴퓨터 하드웨어, 그리고 정기적인 유지비용인터넷 서비스 등이 발생하지만, 구글이 이런 비용들을 통해 얻는 수익은 없다. 구글의 진짜 고객들은 광고주들이다. 광고주들은 구글에 비용을 지불하고 '일반 검색 결과organic results'의 테두리를 둘러싼 '스폰서 검색 결과sponsored results' 목록의 최상층에 오르기 위해 경매에서 경쟁을 벌인다. 콘텐츠 생성자들은 구글 검색목록에 오르고, 링크되며, 또 검색 순위에 오르는 특권을 위해 구글의 접근을 수동적으로 받아들였다. 그렇게 되면 누가 무엇에 관심이 있는지에 대한 데이터가 축적이 되고, 잠재 고객에 대한 접근권은 상당한 이익을 남기면서 광고주들에게 팔린다.

모든 것의 구글화가 초래하는 불편한 영향력이 명확해지기 시작하고, 그런 문제들을 다루려는 현재의 노력들이 충분하지 않다는 데서 문제가 시작된다. 구글이 과도한 점유율을 가지고 있고, 놀랄만한 권력을 과시하는 한 시장이 있다면, 그것은 바로 웹에 기반을 둔 광고 시장이다. 2008년에 구글은 온라인 광고를 통해 전체 매출액 중 97퍼센트에 달하는 수입을 벌어들였다. 그와는 반대로 마이크로소프트는 2008년에 온라인 광고 사업에서 12억 달러 약 1조 3,000억 원 적자를 봤다. 구글은 사람들의 관심에 대한 대가로 거의 대부분의 서비스를 무료로 제공하는 걸 핵심 사업으로 한다. 마이크로소프트는 소비자들에게 성공적으로 소프트웨어를 임대해 지난 15년 동안 전 세계 50위 안에 드는 부자 회사로 컸다. 이런 관점에서 보면, 마이크로소프트가 구글과 똑같은 사업을 하는 것으로 생각하는 건 부적절하다. 검색 엔진 광고 분야에서 구글의 지배에 가장 걱정을 기울이는 상대는 표면적으로 드러난 구글의 경쟁자가 아니라, 모든 검색 결과의 바로 상단이나 오른쪽에 위치한 작은 글 상자를 구매하는 회사들, 즉 광고주들 자신이다.

구글이 '연관 광고contextual advertising'를 처음 개발한 건 아니지만, 연관 광고에 익숙한 것은 분명 사실이다. 오래전에 사라진 검색 엔진 회사 고투닷컴GoTo.com은 1998년에 검색 결과와 광고를 연결하는 방식을 개발했다.[25] 구글이 2002년에 이 기법을 수용하기로 결정했을 당시, 구글은 검색어 주위에 가장 좋은 자리를 파는 실시간 경매instant auction라는 기발한 방식을 도입했다. 만약 사용자가 검색창에 '신발'이란 단어를 넣으면, 구글 컴퓨터는 신발업체에 즉각 경매 입찰을 요청한다. 회사가 지불할 금액의 한도를 정해놓은 상태에서 클릭 당 가장 큰 돈을 건 회사, 즉 최대 입찰자가 가장 높은 자리를 차지한다.[26]

대기업보다는 소규모 회사들이 이런 방식에 관심을 보여 왔다. 대기업들은 광고에 돈을 쏟을 만한 여력이 있다. 소규모 회사들은 가능하면 조심스럽게 광고 대상을 정해야 한다. 이들 소규모 회사들은 수백만 명의 사람들에게 도수가 낮은 특정 브랜드 맥주를 사야한다고 소리칠 필요가 없다. 예를 들면

바바리아Bavaria 같은 맥주에 관심을 갖는 잠재 고객들의 관심만 끌면 된다. 이런 이유로, 구글은 검색 패턴이 어떤 행동으로 이어지는지 이해할 필요가 있다. 만약 구글이 검색자에 맞춰서 오로지 국내 신발 가게 또는 바이에른산 맥주를 보여주는 등 사용자에 맞게 광고를 배치할 수 있다면 광고 당 클릭수를 높일 수 있을 것이다. 이런 방식은 소기업들이 광고 시장이나 사업 분야에서 밀려나지 않고 수익을 최대화할 수 있도록 만든다. 하루에 몇 차례 광고를 틀고는 수백만 달러를 벌어들이는 방송 네트워크 모델을 이용하는 대신, 구글은 하루에 수많은 클릭을 통해 조금씩 돈을 늘려가면서 수익을 낸다. 게다가 구글은 광고주들에게 이런 광고가 관심 있는 고객들을 더 끌어들일 수 있을 것이라고 주장한다. 고비용의 방송 광고에서는 그런 명확한 피드백을 받을 수 없다.[27]

구글이 광고 자리를 만들고 파는 데 사용하는 방식은 정말 대단하다. 구글은 낙찰자들이 입찰 금액 그 이상으로 돈을 지불하지 않아도 된다는 점을 보장하는 생소한 경매 시스템을 사용한다. 검색이 시작되는 순간 입찰은 역동적으로 일어난다. 검색 결과 페이지의 어느 곳에 광고 링크를 걸지의 순서는 수많은 요인들로 결정된다. 개개인들의 웹 사용 습관이나 선호도, 그리고 특정 지역에 살고 있는 사용자들그래서 확실한 지역 결과가 나타날 수 있도록 등이 그것이다. 구글은 낙찰자가 입찰한 금액이 아닌 차점자가 입찰한 금액을 청구한다. 그래서 입찰자들은 불필요하게 높은 '속임수' 입찰을 두려워할 필요가 없다. 그렇게 소규모 기업들이 대기업들과 경쟁할 수 있도록 돕는다. 그리고 '신발'이나 '자동차' 같은 검색어가 검색창 옆 가장 높은 자리를 차지하기 위해서는 입찰 금액도 금액이지만, 입찰자의 웹페이지 '품질'도 일정 부분 중요하다. 즉, '신발'이나 '자동차' 같은 검색어에 입찰한 회사들은 실제로 신발과 자동차를 제공한다는 점을 확실하게 해야 한다는 것이다. 그래서 고객들은 '유인 상술' 전략에 희생양이 되지 않고 구글 광고에 신뢰를 유지한다. 이는 사용자들이 구글 서비스에 만족할 수 있게 할 뿐만 아니라 위에서 언급했던 것처럼 웹을 깨끗하게 유지하는 데도 도움이 된다. 만약 회사의 웹사이트가 그 의도를 말하지 않거나, 또 말한 의도와는 다르게 사이트가 운영되고 사용자의 컴퓨터에 악성 코드를 설치하며, 조잡하고 복잡하다면 입찰가가 아무리 높더라도 구글은 광고를 받지 않을 것이다. 이런 시스템은 일반적으로 광고주들은 물론 사용자들을 행복하게 하고, 구글 주주들은 더욱 행복하게 한다.[28]

구글은 온라인 광고 시장에서의 지위를 명백하게 남용하지 않았다. 하지만 수많은 인기 검색어에 대해서는 최소 입찰 비용을 계속 늘려왔다. 구글의 연관 광고나 실시간 경매는 종종 소규모 회사들의 관심을 끌었다. 하지만 구글 멋대로 책정하는 입찰가는 구글을 가장 중요한 광고 통로로 의존해왔던 소규모 회사들을 몰아내기도 한다. 여기엔 구글의 잠재적 경쟁 회사들도 포함된다. 이런 부분들이 야비하긴 하지만 그렇다고 불법적이지는 않다. 만약 구글의 광고 독점과 이에 따른 수입이 법적으로 문제가 된다면, 내부보조cross-subsidization, 동일 산업 내에서 한 부문의 결손을 다른 부문에서 나오는 이익금으로 충당하는 것-옮긴이라 불리는 민감한 사안 때문이다.

구글은 사람들의 삶에 끼치는 중요성, 즉 네트워크 효과를 이용할 수 있고, 여분의 수익을 온라인 문서 사업 같은 다른 사업에 지원하면서 하찮게 생각할 수도 있다. 아직까지는 이런 과정들이 마이크로소프트에 직접적인 위협은 되지 않고 있다. 노트북에서 글을 쓰기 위해 마이크로소프트 워드를 사용하는 대신 '클라우드'로 이탈하는 수천여 명의 고객들에 대해 아직까지는 버틸 수 있기 때문이다. 하지만 웹 기반 워드 프로세서를 제공하는 조호Zoho 나 싱크프리Thinkfree, 라이틀리Writely, 그리고 아약스라이트Ajaxwrite 같은 소규모 창의적인 회사들에는 심각한 위협이 되고 있다.

〈뉴요커New Yorker〉의 수잔 올리안Susan Orlean 기자에게 글을 쓸 때 왜 구글 닥스를 이용하느냐고 묻자, 그녀는 클라우드가 매우 편리하다는 사실을 알았다고 답했다. 그녀는 "새로운 책을 두세 대의 다른 컴퓨터에서 작업하고 있는데, 각각의 컴퓨터에 서로 다른 버전의 글들이 있어 어떤 게 최근에 쓴 문서인지 기억해야 하는 게 짜증이 난다"고 답을 보냈다. "어쩌다 구글 닥스를 알게 됐고, 모든 컴퓨터에서 동기화가 가능하겠다 싶어 한번 이용해봤는데 너무 간단하고 깔끔해서 좋아하게 됐다. 복잡한 프로그램이라기보다 타이핑 용지 같다고나 할까." 더 훌륭한 서비스인 조호를 이용해볼 생각은 없느냐고 묻자, 그녀는 "그럴 생각은 없다. 다른 작은 기업들은 사라져버릴지 몰라도 내 문서와 함께 구글은 오랫동안 망하지는 않을 거라고 신뢰하기 때문이다"라고 답했다.[29]

만약 구글이 고수익 사업에서 돈을 끌어와 망할 걸 각오하고 이런 활동들에 보조를 한다면, 그리고 이런 활동들이 조호 같은 혁신적 잠재력을 지닌 경쟁자들을 죽이는 일이라면, 구글은 어느 정도의 선을 넘어 위태위태한 법률적 영역으로 넘어온 것이다. 이는 마이크로소프트가 1990년대에 이미 경험했던 것으로, 당시 마이크로소프트는 데스크톱 소프트웨어 시장에서의 고수익 지배력을 이용해 인터넷 익스플로러 웹브라우저를 보조하고 강화했다. 당시 마이크로소프트는 원조 상업용 브라우저인 넷스케이프를 포함해 몇몇 창의적인 경쟁자들을 고사시킬 수 있었다. 현재 브라우저 시장에 남아있는 유일한 주요 경쟁자들은 애플의 사파리Safari, 이 역시 애플의 고수익 벤처사업을 통해 보조를 받는다와 모질라Mozilla의 오픈 소스 브라우저인 파이어폭스Firefox뿐이다. 익스플로러는 전 세계 70퍼센트 이상의 컴퓨터에서 오랜 기간 동안 기본 브라우저였다.[30] 최근에 파이어폭스가 익스플로러를 대체하고는 있지만 아직도 전 세계 개인용 컴퓨터의 90퍼센트 이상이 선택한 운영 시스템인 윈도우와 함께 설치되고 있다. 마이크로소프트는 법률 소송에서 패했지만 전쟁에서는 승리했다.

경쟁은 공정하든, 부당하든, 구글과 다른 강력한 이해당사자들이 벌이고 있는 알력의 한 부분이다. 점점 더 구글은 웹에 콘텐츠를 제공하는 회사들의 공격 대상이 되고 있다. 왜냐하면 그들이 대체적으로 많은 돈을 벌어들이는 데 실패하고 있는 반면 구글은 엄청난 돈을 벌어들이기 때문이다.

[무임승차]

남들에게 보이기 위해 블로그에 글을 올리든, 제품 리뷰를 쓰든, 사진을 올리든, 짧은 동영상을 만들든 구글은 이를 찾아낸다. 그리고 구글은 이 모든 것들을 복사한다. 모든 검색 엔진들은 그들이 찾아낸 것들을 '캐시cache, 컴퓨터의 성능을 향상시키기 위해 사용되는 소형 고속 기억 장치-옮긴이'에 복사해야 한다. 그래야 컴퓨터가 빨리 검색을 수행할 수 있기 때문이다. 다른 사람들이 검색어와 관련 있는 콘텐츠를 검색할 때, 구글은 위에서 언급한 애드워즈 경매 프로그램을 통해 주 수입원이 되는 광고를 검색 결과 옆에 배치한다. 어떤 의미에서는 구글이 수많은 콘텐츠 생산자들이 만들어낸 창의적인 콘텐츠에 무임승차한다고 말할 수도 있다. 하지만 결코 무임은 아니다. 계약서를 놓고 협상을 벌인

적은 없지만, 사람들은 기본적으로 검색이 된다는 특전과 맞바꿔 검색 엔진들이 그들 콘텐츠를 복사하고, 판단하고, 순위를 매기고, 사람들과 연결하면서 돈을 벌어도 좋다고 동의참여지 않겠다거나 적극적으로 부정하지 않음으로 인한한 것일수도 있기 때문이다. 결국, 다른 사람들이 찾을 수 없다면 왜 웹에 콘텐츠를올리겠는가? 그리고 확실하게 모든 검색 엔진에서 검색이 되지 않도록단지 한두 개 검색 엔진들에서만 검색이 되지 않게 하고 다른 곳에서 허용하는 것은 절대 간단하지 않다 하는 것도불가능하다. 사람들은 구글과의 관계에서 상당히 좋은 거래를 하고 있긴 하지만, 공정한 협상을 통한 거래는 아니다. 하지만 이에 불평할 여지도 없다. 구글은 웹을 합리적이고 누구나 항해할 수 있는 공간으로 만들기 위한 기술에 수십억 달러를 투자하고 있기 때문이다. 그렇기 때문에 만약 우리가 우리의 작업을 다른 사람들이 웹에서 알아차리도록 노력하는 사업에 종사하고있다면, 구글이 우리를 잘 부각시켜주는 데 감사해야 할 것이다.

그러면 무임승차에서 무엇이 무임이라는 걸까? 단순히 경제용어로만 보자면 무임승객은 자신의 응당한 몫보다 훨씬 더 제한된 자원을 소비하거나제품 또는 서비스 비용을 최대한 줄이려고 하는 사람들이다.[31] 경제학자들은 무임승객들을 문제라고 보는데, 왜냐하면 이들 무임승객들이 생산의 저하 내지 공공 자원의 과도한 사용을 유발할 수 있기 때문이다. 만약 영국에서대부분의 사람들이 시청료를 내는데, 소수의 사람들이 세금을 내지 않고 TV시청을 한다면, 세금을 내는 기준이 무너지면서 더 많은 사람들이 법을 조롱하게 될 것이다. 예를 들어 수많은 사람들이 리스본 전철 개찰구를 뛰어넘어들어간다면 운임을 내는 소수의 사람들이 지하철 서비스를 유지하는 짐을지게 될 것이다. 만약 무임승차가 기준이 된다면 전반적인 시스템은 무너질수 있다. 만약 노동조합이 회사 직원들을 위해 임금 인상 또는 수당을 확보하는 데 성공했다면, 노조 가입 내지 노조비 내는 것을 거부하는 몇몇 직원들은 노조의 노력에 무임승차를 하고 있는 것이다.[32]

무임승객 문제를 보는 또 다른 시각으로, 노동조합이나 공공재, 공공자원 대신 개별 회사들의 행동에 대한 논쟁이 있을 수도 있다. 즉 회사들이 일반 대중들에 비용이 많이 드는긴급 직통 전화선 같은 서비스를 제공하는데, 유통업자들이 적정 가격 이하로 이 서비스를 팔게 되면, 전체 비용에 손해를 초래하면서 제조업체들이 서비스 공급에 따른 이익을 얻는 데 실패하게 만들 수도 있다는 것이다. 이런 논란은 제조업자들이 유통업체들에 자사 제품 가격을 제한할 수 있도록 명문화하는 데 도움을 줬다. 이런 제한이 비록 가격을 인위적으로 높게 하고, 경쟁을 제한할 수도 있지만 말이다. 이런 논란들은 출판업체들이 아마존에게 너무 낮은 가격에 책들을 공급하거나 광고하지 못하도록 노력하는 시도에서도 볼 수 있다.[33]

그렇다면 구글은 이런 문제들과 어떤 관련이 있을까? 아마 상상 그 이상일 것이다. 우리네 삶은 다른 재화나 서비스의 가치를 향상하도록 만들어진 제품들과 서비스로 가득하다. 이는 여러 면에서 구글이 행하는 방식이다. 사람들이 구입하는 재화들은 일반적으로 다른 제품들의 대체적 성격을 지니고 있다. 예를 들면 텔레비전 만능 리모컨이나 자동차 충전지가 그렇다. 구글이 다른 회사들의 투자에 무임승차한다고 비난을 받는 여러 사례가 있지만, 사실 구글은 원서비스의 일부를 좀 더 저렴하고 효과적으로 공급하고 있을 뿐이다. 하지만 국가에서 승인한 독점, 즉 저작권 때문에 정보 세상에서 구글이 하는 역할은 가격이 싼 전구가 가전 기구 분야에서 하는 역할과는 달리 상당히 복잡하다.

어떤 법원도 구글의 핵심 사업을 위태롭게 할 정도로 심각하게 이런 논란을 받아들인 적은 없지만, 점점 더 많은 회사들이 구글에 대해 다른 회사들의 창의적인 작업이나 투자에 무임승차하고 있다는 투로 불만의 목소리를 높이고 있다. 그러나 여러 이유들로 이는 별 소용이 없는 것처럼 보인다. 특히 구글이 온라인 콘텐츠 사업나중에 살펴보겠지만, 실제 세상에 속해있는 것들은 제외하고을 하는 데 있어적어도 미국에서만큼은 강력한 법적 기반을 가지고 있다는 점에서 그렇다. 2003년의 기념비적인 검색 엔진법 조항에서 이미 검색 엔진은 모든 사람들을 위해 웹이 기능을 잘하도록 타인의 작업을 복사할 수 있다는, 아니 사실은 복사해야 한다는 선례를 정해놓았다.[34] 그리고 정당한 사용Fair Use을 표방하는 미국 저작권 개념은 만약 정보 유통의 목적이 교육 같은 공공의 선을 증대하거나, 현재의 상황 내지 논쟁을 대중들에게 알리거나, 원작을 변형해 더 좋은 작품으로 재창조하는 역할을 어느 정도 수행한다면 저작권 있는 작품의 일부를 복사해서 유통하려는 누구라도 이를 막을 수 없게 했다. 그렇기 때문에 구글은 누군가의 사이트를 스캔할 때 당당할 수 있다. 사용자들이 링크의 적절성을 결정하는 데 도움이 되도록 일부 텍스트를 뽑아오는 것이기 때문이다.[35]

하지만 유럽에서는 얘기가 완전히 달라진다. 2007년 벨기에 신문 유통 기구는 구글이 벨기에 신문들의 콘텐츠를 구글 뉴스에서 검색되도록 마구 가져다 쓴다면서 벌인 소송에서 승소했다. 유럽 저작권법에는 정당한 사용 조항이 없기 때문에, 유럽 사법부는 한 당사자가 상대의 권리를 침해하지 않았는지의 여부를 결정할 때, 다른 나라와는 달리 좀 더 구체적으로 정의된 요인들을 고려한다. 그 이후로 구글은 미국 신문들과 달리 유럽 신문사들에는 주요 구글 서비스의 검색 허용 여부에 대한 선택권 특혜를 주면서 협력관계를 맺기 시작했다.[36]

이렇게 합의를 봤다고 해서 기존 미디어들의 불평을 막지는 못했다. 미디어 황제 루퍼트 머독Rupert Murdoch은 일반적으로는 웹을, 특별하게는 머독의 뉴스 코퍼레이션News Corporation을 돈벌이로 삼는 구글에 엄포를 놓았다. "구글이 저작권을 훔쳐가는 것을 그냥 내버려둬야 합니까?" 2009년 4월 머독은 이렇게 말했다.[37] 2009년 6월 주요 연설에서 〈월스트리트 저널〉 발행인 레스 힌튼Les Hinton은 다음과 같이 말했다.

"구글의 역사를 관대하게 바라보는 눈길이 있다. 사실 구글은 동굴에서 디지털 뱀파이어 그 자체로 태동하지는 않았다. 구글을 관대하게 바라보니, 신문 산업 스스로가 구글의 입맛에 딱 맞는 피를 먹여줬던 것이다."

힌튼은 신문 산업이 뉴스 콘텐츠를 웹상에 공짜로 제공하는 실수를 저질렀고 그래서 "구글의 송곳니에 물기 좋게 먹잇감을 딱 대줬던 것이다. 만약 신문사들이 달리 접근했다면 무슨 일이 일어났을지는 아무도 모른다"면서 비판해나갔다.[38] 〈월스트리트 저널〉 편집장 로버트 톰슨Robert Thompson은 구글을 촌충에 비유하면서 더 강하게 비판했다. 그는 2009년 4월 한 오스트레일리아 신문과의 인터뷰에서 "콘텐츠 생산자들 사이에는 그들이 비용을 감당하고 다른 사람들이 그 수익을 거둬들이고 있다는 생각들이 있다. 이런 심각한 모순은 필연적으로 행동으로 옮길 수 있는 촉매제가 될 것이고, 그런 순간은 그리 멀지 않다"고 말했다. "어떤 웹사이트들은 인터넷이라는 장에 기생하는 기생충이나 기술 촌충이라는 말이 딱 어울린다."[39]

2009년 가을쯤에 머독은 그가 발행하는 신문사들의 광고 수입이 계속해서 떨어지고 있고, 구글 매출은 극심한 세계 경제 불황에도 불구, 계속해서 성장하고 있다는 사실에 불안해하면서 구글이 그가 소유한 저명한 자산인 〈선The Sun〉, 〈타임스The Times of London〉, 〈월스트리트 저널〉 등의 콘텐츠를 훔는 것을 막고 뉴스코퍼레이션의 모든 온라인 콘텐츠에 접근하는 데 비용을 부과하겠다고 위협했다. 머독은 2010년 초까지 이를 실행에 옮기지는 못했다. 하지만 무임승차에 대한 그의 분노와 비난은 2009년에서 2010년까지 뉴스 공급원과 구글 간 논쟁의 분위기를 만들었다.[40]

하지만 구글은 머독이나 저널리즘 영역의 불평에 간단한 대응 논리를 가지고 있다. 첫째, 구글은 콘텐츠 질이 좋은 사이트에 트래픽을 일으킨다는 것이다. 얼마나 많은 트래픽을 일으키느냐는 논쟁의 대상이 되긴 하지만 말이다. 〈월스트리트 저널〉은 훌륭한 사이트다. 저널 비구독자들은 이 사이트에 접근조차 할 수 없다. 〈월스트리트 저널〉 독자들, 대체적으로 웹 독자들은 따로 비용을 지불함에도 불구하고 〈월스트리트 저널〉 기사들을 링크하면서 콘텐츠의 질을 인정해왔다. 둘째, 구글이 어떤 주제에 대한 검색 결과를 통해 광고 수익이 난다고 해서, 광고 시장에서 〈월스트리트 저널〉 사이트 자체의 가치를 반드시 손상한다고 할 수 없다는 것이다. 이 시장에는 제로섬 게임이라는 게 없다. 회사들이 광고할 수 있는 공간을 좀 더 싸게, 그리고 효과적으로 구입할 수 있도록 방법을 제공한 것은 맞지만, 구글이 일반 검색구글은 구글 뉴스 첫 페이지에 광고를 넣지 않는다. 하지만 검색 결과로 나올 때는 광고를 게재한다에 뉴스 결과를 포함하든 안하든 별로 상관이 없는 것도 사실이다. 그러는 사이 구글 경영진들은 각종 블로그들 내지 뉴스들을 한데 모아놓은 허핑튼 포스트Huffington Post의 잡다 정보보다 '주류' 콘텐츠에 이점을 줄 수 있는 새로운 인터페이스 창출 방법들을 뉴스 제공자들과 함께 작업해오고 있다.[41]

구글 뉴스나 구글 웹 서치 같은 사이트가 아닌 이런 2차 사이트들이 뉴스 공급원은 물론 잠재적으로는 구글에게도 실질적인 문제들이다. 수많은 블로그들이 주류 사이트들에서 나오는 재료들, 즉 기사의 전체 텍스트를 복사해서 블로그에 올린다. 그리고 수많은 블로그들이 구글의 또 다른 광고 서비스인 애드센스AdSense를 통해 소득을 올린다. 애드센스는 블로거들이나 다른 웹 발행자들이 구글이 제공하는 클릭형 광고를 자신의 사이트에 배치해 일정 비율의 수입을 올리게 한다. 구글은 광고를 실을 때 사이트 내 콘텐츠의 맥락에 대해 고려한다. 그렇기 때문에 한 블로거가 〈월스트리트 저널〉의 콘텐츠를 가지고 무임승차를 했다고 한다면, 〈월스트리트 저널〉 대신 이 블로거 페이지의 기사를 읽기로 선택을 하고, 또 광고를 클릭한 구독자들 덕에 이익을 얻을 것이다.[42] 구글 세계에서 뉴스 콘텐츠에 심각한 무임승차가 있다면, 이런 수집 사이트와 구글 애드센스에 관한 문제일 것이다. 하지만 2007년부터 시작된 전 세계 경기의 불황을 맞아 극심한 문제에 봉착한 미국이나 유럽의 언론 산업을 고려해보면 이런 문제들은 사소한 것처럼 보인다.[43]

만약 구글에 대한 머독의 불평에 일리가 있다고 해도 이는 아주 사소한 문제다. 기사를 읽기 위해 뉴스 사이트를 훑고 다니는 과정에서 독자들은 광고와 접한다. 재미있는 뉴스 기사는 독자들에게 흥미를 유발해 클릭을 유도한다. 때론 특정 광고도 마찬가지다. 아무런 기사에도, 그리고 광고에도 독자들이 클릭하지 않을 수 있다. 하지만 적어도 한 독자가 신문사 공식 웹사이트를 접하게 된다면, 신문사는 그의 관심과 호기심을 돈으로 바꿀 수 있는 기회를 갖게 될 것이다. 만약 대다수 독자들이 대부분의 뉴스들을 무시한다고 가정하면, 구글 웹 서치나 구글 뉴스에서 드문드문 선택한 기사를 클릭해 해당 사이트로 이동하는 건 독자에게 가치는 있겠지만 구글에서 훑고 다닌 시간에 비하면 덜 할 것이다. 머독은 아마 근거도 없이 이렇게 가정했을지도 모른다. 즉 구글이 뉴스 콘텐츠에 대한 링크를 제공하지 않는다면 뉴스에 굶주린 독자들이, 구글 대신 공식 사이트에 들어와 광고를 클릭할 수 있는 확률이 높아질 거라고 말이다. 이런 가정은 경험적인 부분으로 그 누구도 충분히 분석해보지 못했다. 그러는 사이 이런 전투는 공허한 엄포와 법적 세부조항의 문제로 남게 됐다. 머독은 세상이 어떤 방향으로 움직인다고 믿는다. 구글은 세상이 그와는 다른 방향으로 움직인다고 믿는다. 머독은 돈을 잃고 있다. 구글은 돈을 벌고 있다. 현재와 같은 상황에서 시민들에게는 필요한 지식을, 소비자들에게는 그들이 바라는 콘텐츠를, 그리고 회사들에는 필요한 수입을 안길 수 있는 시스템을 고안할 확률이 그다지 높지는 않다. 관련 당사자들의 비타협적인 태도나 오만 등은 도움이 되지 않는다.

그러는 사이 구글은, 머독이 주류 뉴스의 반란군으로 불어넣은 공공 이미지와는 다르게 뉴스 검색의 효율성과 진지한 저널리즘의 전문성을 결합하는 시스템을 구축하기 위해 맹렬히 작업해왔다. 구글은 〈워싱턴 포스트〉, 〈뉴욕타임스〉, 〈AP〉 같은 주류 신문사들과 협력해서 일관되고 체계적으로 진지한 저널리즘을 제공할 수 있는 더 좋은 방법들을 실행하기 위해 엔지니어 팀을 운영하고 있다. 그래서 검색어를 함께 공유하는 수백만여 개의 조잡한 웹페이지의 쓰레기 더미 속에 진지한 저널리즘이 묻히지 않도록 하고 있다. 구글은 본질적으로 웹이 질 좋은 콘텐츠로 가득하기를 바라면서, 그들의 뉴스 검색이나 색인 서비스가 이미 자리를 잡은 상업적 콘텐츠 공급자들의 마음에 들도록 노력을 하고 있다. 웹에 좋으면 결국 구글에도 좋다. 저널리즘 산업에서 구글의 미래의 역할은 머독이 무임승차라며 비난하는 것보다는 분명 긍정적인 방향으로 더욱 복잡하게 전개될 것이다.[44]

비아콤은 가장 강력하게 구글의 무임승차에 대해 공격을 하고 있다. MTV와 니켈로디언Nickelodeon, 코미디 센트럴Comedy Central 등을 소유한 비디오 제작 회사 비아콤은 다른 메이저 비디오 서비스업체 중에서도 특히 수많은 자사 시청자들이 프로그램 일부를 유튜브에 올리는 습관이 있다는 사실에 반감을 가진다. 미국에서 디지털 저작권법은 이런 문제들에 명확한 입장을 취한다. 서비스 공급자는 만약 제3자, 즉 사용자가 저작권이 있는 콘텐츠를 인터넷에 올려 다른 사람들이 보게 하는 것을 막을 법적 의무가 없다는 것이다. 인터넷 서비스 공급자들이 갖는 의무는 그런 콘텐츠들이 있다는 사실을 알았을 때 이를 제거하는 것이다. 그렇기 때문에 서비스 공급자들은 사용자들의 행동을 막거나 여과하기 위해 자원을 쓸 필요가 없다. 전화 사용자들이 전화를 이용해 범죄를 계획하거나 저지르는 데 전화 회사들이 책임을 질 수 없는 것과 마찬가지로, 의회는 사용자들이 끼칠 수 있는 손해에 대한 책임에서 서비스 공급자들을 보호하기로 결정했다. 1998년에 비아콤이 개정하려고 노력했던 법률에 따르면 저작권 강제를 위한 부담은 저작권 주인에게 달려 있고, 스스로의 이익은 스스로 지킬 수밖에 없다. 비아콤은 이제 더 이상 이 정책을 긍정적으로 생각하지 않는다. 유튜브를 북북 문질러 자신의 콘텐츠를 없애려면 너무 비용이 많이 들 것이기 때문이다. 그래서 2007년 비아콤은 구글을 상대로 10억 달러에 달하는 손해 소송을 냈다. 2010년 초에 구글은 이 소송에서 승리했다. 그래서 구글이나 다른 인터넷 회사들은 아마 당분간은 미국 내 사용자들이 저지르는 저작권 침해에 책임이 없다는 점을 확실히 할 수 있을 것이다.[45]

승리 여부와 상관없이 이 소송의 정치적 중요성은 명확하다. 유튜브 자체는 돈을 못 벌지 몰라도, 구글은 대략 돈을 벌고 있다는 것이다. 그렇기 때문에 구글은 비아콤에게 분노의 대상이다. 법률상으로 강제 조항은 아니지만, 사실 구글은 유튜브의 콘텐츠들을 감시하는 노력을 기울이고 있다. 구글은 일반적으로 웹을 규제하는 것보다 더 엄격하게 유튜브를 규제하고 있다. 왜냐하면 당면한 문제들이 많아질수록 구글의 명성에 위협이 될 뿐만 아니라 폭력적이고 혐오스럽고 노골적인 동영상들이 수백만 사용자들의 기분을 상하게 할 가능성이 있기 때문이다.

[유튜브 문제]

약 2002년쯤부터 전통적인 미디어 산업의 전반적인 매출이 감소하거나 적어도 성장률이 둔화된 것처럼 보인다. 하지만 구글은 엄청나게 성공했다. 이에 대한 질투로 분노가 폭발하고 알력이 생기기 시작했다. 20세기 첫 10여 년 동안 구글이 미디어 현상에 행사한 지배력, 즉 유튜브는 구글 자체의 핵심적인 믿음 체계나 가치에 도전해왔다. 구글의 통제 범위 밖에서 대체적으로 텍스트 형식으로 구성된 일반적인 웹을 관리하는데도 위험성이 높다고 한다면, 시각적 엔터테인먼트와 정보의 원천을 운영하는 데 따르는 위험성은 두말할 필요도 없다. 유튜브는 정치와 문화가 온라인상으로 생성되는 곳이다. 분당 10시간 분량의 동영상이 올려지고, 하루에 전 세계적으로 약 2억 개 정도의 동영상이 소비되고 있다.[46] 서포터들이 만든 동영상은 버락 오바마 미국 대통령의 열정과 관심사를 오히려 선거 캠페인보다 더 잘 보여주었다. 전세계 테러범들이 추종자들을 모집하거나, 끔찍한 테러를 떠벌리는 곳이기도하다. 진지한 대학 강의와 우스꽝스러운 홈 비디오가 한데 엉켜있기고 하고, 개들이 스케이트보드를 타기도 한다. 너 나 할 것 없이 콘텐츠를 만들고 올리는 동안 구글은 서버에서 이런 콘텐츠들을 관리하고, 잠재적으로 소송이 가능하거나 논쟁이 될 수 있는 영상들의 출판업자 역할을 하기도 한다.

2006년 구글이 유튜브를 사들였을 당시, 이 동영상 서비스는 이제 막 시작한 지 1년 남짓 됐고 이미 웹상에서 대단한 센세이션을 불러일으키고 있었다. 이후 유튜브는 구글을 변화시켜왔고, 구글은 유튜브를 변화시켰다. 유튜브는 차세대 디지털 커뮤니케이션의 조건과 기준을 정의하려는 엄청난 투쟁의 싸움터가 됐다. 유튜브는 구글이 명백히 지배하는 곳이지만 항상 평온하지만은 않다. 유튜브의 문화적·정치적 중요성이 커지면서 중요한 동영상 클립이 삭제됐다는 이야기들을 더 많이 듣게 됐다. 만약 음반이나 영화 회사들이 '인지 후 삭제notice and takedown, 저작물에 권리를 가지고 있다고 주장하는 사람이 온라인 사업자에게 자신의 저작물이 어느 사이트 주소에 허락 없이 올라가 있다는 사실을 소명하면 온라인사업자는 즉각 해당 저작물을 삭제해야 한다는 조항-옮긴이' 조항을 근거로 사용자가 올린 동영상이 저작권물을 담고 있고, 권리를 침해할 수 있다는 항의를 해서 유튜브가 동영상을 삭제하는 것은 이해할만하다. 하지만 단순히 정치적인 콘텐츠라는 이유만으로 바로 삭제해버리는 것은 별개의 문제다. 저작권이 정치적 검열의 도구로 사용된 사례가 여기 있다. 미 공화당 의원 헤더 윌슨Heather Wilson, 뉴멕시코(R-New Mexico)은 2006년 치열한 접전을 벌이던 재선거에 출마했다. 1990년대 중반에 그녀는 뉴멕시코 유아 청소년 가족부 의장을 역임했다. 당시 그녀의 남편은 미성년자 성희롱 혐의로 조사를 받고 있었고, 의장으로서 그녀가 한 첫 번째 조치는 이 기록을 없애는 것이었다. 하지만 곧 뉴멕시코 전역의 주민들이 이에 대해 알게 됐다. 뉴멕시코 정치 블로그를 운영 중인 한 사람이 유튜브에 윌슨과 다른 사람들이 이런 사실을 은폐하기 위해 논의하는 뉴스 동영상을 올렸기 때문이다. 하지만 뉴멕시코 유권자들이 이 동영상을 오랜 기간 동안 볼 수는 없었다. TV 방송국에서 디지털 밀레니엄 저작권 조항 Digital Millennium Copyright Act을 빌어 이 동영상 클립을 유포하지 못하게 만들었기 때문이었다. 물론 현재 조사를 받고 있고, 재선거에 출마한 공무원의 뉴스 동영상을 올리는 것이, 새로운 소식 및 비판을 위한 목적이라면 그 어떤 저작물이라도 허용하는 미국 저작권법 하에서 왜 정당한 사용인지에 대해서는 내가 가르치는 학생들 중 누구라도 상세하게 설명할 수 있을 것이다. 하지만 웹과 관련된 저작권 조항은 콘텐츠 공급자가 콘텐츠를 제거하고 나서 한참 후에 생각해봤을 때 공정한 사용이었는지를 따진다. 동영상은 내려졌고 윌슨은 재선거에서 승리했다.[47]

여기에 좀 더 떠들썩한 정치적 사례가 있다. 급진적 우익인 미 칼럼니스트 미셸 몰킨Michelle Malkin은 무슬림 급진주의자들의 폭력 결과에 대한 이미지들을 하나씩 모아 슬라이드쇼 동영상을 만들어 유튜브에 올렸다. 몇몇 이유에서 유튜브의 편집자는 이 동영상이 부적절하다고 판단했다. 몰킨은 유튜브 임원들에게, 특히 유튜브가 반反 미군 폭력을 찬미하는 듯한 동영상 클립들로 가득한 상황에서 이 동영상이 왜 부적절한지 설명해달라고 했으나 답을 받지 못했다. 몰킨은 보수적인 유튜브 단체에게 동영상 삭제에 항의를 해달라고 독려했고, 곧 이 단체도 부적절한 콘텐츠를 가지고 있다는 꼬리표를 달게 됐다.

몰킨 사건은 여러 가지 면에서 문제의 소지가 있을 뿐 아니라 흥미로운 사실을 보여주고 있다. 유튜브가 기발한 이유 중 하나는 구성원들 스스로가 콘텐츠를 단속시키기 때문이다. 그렇게 가상의 커뮤니티가 이론적으로는 커뮤니티 기준 같은 것을 시행할 수 있다. 하지만 유튜브에는 이런 기준들을 제정할 메커니즘이 없을뿐더러 전 세계의 수십억 시청자들의 합의를 이끌어내는 것도 불가능하다. 그래서 유튜브 직원들은 논쟁을 최소화하기 위해 내부적으로 이런 결정을 내리고 있다. 현재 유튜브의 정책은 노골적으로 야한 사진

은 유튜브 검색에서 확실하게 걸리지 않도록 한다. 이는 바람직하다. 유튜브
는 웹상에서 옷을 홀딱 벗은 사람들이 컴퓨터 스크린에 나오지 않는 것에 확
신할 수 있는 몇 안 되는 공간 중 하나다. 하지만 이런 광범위한 정책 때문에
상호 공격flame wars과 깃발 전쟁flag wars 같은 것들이 빈번히 일어날 수 있다.
즉 서로 경쟁 상태에 있는 정치적 행동주의자들이 상대편 동영상에 대해 부적
절하다는 깃발을 꼽는 것이다. 이는 몰킨 논쟁에서도 일어난 것처럼 보인다.

　나는 유튜브에서 삭제된 몰킨의 동영상을 다른 경쟁 사이트에서 봤다. 지
나치게 어설프고 단순했다. 단지 폭력적 극단주의자들의 대상이 된 사람들
의 이미지들로 구성됐을 뿐이었다. 논쟁이 일고 있는 덴마크의 모하메드
Mohammed 만화도 끼어있다. 유튜브가 말이 안 되고 단순한 것을 부적절하다
고 생각한다면, 유튜브에서 이용할 수 있는 동영상은 확 줄어들 것이다. 기고
를 통해 몰킨은 극단까지 간 소수 살인자 집단의 행동과 수십억 추종자들의
진실하고 인간적인 믿음을 서로 결부시켰다. 그녀는 자신의 편견을 그녀의
블로그구글의 웹 서치에 연결돼 있다 및 책역시 구글 북 서치에서 검색된다을 통해 퍼뜨렸다. 그
렇다고 해서 이 동영상이 편협하다는 것을 의미하지는 않는다. 오히려 전혀
그렇지 않다. 단지 몰킨이 올렸다는 이유만으로 타깃이 된 것이다. 내용이 아
닌 작가 중심의 편집은 좋은 정책이 아니다. 항상 웹은 문제의 소지가 있고,
또 도전적인 재료들을 찾을 수 있는 공간이 돼야 한다. 주류 미디어의 정보
제공처가 되기도 해야 한다. 유튜브는 월드 와이드 웹이 아니다. 그리고 정부
는 더더욱 아니다. 그렇기 때문에 모든 것을 다 보여줄 의무도, 또 어떤 것도
막아야 할 의무도 없다. 하지만 구글로 알려진 광범위한 실체에까지 유튜브
가 확장하게 된다면, 물론 구글이 사용자들을 위해 점점 더 여과 기능을 늘려
가긴 하지만 유튜브를 좀 더 포괄적이고, 덜 민감하도록 압력을 가할 수 있는

방법을 찾을 필요가 있다.[48]

[시장의 실패와 공공기능의 실패]

구글이 이런 규제 역할을 맡게 된 것은 기회 또는 필요 때문이었다. 기본적으로 20세기 후반의 인터넷은 국내 또는 국제적으로 규제를 해야 한다고 정당화하기에는 너무 글로벌하고, 너무 어질러졌고, 너무 많은 걸 잉태 중이었다.[49] 중국 같이 몇몇 사회주의 국가들은 공격적으로 개입해 직접 조치를 취하든, 아니면 준≢ 민간 조직에 위임을 해 이런 규제 의무를 수행한다.[50]

미국처럼 더 자유롭거나 그보다는 좀 덜한 유럽 같은 세상에서는 시장의 힘이 문제들을 해결하거나 구조를 만들 것이라는 가정이 1981년경부터 정치적 논쟁을 지배해왔다. 그래서 인터넷 같이 새롭고 민감한 부분에 국가의 개입 가능성을 고려하는 것조차 타당함의 경계선을 넘어서는 것이라 여겨졌다.[51] 부패와 대실패로 귀결된 명령 통제 방식의 동유럽 계획 경제가 붕괴되고 난 후, 승승장구하는 시장근본주의와 무능하고 고압적인 국가통제의 양 극단 사이에서 이를 처리해야 한다고 제안하기가 힘들어졌다. 물론 시장은 살아남았고 번성했다. 이렇게 다양하고 서로 연결된 세상에서 시장근본주의 외의 다른 어떤 메커니즘도 긍정적 결과를 가져올 수 없을 것으로 보였다.[52] 점잖고 창의적인 국가가 공공의 선으로 향하는 과정을 안내하기 위해 개입해야 한다는 생각을 제안하는 건 말할 것도 없고 상상조차 불가능했다.

이런 비전은 신자유주의로 알려져 있다. 로널드 레이건 대통령이나 마가렛 대처 수상은 이를 옹호했고, 빌 클린턴 대통령과 토니 블레어 총리는 이에 통달했다. 신자유주의는 현저한 두 이데올로기에 뿌리를 두고 있다. 3장에서 충분하게 설명할 기술근본주의와 시장근본주의가 그것이다.[53] 그리고 이것은 영국 것이냐, 미국 것이냐의 문제가 아니었다. 홍콩에서 싱가포르, 칠레에서 에스토니아까지 퍼졌다.[54] 신자유주의는 단순한 자유론 그 이상이었다. 신자유주의 모델을 퍼뜨리고 신자유주의의 정치적 옹호자들을 지원하는 회사들에 상당한 국가 보조와 지원이 있었고 지금 현재도 있다. 하지만 절제를 모르는 사기업들에 고삐를 당기곤 했던 수단들이 시스템적으로 붕괴되면서 결국 민간 조직이 명령을 하고 자원을 분배하거나 모으는 역할을 맡게 됐다.[55] 신자유주의는 20세기 마지막 20여 년 동안 최고의 전성기를 누렸는지도 모른다. 하지만 현재도 사람들에게 해를 끼치고 있다.[56]

사람들이 구글에 의존하는 것도 이렇게 공들여 만든 정치적 사기의 결과일지 모른다. 하지만 그렇다고 그런 사기극의 가장 유해한 결과라는 말과는 거리가 멀다. 전 세계 다른 나라들도 마찬가지겠지만 구글은 주로 미국 내 '공공기능의 실패' 라는 30여 년의 역사를 교묘하게 이용했다. 공공기능의 실패는 시장 실패의 거울이다. 교육같이 꼭 필요한 공공 재화를 제대로 지원하도록 조직화하지 못하거나, 공해처럼 공공에 해가 되는 부분을 막았을 때 보상을 받지 못한다면 시장은 실패한다. 시장의 실패에는 정부가 꼭 개입된다.[57] 예를 들면, 사설기관들은 어린이 교육용 텔레비전이나 민속 축제, 오페라 같은 데 투자를 하게 되면 충분한 이익을 남길 수 없다. 사회가 이런 부분들에서 이득을 누리길 원한다면 국가나 자선 단체가 끼어들어 이들 생산을 후원하거나 보조를 해야 한다. 미국 정부는 1967년 이런 시장의 실패를 바로잡기 위해 공영 방송사 설립을 인가했다.[58]

이와는 반대로 공공기능의 실패는 정부가 공공의 욕구를 맞추지 못하고,

효율적으로 서비스를 제공하지 못할 때 일어난다. 반드시 정부가 특정 문제를 해결할 능력이 없어서는 아니다. 많은 삶의 분야에서 정부의 서비스가 비효율적이고 비생산적이긴 하지만. 공공기능의 실패는 공공 분야가 의도적으로 해체되고 지위가 낮아지거나, 자금은 부족한데 정부의 활동에 대한 기대치는 여전히 높을 때 나타난다. 미국에서 공공기능의 실패를 공통적으로 볼 수 있는 분야는 군대military contractors나 교도소, 의료, 그리고 교육 등의 분야다. 이들의 경우, 공공을 위해 능률적이고 효과적으로 서비스를 제공해야 하는 공공 기관이 그렇게 하지 못했던 경우다. 이 빈 공간을 민간 부문이 채웠고, 종종 공공 기관과 마찬가지로 엄청난 실패를 하거나 이들이 대신한 공공 기관보다 비용이 더 늘어나기도 했다. 공공 기관의 실패는 이후 정치적 논쟁의 주가 된 순환 논리의 불꽃을 튀기게 한다. 즉 공공 기관은 실패할 수 있다. 공공 기관은 세금을 수익원으로 한다. 그래서 사람들은 공공 기관에 대한 지원을 줄여야만 한다. 이런 실패의 결과, 공공 기관들은 정치적 선택 때문이라기보다 반드시 실패하게 돼있다는 사실을 뒷받침할 수 있는 더 많은 근거를 제공하게 된다.

극명하게 드러난 공공기능의 실패 사례로 2005년 허리케인 카트리나가 미국 걸프 해안을 강타하고 난 후 민간 기업이 벌인 구호 활동을 들 수 있다. 허리케인이 뉴올리언스와 루이지애나의 대부분, 그리고 미시시피 지역을 강타하고 난 후 주와 연방 정부의 구호 노력은 지지부진했고, 효과도 미미했다. 공무원들은 여러 강력한 경고에도 불구하고 대대적인 피난이나 의료 구호 계획을 세우지 조차 않았다. 게다가 잘못된 설계와 관리, 그리고 재원 부족과 무관심으로 뉴올리언스 시내를 바닷물로부터 막고 있던 중요한 제방의 틈이 쉽게 손상되도록 내버려뒀다. 1980년대 빌 클린턴 대통령 통치 하에서는 연방 재난 관리국Federal Emergency Management Agency, FEMA이 내각 안의 가장 높은 지위까지 올라갔고, 재난 관리 전문가로 인정받는 사람이 지휘권을 가졌다. 당시 모든 긴급한 재난 사고는 잘 처리됐다. 하지만 조지 부시 대통령이 대통령직에 오르면서 재난 구호 훈련을 받기는커녕 경험도 없는 전 선거 캠페인 직원을 임명했다. 게다가 부시 대통령은 FEMA를 내각에서 빼내 새롭게 신설한 국토안보부Department of Homeland Security로 배속시켰다. FEMA가 오갈 데 없는 수재민들을 돕는 데 실패했다는 점은 문서로 충분히 입증됐을 뿐만 아니라 문제도 많았다. 결과적으로 1,836명이라는 사람들이 허리케인과 연이은 홍수 속에 그들의 터전을 잃었다. 뉴올리언스 6만 명 이상의 사람들이 홍수 속에 오도 가도 못했다. 부시 대통령은 FEMA 국장의 역량이 분명 부족했음에도 불구, 일을 잘 처리하고 있다고 공공연하게 칭찬했다. 공공 부문은 실패했고, 실패할 수밖에 없었다.[59]

그와는 대조적으로, 미국 유통업체인 월마트는 FEMA의 손길이 닿지 않는 곳에 그들의 자산, 재고물품, 유통 네트워크, 그리고 물류에 관한 전문적 기술을 동원해 물과 구호품을 공급했다.[60] 미국 민간 기업에서는 구호 활동이나 재건 활동에 자원 봉사를 하거나 돈을 기부하면서 수천 명의 이재민들을 지원했다. 종종 이런 노력들이 원활하게 조정되지는 않았지만 말이다. 그 결과 시장근본주의자들은 정부가 실패할 수 밖에 없었던 점을 들어 향후 위급한 상황이 발생했을 때 공공 부문이 적극 개입하지 말아야 한다는 논쟁의 근거로 끌어들이는 데 이용했다.[61] 이런 논쟁들은 다른 공공 정책 분야에서도 일어난다. 2009년 경제 부양 종합정책과 대대적인 의료 개혁 법안을 통과하려는 시도 등에서 이런 부분들이 목격됐다. 정부가 조금이라도 활동을 강화하려는 기미만 보이면 정책에 관한 정상적인 토론이 불가능할 정도였다.

공공기능의 실패가 정치나 정책에 두 가지 영향을 미치고 있다. 첫째, 기본적으로 국가 기관에 대한 신뢰를 부식시킨다. 그래서 정부 활동의 확대나 보존 등에 관한 논쟁은 정상적인 시민들의 토론을 이끌어내지 못한다어쨌든 미국에서는 그렇다. 예를 들면, 버락 오바마 대통령은 캐나다 방식의 국가 관리 건강 보험 시스템Canadian-style single-payer health-care system 제안을 미국 국민들은 물론 강력한 의료 관련 이해당사자들이 절대로 받아들이지 않을 것이라고 생각했다. 그래서 오바마 대통령은 2009년 초에 공개적으로 국가 관리 건강 보험 시스템을 더 이상 고려하지 않고 있다고 선언하면서, 캐나다는 물론 다른 여러 나라에서 오랜 세월을 거쳐 인증된 이 시스템을 포기했다.[62] 미국에서 규제 내지 공공 투자 같은 용어에 대한 언급이 진지하게 받아들여지기길 원한다면 반드시 시장의 언어로 표현돼야 한다.

공공기능의 실패가 가져온 두 번째 결과는 '기업의 책임'에 대한 주장이 대두됐다는 점이다. 국가가 공공 자원 보호, 기회의 접근 보장, 노동이나 환경 기준 강화, 시민들의 건강과 번영을 보장하는 책임에서 뒷걸음질 치자, 민간 기업들이 시장에서의 높은 도덕적 기반을 주장하기 위해 몰려들었다. 예를 들면 농장들이 친환경적 조건에서 안전하게 곡식을 키워야 한다고 주장하는 대신, 사람들은 홀 푸즈Whole Foods 같은 상점을 단골로 삼고, 유기농 제품들을 광범위하게 구입할 수 있다는 점을 들어가면서 죄책감과 우려를 불식시킨다. 그래서 사람들을 건강하게 하고 지구를 살만한 곳으로 만드는 식품은 전문적 지식이 있고 부유한 사람들만 이용 가능한 것으로 남게 된다.

시장근본주의는 시장에서의 '선택권'이 소비자들에 있다고 분명히 말하기 때문에 해를 끼치느냐 안 끼치느냐는 틈새시장을 개척하려는 판매 회사들의 또 다른 전략이 되고 있다. 소비자들이 비정치화 되면서 팀버랜드 Timberland 신발아동들의 노동력을 착취하는 공장에서 만들어지지 않는을 사고 바디샵Body Shop

동물 실험을 하지 않은화장품을 사는 개인적 선택이, 조잡한 제품들을 생산하면서 고통을 겪는 아이들이나 동물들에게는 전혀 영향을 미치지 못한다는 점을 알지 못한다. 그냥 개인의 선택에 만족하면 그만일 뿐이다. 그리고 안전한 장난감이나 자동차를 보장하는 더 나은 법과 규정을 만들도록 단체를 만들거나 로비를 하고, 캠페인을 벌이는 대신, 실질적인 정치적 활동의 대안으로 불평을 털어놓는 정도에 그치곤 한다. 즉 페이스북 그룹을 시작하는 것만으로도 충분히 정치적 활동을 했다고 생각하는 것이다.

1980년 이후 미국과 서유럽 회사들은 스스로 '사회적 책임'을 표현하는 것이 얼마나 유용한지 발견했다. 국가가 서민들을 보호하거나 시장 실패를 완화하는 역할을 포기하면서 상당수의 회사들은 특정 정책이나 입장을 표명하는 것이 경쟁이 특히 심한 소비재나 대 고객 서비스 시장의 경우, 유리하게 작용한다는 사실을 알았다.[63]

하지만 문제는 기본적으로 사기업의 책임감이 별로 효과가 없다는 점이다. 사기업들은 주주들의 이익을 위해 그렇게 하고, 또 해야만 하는 것이지 그 이상도 그 이하도 아니다.[64] 어떤 기업들이 자발적으로 선행을 하는 경우에도 선행이 알려지게 하려는 목적이 있다는 것을 사람들은 알고 있다.

회사의 책임이 이렇게 매력을 끄는 주된 이유는, 사람들이 지난 30년간 공공의 책임, 즉 무언가를 기꺼이 말하고, 확인하고, 공공의 선을 추구하는 자세에서 한 발 물러나 있었기 때문이다. 국가 권력을 동원해 모든 사기업들이 책임 있는 행동을 하도록 강요하는 정치적 의지가 없는 상황에서 한 회사가 설혹 책임감을 가지고 있다 하더라도 다른 나머지 기업들의 무책임 때문에 빠르게 상쇄되기도 한다. 정치에서 이미 실패를 했기 때문에 사람들은 이제 좀 더 나은 세상을 위해 마케팅에 의존한다. 하지만 이는 불충분하다. 이는 집단적 시민 무책임의 최고봉이다. 의미 없는 겉치레일 뿐이다.

구글은 이 두 가지 외부 영향을 잘 이용해왔다. 합의를 형성하고, 단기적인 상업적 이익 대신 장기적인 공공의 이익을 더 잘 보호할 수 있는 공적 영역의 빈 공간에 끼어든 것이다. 5장에서 살펴보겠지만, 구글 북 서치 프로젝트는 이런 부분을 보여주는 가장 좋은 사례다. 구글은 이 프로젝트를 활용해 사람들로부터 엄청난 호의를 받으면서 기업의 책임이라는 강력한 윤리를 밀어붙였다. 이는 결과적으로 사용자들의 사생활 보호차원에서 그리고 웹 광고 시장에서의 경쟁을 유도하자는 차원에서 가볍고 적절한 규제를 가하기 위한 노력까지도 힘들게 만들었다. 결국, 구글이 윤리적으로 잘할 것이라 믿을 수 없다면 도대체 누구를 믿을 수 있겠는가?[65]

[누가 누구를 규제할 것인가?]

지금까지 사람들이 시장과 규제에 대해 말해왔던 방식들은 최근 10여 년 동안 완전히 힘을 잃었다. 2009년 6월, 라디오 저널리스트 브라이언 레러 Brian Lehrer는 에릭 슈미트Eric Schmidt에게 구글에 대한 규제 가능성을 물었다. "나는 이 방에 있는 많은 사람들처럼 거의 매일 하루 종일 구글을 이용한다." 슈미트가 2009 아스펜 아이디어 축제Aspen Ideas Festival에서 강연을 하고 난 후에 레러는 이렇게 말했다. "구글이 너무 커져 좀 두려우니까 공공사업처럼 규제를 가할 필요가 있겠느냐?" 슈미트가 채 답을 하기도 전에 방안은 웃음으로 가득 찼다. 박학다식하고 노련한 인터뷰어인 레러는 계속해서 말을 이었다.

"90년대 마이크로소프트의 경우에도 비슷한 논의가 있었다. 구글은 현재 전 세계 모든 책들의 콘텐츠를 수집하고 있고, 구글 뉴스는 원래 홈페이지, 즉 〈뉴욕 타임스〉나 구글이 수집하는 모든 신문들 대신 사람들이 찾고 있는 곳이다. 그리고 전통적인 미디어가 그런 점 때문에 불편해하고 있다는 것도 알고 있다. 정말 말 그대로, 구글을 공공사업처럼 규제할 필요가 있는가?"

"내 대답이 '아니오' 라서 좀 놀랄 것 같다." 슈미트가 답했다. "정부가 혁신적인 회사들을 운영하는 게 낫겠는가 아니면 민간 부문에서 다루는 게 낫겠는가? 물론 정부가 이런 노력을 기울이는 나라들이나 모델들이 있긴 하지만, 나는 미국식 모델이 훨씬 더 잘 돌아간다고 생각한다."

레러가 불쑥 끼어들었다. "하지만 에릭, 끼어들어서 미안한데, 나는 당신에게서 좀 더 수준 높은 대답을 듣고 싶다. 은행들 사례에서 볼 수 있듯 이는 소비에트 식 공산주의냐, 자유 시장이냐의 문제가 아니다. 은행들은 그들에게는 없었던 영리한 규제가 필요했다. 당신이 한 말도 그런 의미라고 본다. 정보 역시 처한 입장이 비슷하다고 보는가?"

슈미트가 다시 말하기 시작했다.

"이번에도 똑같다. 내 대답은 '아니오' 다. 좀 더 설명이 필요할 것 같다. 구글은 정보에서 중요한 역할을 하고 있다. 아마 당신이 그런 질문을 한 것은 정보가 사람들 모두에게 중요하기 때문일 것이다. 우리는 일정한 가치와 원칙에 기반을 두고 구글을 운영한다. 우리는 사람들에게 이런 가치와 원칙을 알게 하기 위해 정말 열심히 일하고 있다. 회사는 어떤 가치를 가지고 설립됐는지, 그리고 현재 어떤 가치를 가지고 운영되는지에 따라 규정된다. 만약 당신이 구글의 역할에 규제가 필요하다고 우려를 한다면, 내가 말해주고 싶은 한 부분은, 구글이 내 리더십이나 창립자들의 리더십 등과 관계없이 특정 방향으로 형성된다는 점이다. 정말 우려해야 할 점은 특별한 이해관계와 의도하지 않은 규제가 서로 결합하게 되면 우리가 지금껏 강력히 추진해왔던, 실제 소비자들이 누릴 수 있는 혜택을 막게 된다는 것이다. 내가 말해주고 싶은 또 다른 부분은 우리가 하고 있는 일이 다른 사람들에게는 유용하다는 점이다. 우리는 사람들이 하는 일을 대체적으로 방해하지 않았다."[66]

물론 구글은 규제를 받고 있고 슈미트도 그런 사실을 알고 있다. 구글은 매년 저작권이나 특허, 독과점 금지, 재정 상태 공개, 그리고 국가 안보 규정 등에 충실하기 위해 수백억 달러를 쓴다. 구글은 인터넷을 '중립적'으로 유지하기 위해 더 강력한 규제를 촉진하면서 통신 회사 같은 인터넷 서비스 공급자들이 특정 콘텐츠를 적정 금액 이상으로 왜곡해서 공급할 수 없도록 한다. 하지만 사람들은 규제라는 개념에 과민하게 반응하면서 훌륭한 회사들은 투자자들의 대담함이나 창립자들의 능력 덕에 저절로 생겨난 것으로 간주한다. 실제 사람들은 자유 시장이라는 것이 있다고 생각하고, 사기업들이나 사람들을 정부의 영향권에서 벗어나게 할 수 있다고 생각한다. 사람들은 모든 현대 기업들, 특히 인터넷 회사들이 공공 자원을 기반으로 설립됐다는 사실을 잊는다. 그리고 사업을 하는 모든 당사자들은 분명 정책적 제한을 따라야 한다는 사실도 잊는다. 하지만 슈미트는 미국의 정치적 환경을 이해하고 있다. 그래서 그는 관객들의 웃음을 끌어내는 방법을 알고 있었고, '규제'를 자유와 억압 사이의 선택 사항으로 놓게 되면 반향이 있을 것이라는 점도 이해했다.

슈미트는 또한 구글이 너무 많은 통제를 통해 문제를 일으키고 있다는 우려에 대해 구글은 내부적으로 '악해지지 말자'는 윤리적 행동 규범이 있기 때문에 절대 나쁜 짓을 하지 않는다는 점을 상기시키는 것이 가장 좋은 대응 전략이라는 사실도 알았다. 이상하게 슈미트는 충분한 증거나 설명 없이 이런 구글의 윤리관이 누가 회사를 운영하든, 그리고 미래의 어느 시점이든 지속될 것이라고 단언한다. 이는 구글의 다른 대중적 이미지처럼 신뢰의 문제다. 마지막으로 슈미트는 구글이 컴퓨터 코드나 제한적인 계약, 즉 마이크로소프트처럼 콘텐츠를 잠가놓거나 경쟁을 배제하지 않도록 하기 위해 조심한다고 단언한다. 만약 시장 진입이 법적으로든 이론적으로든 개방돼 있으면 이를 의심하는 사람들을 만족시킬 수 있을 것이라고 슈미트는 주장한다. 검색이나 광고처럼 구글이 성공한 수많은 분야에서 실제 경쟁이 일어나는 일은 상상조차 힘들다는 사실은 빼먹고 말이다.

구글 고위 임원들의 이상적인 말들을 끝까지 들어보면 구글이 정말 응당의 규제를 받고 있느냐가 적절한 질문이라는 사실을 알 수 있다. 어떤 경우에 구글은 너무 약하게 규제를 받는다. 또 다른 경우에는 과도하게 또는 적절치 못하게 규제를 받기도 한다. 이렇게 사람들의 삶이나 상업의 수많은 다른 분야와 복잡하게 얽혀있는 회사에 딱 들어맞는 일반적인 규제의 개념은 없다. 불행하게도 이런 부분들에 대해 적절한 토론을 하는 것도 불가능해 보인다. 왜냐하면 이런 문제를 제기하는 것 자체가 품위 있는 정치적 담론 기준을 어기는 것처럼 보이기 때문이다.

구글의 사업은 책임에 따라 크게 세 가지 카테고리로 나눌 수 있다. 콘텐츠를 관리하는 방식에 따라 서로 다른 통제 수준을 부여한다. 각각의 카테고리 책임에 따라 다른 수준의 규제가 요구되는 것이다. 구글 활동 중에 첫 번째 카테고리는 내가 '스캔과 링크'라 부르는 것이다. 웹 검색이 이에 딱 맞는 사례다. 이 경우에 구글은 콘텐츠를 관리하지 않는다. 모든 콘텐츠들은 다른 사람들이 소유하고 운영하는 전 세계 서버들에 있을 뿐이다. 구글은 단지 인터넷 자동 검색 프로그램인 스파이더이 파일에서 저 파일로 하이퍼링크를 따라가며 인터넷을 '훑는' 작은 프로그램를 보내 콘텐츠를 찾아 서버에 복사해놓고, 웹 검색을 통해 원 콘텐츠의 링크를 제공한다. 이런 경우 구글은 콘텐츠들에 대한 책임이 거의 없다. 뭔가 불법적이고 논쟁을 야기할 소지가 있다 해도, 요청이 들어올 경우에 링크를 제거해버리면 그만이다. 이는 수많은 곳에서 저작권 침해를 포함해 웹상에서의 행동을 지배하는 일반적인 '인지 후 삭제notice-and-takedown' 과정이다. 대부분의 미국 법에서 검색 회사들은 일반적으로 제3자의 서버에 있는 콘텐츠에 책임이 없다. 하지만 서유럽을 포함한 대부분의 나라들에서는 적어도 제공하는 링크에 최소한의 책임은 있다. 예를 들면 프랑스나 독일에서 구글은 반유대주의나 적대적인 감정이 가득한 사이트들을 적극적으로 막아야 한다. 이집트나 인도, 태국 같은 자유주의가 덜 발달한 나라들에서는 정부에 반하는 사이트들의 링크를 적극적으로 제거하고 있다. 하지만 일반적으로 이는 책임의 수준이 아주 낮은 편이고, 그래서 이 정도로 약한 수준의 규제만을 요구한다.

두 번째 카테고리는 내가 '호스트와 서브host and serve'라 부르는 것이다. 블로거들과 유튜브가 이에 딱 맞는 사례다. 이런 경우, 구글은 사용자들을 불러들여 콘텐츠를 만들고 구글의 자체 서버에 올리도록 한다. 비아콤의 사례처럼 구글은 자체 서버에 올라온 콘텐츠의 속성에 분명 높은 수준의 책임을 지녀야 한다. 2010년 2월, 이탈리아 법원은 한 자폐아가 난폭한 젊은이들에게 괴롭힘을 당하는 동영상을 제거하지 못했다는 이유로 세 명의 구글 임원들에게 유죄 판결을 내렸다. 이 콘텐츠에 반대하는 댓글들이 수없이 달렸지만, 구글은 2개월이 지난 후 이탈리아 경찰이 이 동영상을 제거해 달라고 요청하기까지 이 게시물의 존재를 알지 못했다. 구글은 이에 대해 제3자의 사이트에 단순히 링크를 거는 것과 같은 수준의 책임이 있을 뿐이라고 주장했다. 유럽의 법 테두리 안에서도 '인지notice'의 구성 요건에 대해서는 수많은 혼선이 있었다. 결국 이탈리아 법관은 사생활 침해에 어떻게 인지를 하고 제한을 가해야 할지 대부분의 유럽인들이 이해하고 있는 것과는 다르게 판결을 내렸다. 오스카 매기Oscar Magi 판사는 구글이 영리를 추구하는 기업이라는 약간은 특이한 논거를 들어가면서 책임으로부터 면제될 수 없다고 결론내렸다. 어쨌든 구글이 유튜브처럼 콘텐츠를 긁어모아 관리하는 상황에서는 높은 수준의 책임이 따르고 결과적으로 더 많은 소송과 규제에 시달리리라는 점은 확실하다.[67]

구글이 전 세계적으로 강력한 반발에 직면한 분야는 '스캔과 서브scan and serve'라 부르는 것이다. 적극적으로 실제 세상을 훑고 다니면서 실제 사물들을 디지털 형태로 바꾸고, 이를 전체 구글 서비스의 일부로 제공하는 활동을 말한다. 이에 딱 맞는 두 가지 사례로 구글 북 서치Google Book Search와 구글 스트리트뷰Google Street View가 있다. 구글 북 서치는 전 세계 저자들과 출판사로부터 반대와 소송에 직면하고 있고, 구글 스트리트뷰는 실제 거리에서의 항의와 정부의 조치를 야기했다. 스트리트뷰의 경우 구글 직원들이 카메라를 들고 나와서 지구 구석구석을 돌아다니며 지도의 품질을 높이기 위해 특정 장소의 이미지들을 담는다. 이런 경우 구글은 디지털 콘텐츠를 만들고 이를 웹 사용자들에게 유통시키는 활동에 엄청난 책임을 지닌다. 그래서 규제를 위한 가장 높은 수준의 조사를 감수해야 한다.

이런 다양한 수준의 책임을 받아들이기보다 구글은 가장 낮은 수준의 규제를 받아야 한다고 주장하고 있다. 즉, 전 세계 사람들과 이들의 다양한 요구가 빚어내는 복잡한 상호 작용에 두루 통용될 수 있는 한 가지 해결책을 내려달라는 것이다. 구글의 행위에 대한 모든 불평에 대응해 구글 임원들은 만약 누군가 앞장서서 알려주기만 한다면 기꺼이 모욕적이거나 문제가 있는 콘텐츠를 내리는 게 안심이라고 답한다. 구글은 그들이 모아놓은 데이터들을 감시하는 책임을 지길 원하지 않는다. 비록 이런 데이터들은 구글이 적극적으로 추구하고 콘텐츠로 창조하지 않았다면 존재하지 않았을 수도 있지만 말이다. 대단한 문화적 힘을 통해 구글은 전 세계에서 너무 많은 규제를 피할 수 있었다.

사실 구글은 몇몇 중요한 분야에서 자신의 입맛에 맞게 규정을 만들려고 노력해온 것처럼 보인다. 미국에서는 현 정부가 구글과 가깝긴 하지만, 골칫거리가 될 수도 있는 관계를 확립해왔다는 징후가 있다. 버락 오바마 대통령은 2008년 선거 캠페인 당시, 구글의 리더들이나 직원들, 그리고 기술에 강한 연대감을 느낀다고 공언한 바 있다. 오바마는 2004년 여름과 2007년 11월에 다시 한 번 구글 본부를 방문해서 '혁신 공약innovation agenda'을 발표했다.[68] 대부분의 선거 캠페인 연설은 유튜브에 올랐다. 슈미트는 오바마를 지지하면서 2008년 가을 그와 함께 유세에 참석하기도 했다. 대통령에 당선된 이후에도 오바마 인수위원회는 광범위한 대중들과 닿을 수 있는 동영상 플랫폼으로 유튜브를 계속해서 사용했다. 이런 관계는 사생활 또는 소비자 옹호자들로부터 수많은 비판과 질문들을 받았다. 왜냐하면 오바마 대통령이 다른 상업적 사이트 내지 오픈 소스 사이트들보다 구글 플랫폼을 더 선호하는 것처럼 보였기 때문이다. 이런 부분들은 구글의 데이터 보유 정책과 웹 광고 시장 통제에 대한 강력한 조사의 착수와 맞물려 일어났다. 백악관에 친한 친구가 있으면 구글이 미국이나 유럽 공무원들과 문제가 발생했을 때 영향력을 발휘할 수 있다.[69]

2010년 여름에 또 다른 골치 아픈 사례가 발생했다. 개방형이면서 차별 없는 '중립적' 디지털 커뮤니케이션 네트워크를 지지한다는 구글이 오랜 약속을 저버린 것이었다. 7월에 미 연방 통신 위원회U.S. Federal Communications Commission는 인터넷 '중립'을 지지하는 인터넷 회사들과 콤캐스트Comcast나 AT&T처럼 자사 네트워크를 통해 흘러가는 특정 데이터의 속도를 통제하려는 통신 회사들 간에 타협을 이끌어 내는 데 실패했다. 정부가 버라이즌 Verizon과 합의를 끌어내지 못하고 있을 때 구글은 정책의 틀을 수립하겠다는 희망으로, 아니 적어도 각 회사들 간에 사적인 합의의 틀을 만들겠다는 목적으로 여기에 끼어들었다. 구글은 공공의 이익, 즉 개방형의 '고전적' 인터넷을 지지한다고 주장하면서도 휴대폰 데이터 채널이나 미래 성장 분야에 대해서는 상당한 통제가 필요하다고 합의했다. 중요한 것은 구글이 합의를 하는 바람에 FCC가 네트워크상에서의 데이터 흐름을 통제하는 새로운 법규 및 효과적인 민영화 정책을 추진하는 것을 막았을 수도 있다는 점이다.[70] 이런 모든 것들은 웹의 주요 규제자인 구글과 전 세계 상업의 주요 규제자인 미국 정부와의 복잡한 관계를 말해준다.

월드 와이드 웹의 속성이나 기능을 지배하는 특별한 방식 외에 구글은 더 거대하면서도 미묘한 통치 효과를 보이고 있다.[71] 예를 들면 일을 하는 데 있어 '구글 웨이Google Way'라는 말을 전파하고 있다. 단순히 웹 콘텐츠뿐만 아니라 사람들의 기대나 습관 등에 일종의 소프트파워soft power, 정보과학이나 문화, 예술 등이 행사하는 영향력-옮긴이를 수행한다. 구글은 사람들이 훌륭한 구글러로서 생각하도록 훈련시킨다. 그리고 다른 회사들이 구글의 핵심 기술과 가치를 모방하고 넘어서도록 영향을 미친다. 게다가 구글은 자신의 분야에서 성공을 거두면서 특별한 이데올로기, 즉 기술근본주의techno-fundamentalism를 향상시키고 개척하고 있다. 구글을 맹목적으로 신뢰하면서 의존하게 되는 이런 소프트파워 통치 모드는 다음 세 장에서의 주제다.

WWW

Googlͻ

| |

2장
구글의 수단
기술과 재능에 대한 신념

구글의 가장 탁월한 첫 번째 혁신은 검색 알고리즘이다. 두 번째 혁신은 광고를 배치하고 엄청난 수입을 창출한 경매 시스템이다. 이에 버금가는 세 번째 혁신은 사람들을 분석하는 방식, 그리고 욕구나 나약함에 빠져들도록 하는 시스템과 서비스를 만들어냈다는 점이다. 구글은 사람들을 위해 애써왔다. 왜냐하면 구글은 마치 사람들의 마음을 읽는 것처럼 보이기 때문이다.

미국 코미디언 루이스 CK_{Louis CK}는 현대 사회에서 새로움, 속도감, 편리함에 대한 기대 수준이 계속해서 조금씩 증가하고 있다는 이야기를 들려준 적이 있다. 그는 코난 오브라이언_{Conan O'Brian}이 진행하는 방송 프로그램에 나와 2009년 초 비행기로 여행을 했을 때의 일화를 들려줬다. 당시 승무원은 항공사가 지난 몇 년 간 준비해왔던, 비행 중에 무선 인터넷 접속을 할 수 있는 새로운 기능을 선보인다며 기내 방송을 했다. CK는 "유튜브 동영상을 볼 수 있을 정도로 인터넷 속도가 아주 빨랐다"고 말했다. "비행기 안에서 인터넷이 되니 정말 놀라웠다. 그런데 갑자기 먹통이 되더니 인터넷이 되지 않았다. 내 옆에 있던 승객은 '피, 이거 엉망이잖아' 라고 투덜거렸다. 마치 10초 전에 존재했던 세상이 그에게 뭔가 대단한 것을 빚졌다는 듯 말이다."[1] CK가 말하려고 했던 바는, 최근에 사람들이 놀랄만한 성취들에 면역이 되면서 흥분감이나 놀라움을 잊고 있다는 점이다. 사람들은 놀라움을 잃어버리고 있다. 굉장한 것들을 당연한 듯 받아들인다. 그러면서 삶의 근간을 이루는 강인함, 창의성, 지성 같은 인간적 요소들을 무시하게 된다. 소비자 기대 수준의 역동성이 지난 20년 동안 놀랄만한 속도로 이어지면서 불과 몇 년 전에는 존재하지도 않았던 기계나 서비스제 기능을 못하는 컴퓨터 프로세서나 느려터진 인터넷 서비스, 연착되는 국제선에 쓸데없이 좌절하기도 한다.

적정 기대치 이상으로 시장을 확장하고 수익을 늘려야 되는 기업뿐 아니라 과학기술의 변화에 대한 역사적 의식의 부재는 사람들을 더욱 만족할 줄 모르게 만든다. 하지만 그 근본에는 과학기술의 기본 설계인 검은 상자가 있다. 소비자들이나 시민들을 인터페이스나 기술의 편리성에 현혹되도록 하면서도, 어떻게 기술이 작동하는지 볼 수 있도록 만들지 않는다. 상자 속을 볼 수 없기 때문에 아이팟이나 끊임없이 변하는 무단변속기 같이 흔히 볼 수 있는 기기들의 기능이나 기술, 위험성, 탁월함 등을 인식하기가 쉽지 않다.

이번 장에서는 구글을 열광적으로 받아들이고, 구글이 제공하는 정보를 기꺼이 믿으려는 심리 그 이면에 깔려있는 문화적 배경들을 검토한다. 우선 구글 초창기부터 사람들이 어떻게 구글을 발견하고 환호하게 됐는지, 그리고 사람들의 신뢰를 얻기 위해 구글이 형성한 가치는 무엇인지 분석한다. 그러고 나서 구글의 행동, 그리고 직원들을 특징짓는 가치를 탐험한다.

구글의 가장 탁월한 첫 번째 혁신은 검색 알고리즘이다. 두 번째 혁신은 광고를 배치하고 엄청난 수입을 창출한 경매 시스템이다. 이에 버금가는 세 번째 혁신은 사람들을 분석하는 방식, 그리고 욕구나 나약함에 빠져들도록 하는 시스템과 서비스를 만들어냈다는 점이다. 구글은 사람들을 위해 애써 왔다. 왜냐하면 구글은 마치 사람들의 마음을 읽는 것처럼 보이기 때문이다. 일견 맞는 말이다. 구글은 당신이나 당신과 비슷한 사람들이 이미 표현했던 것을 토대로 당신이 보고 싶어할만한 것들을 추측한다. 당신은 검색 창에 자신이 원하는 것을 정확하게 표현하지 못하고 애매하게 적어 넣을 수 있다. 그러면 구글은 아주 정확하게 당신이 원할만한 것들을 찾아준다. 구글은 이 목록이 당신이 원하는 것이라고 믿고 받아들이게끔 길들인다. 비록 그것을 원했는지 알지 못한다 하더라도 말이다. 검색어를 치기 시작하면 관련 자료들이 밑으로 펼쳐지는 구글 웹 검색의 이런 방식은 사람들을 낚는 마술이다. 구글은 사람들을 위해 많은 생각을 한다. 왜냐하면 여러 면에서 사람들 스스로 평가하는 것보다 더 사람들을 분석하고 이해해왔기 때문이다.

구글은 아주 간단하면서도 빠르게 사용자들에게 믿음과 신뢰를 불어넣는다. 공상과학 작가 아서 클라크Arthur C. Clarke는 "충분히 발전된 기술은 마술과 구분하기 힘들다"라는 명문을 남겼다.[2] 물론 마술에 대한 믿음, 즉 불신을 하지 않는 것이 핵심적 요소다. 구글은 이런 부분들을 간단하면서도 재빠르게 잘하고 있고, 그래서 사용자들에게 신뢰와 믿음을 불어넣고 있다. 구글에 대한 경험을 말하고 쓰는 부분들이 어렴풋이 종교적인 것처럼 들리는 이유다. 구글은 분명 책상 앞에서 펼쳐지는 마술처럼 보인다. 구글을 사용하는 것은 신비하고 영적에 가까운 경험이다. 일련의 텍스트를 써 넣으면 1초가 채 지나기도 전에 당신 앞에 답변 목록이 스크린을 물들인다. 주체할 수 없을 정도로 많지는 않다. 무기력하게 만들기보다 다음에 어디로 갈지 자율권을 준다. 만일 신발을 쇼핑하고 있다면 이 과정에 영적이라는 느낌은 거의 없다. 하지만 연관성을 찾고, 확신을 하고, 안내를 받고, 심지어 지시를 받기 위해 검색을 하고 있다면 이 반半 인공지능 시스템그리고 이 시스템이 연결할 수 있는 모든 사람들과의 상호 작용 과정을 통해 당신은 영적인 영역에 가까워진다. 내가 의미 있는 무언가를 찾고 있다면 구글은 그 의미를 찾는 데 도움을 주는 것처럼 보인다.

만약 당신이 베를린에 사는 이슬람 소년으로 정신적으로 빈곤하고 성적으로 타락한 환경에 처해있다면, 구글은 당신에게 의미를 줄 수 있는 커뮤니티를 만나게 해줄 수 있다. 만약 당신이 유타주의 솔트레이크시티 근교에서 자라난 젊은 여자 게이라면 구글은 아마 충고 내지 도움을 구하기 위해 찾는 첫 번째 장소가 될 것이다. 만약 당신이 런던에서 생활용품을 취급하는 상인이라면, 아드레날린과 테스토스테론을 분비해 일시적인 행복감을 느끼게 하는 뉴스나 루머들을 찾기 위해 구글을 이용할 수 있을 것이다. 사람들이 누구를 숭배하든, 그들이 헌신하는 신이 얼마나 가치가 있든, 사람들은 구글을 통해 여러 신들을 만난다. 구글의 성공에는 사람들의 집단적 문화 취약성이 바탕에 깔려있다. 그리고 사람들의 기대감을 조금씩 높이면서 집단적 문화 취약성에 시너지 효과를 일으킨다.

구글 부사장 마리사 메이어Marissa Mayer는 2008년 소프트웨어 개발자들을 대상으로 한 기조연설에서 구글이 초기 사용자들을 대상으로 한 연구에서 발견한 가장 의미 있는 부분은 속도가 '긍정적인 사용자 경험positve user experience'을 생성하는 데 다른 어떠한 부분보다 훨씬 중요하다는 점이라고 설명했다. 메이어는 이런 사실 때문에 구글은 더 빠른 광대역 서비스, 빨리 구동되는 웹 애플리케이션, 그리고 구글의 핵심 영역인 월드 와이드 웹을 복사하고 검색하는, 비용이 많이 들고, 복잡하며, 강력한 인프라를 계속 요구할 수밖에 없었다고 말했다. 메이어는 "사용자들이 정말로 속도에 관심이 많다"고 말했다. "사용자들은 속도에 반응한다. 웹이 빨라질수록, 그리고 구글이 빨라질수록, 사람들은 더 많이 검색한다."[3] 검색을 더 많이 하면 더 많은 광고 링크를 걸 수 있고, 더 많은 광고 링크를 클릭할수록 구글의 광고 의뢰인들이나 구글 자체에 더 많은 소득을 안기게 된다. 사용자들은 분명 속도와 검색 결과의 질에 보답한다.

구글은 보이지 않는 곳에서 엄청난 기계와 훌륭한 코드를 돌린다. 메이어는 그 기조연설에서 누군가 구글 홈페이지의 빈 검색창에 간단한 질문을 적으면, 미국 전역에 흩어져있는 거대한 데이터 센터의 700개에서 1,000여 개 컴퓨터를 작동시킨다고 설명했다. 이 컴퓨터들은 이전의 검색어들과 색인들을 0.16초 만에 훑고 500만 개의 검색 결과를 생성한다고 말했다.[4]

구글 사용자들은 이런 놀라운 과정을 절대 볼 수 없다. 사용자들에게 구글의 힘을 알리는 것은 회사의 최우선 사항이 아니다. 사실 구글은 구글의 이데올로기와는 반대로 운영된다. 메이어는 "구글은 단순한 인터페이스 뒤에 숨겨진 매우 복잡한 기술이다"라고 말했다. "우리는 이런 부분들이 일을 처리하는 가장 좋은 방법이라고 생각한다. 구글 사용자들은 구글 뒤에서 벌어지는 기술이나 개발 작업이 얼마나 복잡한지 이해할 필요가 없다. 사용자들은 검색창에 가서 그들이 원하는 것을 적어놓고, 답을 얻는 것만 이해하면 된다."[5]

구글 사용자들이 구글이 작동하는 과정이 엄청나게 복잡하다는 사실을 알게 된다면, 마술과 같은 결과에 대한 기대가 누그러질 것이다. 반면에 인간의 작업이나 능력에 대한 평가가 강화될 것이고, 더불어 도구들을 현명하게 사용하는 능력을 키울 것이다. 이런 변화들은 구글에게 이득이 되지는 않는다. 왜냐하면 구글은 역사상 그 어떤 회사보다 구글이 더 커지고, 빨라지고, 좋아지고, 사람들의 지속적인 집단의식 속에 자리 잡게 하는 데 내기를 걸었기 때문이다. 문제는 구글이 뭔가를 잘못하고 있다는 게 아니다. 어디서나 존재하고, 또 전지전능하다는 것은 사람들의 나약함, 욕망, 갈망, 그리고 호기심을 이용하는 능력의 단순한 기능일 뿐이다.

구글에 대한 신뢰는 위험하다. 왜냐하면 사람들은 재산이나 서비스, 정보, 재미, 오락, 그리고 효율성을 강렬히 원하기 때문이다. 속도와 편리를 위해 사람들은 그 속에 빠져든다. 구글은 이런 사람들의 욕망을 특별한 비용 없이 바로 만족시키면서 보답한다. 즉각적으로 만족을 주는 그 자체에는 잘못이 없다. 만족을 시키지 못하는 것보다는 분명 더 낫다. 하지만 이런 신속성 자체가 목적이 돼서는 안 된다. 자비로운 기업이라는 망토를 걸쳐 입고 즉각적인 만족을 주는 것은 부정직한 것이다.

[기술근본주의자들의 종말론]

구글은 종말론적 이데올로기, 즉 예언을 실현하겠다는 믿음을 확산시킨다. 종말론을 공헌하는 사람들은 기원이나 기적 같은 이야기들에 흥미를 보이지 않는다. 종말론은 인류의 궁극적 운명에 관한 학문이다. 구글의 궁극적 운명은 세상의 정보를 조직해서 전 세계가 접근하게 하는 것이다. 그 운명으로 향하는 길은 기술근본주의라는 이상적 표현으로 포장돼있다. 구글은 알고리즘, 컴퓨터 코드, 초고속 네트워크, 그리고 거대 서버 같은 진보된 정보기술의 끊임없는 응용을 통해 인간의 모든 문제까지는 아니지만 수많은 문제들을 해결할 것이라고 믿는다.

그 어떤 회사도 사업을 영위하는 문화를 넘어 독립적인 존재가 될 수 없다. 역사가 산업을 몰고 가지 못하듯, 산업 역시 역사를 몰고 가지는 못한다. 어떤 특정 회사나 조직의 의미를 완벽하게 파악하려면, 문화와 사회 내의 어디에 회사가 위치해있는지를 고려해야 한다. 즉 회사가 하고 있는 일과 그 일을 가치 있다고 여기는 믿음, 그리고 이를 가능하게 하는 부분들이 그것이다. 구글은 21세기 초 미국 문화의 부산물이자 글로벌 문화에 영향력을 미치고 있다.

[구글 이전의 삶]

구글이 독창적으로 보일지 모르겠지만, 구글 이전에 수많은 검색 엔진들이 이 영역을 놓고 경쟁을 벌였다. 각 검색 엔진들은 색인과 검색 방식이 약간씩 달랐다. 구글과 마찬가지로 컴퓨터 과학, 언어학, 도서관학의 교차점에 위치한, 정보 코딩과 검색을 다루는 학술적 영역에 의지했다. 검색은 현재 흥미로운 지적 분야로 남아있다. 하지만 1990년대 말 실리콘밸리의 시장 전문가들은 검색이 부를 이끌어내는 핵심이라고만 보지는 않았다. 그들은 검색이 야후나 익사이트Excite가 제공하는 수많은 페이지들의 콘텐츠와 함께 고객들의 관심을 끌기 위한 보조적 특징으로 봤다.[6] 초기에 언론에서는 비슷한 시기에 출범한 다른 검색 회사들 사이에 구글을 끼워 넣었다. 구글을 사용해보면 곧바로 구글의 탁월함을 알 수 있었겠지만, 기술이나 비즈니스 분야의 언론인들은 구글에 뭔가 특별하고 독특한 게 있다고 언급하지 않았다.

〈비즈니스 위크Business Week〉가 1998년 9월호에서 처음으로 구글에 관심을 드러냈다. 검색 엔진이 어떻게 작동하고, 여러 가능한 검색 결과들의 질을 어떻게 평가하는지에 관한 기사에서 편집자들은 짤막한 서문에 다음과 같이 적었다. "경영자들에게 훨씬 더 신뢰할만한 다른 순위 시스템이 있다. 구글은 웹사이트들을 그들에 연결된 수많은 다른 사이트들로 평가한다. 즉 순위는 인터넷 서핑을 하는 사람들이 결정하는 것이 아니라, 링크를 하기 전 사이트를 평가하는 데 많은 시간을 들인 웹마스터들이 결정한다. 다른 논문들에 얼마나 많이 인용이 됐느냐에 따라 과학 논문들을 평가하는 전통적인 방식을 수용한 것이라 볼 수 있다."[7]

이 기사에서 구글 사이트 주소가 스탠포드 대학교의 컴퓨터 시스템 내에 있다는 점이 주목할 만하다. 이것이 10년 후 전 세계의 웹을 장악하게 될 검색 엔진의 가장 초기 참고자료다. 뉴질랜드의 〈더 프레스 오브 크라이스트처치the Press of Christchurch〉는 1998년 12월호에 구글이 웹 검색의 새로운 아이디어라고 소개했다. 당시 URL은 www.google.com으로 이미 독립했다.[8] 〈USA 투데이〉 역시 1998년 12월 구글을 흥미로운 웹사이트로 간략하게 소개했다.[9] 1999년 중반에는 비즈니스와 컴퓨터를 전문으로 하는 출판물들에서 구글이 언급되기 시작했다. 1999년 내내 〈뉴욕 타임스〉는 구글이 기사화할 만큼 중요하지 않다고 생각했다. 칼럼니스트 맥스 프랭클Max Frankel이 1999년 11월호에 구글을 검색 엔진 목록에 언급하기 전까지는 말이다.[10]

미국의 대표 신문인 〈뉴욕 타임스〉가 처음으로 구글을 진지하게 생각한 것은 기술 전문기자 피터 루이스Peter Lewis가 1999년 9월, 사실상 지지 의견을 표명했을 때였다. 루이스는 "최근까지 내가 선호한 검색 엔진들은 핫봇Hotbot, www.hotbot.com, 알타비스타Alta Vista, www.altavista.com 등이었다"며 다음과 같은 기사를 내보냈다.

"핫봇은 유명한 웹사이트들을 찾는 데 유용하고, 알타비스타는 잘 알려지지 않은 정보를 찾아낸다. 알타비스타는 특정 단어나 문장을 검색할 때 수많은 가능한 결과를 내놓는다. 하지만 월드 와이드 웹이 점점 더 커질수록, 검색 엔진은 더 많은 결과가 아니라 더 적은 결과를 내놓는 게 중요해진다. 검색자들이 원하는, 가장 관련 있는 답이 어딘가 있을지도 모른다는 생각에 70,482개의 검색 결과를 클릭해볼 시간이 있는 사람들은 거의 없다. 검색 엔진들은 더 영리하고, 더 빨라져야 한다."

루이스는 "마이크로소프트 네트워크가 지난 주 MSN.com를 새롭게 개편해 내놓았고, 아메리카 온라인America Online이 AOL.com를 다음 주에 선보인다. 하지만 당신이 차세대 검색 기술을 찾고 있다면, 구루넷Gurunet이나 구글을 찾아보라"고 언급했다.[11]

구루넷은 루이스의 기사 이후 오랫동안 버티지 못했고, 루이스 역시 구루넷의 검색 방식에 한정해서 관심을 보였을 뿐이었다. 하지만 구글에는 흠뻑 빠져있었다. 미국 대통령이 백악관 인턴사원과 추잡한 스캔들에 연루돼 휘말려 있을 때, 루이스는 구글이 '빌 클린턴'이나 더 중요하게는 '섹스' 같은 단어로 검색했을 때, 포르노 사이트에 연결되지 않도록 하면서 효과적으로 관련 있는 사이트들을 걸러낸다는 사실을 알았다. 루이스는 다음과 같이 썼다.

구글은 다른 모든 검색 엔진들이 검색 결과에 뜨게 하는 수많은 포르노 사이트들이 아니라 결혼과 성에 관련된 목록을 내놓는다. 평판이 안 좋은 수많은 웹사이트 운영자들은 순진한 사용자들을 끌어들일 심산으로 가짜 키워드를 가지고 그들 페이지에 양념을 뿌려 검색 엔진들을 속인다. 구글은 추파를 던지지 않는다. 대신 얼마나 많은 사이트들이 링크돼 있는지를 파악한 후 페이지의 관련성이나 중요성을 결정한다. 이런 기술은 구글이 각 웹사이트들을 방문해보지 않더라도 순위를 매길 수 있게끔 한다. 수많은 웹사이트들은 검색 엔진이 그들 콘텐츠들을 검색 목록에 올라가도록 허용하지 않지만, 검색자들이 원하는 정보를 갖고 있을지도 모른다.

루이스는 다른 검색 엔진들과 달리 "구글은 페이지에 링크돼있는 사이트들의 중요성을 인기도 측면에서 고려한다. 유명한 사이트들에 링크가 걸린 페이지는 잘 알려지지 않은 사이트들에 걸려있는 페이지보다 더 비중을 둔다. 수많은 중요한 사이트들이 어떤 페이지에 링크를 걸고 있다면, 이 페이지도 중요할 것이라는 추론을 해볼 수 있다. 큰 트럭들이 주차해 있는 길가 식당들은 음식맛이 좋을 것이라는 일반적인 통념과 같은 것이다"라고 적었다. 〈뉴욕 타임스〉가 구글 밖에 트럭을 주차했고 페이지랭크Page Rank의 장점을 미국의 엘리트들에게 설명했다면, 구글의 번영을 막기란 불가능했을 것이다.[12]

초기 급성장 시기를 지나 현재까지도 구글은 텔레비전이나 신문 지상에 광고를 하지 않는다결국에는 2010년 44회 슈퍼볼 기간에 필요는 없지만 기발한 광고를 실었다. 구글의 인기가 치솟은 데는 부분적으로 과학기술 기자들의 열렬한 리뷰 기사가 불꽃을 일으키기도 했지만, 입소문이 가장 중요한 요인으로 작용했다. 대부분의 사람들은 친구들을 통해 구글을 알았다. 구글은 엉망진창인 것들을 깔끔하게 정리했다. 감당하기 어려운 일들을 단순하게 만들었다. 모든 문제들에 잘난 척하지 않는 것처럼 보였다.

이는 비즈니스 역사에서 좀처럼 보기 힘든 성공 이야기다. 이 사업은 기술과 과학을 이용하는 이야기다. 다음 말에 구글의 사명이 숨어있다.

"세상의 정보를 조직해서 전 세계적으로 접근이 가능하고 유용하게 한다."

왜 사람들이 쌍수를 들고 구글을 환영했는지, 왜 그렇게 엄청난 양의 개인 정보와 지식에 접근하는 통제권을 제공할 정도로 경솔하게 구글을 신뢰했는지는 곰곰이 생각해봐야 할 부분이다.

['신뢰의 편견'과 페이지랭크의 실용주의]

통제와 신뢰에 관한 질문들은 단순히 추상적인 사색의 문제가 아니다. 구글의 핵심 업무, 즉 소비자나 시민들의 기호에 대해 엄청난 데이터를 축적하고, 저렴한 요금으로 하루에 수십억 차례 정확하고 정밀하게 소규모 광고를 제공하며, 무료로 정보를 얻게 하는 부분들은 조만간 정보 거래의 지배적인 형태가 될 것이다.[13] 구글은 이미 거대 미디어 회사들이나 휴대폰 서비스 회사들이 사업 전망이나 서비스를 변경하도록 강요하고 있다. 곧 다른 회사들은 분명 구글의 스타일이나 철학, 그리고 움직임을 따르려고 노력할 것이다.[14]

사람들이 개인 정보와 선호도, 그리고 지식에 접근하는 정보를 제공하면서까지 구글을 신뢰하는 이유는 기술에 대한 편견을 갖고 있기 때문이다. 사람들은 믿을 만하고 관련 있는 정보에 빨리 접근하기를 원한다. 구글은 12년이란 짧은 시간에 사용자들 사이에 신뢰를 구축하기 위해 세 가지 특징적인 기술들을 강조하면서 최상층까지 올랐다. 속도, 정확한 포괄성precise comprehensiveness, 그리고 정직이 그것이다. 단순히 실용적인 면으로 보면 사람들은 구글이 다른 검색 엔진들과 비교했을 때 정말 빨리 작동하고, 관련 있는 정보를 검색하고, 그 결과 믿을 만한 가치가 있어 보이기 때문에 구글을 신뢰한다.

정확한 포괄성이란 용어는 내가 구글에서 어떤 단어를 검색할 때, 연관된 순서에 따라 명확한 결과 목록을 보여주는 점을 표현한 말이다. 만약 똑같은 검색을 하는 수많은 사용자들이 첫 번째 검색 결과 대신 세 번째 검색 결과를 클릭한다면 시간이 지나면서 구글은 그 순위를 위로 올린다. 구글 웹 서치는 일렬로 쭉 나열된 형태로 검색 결과를 보여주는데, 이는 정확하다는 느낌을 준다. 광범위함은 구글이 각 검색 결과 페이지 위쪽에서 보여주는, '신에 대한 검색 결과 약 4억8,100만 개 중 1-10' 같은 풍성한 검색 결과를 제시하는 기능에서 찾을 수 있다. 정확함은 검색 첫 페이지의 10개 결과 목록을 통해 나온다.

사용자들은 구글의 순위가 사용자에게 중요하고 관련이 있을 것 같은 것들을 정직하게 보여준다고 믿는다. 이렇게 사용자들은 클릭할 링크를 선택할 때, '신뢰 편견trust bias, 다른 무엇보다 구글을 더 신뢰하는 것을 뜻함-옮긴이'을 입증한다. 즉, 어떤 링크가 그들에게 유용할지에 대해 본능적으로 구글 알고리즘의 판단을 신뢰한다는 것이다.[15] 이런 신뢰 편견은 대부분의 사람들이 검색어만 집어넣으면 되는 아주 단순한 방식으로 구글을 이용하지만, 그럼에도 검색 시스템을 이용하는 자신들의 능력에 대해서는 아주 높게 평가한다는 사실로 더 강화된다.[16]

구글의 '악해지지 말자'라는 모토를 알든 모르든, 이런 신뢰 편견을 공공연히 내비치든 마음속에 품어놓든, 이는 사용자들이 구글의 정신을 신뢰하고 있다는 것을 반영한다. 다음 장에서 이런 신뢰에 대해 더 상세하게 파헤칠 것이다. 지금은 무엇을 보여주고 어떻게 링크의 순위를 매길지 선택하는 구글의 핵심 알고리즘인 페이지랭크의 이해 여부와 상관없이 사용자들이 구글의 정직성을 믿고 있다는 점을 주목하는 것만으로도 충분하다. 사용자들은 구글이 그들 대신 선택을 하거나, 적어도 많은 관심을 끄는 아주 극소수의 선택들로 안내할 것이라 믿는다.[17] 소비자들의 관심이나 판매를 놓고 경쟁을 벌이는 회사들로서는 검색 결과의 첫 페이지에 나오는 것이 가장 중요하다는 점에 대해서는 두말할 필요가 없다.[18]

검색 엔진들이 어떻게 작동하는지 거의 의식을 하지 못함에도 불구하고 웹 사용자들은 깊은 만족감을 표한다. 오직 19퍼센트만이 검색 엔진들을 믿지 않는다고 말한다. 68퍼센트 이상의 웹 사용자들은 검색 엔진들이 공정하고 편향되지 않다고 생각하는 걸로 알려졌다. 2005년 퓨 인터넷 앤 아메리칸 라이프 프로젝트Pew Internet and American Life Project가 조사한 대상 중 약 44퍼센트는 오로지 한 검색 엔진만 사용하고, 48퍼센트는 두세 개 검색 엔진을 사용한다고 답했다. 오직 38퍼센트만이 구글이나 다른 검색 서비스 회사들이 광고 플랫폼으로 제공하는 '스폰서' 링크와 검색 페이지의 대부분을 차지하는, 알고리즘으로 생성된 '일반' 검색의 차이를 구분할 줄 안다고 답했다. 그리고 6명 중에 1명만이 스폰서 링크와 알고리즘으로 생성된 결과의 차이를 항상 구분할 수 있다고 말했다.[19]

그래서 구글은 내재적으로 정보화 세계에 미치는 영향에 보수적일 수밖에 없다. 즉 구글이 시스템 법칙을 바꾸지 않는 한, 그리고 인간의 판단력에 개입하지 않는 한 승자는 계속 승리할 수밖에 없다.[20] 구글 웹 서치 결과들은 검색한 사이트들의 대다수 또는 일치된 의견에 동의하면서 논쟁이 될 만한 사안들에는 중간적 입장을 선호한다.[21]

[검색의 실용주의 이론]

사람들이 구글을 믿는 것은 실용적이기 때문이다. 사람들은 아마도 민주적인 것처럼 보이는 수단으로 결정된 일치된 의견을 믿을 만하고 진실할 거라고 믿는다. 수백만 웹 사용자들의 집단적이고 적극적인 판단에 의존하는 구글의 방식은 이론적으로는 인식론 중에서 가장 영향력이 있는 미국 실용주의 이론을 실현하는 것처럼 보인다.

찰스 샌더스 퍼스Charles Sanders Peirce와 윌리엄 제임스William James가 1890년대에 주창했고, 리처드 로티Richard Rorty가 100여 년이 지난 후 정교하게 다듬은 실용주의 이론에 따르면 진실은 실험, 발견, 피드백, 그리고 합의를 통해 생성된다.[22] 그래서 진실한 이야기는 세상에서 통용된다고 제임스는 말하곤 했다. 실용주의 이론은 경험이나 관찰이 필요하기 때문에, 퍼스가 설명한 것처럼 계속해서 수정의 압박을 받고 있다.[23] 원래 진실은 세상의 사물 그 자체에 관련된 것이 아니라 사물과 관련된 경험, 사물에 관한 대화, 그리고 집단적 이해와 연결된다. 사람과 사람들은 진실을 두고 서로 의견이 다를 수 있고, 이런 의견의 불일치는 진실로 다가가는 과정의 일부다.

그래서 진실은 단순히 현실을 곰곰이 숙고한다고 알 수 있는 게 아니다. 관점이나 경험의 차이에 따라 모든 사람들이 다 다를 수밖에 없다. 제임스는 시계를 만드는 사람과 단순히 시간을 알려고 하는 사람들과는 시계에 대한 진실이 다를 수밖에 없다고 설명했다. "어떤 생각의 진실성은 생각으로 부터 내재된, 고여 있는 특성이 아니다." 제임스는 이렇게 말했다. "진실이 생각에 생기는 것이다. 진실은 사건들로 진실이 된다. 진실의 진실성은 사실 사건이고 과정이다. 즉 진실의 진실성을 증명하는 진실화 과정이다."[24]

제임스는 진실의 역동성에 초점을 맞췄다. 훗날 로트리는 이를 '우연성 contingency' 이라 불렀다. 구글 페이지랭크에 구현된 게 바로 이런 역동성이다.[25] 사회의 지지를 통해 확인을 받는 역동적인 과정을 통해 각 사이트의 순위가 발생한다. 그런 확인의 도구가 하이퍼링크다. 두 번째 도구는 하이퍼링크를 클릭하는 것이다. 이런 확인 작업들을 통해 우발적이고 임시적인 관련성, 즉 제임스가 말하는 진실을 판단하면서 변화하는 장이 바로 페이지랭크 알고리즘이다. 이런 점 때문에 페이지랭크나 구글 웹 검색 시스템은 탁월하다. 구글이 없었다면 어떻게 역동적이고 복잡한 월드 와이드 웹을 이해할 수 있겠는가? 사람들이 무언가를 '진실하다' 거나 '믿는다' 고 얘기할 때 실용주의가 그 의미를 이해하는 데 도움이 되듯, 구글은 엄청난 양의 문서들을 가려서 웹 사용자들의 대략적인 합의를 반영해 순위를 매긴다. 하지만 실용주의는 진실하고 가치있는 것을 묘사할 때 쓰는 언어 내지 집단적 판단 내에서 작동하는 편견 또는 약점에 대해서도 따져물어야 한다고 말한다. 왜냐하면 진실이나 가치는 우연성을 가지고 있기 때문이다.

진실을 묘사하고 정의내릴 당시만 해도, 제임스는 어떤 사람들이 다른 사람들보다 합의에 미치는 영향력이 더 셀 수 있다는 점을 고려하지 않았다. 그는 진실에 관한 사회학자나 정치학자가 아니었다. 그는 철학자였다. 하지만 그렇다고 해서 구글의 순위가 대략적이고 중립적인 합의를 이룰 수 있을 만큼 충분히 정보를 제공하는, 아무 사심없는 '사용자' 집단에 의해 중립적이고 평등하게 생성된다고 가정해서는 안 된다. 시스템 내에서 작용하는 힘, 즉 편견들에 주의를 기울일 필요가 있다.[26]

모든 정보 기술은 특정 콘텐츠나 사용자들에 호의를 베푼다. 중립적 시스템이란 걸 만들 수는 없다. 기술을 현명하게 사용하기 위해서는 편견의 속성을 이해하고, 편견에 맞추거나 바로잡을 수 있다는 기대감을 조정할 필요가 있다. 편견에 대해 분명히 말하고 제대로 설명하자는 것이 시스템이나 회사를 비난하자는 게 아니다. 편견이 반드시 나쁜 것은 아니다. 편견은 사실 명백하게 필요하다. 어떤 기준도 없이 검색 시스템이 정보의 순위를 매기고 선택할 수는 없다. 구글의 검색 알고리즘은 어떤 특정 형태의 콘텐츠를 선호하도록, 그리고 사용자들의 행동 방식들을 축적하고 이를 보상하도록 설계됐다. 그래서 편견들은 좀처럼 직접적이거나 분명하지 않다.[27]

그럼에도 구글 웹 서치에 내재해있는 주요 편견들을 이해할 필요는 있다. 우선, 어떤 검색 엔진도 모든 사이트들을 검색 목록에 올리지 않는다. 페이지의 특성에 근거해 선택을 한다. 컴퓨터 생성 프로필computer-generated profiles에 따라 사용자들이나 컴퓨터, 그리고 검색 엔진들을 교묘히 이용하려는 정크 페이지로 판명될 때는 이런 사이트들을 배제하려고 노력한다. 앞으로 살펴보겠지만 검색 결과가 문제의 소지가 있거나 정치적으로 불법적이라면 구글 같은 검색 엔진들은 편집에 개입하도록 판단을 내리기도 한다.[28]

더 중요한 것은 모든 하이퍼링크가 모두 다 똑같은 방식으로 생성된 것은 아니라는 점이다. 수많은, 아니 거의 모든 하이퍼링크는 특정 사이트를 지지하거나, 확인했다는 '투표' 결과다. 때로는 비평가가 결함, 거짓, 약점을 지적하면서 야기된 조롱의 투표 결과기도 하다. 물론 파일을 다운로드할 수 있게 하는 오로지 기능적인 목적의 하이퍼링크들도 존재한다.[29] 그리고 모든 페이지 생산자들은 같은 방식으로 또는 같은 정도로 링크를 이용하지 않는다. 예를 들면 블로거들 사이에는 링크 교환이라는 윤리가 있다. 예를 들면 한 블로거가 어떤 부분을 언급하거나 논의할 때, 다른 블로거 페이지에 링크를 건다. 링크는 웹상에서 일종의 돈이다. 왜냐하면 웹페이지를 만드는 사람들은 일반적으로 구글이 이런 링크들에 보상을 할 것이라고 이해하고 있기 때문이다. 하지만 상업용 사이트에는 일반적으로 그런 교환이 없다. 구글은 페이지랭크에 의존해서 정말 인기가 있고, 중요하거나, 진정한 흥미를 보여야 할 대상보다는 강력한 재미를 유발하거나 웹의 입맛에 맞는 관심사들을 선호했다. 웹상에서 인기가 있거나 중요한 것이 실제 세상에서 인기가 있거나 중요한 것은 아니다. 구글은 엽기적이거나 새롭고 요란스러운 것에 기울어있다.

예를 들어 내가 2009년 7월 15일에 버지니아에 있는 내 집에서 그랬던 것처럼, 당신이 구글 웹 검색에서 '신God'을 찾는다고 가정하면, 페이지랭크의 독특한 편견이 반영된 검색 목록을 얻게 될 것이다. 위키피디아의 '신' 페이지가 가장 상위에 오른다. 이는 여러 면에서 흥미롭다. 2006년쯤부터 위키피디아의 페이지는 구글에서의 수많은 검색 결과에서 높은 순위에 들기 시작했다. 이는 위키피디아가 정확하거나 포괄적이지는 않지만, 범용적으로 쓰이면서 평판이 좋기 때문일 것이다. 구글의 엔지니어들은 논쟁의 여지가 있고 격한 감정을 불러일으킬 만한 주제에 대해, 여러 선택을 놓고 조정하는 과정 및 기준을 세운 커뮤니티에 이를 표출하고 설명하는 책임을 떠넘기는 것이 현명한 것이라고 결정했을지도 모른다.[30] 위키피디아는 그런 점에서 구글을 잘 보좌한다. 구글 역시 위키피디아를 잘 보좌한다. 왜냐하면 위키피디아에 포함되기 위한 편집 기준은 새로 편입되는 표제어의 관련성 여부이고, 이 관련성은 구글이 얼마나 두드러지게 그런 주제를 제공하느냐에 의존하기 때문이다.[31] 구글은 '신'이라는 개념을 잘 보여주는 다른 권위적인 자료를 제공했을 수도 있다. 하지만 구글과 위키피디아는 많은 사례들에서 잘 조화를 이뤘던 것처럼 보이기 때문에 다른 참고자료가 위키피디아의 지위를 빼

앗는 건 거의 불가능하다.[32] 아직까지도 위키피디아는 구글처럼 디지털에 편향돼있다. 〈와이어드〉 매거진에 자주 오르는 개념이나 인물은 위키피디아나 구글 결과에서 중요한 부분을 차지할 가능성이 높다.[33]

'신'에 대한 일련의 결과는 구글 웹 검색에 내재된 또 다른 편견들을 드러낸다. 내가 두 번째로 얻은 결과는 복음 미디어 그룹Evangelical Media Group에서 광고비를 댄 'God.com'이라 불리는 사이트다. "왜 세상에는 수많은 종교들이 있고 어떤 종교가 옳은가?" 같은 질문에 맞는 서적을 추천하는 사이트다. 시골인 버지니아에서 이것은 가장 '관련 있는' 검색 결과일 것이다. 왜냐하면 이곳에선 프로테스탄트 그리스도교Protestant Christianity를 숭배할 뿐만 아니라, 가장 중요한 종교적 커뮤니티이기 때문이기도 하다. God.com 페이지에는 쓸데없는 것들이 없고, 유명한 참고 서적들이 소개돼 있다. 이 사이트는 구글의 연결 기준에 딱 맞고, 페이지랭크에서 높은 점수를 얻을 만큼 잘 설계됐다. 하지만 카이로나 베니스에 거주하는 사람이라면 '신'에 대한 결과로 위키피디아 다음에 다른 결과가 나오기를 희망할 수도 있다.

온갖 '신'에 대한 참고문헌들을 고려해봤을 때 구글 첫 페이지에서는 제한된 검색 결과만을 보여준다. 존 레논이 부른 '신God' '머더(Mother)'라는 검색어에도 머더라는 브랜드의 광택제와 왁스 링크 바로 위에 같은 이름의 존 레논 노래가 나온다라는 뮤직 비디오가 있고 수많은 무신론 사이트들도 있다. 그리고 자신을 '신'이라 부르는 누군가의 트위터 피드에도 링크가 돼있다. 하지만 다른 주요 종교 사이트와는 링크돼있지 않다. 이슬람교나 힌두교, 그리고 유대교 사이트에도 연결돼 있지 않다. 심지어 가톨릭 관련 사이트도 빠져있다. 버지니아에서는 오로지 위키피디아, 프로테스탄트 그리스도교, 무신론, 그리고 존 레논만이 '신'으로 사람들을 안내할 것이다.

[기계 속의 사람]

속도, 정확성, 포괄성 같은 기술적 가치들에 실용적으로 헌신한 부분이나 컴퓨터 생성 결과의 정직성, 그리고 절차와 합의에 따라 진실에 도달했다는 실용주의적 신념에도 불구하고, 웹 서치는 해외보다는 국내에서 문제가 되고 있다. 게다가 엉뚱한 검색 결과들 때문에 구글은 서서히 변하는 사용자들의 집단적 판단에 단순히 의존하기보다 때로 개입을 하기도 한다. 구글은 특정 사이트들이 폭력적이고, 부정직하고, 위험하다면 불만을 가진 사람들이 직접 사이트 관리자나 서비스 공급업체에 알아보도록 하게 한다. 하지만 특정 검색 결과가 주목을 받으면 구글이 개입하기도 한다.[34]

예를 들면 2004년 4월, 구글에서 '쥬Jew, 유대인'라는 검색어를 입력했을 때, 첫 번째 결과로 '쥬 위치Jew Watch'라 불리는 반유대교 사이트의 홈페이지가 위키피디아의 표제어를 제치게 되자 구글이 이에 개입했다.[35] '홀로코스트Holocaust, 대학살'와 '쥬'를 검색했을 때, 제2차 세계대전 동안 600만 명의 유대인을 학살했다는 사실을 부정하는 사이트들이 검색 결과의 첫 번째에 위치할 때도 구글이 개입했다. 미국에서 구글은 증오로 가득하거나 편협한 자료들을 없애야 할 의무는 없다. 하지만 프랑스, 독일 같은 수많은 나라에서는 그 반대다. 반인종주의 연맹Anti-Defamation League이 '쥬'에 대한 검색 결과에 강력하게 항의하자, 구글은 처음에는 구글 검색 엔진이 어떻게 작동하는지에 대한 설명, 구글 알고리즘의 중립성을 존중한다는 내용 등을 올렸다. 이 공지는 '쥬'에 대한 검색 결과 페이지에 아직까지도 첨부돼있다.

구글에서의 검색 결과로 나타나는 각 사이트들의 순위는 수천여 개 요인들을 고려해 검색어와 페이지의 관련성을 계산하는 컴퓨터 알고리즘을 강력히 준수합니다. 때로 언어의 미묘함 때문에 예상할 수 없었던 이상한 결과가 나타나기도 합니다. '쥬'에 대한 검색이 그런 예상치 못한 결과를 불러일으켰습니다. 구글에서 '유대교Judaism', '유대인의Jewish', 또는 '유대인 사람Jewish people'이란 단어로 검색하면 관련 정보를 얻을 것입니다. 구글 직원들의 신념이나 기호뿐만 아니라 일반 대중들의 의견들 또한 구글의 검색 결과에 관여하거나 영향을 끼치지 못합니다. 개개 시민들이나 공공 이익단체들이 정기적으로 특정 링크를 없애거나, 검색 결과를 조정해 달라고 요청하기도 합니다. 물론 이런 요청들을 개인적으로 고심해야 할 필요는 있습니다만, 구글은 검색 결과를 일일이 구분하지 않는 걸 가장 우선시 합니다. 따라서 단순히 콘텐츠가 인기가 없다거나, 콘텐츠에 관해 불평을 받았다고 해서 검색 결과에서 이 페이지를 제거하지는 않습니다.[36]

구글이 이렇게 설명하자 반인종주의 연맹은 구글의 사과를 받아들이고, 검색 결과가 순전히 '컴퓨터가 생성한' 것이기 때문에, 마치 인간의 책임을 사하듯, 구글에 책임은 없다는 점을 사람들에게 납득시키는 공지를 올렸다. 또 구글이 향후에 문제의 소지가 있는 자료들에 대해서는 주의를 기울이는 방법들을 찾겠다고 했다면서 구글을 칭찬하기까지 했다.하지만 5년이 지난 후에도 어디에서든 이런 증거를 찾을 수 없다.[37] 이는 좀 이상하다. 왜냐하면 반인종주의 연맹은 구글 웹 서치의 독일 버전인 Google.de가 '쥬덴Juden, '유대인'이란 뜻의 독일어-옮긴이'이라는 검색어에 반유대주의 결과를 생성하지 않는다는 점을 외면하기 때문이다. Google.de에서 '쥬'를 넣으면 반유대 사이트인 쥬 워치Jew Watch가 빠져있는 몇몇 영어 사이트들을 보여준다. 이런 결과들은 분명 구글이 통제를 하고 있다는 사실을 뜻한다. 단지 미국 내에서는 직접적으로 편집과정에 개입하지 않기로 선택한 것일 뿐이다.

이렇게 대중적인 논쟁이 일어나면서, 구글 순위에서 반유대 사이트를 제거하고자 하는 사람들은 계속해서 위키피디아 사이트에 연결되는 웹에 글을 올리거나, 유대교와 유대인에 관한 합법적이고 충실한 정보 자료들을 올렸다. 이들은 페이지랭크 시스템을 그들이 선호하는 링크로 가득하게 만들면 쥬 워치가 밑으로 내려가지 않을까 하고 바랐다. 반유대 사이트 쥬 워치의 소수 지지자들 역시 같이 맞대응했다. 아마 사람들은 이런 과정을 통해 빛의 세력이 어둠의 세력을 누르고 승리를 거둘 것이라고 생각할 것이다. 하지만 이번 사안의 경우, 구글의 컴퓨터는 검색 엔진 최적화search engine optimization, 검색 엔진에서 검색했을 때 상위에 나타나도록 관리하는 것─옮긴이로 운영되고, 또 흔히 말하는 '구글 폭탄Google bombing'으로 알려진 전략에 민감하기 때문에 반유대주의 사이트들은 비록 맨 윗자리를 뺏기긴 했지만 높은 순위를 유지했다.[38] 시간이 지나면서 미국의 Google.com에서 '쥬'라는 검색어의 첫 번째 자리는 위키피디아가 차지하고버지니아 샬로츠빌에서 2010년 2월, 두 번째 자리는 쥬 워치가 자리 잡았다. 첫 페이지 결과에는 최신의 링크들이 포함되는데, 최근 경향을 관련성 있게 제시하려는 구글의 의도를 내비치고 있다.

그렇기 때문에 구글이 검색 결과에 개입하는 것은 구글이 그렇게 하기를 원하거나 적어도 법에 따라 그렇게 할 수밖에 없을 때 발생한다. 종종 구글은 특정 맥락에서 다른 결과가 나오기를 원한다면, 목록이나 결과를 직접적으로 편집하는 대신, 시스템 전반에 대대적 변화를 일으키기 위해 알고리즘을 바꾼다. 3년여에 걸친 '쥬' 검색 결과 논쟁이 끝났을 때, 구글은 '검색 결과에 대한 입장' 페이지를 조용히 바꿨다. 과거 "구글에서의 검색 결과로 나타나는 각 사이트들의 순위는 수천여 개 요인들을 고려해 검색어와 페이지의 관련성을 계산하는 컴퓨터 알고리즘에 의해 자동적으로 결정됩니다"라는 표현은 2007년 5월 "구글에서의 검색 결과로 나타나는 각 사이트들의 순위는 수천여 개 요인들을 고려해 검색어와 페이지의 관련성을 계산하는 컴퓨터 알고리즘에 의해 좌우됩니다"로 바뀌었다. 즉 '자동적'이라는 단어를 뺀 것인데, 반인종주의 연맹과의 곤란한 상황에서 벗어날 수 있었던 건 이 단어 때문이었다.

2007년까지 구글은 사실상 여러 미묘한 방식으로 페이지 순위에 이용자들을 개입시켰다. 심지어 '품질 평가팀'을 고용해서 검색 결과를 평가하고, 알고리즘을 변경하는 기술자들에게 이를 전달한다.[39] 2009년 구글에 등록한 사용자들G메일이나 구글 북스, 그리고 블로거 같은 구글의 서비스들을 이용하는 사람들은 특정 검색 결과에서 사이트를 추가하거나 삭제할 수 있도록 권한이 강화되면서, 검색 품질 평가팀에 페이지들에 대한 구체적인 안내를 해줬다.[40] 이런 과정은 회원 가입을 한 사용자들이 다른 사람들이 보게 되는 검색 결과에 과도한 영향력을 행사할 수 있도록 한다. 웹의 '강력한 시민들super citizens'인 것이다. 그들의 의견은 비회원 사용자들의 의견보다 훨씬 더 중요하다.

게다가 구글은 웹을 지나치게 악용하는 점에도 조치를 취했다. 만약 검색어가 일관적으로 부적절한 결과를 생성한다면, 즉 성적인 문제와는 상관없는 검색어에 포르노물을 보여준다면, 구글은 즉각적으로 개입해서 페이지 순위를 조작한 데 따르는 조치를 취한다. 만약 한 사이트가 수많은 링크에 걸려있는 것처럼 사기 치는 것을 구글이 감지한다면 아마 똑같은 조치를 취할 것이다. 그렇기 때문에 구글 검색 사업에서 인적 요소는 존재하고 있고, 아마 더 강화될 것이다. 결과적으로 이런 결정들을 내리는 사람들이나 어떤 문화적 시각에서 이런 결정들이 나왔는지 비판적으로 바라보는 게 중요하다. 예상하는 대로 이들은 대체적으로 기술자들 내지 기술 관료들이다.

[버닝맨의 '기술자 집단']

구글은 기술을 최우선으로 여긴다. 구글의 창립자 레리 페이지Larry Page와 세르게이 브린Sergey Brin, 그리고 초창기 직원들은 교육을 잘 받은 컴퓨터 과학자들이다. 구글은 논리학이나 수학, 언어학 등의 난제들을 풀기 위해 골몰하다가 보완적이면서 도전적인 환경을 발견하는 그런 곳이었다.[41] 이는 지난 20여 년 전에 갑자기 나타나서, 지금은 수많은 분야의 과학적 의제를 점령하고 있는 일종의 실천 패러다임, 즉 기업가적 과학entrepreneurial science이다. 기업가적 과학은 학계의 순수 과학과 산업적 기술과학의 교차점이라 할 수 있다.[42]

조직의 기술 관료적 방식은 새로운 것이 아니다. 바로 잊혀지긴 했지만, 1921년에 출간된 《기술자와 가격 체제The Engineers and the Price System》란 책에서 제도制度 학파 경제학자인 베블런Veblen은 지식 노동자로 불리는 새로운 계층을 확인했다. 베블런은 미국 산업 혁명 후반기에 제품의 생산이나 유통의 효율성 증가로 엄청난 부가 창출되고 있지만 자신들을 부자로 만들어주는 이런 시스템을 수학적으로 이해하지 못하는 계층이 있다는 점을 알았다. 베블런은 이런 상황들이 오래 지속되지는 않을 것으로 추측했다. 착취에 대한 갑작스런 자각이 혁명이 되기를 기다리는 카를 마르크스의 프롤레타리아 계급과 달리, 이들 기술자 계층은 스스로 창출한 부를 실제로 걸머쥐게 될 것이라고 베블런은 주장했다. 사실 기술자들은 힘을 합쳐 미국 산업을 붕괴시킬 수 있었고, 몇 주 내에 쓰러뜨릴 수도 있었다. 그 누구도 그렇게 할 수 없었다. 항상 기술자들은 부족했기 때문에 이들이 마음만 먹는다면 실제로 쓸 수 있는 사회적·경제적 힘을 지니고 있었다. 기술자 계층이 충분히 성공한다면 사회나 정치, 정부, 그리고 회사 자체를 재설계할 수 있을 것이다. 만약 이런 일이 발생한다면, 세상은 자비로운적어도 유능한 '기술자 집단soviet of technicians'이 지배할 수 있을 것이라고 베블런은 주장했다.[43]

시장에서의 지배적 기업으로, 그리고 세상에서 기업들이 어떻게 행동해야 할지의 모델로서 구글은 베블런의 꿈을 실현한다. 그리고 구글의 정신은 현재 미국의 패러다임적 가치, 즉 기술 능력으로 간주되는 가치와 정확하게 일치한다. 월터 컨Walter Kirn이 썼듯 미국은 '재능관료Aptocrats, 능력, 재능 등의 뜻을 지닌 'aptitude'와 관료를 나타내는 'bureaucrat'를 합쳐, 재능에 의해 선발된 관료를 뜻함—옮긴이'에 의해 돌아간다. 이들은 규격화된 테스트나 숫자적으로 증명할 수 있는 성과처럼 조직화된 공정에 뛰어난 사람들이다. 이들은 조직이 기대하는 탁월함에 맞춰가면서 성공으로 향한 모든 단계를 명확하게 알고 있다.

컨은 "미국의 영리한 젊은이들을 발견하고 교육시켜야 할 책임이 있는 조직들이 밝힌 것처럼 이런 '재능aptitude'은 기이한 특성을 지니고 있다"라고 말한다. "재능은 정신 속 지혜나 머릿속 지식을 반영하는 게 아니라, 학문적인 성공이나, 그 이상의 일반적인 성공을 거두기 위해 결정적이라 여겨지는 명민함이나 장래성에 대한 지수다. 재능은 자아성취 기대self-fulfilling prophecy, 한 개인이 어떤 개인, 집단 또는 사회현상에 대해 어떤 기대감 또는 선입견을 가지고 있을 경우 바로 그러한 기대나 선입견대로 대상 집단을 인식하는 것—옮긴이에 도움이 된다. 젊은이가 더 많은 재능을 보일수록 조직을 이끌거나, 조직의 운영 조건을 정할 수 있는 훌륭한 졸업장, 엘리트 직위 같은 티켓을 얻을 확률이 높아진다."[44]

컨은 그의 비망록《실력 사회에 빠지다 : 과도한 성과를 얻은 사람들의 불충분한 교육Lost in the Meritocracy:The Undereducation of an Overachiever》에서 재능관료 조직은 '공정한' 여러 평가 항목시험 점수, 졸업장, 자격증 등에 더해 상황 대처 능력에 대해서도 보상을 한다고 설명한다.

구글은 재능관료 조직을 완벽하게 실현한 것일지도 모른다. 구글은 미국의 주요 대학들의 기술 교육 프로그램을 통해 배출된 최상 중 최상의 학생들을 고용한다. 마케팅이나 영업 등을 전공한 학생들도 시험이나 마치 게임 같은 인터뷰를 통해 자신의 재능을 증명해야 한다.[45] 이런 채용 과정은 표면적으로는 공정하다. 미국에서 성공은 더 이상 가문의 연줄이나 클럽 멤버십, 인종, 성별, 출생지 등에 좌우되지 않는다. 물론 이런 부분들은 아직도 중요하고, 조지 부시 대통령이 그랬듯 간혹 재능관료 조직과는 거리가 먼 사람이 대통령이 되기도 한다. 하지만 재능관료 조직은 지난 40여 년 동안 미국을 좀 더 나은 방향으로 변화시켰을 뿐만 아니라 구글이 잉태하고, 자라고, 번영하고, 지배할 수 있는 환경을 만들었다.[46]

구글은 재능관료 이데올로기 선상에서 그들 제품을 구체화한다. 웹 검색에서 검색 결과가 수학적으로 증명할 수 있는 방식에 부합된다면, 첫 페이지 상단에 위치하게 될 것이다. 그러기 위해서는 실행 가능성 및 품질에 대한 수많은 테스트를 만족시켜야 한다. 하지만 신뢰하지 못할 만한 페이지가 통계상 관련 속성을 너무 많이 가지고 있는 것처럼 보인다면, 즉 스팸 링크를 포함하거나, 구글의 순위 시스템과 '게임'을 벌이겠다는 명확한 의도가 있다면, 구글 알고리즘은 이 페이지를 밑으로 내리거나, 목록에서 아예 제외시켜 버릴 것이다. 어떤 페이지가 구글 사이트에 순위가 매겨질만한 자격을 갖추고 있다면, 이 페이지는 높은 순위를 차지하기 위해 하이퍼링크 같이 동의를 해주는 기술을 통해 다른 사이트들로부터 인정받아야 한다. 재능관료 조직과 마찬가지로, 인터넷 엘리트 구성원들은 웹 검색 결과에서 훌륭함의 기준을 결정하는 더 많은 힘을 갖는다.

재능을 측정하기 위해 기술에 의존하는 것은 닐 포스트먼Neil Postman이 1992년 '테크노폴리technopoly' 라고 확인한, 즉 기술에 의한, 기술을 위한 원칙의 일부다. 포스트먼은 미국이 정작 필요한 비판적 정신이나 신중함 대신 도구에 맹목적으로 의지하는 것에 매우 비판적이었다. 새롭거나 반짝거리는 것이라면 그들의 삶에 바로 받아들인다고 통탄했다. 곧 도구들이 우선 사항을 정하는 것처럼 보인다. 도구들은 더 많은 관심과 더 많은 정제를 요구하는 것처럼 보인다. 그래서 포스트먼이 '문화' 라고 부른 실생활의 모든 의미는 사라져버린다. 모두 도구에 맞춰져 있는 것이다.[47]

물론 포스트먼은 기술에 자치권이 있어 사람들의 행동이나 가치, 그리고 기대에 과도한 영향을 미친다고 생각하는 오류를 범했다. 사람들이 기술에 미치는 영향이나 기술을 고치는 정도에 대해서는 올바르게 인식하지 못했다.[48] 구글은 이를 포스트먼보다 더 잘 이해한다. 구글은 늘 배우도록 설계됐다. 좋은 영향이든 나쁜 영향이든 받아들이도록 설계됐다. 그래서 구글이 사용자들에게 전달하려는 주요 제품, 즉 링크와 광고가 있는 검색 결과 페이지는 사용자의 신분이나 개인사, 그리고 위치에 따라 결정된다. 구글이 파는 주요 제품, 즉 사용자들의 관심도 마찬가지다. 사람들의 욕구가 변하고, 또 사람들은 변덕이 심하기 때문에 구글 역시 늘 변한다. 구글은 문화를 받아들이고 문화에 반응하도록, 또 문화에 영향을 미치도록 설계됐다.

하지만 구글의 사회적 영향이나 역할을 과학과 공학 기술의 단순한 기능만으로 생각하는 것은 잘못이다. 구글이 생겨난 세균 배양용 페트리 접시, 즉 사회적 환경은 기술이나 과학 그 이상이다. 미디어 역사가 프레드 터너Fred Turner가 《카운터컬처에서 사이버컬처까지From Counterculture to Cyberculture》에서 증명하듯, 실리콘밸리 이데올로기의 원천은 1960년대 반反 문화 관행이나 이상적인 비전에 있다. 문화적 무정부주의가 미군에 의해, 또 미군을 위해 개발된 첨단기술과 혼재돼있다는 점이 특이하다. 이 첨단기술은 상업적, 그리고 창조적 서비스를 목적으로 탄생했지만, 둘 모두에 손상을 가한다는 비판도 받고 있다.[49]

구글은 특히 회사 조직이나 일상 작업 환경 안에 21세기형 반문화적 쾌락주의, 즉 버닝맨Burning Man의 윤리를 포함하고 있다. 버닝맨은 북부 네바다 주의 블랙 록 데저트Black Rock Desert에서 매년 8월 말에 열리는 축제다. 수천여 명의 사람들이 모여서 야영을 하며 음악, 마약, 예술, 그리고 디지털 기술을 함께 나눈다. 터너는 북 캘리포니아의 첨단기술 산업에 종사하는 주요 회사들이 버닝맨에 정기적으로 방문한다는 사실을 강조한다. 1년에 2주 동안 실리콘밸리의 엘리트들은 새로운 것을 창조하기 위한 엄청난 인적 네트워크에 몰입할 수 있다. "산업화 시기의 공장 노동자들이 철창살 안에서 죽어라 일하고 있는 자신을 발견한다면, 탈산업화 시기의 현 정보 회사들은 벨벳으로 만들어진 금광에 살고 있는 자신들을 발견한다. 이곳은 대인관계나 지적 만족 등을 통해 자기충족감, 명성, 그리고 공동체적 동질감을 추구하고 새로운 미디어 제품을 만드는 데 도움을 준다"고 터너는 말한다.[50] 구글의 창립자인 레리 페이지와 세르게이 브린 역시 1990년 이후 정기적으로 버닝맨에 참석하고 있다. 버닝맨에서 페이지와 브린은 아마 창의성, 협업을 용이하게 하고 '지휘 통제'가 존재하지 않거나 거의 없는 철저히 분산화된 사회 구조를 접했을 것이다. 요차이 벤클러Yochai Benkler의 '집단 협업commons-based peer production'이란 표현처럼, 터너는 버닝맨이 구글을 키우는 '문화적 인프라'의 정수라고 결론 내린다.[51]

사회학자 돌턴 콘리Dalton Conley가 묘사했듯, 현재 최고의 보상을 받는 노동자들은 벨벳 금광 같은 곳에 갇혀 있거나, 그런 곳에 들어가려고 애를 쓰는 사람들이다. 이들은 살고 있는 지역에 상관없이 모바일에 과잉 접속하면서 전 세계적인 커뮤니티를 형성하고, 이런 연결 고리의 질과 속도를 끊임없이 향상시키려고 노력한다. 이들은 콘리가 '엘스웨어Elsewhere, 지난 30년 동안 변화된 세상을 콘리는 다른 세상이라 표현함-옮긴이'라 부르는 곳에서 살고 있다.[52] 터너의 말을 빌리면, "대인관계와 지적인 만족 등을 통해 자기충족감, 명성, 그리고 공동체적 동질감을 추구"하는 것은 새로운 미디어 상품들을 소비하도록 돕는다. 혁신과 소비의 사이클은 어제보다 더 좋게, 더 빨리, 그리고 더 많이 혁신하고 소비하려는 깊은 문화적 노력으로 확대된다. 이 사이클은 거의 종교적이다. 이는 냉정하고 삭막한 과정이 아닐뿐더러 어리석고 저속한 과정도 아니다. 사람들을 이런 사이클로 몰고 가는 것은 시간과 거리를 초월해 서로 연결할 수 있고, 가치 있는 공동 작업을 할 수 있으며, 잠재적으로 놀랄만한 창의성을 이끌어낼 수 있는 진정한 만족을 주기 때문이다. 디지털 문화 요소의 생산, 소비, 이용에 참여하면 놀랄만한 기쁨과 만족을 준다. 이런 과정에서 야기된 자본의 순환이 부가 부적절하게 배치되는 직접적인 원인이 될 수는 있지만, 한편으로는 엄청난 부와 기회도 창출한다. 이런 점만으로도 충분한 가치가 있다. 여기에 만족하지 못하고 더 많은 것을 요구할 수는 있겠지만 말이다.

[실용적인 이상주의자]

2008년 여름, 캘리포니아 마운틴 뷰Mountainview에 위치한 구글 캠퍼스를 거닐고 있을 때, 구글이라는 회사가 사람들의 삶에 들어오게 된 기념비적인 변화가 무엇일까에 대해 곰곰이 되돌아봤다.

'구글플렉스'는 사무실 빌딩군의 모델처럼 보인다. 모두 유리와 철재, 그리고 콘크리트로 돼있다. 아주 깨끗하고 잘 관리되고 있다. 하지만 현재 구글의 성공이나 전 세계에서 차지하고 있는 지위를 감안하면, 부유함이나 거만함은 전혀 풍기지 않는다. 이 빌딩에는 안마당이 있는데 그곳은 항상 자유로운 복장을 한 사람들로 가득하다. 부자 회사 주차장에 주차돼 있을 거라 예상되는 벤츠나 BMW 대신 도요타나 혼다자동차가 잡다하게 모여 있다. 구글 캠퍼스에는 복잡하게 생긴, 각각 번호가 매겨진 삭막한 유리 빌딩들이 모여 있는데, 마치 구글의 첫 페이지를 보는 것처럼 꾸미지도 않고 잘난 체하지도 않는다.

거대한 티라노사우루스 렉스의 뼈를 그대로 구현한 모형이 안뜰에 놓여있는 것 말고는 역사적으로, 정치적으로, 문화적으로, 경제적으로, 심지어 기술적으로 독특하다 할 만한 것은 없다. 일하기에는 참 좋은 곳이다. 활발하고 똑똑한 사람들이 그곳에서 일하고 있다. 밤낮으로 프로그래밍을 하다 잠시 짬을 내 셔츠를 풀어헤치고 배구를 즐기는 사람들, 양복이나 스커트, 넥타이를 매지 않고 점심 뷔페를 먹기 위해 길게 줄선 젊은 직원들, 그리고 회사 내 커다란 세탁소와 마사지 서비스를 즐기려는 사람들 사이를 지나 배회하면서 나는 구글 직원들이 전 세계 수많은 사람들의 일상생활에 얼마나 중요한 역할을 하는지 생각은 하고 있을까 궁금해졌다. 그들이 내리는 결정은 수많은 방식으로 발견과 의사소통의 패턴을 구조화하고 있다.

나는 구글을 위해 생각을 하고, 무언가를 창조해내는 구글 직원들은 구글이 점점 더 빠르게 세상을 바라보는 렌즈가 돼가고 있다는 점을 생각은 하고 있는지 궁금해졌다. 지난 4년 동안 구글을 탐험하는 과정에서 나는, 마운틴 뷰 뜰에 있는, 주위 동물들을 한입에 집어삼키기 위해 작정을 하고 덤볐던 무시무시한 공룡 티렉스와 구글이 비슷하다는 생각을 하곤 했다.

때로 나는 구글이 지난 30년 동안 여러 도전적인 일들에서 움츠러들고, 물러서고, 위축이 돼가는 공공 기관들을 대신해 사람들의 삶에 중요한 역할을 하는 대담하고 강력한 구세주 같은 조직이 되려는 건 아닌지 궁금했다. 하지만 나는 구글이 단지 또 다른 회사라는 사실을 보지 못했다. 분명 구글은 그들이 모습을 드러낸 시장이나 프로젝트에서 절대 그저 그런 신분에 만족하지 않았다. 구글이 모습을 드러낸 곳이 어디든, 구글이 만지는 것이 무엇이든 다 변화했다.

놀랄만한 일은 아니지만, 구글 직원들은 이 같은 우려를 공유하려 하지 않는다. 인상적이게도 구글 직원들은 구글이 수많은 분야에서 누리고 있는 존경심도 공유하지 않는다. 사실 내가 만난 모든 구글 직원들은 구글이 세상에 미치는 영향에 대해 비평가들이나 구글의 옹호자들이 표현하는 것보다 훨씬 더 겸손하고 실리적인 시각을 가지고 있다. 구글 직원들은 대체적으로 스스로에 대해 한두 가지 문제를 해결하고, 컴퓨터가 데이터를 잘 처리할 수 있도록 알고리즘을 생성하는 엔지니어라고 정확하게 알고 있었다. 빈튼 서프Vint Cerf, 종종 '인터넷의 아버지'라 불린다 같은 몇몇 구글의 대가들은 정보 검색에 숙달하는 과정을 숭고한 대의로 보면서도, 구글의 영향력에 대해서는 대단치 않게 생각했다.[53]

마리사 메이어Marissa Mayer처럼 구글의 주요 공식 대변인들은 종종 사무적으로 구글이 하는 일을 설명한다. 2008년 연설에서 메이어는 훌륭한 엔지니어들로 넘치고 기념비적인 작업들에 헌신하고 있는 구글의 메인 화면이 왜 빈 검색창과 로고, 저작권 통지 밖에 없고, 아이콘 같은 게 하나도 없는지에 대해 "근사하고 과장된 디자인보다는 검색의 편의성에 더 신경을 쓴 것뿐이다"라고 말했다.[54]

내부의 시각으로 보면 구글은 일을 처리하는 곳이다. 힘든 문제들을 실용적으로좀 더 넓은 의미에서 해결하는 데 초점을 맞춘다. 구글 직원들은 그들의 역할이나 해야 할 일들이 계속 꾸준히 증가하고 낙관적일 것으로 본다. 돈, 서버 팜, 주파수 대역폭, 컴퓨터 연산 능력, 그리고 뛰어난 인재들 같은 그들이 맘대로 쓸 수 있는 자원들은 인공 지능 사용, 일상어 검색키워드나 텍스트 검색과 반대되는, 그리고 컴퓨터를 통한 언어 번역 같은 중요하고 장기적 도전 과제들을 처리할 수 있을 만큼 충분하다. 그들은 그들 앞의 많은 일들을 잘 헤쳐나간다면 세상을 뒤흔들 수 있을 것이라고 생각한다.

이런 부분들에 대해서는 그들의 생각이 옳을지도 모른다. 하지만 만약 그런 일이 일어난다면, 세상을 뒤흔들 구글의 자비심에 대한 사람들의 신뢰 또는 특히 모든 것의 구글화를 잠자코 따를 준비가 돼있는 근거에 대해 좀 더 심각하게 생각해보는 것이 좋을 것이다. 결국 이런 과정의 목적이 사람들이 원하는 방향으로 삶을 변화시키는 것일지라도, 사람들이 힘을 합쳐 그런 목적에 다다를 수 있는 더 좋은 수단이 있을 것이다.

[기술근본주의와 공공의 선]

자비심에 기대서 구글은 많은 것을 얻고 있다. 구글 임원들은 회사가 난처한 상황에 처할 때마다, 구글이 가치가 있다는 점을 설명하기 위해 그 유명한 '악해지지 말자'는 비공식 모토를 불러낸다. 비록 책임 있는 행동이 무엇인지 판단하기 쉽지는 않지만, 이 모토는 '기업의 책임'에 온 힘을 쏟고 있다. '기업 정보 : 우리의 철학'이라 명명된 구글 사이트에서 구글은 '구글이 진실이라 믿는 10가지'에 대해 설명한다. 이 목록의 여섯 번째는 '악한 일을 하지 않고도 돈을 벌 수 있다'이다. 이 문장은 구글이 연관성은 있지만 불필요하게 관심을 끌지 않는 광고를 검색 결과 옆에 배치하면서 돈을 벌고 있는지를 설명한다. 게다가 검색 결과의 특정 페이지 순위는 판매용이 아니라고 설명기도 한다.

이 문장은 중국이나 다른 억압적인 나라들의 검열에 구글이 얼마나 공헌했는지, 서버 팜의 정교한 시스템을 운영하기 위해 얼마나 많은 에너지를 사용하고 있는지, 페이지랭크에서 특정 회사들을 특별한 이유 없이 강등하거나 경매에서 최소 광고비용 비율을 높이면서 불이익을 줬는지 아무런 말도 하지 않는다. 그리고 어떻게 구글이 임시직 직원들을 대했는지, 직원들이 회사 내 아동보호센터를 이용하는 데 얼마나 많은 비용을 청구하는지에 대해서도 말하지 않는다.[55] 또 구글을 통해 성적인 콘텐츠나 무기 만드는 비법, 컴퓨터를 무력화하는 바이러스, 금융사기, 그리고 웹상의 편파적 발언 등에 접근할 수 있다는 점도 무시한다. 개인적인 정보나 선호도를 저장하는 디폴트 환경에 대해서도 전혀 언급하지 않는다. 구글이나 웹이 세상에 미치는 혼란, 의존도, 그리고 집중 현상의 영향력에 대해서도 아무런 말이 없다.[56]

구글은 이에 대해 아무런 말도 하지 않는다. 왜냐하면 구글이나 웹이 일조했을지도 모를 수많은 해악을 짊어지기에는 짐이 너무 무겁기 때문이다. 회사가 이런 잠재적인 해악에 자유 의지에 따라 투명하게 대처하라고 기대하는 것은 불합리할 수도 있다. 진실은, 어느 정도 해를 끼치지 않고는, 아니 적어도 해를 끼치도록 허용하지 않고는, 그리고 순진한 사람들에게 어느 정도의 희생을 야기하지 않고는 그 어떤 회사도 존재할 수 없다. 해를 끼치는 것이 반드시 사악한 것만은 아니다. 구글은 편안하고 인자하겠다는 약속을 한 적이 없다. 그 의미가 무엇이든, 구글은 사악하지 않겠다는 약속만 했다. 만약 사람들이 구글처럼 거대하고, 성공을 거두고, 힘이 있고, 영리한 웹 검색 회사가 저렴하게 수많은 중요한 서비스를 공급해주기를 바란다면, 해를 끼치지 않거나, 윤리적으로 곤란한 상황을 막을 것이라는 기대를 하지 말아야 한다.

구글은 다른 회사들보다 더 좋지도, 더 나쁘지도, 덜 복잡하지도, 그리고 덜 대립하지도 않는다. 구글의 모토인 '악해지지 말자'는 홍보 목적의 겉치레 그 이상도 그 이하도 아니지만, 종종 그 이상이기도 하다. 구글 직원들과의 수많은 대화를 통해 나는 구글 직원들이 이 모토에 관해 다양하게 해석하고 응용한다는 사실을 알았다. 구글 직원들에게 이 모토에 관해 물었을 때 일부 직원들은 냉소적으로 눈을 굴리면서, 구글 역시 다른 미디어 회사들이나 광고 회사들처럼 불안한 글로벌 경제 상황 하에서 각종 압박이나 유혹에 발버둥 치고 있다는 사실을 인정했다. 다른 직원들은 이런 신조를 진지하게 받아들이면서 회사가 추진하는 프로젝트나 실험들을 위해 그들의 젊은 생을 헌신하는 이유로 언급했다. 대부분의 구글 직원들은 회사의 규모가 커지고 영향력이 커진 것은 이전의 엔지니어들이나 구글 창립자, 그리고 구글을 매일 사용하는 수백만 사용자들이 적절하고 올바른 결정을 내렸기 때문이라고 보고 있다. 대부분의 구글 경영진은 이 모토가 사업적 결정을 내릴 때 시험 도구로 활용할 수 있는 유용한 기준이긴 하지만, 모든 특정 딜레마에 답을 주지는 못한다고 해명한다. 그들은 이 모토가 이상적인 엔지니어들에 의해, 이상적인 엔지니어들을 위해 설립된 구글이 다른 회사, 최악의 경우에 또 다른 마이크로소프트가 되지 않게 하도록 일깨워주기 위함이라고 주장한다.

자비심을 갖겠다고는 했지만, 누구나 죄를 짓듯, 구글 역시 죄를 지을 수 있다는 의미이기도 하다. 하지만 구글의 죄는 우리의 죄이기도 하다. 구글을 신뢰하는 중요한 이유 중 하나는 구글 덕에 우리가 원하는 것이라면 무엇이든 할 수 있다고 생각하기 때문이다. 이는 자만심이라는 죄다. 사람들은 기술을 맹목적으로 신뢰한다. 바로 기술근본주의다.

[오만]

2008년 10월 뉴욕에서 열린 옥스퍼드식 토론찬성 반대 찬성 반대 순으로 진행되는 토론-옮긴이에 시카고 대학교 법과대학의 란달 피커Randall Picker, 하버드 대학교의 컴퓨터 과학자 해리 루이스Harry Lewis 등 저명한 학자들과 팀을 이뤄 참여한 적이 있다.[57] 우리들은 "구글이 '악해지지 말자'는 모토를 위반하고 있다"는 발의안을 지지하기 위해 논쟁을 펼쳤다. 이에 대한 반대 의견은 격렬했다. 여기에는 작가이자 블로거인 제프 자비스Jeff Jarvis를 포함해 자유주의 법률 옹호자인 짐 하퍼Jim Harper, 그리고 인터넷을 촉진하고 다스려야 한다는 입장의 에스더 다이슨Esther Dyson 등이 포함됐다.

나는 '악'을 정의하는 데 실패했다는 말로 포문을 열었다. 나는 청중들에게 악을 정의하기 위해 악과 죄의 전문가인 한 권위자를 언급하겠다고 말했다. 나는 단테 알리기에리Dante Alighieri가 《신곡The Divine Comedy》에서 서술한 7대 죄악을 들어가면서 구글이 명확한 악의 체크목록을 위반했다는 점을 유머러스하게 증명해보였다. 럭쥬리아Luxuria, 사치 또는 정욕, 굴라Gula, 탐식, 아바리타Avarita, 탐욕, 아세디아Acedia, 나태, 이라Ira, 분노, 인비디아Invidia, 시기, 그리고 슈퍼비아Superbia, 교만 또는 오만가 그것이다. 나는 구글이 이 모든 죄악을 저질렀음을 증명할 수 있다고 주장했다.

나는 다른 죄악들에 대해서는 농담처럼 말했다. 하지만 슈퍼비아에서 만큼은 진지했다. 구글에 힘을 불어넣은 이 특별한 오만은, 문제를 해결할 수 있는 방법은 언제나 존재하고, 그래서 발명을 할 수 있다는 개념이다. 이는 기술근본주의다. 지금껏 봐왔던 것처럼 이는 실용주의에 경도된 극단적 형태로, 구글을 세상에서 가장 주요한 검색 엔진으로 받아들이는 이면에 자리잡고 있다. 기술근본주의는 장치나 제도 등을 통해 역경을 극복하겠다는 수단이나 의지일 뿐만 아니라 발명이 문제와 맞서기 위한 모든 가능한 방법 중 최고라는 가정을 한다.

21세기 초에 사람들은 기술근본주의를 위해 엄청난 대가를 치른다. 사람들은 교통 혼잡을 막고, 교통 흐름이 빨라질 것이라는 잘못된 믿음 하에 새롭게 거대한 고속도로를 건설한다. 가짜약 그 이상의 효과를 볼 수 없지만, 병을 고치겠다고 각종 의약품들을 섭취하기 위해 난리를 친다.[58] 사람들은 컴퓨터 연산 능력이 18개월마다 두 배가 될 것이라 예언한 소위 무어의 법칙 같은 원리에 기대서 투자와 정책 결정을 내린다. 마치 이런 컴퓨터의 발전이 회사나 엔지니어들의 결정과는 상관없이 스스로의 동력을 통해 이뤄진 것처럼 말이다.[59] 가장 위험한 것은 그동안 삶을 보존하기 위해 의존해왔던 구조나 장치의 실질적인 문제들을 무시한다는 점이다. 마치 지난 10여 년 동안 뉴올리언스의 제방이 허리케인 카트리나로부터 가난한 주민들을 보호하는 데 실패한 것처럼 말이다.[60] 현재 기술근본주의는 방위와 안보 정책에서도 운영 이데올로기로 자리를 잡고 있는 모습이다. 적대적 국가들의 활동에 고삐를 죄기 위해 성가신 외교 정책이나 신뢰할만한 군사적 위협에 의존할 필요가 없다. 이제 스타워즈가 있기 때문이다.[61]

기술에 대한 신뢰, 즉 기술이 사람들의 모든 죄와 실수들을 보호하고 모든 문제들을 해결할 것이라 생각하는 것은 최고의 오만이다. 예를 들면 판도라 신화에 나오는 오만 같은 것이다. 너무 많은 것을 알고 있는 데 따른 죄악이다. 인류의 역사에서 기술근본주의가 엄청난 역경을 가져온 수많은 사례들이 있다. 7대 죄악 중 오만이 실제로 가장 심각하다. 단테가 설명하듯, 오만은 루시퍼Lucifer가 범한 죄악이다. 기억해야 할 점은 루시퍼가 선한 사람이었다는 사실이다. 루시퍼는 자신이 신만큼 유능하고, 신만큼 훌륭하다고 여겼기 때문에 나락으로 떨어져 사탄이 됐다. '악해지지 말자'는 모토의 개념은 그 자체로 오만이고, 그 자체로 악이다. 왜냐하면 일상적인 실수들을 피할 수 있다는 믿음, 즉 자만심을 구현하기 때문이다.

신학자 라인홀드 니버Reinhold Niebuhr는 미국 정치 지도자들이 세계정세에 자비롭다고 주장하는 것에 대해 "신에게 덕이 있다고 허세를 부리는 것은 권력이 있다고 허세를 부리는 것처럼 공격적이다"라고 말했다. 니버는 그런 허세가 지도자들을 '모든 인간의 미덕이나 능력에 모호한 상태'로 눈을 멀게 한다고 우려했다.[62]

[오만의 무지]

선에 대한 허세는 다른 형태의 맹목을 유발한다. 예를 들면 구글에서 제공하는 정보에 대한 맹목적 신뢰는 종종 사람들이 가지고 있는 편견이나 환상을 더 굳게 한다. 연기자이자 모델인 제니 맥카시Jenny McCarthy는 지난 몇 년 동안 새로 부모가 되는 사람들에게 전염병 치료를 위한 백신을 접종하지 않도록 설득하기 위해 노력했다. 그녀는 그녀의 자식이 자폐증 진단을 받고 난 이후에 이 캠페인을 시작했다. 백신과 자폐증 발발 사이에 인과관계를 증명할 아무런 증거가 없지만, 맥카시는 의사나 공공 보건 전문가들이 실제 데이터와 과학적 방법을 통해 도달한 결론이 틀렸다고 확신했다.[63] 맥카시는 '구글 대학the University of Google, 방대한 정보가 있는 구글을 대학으로 표현한 말-옮긴이'에 이 내용을 등록하면 백신과 자폐증이 관련이 있다는 '진실'을 찾아낼 수 있을 것이라고 믿었다.[64]

구글 대학이 이를 승인하지 못할 것이라는 점은 분명하다. 오로지 구글에 올라있는 자료에 한해서만 유효하다고 말하는 것은 너무 단순한 생각이다. 구글은 지식이 있는 전문가들 사이에 실제로 유통되는 자료보다 웹을 사용하는 사람들이 많은 '표'를 던진, 가장 흥미로운 자료에 호의를 보이게끔 설계된 것이 사실이다. 이런 부분이 언제나 그릇된 것은 아니다. 사실, 웹을 구성하는 복잡하게 얽힌 문서나 주장을 항해하는 방법을 아무도 발견하지 못했다. 하지만 너무나 많은 사람들이, 특히 더 잘 알고 있어야 하는 사람들이 진실을 찾기 위한 첫 번째 단계로 단순히 구글 검색을 믿는 것은 때때로 해가 되기도 한다.[65]

구글 신봉자들이 엉뚱한 검색을 하는 것은 지식의 구글화 문제의 일부일 뿐이다. 구글이 지식을 구조화하고 판단하고 전달하는 방식은 잘못된 결론을 속단하게 할 뿐만 아니라, 그런 결론에 의거해 해를 끼칠 수 있는 방향으로 행동하도록 사람들의 나쁜 성향을 더욱 악화시킨다.

2008년 9월 8일, 〈인컴 시큐러티스 어드바이저Income Securities Advisors〉라 불리는 무명 신문사의 한 기자는 구글 닷컴의 검색창에 '파산 2008'이라는 검색어를 입력했다. 구글 뉴스는 곧바로 〈사우스 플로리다 선 센티넬South Florida Sun-Sentinel〉 신문에서 유나이티드 에어라인United Airlines의 모회사인 UAL이 파산 보호 신청을 청구했다는 기사를 보여줬다. 영향력 있는 블룸버그 뉴스 서비스에 기사를 제공하는 신문사 소속인 이 기자는 그 배경이나 전후사정을 덧붙이지 않고 짧게 '유나이티드 에어라인 비용 절감 위해 법정관리 신청'이라는 기사를 올렸다. 유나이티드 항공사가 채무자로부터 법적 보호를 구하고 있다는 정보를 담은 이 기사는 블룸버그 파이낸셜 뉴스 네트워크를 통해 수천여 명의 영향력 있는 독자들에게 전달됐다.[66]

문제는 〈선 센티넬〉 기사 보관소의 이 기사에는 발행 일자가 표시되지 않았고, 그래서 구글 뉴스는 이를 긁어 와서 최근 또는 현재 기사 목록에 올린 것이다. 구글의 컴퓨터는 이 기사 링크에 새로운 날짜, 즉 구글 웹의 정보 수집 소프트웨어가 발견했고, 검색 목록에 올렸던 2008년 9월 6일이라는 날짜를 부여했던 것이다. 하지만 UAL의 파산 신청은 시간을 거슬러 2002년에 일어났다. UAL은 법적 보호를 통해 재기에 성공했고, 2006년에 조직을 재정비했다. 불행하게도 이 기자는 UAL이 초기에 이런 진통을 겪었다는 사실을 몰랐고, 웹의 바다에서 올라오는 콘텐츠에 주의를 기울이지 않았을 뿐만 아니라, 기사의 정확성을 제대로 확인하지도 않았다.

2008년 8월 아침, 나스닥 시장이 개장했을 때, UAL 주식은 주당 12.17달러에 거래되고 있었다. 이 속보가 미국 동부 표준시 기준으로 대략 11시경 블룸버그에 뜨자, 깜짝 놀란 매도자들이 1,500만 달러에 달하는 UAL 주식을 투매했고, 주당 가격은 3달러까지 떨어졌다.

오전 11시 16분, 블룸버그는 UAL이 파산 신청을 했다는 사실을 부인하는 속보를 다시 내놓았다. 장 마감쯤에 파산 관련 속보가 거짓이라는 소문이 퍼졌고, 주가는 소폭 회복했다. 하지만 주가는 개장 초기 10.92달러에서 1.38달러 하락한 채 마감했다. 이 단순한 오보가 UAL 대다수 직원들을 포함해 주주들에게 이 회사 시장 가치의 약 11.2퍼센트에 달하는 손해를 끼친 것이다. 이런 공황 상태 때문에 다른 두 개 항공사, 콘티넨탈 에어라인Continental Airlines과 AMB아메리칸 에어라인의 모회사의 주가도 떨어졌다. 이들 항공사들은 잘못한 게 아무 것도 없었다. 그들이 나쁜 소식을 낸 것도 아니었다. 단지 구글의 웹 수집 프로그램이 공개된 뉴스 저장고에서 꼬리표가 잘못 붙은 뉴스를 발견하는 바람에, 개장 초보다 장 마감 때 이들 회사들의 가치가 떨어진 것이었다.[67]

이 일화는 사람들이 값싸고, 깊이가 없고, 손쉽게 얻을 수 있는 정보, 그리고 이들 정보의 주요 유통 체계인 구글에 얼마나 걱정스러울 정도로 의존하는지 귀중한 교훈을 안겨준다. 〈선 센티넬〉 기사를 올리는 책임자가 적절한 메타데이터, 즉 생성 날짜 같은 맥락을 알려주는 파일 구성 요소를 잘 이용했다면 구글 컴퓨터는 인컴 시큐러티스 어드바이저 기자 앞에 그런 뉴스를 내보이지 않았을 것이다. 또 이 기자가 이 뉴스 자체를 좀 더 잘 알고 있고 비판적이었다면, 그리고 독자들이 이를 경솔하게 믿지 않았다면 아무도 이런 실수를 하지 않았을 것이다. 이 이야기에 나오는 누구라도 구글 뉴스 같은 정보 웹사이트가 단지 그들이 검색한 자료를 전달할 뿐이라는 사실을 이해했다면, 아무도 과민 반응을 보이지 않았을 것이다. 그리고 블룸버그나 구글 뉴스가 단순히 무언가를 전달하더라도 즉각적으로 신뢰할 만하고 믿을 만한 정보가 된다는 사실을 잘 이해하고 있었다면, 누군가 이런 실수에 제동을 걸었을 것이다. 물론 전 세계 투자자나 주식 거래자들이 개미 투자자들의 재산이나 직업에 잠재적 영향을 줄 수 있는 엄청난 결정을 내리기 전에 헤드라인이나 자막 뉴스 그 이상을 읽을 수 있었다면, 대규모 투매 이전에 벌어진 실수들은 전혀 문제가 되지 않았을 것이다.[68]

하지만 인터넷은 실제 세상과는 다른 세상이다. 사람들은 대체적으로 꼬리표가 잘못 붙여지고 난잡하게 복사된 데이터의 홍수 속에 깔려있다. 숙고와 지혜 대신 엄청난 속도와 잔재주에 경도된 삶을 살고 있다. 많은 시스템들, 특히 전자 저널리즘은 새롭고 현재적인 것에 치우쳐있다. 시장의 습관이나 가치는 사람들의 모든 삶의 영역과 모든 시간들에 영향을 미친다. 거의 20여 년 동안 네트워크화된 컴퓨터와 친밀하게 지냈음에도 사람들은 이런 복잡한 정보 시스템이 무엇을 할 수 있고 할 수 없는지, 그리고 어떻게 이런 시스템이 작동되는지 전반적인 이해가 부족하다. 사람들은 이런 시스템이 소중하다고 철석같이 믿고 있고, 한계나 문제들에 대해서는 인정하거나 대면하려 하지 않는다.

구글과 실수의 책임이 있는 언론 당사자들 간에 서로 비난의 목소리를 주고받았음에도 구글이 뭔가를 잘못하지 않았다는 점은 분명하다.[69] 〈선 센티넬〉이 초래한 기본적인 메타데이터 실수의 가능성을 구글 프로그래머들이 고려했으리라고 기대하기는 어렵다. 그리고 그에 따른 연쇄 반응으로 나머지 사람들의 집단적 우매함을 예상했으리라 기대하기도 힘들다.[70]

여기에서의 중요한 교훈은 구글이 문제의 원인이 아니라는 점이다. 이는 맞는 말이다. 오히려 사람들에게 결함이 있다. 그 결함 중 하나는 삶을 행복하고 책임감 있게, 그리고 잘 살아야 할 필요성에 대한 지식이 부족하다는 점이다. 사람들은 구글이 이런 결함을 극복할 수 있는 강력한 방법을 제시한다고 믿는다. 하지만 구글에 대한 믿음이 다른 결함들을 취약하게 만들고 있다. 즉, 제니 맥카시의 경우처럼 믿고 싶은 것을 믿는 성향 내지, 잘못된 UAL 파산 기사의 경우처럼 때로 배신을 당할 수도 있는 너무 쉽게 잘 믿는 성향 등이 그것이다. 제대로 알지는 못하지만 널리 퍼져있고 강력한 게이트키퍼 gatekeeper, 문지기를 맹목적으로 의존하기로 선택한다면, 엄청난 실수를 저지를 운명에 처하게 되는 것이다.

[유혹]

구글에 대한 믿음이 위험한 이유는 구글이 행하고 있는 특정 행위 때문은 아니다. 세상에 대한 기대나 정보에 구글이 영향을 미치도록 허용했기 때문이다. 습관적으로 구글을 사용하게 되면 깊이가 있기도 하고 없기도 한 것들에 대한 사람들의 기대감을 높인다. 현실과 기대 사이의 공간에는 행복과 고통이 있다. 정의, 평화, 건강, 지식 같은 중요한 문제들에 대한 기대가 현실을 초월할 때, 이 차이는 집단적으로든 개인적으로든 훌륭한 일을 성취하도록 동기부여 할 수 있다. 하지만 정보 전달 속도, 각종 서비스의 이용, 그리고 최신 제품 구입 같은 사소한 일들에 지속적으로 긴장감을 갖게 한다면 사람들은 단순히 만족감만을 추구하는 결정이나 행동에 빠지게 된다.[71]

Googl₂
|

3장

사람의 구글화

전 세계적 감시와 인프라 제국주의

모든 것의 구글화는 사람들에 대한 정보나 그들이 생성한 콘텐츠를 수집하고, 복사하고, 모으고, 순위를 매기는 것이다. 이런 과정은 서로 연결하고 공유하려는 사람들의 욕구나 시, 노래, 퀼트, 그리고 대화 등에서 함께 무언가를 창조하고자 하는 개개인들의 능력을 착취하는 것이다. 절대로 '당신'이 주인공이 아니다. '우리'가 주인공이다. 즉 사람의 구글화인 것이다.

2006년에 타임지는 마이스페이스, 아마존, 페이스북, 유튜브, 이베이, 플리커Flicker, 블로그, 그리고 구글 콘텐츠에 기여하는 당신, 나, 그리고 이 세상의 모든 사람들을 올해의 인물로 선정했다. 이 세상에서 가장 강력한 미디어 복합기업의 대표적인 출판물이 어디에 깃발을 올려 여론을 이끌어야 할지, 또 어떻게 영향력을 행사해야 할지 더 이상 선택할 수 없다는 점을 선언한 것이다. "이는 소수로부터 나오는 수많은 왜곡된 권력, 아무런 대가 없이 서로 돕는 부분들이 세상을 어떻게 변화시키는지, 세상의 방식을 어떻게 변화시키는지에 관한 이야기다." 레브 그로스만Lev Grossman은 타임지에 거침없이 적어나갔다. 그로스먼은 "글로벌 미디어의 고삐를 잡고, 새로운 디지털 민주주의의 기초와 틀을 세우며, 또 자신들이 좋아하는 놀이에서만큼은 대가 없이 일하면서도 전문가들을 능가하는 당신이 바로 2006년 타임의 인물이다"[1]라고 말했다.

거의 대부분의 주요 마케팅 캠페인은 이처럼 '당신' 이라는 틀에 맞춰져 있다. '당신'에겐 선택의 자유가 있다. '당신'은 당신의 프로필을 알려주면서 '당신'에 관심을 갖는 회사들의 구애를 받는다. '당신'은 '당신의' 휴대폰을 취향에 맞는 벨소리로 바꾼다. '당신'은 나이키 상점에 가서 당신만을 위한 디자인의 신발을 산다.

하지만 '당신'에 대한 강조는 온라인상에서 실제 벌어지고 있는 일들의 연막일 뿐이다. 이 책에서 계속 강조하고 있는 것처럼 모든 것의 구글화는 사람들에 대한 정보나 그들이 생성한 콘텐츠를 수집하고, 복사하고, 모으고, 순위를 매기는 것이다. 이런 과정은 서로 연결하고 공유하려는 사람들의 욕구나 시, 노래, 퀼트, 그리고 대화 등에서 함께 무언가를 창조하고자 하는 개개인들의 능력을 착취하는 것이다. 절대로 '당신'이 주인공이 아니다. '우리'가 주인공이다. 즉 사람의 구글화인 것이다.

예를 들면 수백만 저자들은 자신들의 저작물에 구글이 '무임승차'하도록 하고 이용할 권리를 주었다. 구글은 사람들이 만들어낸 수십억 웹 저작물을 수집하고 복사해 순위를 매겼고 돈을 벌었다. 이런 과정에서 당신은 누구인가? 구글에게 당신은 누구인가? 아마존에게 당신은 누구인가? 당신은 소비자 기호와 마이스페이스 이용자들의 대변자라고 할 수 있는가? 당신이 웹에 기여하는 가치는 무엇인가? 스스로를 심드렁하고 비겁하게 만들어놓은 '당신'은 과연 상을 받을 만한 자격이 있는가? 미디어 황제 루퍼트 머독이 만든 비싼 장난감 마이스페이스를 통해 당신의 창의성을 포획해서 돈을 벌게 했다는 이유로 상을 받을 만한가?

구글은 사람들의 프로필을 수집해서 사람들이 검색하는 단어에 맞게 광고를 배치해 돈을 번다. 그렇기 때문에 구글의 목표는 바로 정확성이다. 구글은 스폰서 광고를 본 사람들이 광고주들의 제품이나 서비스를 원하는 사람일

거라고 믿기를 바란다. 이런 광고주들은 방송에 관심이 없다. 이는 단지 돈 낭비일 뿐이기 때문이다. 구글이 더 많이 사람들을 알수록, 구글의 광고 서비스는 더 효과적일 수 있다. 사람들의 구글화를 이해하기 위한 첫 번째 단계가 바로 이런 거래과정의 속성을 이해하는 것이다.

구글은 사람들을 얼마나 많이 알까? 얼마만큼의 정보를 취하고 버릴까? 얼마나 오랫동안 그런 정보를 지닐까? 이유는 뭘까?[2] 사람들은 구글을 맹신한다. 그러다보니 구글에게 자신들의 행동이나 기호를 수집하고 사용할 수 있는 통제권을 준 꼴이 됐다. 하지만 구글 시스템의 원리는 사용자들의 이해관계가 아닌 구글의 이해관계에 맞춰졌다. 구글은 다음과 같은 사실을 말하면서 이를 이끌어내려 한다. 즉, 언제든 사람들은 검색과 수익 창출을 위한 구글 시스템을 선택에서 제외할 수 있다는 것이다. 하지만 앞으로 살펴보겠지만 이는 그렇게 간단한 문제가 아니다. 구글이나 구글 같은 회사들이 개인 정보와 프로필에 관한 통제권을 마음대로 사용한다면, 개인은 패배할 수밖에 없다. 시스템에는 일관성, 호혜, 또는 책임감이라는 게 없다. 개개인들이 빠르게 변화하는 '사생활 정책'을 지속적으로 모니터해야 한다. 온라인상에서 존엄성을 보호하기 위해서는 엄청난 노력을 해야 한다. 결국에는 사생활 정책보다는 디자인이 더 영향을 미친다. 구글은 이런 시스템 디자인을 사용자들의 이해관계가 아닌 구글의 이익을 위해 조작한다.

구글은 사람들의 정보를 관리하는 과정을 복잡하게 만들었다. 구글은 사람들이 구글 서비스들을 이용할 때 정보를 모은다. 그리고 이 정보를 복사해서 확산시키고, 인터넷 상의 전혀 생각지도 못한 곳에서 사람들에 관한 사소하고 유해한 정보들을 이용할 수 있게 한다. 마지막으로 구글은 적극적으로 전 세계 공론장소에서 이미지들을 수집한다. 때로 곤란하거나 사생활과 관련된 이미지들을 다른 사람들이, 최악의 경우 사랑하는 사람들이 볼 수 있도록 한다. 이론적으로 구글은 노출로 피해를 입은 사람들에게 구글이 수집한 데이터들에서 문제가 되는 정보를 제거할 수 있는 기회를 준다. 하지만 구글 시스템은 최대한 수집하고, 최대한 노출하고, 모든 것을 영원히 이용할 수 있게끔 설계됐다. 어떻게 이 시스템이 동작하는지 이해해야, 아니 이런 시스템이 있다는 것 자체라도 알아야 구글을 통해 유통되는 전 세계적 전자 프로필을 관리할 수 있다.[3] 구글은 전 세계적 감시 시스템이지만, 너무 조용하게 운영되기 때문에 때로 발견하기가 쉽지 않다.

구글의 사생활 정책은 이런 점에서 별로 도움이 되지 않는다. 사실 오히려 비사생활 정책에 가깝다. 예를 들면, 이 정책은 사용자들로부터 어떤 정보를 수집하는지 대략적인 윤곽을 잡아 놓았다. 타당하기는 하지만, 상당한 양이다. IP 넘버인터넷 서비스 공급업체에 로그인할 때 컴퓨터에 할당되는 숫자로 공급자와 사용자의 위치를 알려준다, 검색어사람들이 관심 갖고, 궁금해 하고, 공상하는 모든 것의 기록, 그리고 웹 브라우저 정보 및 사용자 환경 설정아주 사소한 부분이지만, 구글이 잘 돌아가기 위해 꼭 필요한 부분 등이 그것이다. 구글은 두 가지 중요한 경우를 제외하고는 이런 데이터를 배포하지 않는다고 약속한다. 첫째, 우리는 이 정보를 우리의 자회사들이나 관계사들, 또는 우리 대신 개인 정보를 처리하는 믿을 만한 다른 회사들이나 개인들에게 제공한다. 둘째, 우리가 이런 정보의 접근, 이용, 보존, 공개가 (a) 해당 법률, 규정, 법률상의 절차, 또는 강제력이 있는 정부의 요청에 응하거나 (b) 해당 약관의 위반 관련 조사를 포함, 약관의 시행을 위해 (c) 사기나 보안, 기술적 문제들의 파악, 예방, 논의를 위해 (d) 법률에 의해 허용되거나 요구되는 구글의 권리나 소유권, 안전 또는 구글 사용자들이나 일반 대중들에 직접적인 피해를 막기 위해 필요하다는 확신이 설 때다.[4]

구글의 사생활 정책은 구글이 사람들에게 약속한 것이다. 미국에서 만약 구글이 이 정책을 위반하면 사용자는 속임수 거래라며 고소할 수 있기 때문에 구속력이 있다(기만을 입증하기란 항상 어려운 짐이긴 하지만). 하지만 구글은 사전 경고 없이 그들의 정책을 종종 바꾼다. 그래서 현재의 정책은, 정책의 일장일단과는 상관없이 내일 또는 다음 해의 정책과 다를지도 모른다. 아마 당신은 초기 정책에 명시된 대로 구글과 거래 관계를 맺고 데이터를 넘기고는, 당신이 잠시 한눈 판 사이에 구글이 정책을 바꿨다는 사실을 알게 될지도 모른다. 이 정책은 '당신이 확실히 동의하지 않는 한 당신의 권리를 축소하지 않을 것이고, 변화가 있다 해도 이는 아주 사소할 것이다'라고 약속한다. 하지만 이는 별로 도움이 되지 않는다. 왜냐하면 이 정책은 이미 구글에 데이터에 대한 실질적인 권력을 줬기 때문이다.

이 사생활 정책을 꼼꼼히 읽어보면, 사람들의 이해관계와 상관없이 구글이 실질적으로 데이터에 대한 결정권을 가지고 있다는 점이 명확해진다. 사용자 동의가 없이 구글은 다른 회사들과 정보를 공유해서는 안 된다. 하지만 적절하다고 판단되면 구글은 법 집행 기관이나 정부 기관들을 위해 정보를 제공할 권한이 있다고 주장한다.

만약 다른 회사가 구글을 인수하게 되면, 구글은 사용자들에게 데이터의 이전을 고지해야 한다고 정책에 명시돼있다. 하지만 비양심적인 회사가 구글을 인수할 경우, 사용자들에게 구글 시스템에서 데이터를 완벽하게 지워버릴 기회가 주어질 거라는 점에 대해서는 약속하지 않는다. 공정하고 투명하겠다는 구글의 약속은 진실되고 중요하지만, 구글이 처해진 상황에 따라서만 유효할 뿐이다. 만약 구글의 매출이 떨어지거나 경영진이 바뀐다면, 구글에 걸고 있는 이 모든 신뢰는 허사가 될 수도 있다.

좀 더 복잡하게 문제를 본다면, 구글 서비스들에는 각각 '사생활 정책' 페이지가 있다. 이런 정책들 목록페이지에는 데이터 수집과 보유 조건의 규정을 보여주는 일련의 동영상이 있다. 이 동영상들 중 한 동영상에서는 구글이 개인 정보를 수집한 후 오직 18개월만 보유한다는 설명을 되풀이한다. 18개월이 지난 후에 IP 주소 같은 정보는 '익명화' 되고, 특정 사용자의 검색어를 추적하는 게 불가능하다는 것이다. 하지만 이런 약속은 정책 자체에는 들어가 있지 않다. 익명화는 단순히 사용자 IP 주소의 마지막 몇 개 숫자를 없애는 것을 의미할 뿐이고, 사람들의 습관에서 신원을 확인할 수 있다는 점에서 익명화는 별로 효과가 없는 것으로 드러났다.[5] 모든 웹 브라우저에 남아있는 '쿠키'가 사용자를 확인하는 데 여전히 이용될 수 있기 때문이다.[6]

사생활에 대한 구글의 선언이나 일반적인 사생활 관련 성명이 이런 점을 설명하는 데 실패했음에도 구글은 사용자들을 두 계층으로 분류하고, 데이터 축적이나 연산에서도 뚜렷이 다른 두 개의 수준으로 운영한다. 규모가 더 큰 일반 구글 사용자들은 검색창이 가운데 있고 나머지는 텅 비어있는 고전적인 구글 홈페이지를 이용한다. 이런 일반 사용자들은 구글이 읽고 서비스를 제공할 수 있도록 데이터 흔적을 거의 남기지 않는다. 두 번째 계층은 파워 유저라 불릴 수 있다. 이들은 G메일이나 블로거Blogger, 아이구글iGoogle 같은 서비스에 가입한다. 구글은 이런 사용자들에 관한 더 풍성하고 세세한 일체의 자료를 가지고 있다. 일반 사용자들보다 이들 파워 유저들에게 더 많은 서비스를 제공한다고 주장하는 것은 당연하다. 회원 가입한 사용자들은 가치 있는 데이터와 콘텐츠를 제공하는 대가로 더 훌륭한 서비스와 더 정교하게 개인화된 검색 결과를 얻는다.

구글은 사용자들에게 자신들의 정보 흐름을 통제할 수 있는 권한을 부여하지만, 정교하게 또는 일일이 통제가 가능하도록 하지는 않는다. 구글의 환경 설정 페이지에는 '선택 스위치'가 있어, 구글이 브라우저에 쿠키를 남기거나 사용자가 방문하는 웹사이트 목록을 보유하는 것을 막을 수 있다. 파워 유저는 자신들이 방문한 웹사이트 목록 중에 특정 항목을 삭제할 수 있다.

구글 인터페이스의 기본 세팅은 구글이 최대한 정보에 접근할 수 있도록 허용하고 있다. 사용자들이 이런 선택권들을 제공하는 페이지를 찾아보려고 한다면, 구글의 데이터 수집 양이나 특성이 얼마나 엄청난지 미리 고려를 해야 할 것이다.

구글은 특히 유럽에서 데이터 보유 정책과 관련해 강도 높은 조사를 받고 있다. 최근에 변화된 사생활 정책의 대부분은 유럽 정책 관료들의 압력 때문이다. 미국에서는 이런 문제들에 관해 소비자들이나 시민들에게 아무런 도움을 못 주고 있다. 사실 미국 정부는 사생활을 제한하는 활동들을 해왔다. 2006년 미 법무부는 인터넷 이용자들이 종종 포르노를 검색한다는 논쟁의 근거를 뒷받침하기 위해 주요 검색 엔진 회사들로부터 일반적인 정보를 수집하려고 소환장을 발부했다. 법무부는 온라인상의 아동보호법Child Online Protection Act 법적 방어를 위해 이 데이터를 사용하려고 했다. 그것도 특정 사용자에 링크돼 있는 데이터가 아닌 온라인에서 사람들이 무엇을 하고 싶어 하는지 알기 위한 대규모 통계적 정보 말이다. 주요 검색 회사들 중에서 오직 구글만이 소환을 거부했다. 왜냐하면 이 정보를 공개하면 사업 기밀도 함께 공개되기 때문이었다. 검색어의 형태를 분석하는 구글의 능력은 이 시장에서 가장 강력한 구글의 강점이다. 이런 데이터를 포기하면 구글의 핵심 경쟁력은 손상을 받을 수도 있다.[7] 결국 구글은 승리했고, 정부는 이 정보를 수집하는 노력을 포기했다.

구글 임원들은 데이터 보유와 사생활에 관해 답변하는 법을 당연히 연습해왔다. 예를 들면, 구글의 부사장 마리사 메이어는 2009년 초 텔레비전 쇼 진행자 찰리 로스Charlie Rose에게 다음과 같이 말했다.

"이는 균형의 문제다. 더 나은 기능을 위해서는 사생활을 어느 정도 포기해야 한다. 그래서 우리는 사람들에게 우리가 이용하는 정보는 무엇이고, 사람들에게 돌아가는 혜택은 무엇인지 명확하게 할 필요가 있다. 그렇게 되면 궁극적으로 소비자들의 선택에 귀결될 것이다."[8]

메이어는 매번 이와 비슷한 식으로 사생활 문제에 답을 한다. 하지만 메이어와 구글 모두 사생활을 잘못 이해하고 있다. 사생활은 셀 수 있고, 나눌 수 있고, 교환될 수 있는 게 아니다. 물질도 아니고, 데이터로 규명할 수 있는 요소도 아니다. 사생활은 다양한 상황 하에서 사람들이 어떻게 자신의 평판을 관리할지에 영향을 미치는 수많은 가치와 습관을 대신하는 용어일 뿐이다. 이를 재는 공식은 없다. 내가 구글에 내 사생활 포인트 3개를 주고 10퍼센트 더 좋은 서비스를 받을 수는 없다. 좀 더 진지하게 설명하자면, 메이어와 구글은 겉으로 보기에는 선택에 기반을 둔 체제 안에서 기본 설정default settings 이 얼마나 막강한 힘을 발휘하는지 인정하지 않고 있다.

[선택의 무관함]

2007년 출간된 《넛지: 똑똑한 선택을 이끄는 힘》에서 경제학자 리처드 탈러Richard Thaler와 법학 교수 캐스 선스타인Cass Sunstein은 '선택 구조'라 부르는 개념에 대해 설명한다. 간단하게 말하면 사람들에게 제공되는 선택의 구조와 순서는 사람들의 선택에 강력한 영향을 미칠 수 있다는 것이다. 예를 들면 학교 카페테리아에서 제공되는 음식의 순서는 학생들이 더 잘 영양을 섭취하도록 영향을 미칠 수 있다. 화장실이나 휴게실의 위치는 회사 직원들의 창의성이나 연대감에 영향을 미칠 수 있다. 디폴트값defaults, 응용프로그램에서 사용자가 별도의 명령을 내리지 않았을 때, 시스템이 미리 정해진 값이나 조건을 자동으로 적용시키는 것—옮긴이이, 표면적으로는 자유 선택적 상황에 어떤 영향을 미치는지 다음과 같은 잘 알려진 사례를 통해 증명하고 있다. 미국에서 고용주 지원 은퇴 플랜에 직원들이 참여할 선택권을 준 경우, 40% 이상이 등록하지 않거나, 회사의 지원을 받을 만큼의 개인 분담금을 내지 않았다. 하지만 자동적으로 은퇴 플랜에 등록되도록 디폴트값을 정해놓고 원하지 않는다면 분담금을 취소하는 선택권이 있는 경우, 6개월 사이에 98%의 직원들이 등록했다. 자동 등록이라는 기본 설정이 업무 내지 주의 산만, 그리고 건망증을 극복하게 했다고 탈러와 선스타인은 설명한다.[9]

이런 선택 구조가 공공연한 강압과 보상책 없이도 인간 행동에 영향을 미칠 수 있고, 국가나 사기업들에 커다란 비용을 들이지 않고도 수많은 중요한 공공 정책 목적을 달성할 수 있게 만들 수 있다고 탈러와 선스타인은 확신했다. 두 사람은 이런 접근 방식을 '자유주의적 개입주의libertarian paternalism'라 부른다. 시스템이 한 방향으로 설계되어 있으면, 다른 선택을 할 자유가 있음에도 한 가지 선택을 하는 경향이 있다. "'중립적' 설계 같은 것은 없다"고 탈러와 선스타인은 말한다.[10]

구글이 이런 선택 구조의 힘을 이해한다는 점은 분명하다. 모든 가능한 데이터를 받아들이도록 사용자 기본 설정을 맞춰놓는 것이 구글이 관심 갖는 부분이다. 기본적으로 구글은 웹 브라우저에 쿠키를 심어놓고 당신은 누구인지, 당신이 검색한 것은 무엇인지 기억한다. 기본적으로 구글은 사람들이 무엇을 검색하고 클릭하는지 추적한다. 일정 기간 동안 데이터를 보유하고, 그것을 근거로 광고를 유치하거나 검색 결과의 정확성을 높인다. 그러면서 구글은 사람들에게 이런 기능들을 사용하지 않을 수 있는 선택권을 준다. 심지어 이를 설명해주는 동영상도 제공한다.[11] 하지만 사람들이 일부러 바꾸려고 행동하지 않는 한, 구글의 기본 설정이 바로 당신의 선택이 된다.

메이어와 다른 구글 직원들은 사적인 데이터의 수집과 그 과정을 관장하는 정책이나 관례사생활 정책으로 알려진를 얘기할 때, 절대 기본 설정의 힘에 대해서는 논하지는 않는다. 그들은 사람들이 자신의 정보에 갖고 있는 자유와 힘에 대해서만 강조한다. 사용자들의 자유와 자율권을 알리는 것은 전 세계 정보 회사들이 상업적으로 행하고 있는 수사학적 책략 중 하나다. 사람들은 비록 빈껍데기일망정 더 많은 선택의 기회를 갖는 게 진정한 인간의 자유라고 믿도록 교육받아왔다. 하지만 의미 있는 자유는 개인의 삶의 조건들을 진정으로 통제할 수 있어야 한다. 단순히 선택할 수 있는 메뉴를 갖춰놓는 것은 이런 부분들에 능숙하거나 혹은 전문적 지식을 가지고 있는 사람들의 이해관계만 충족시킬 뿐이다.

회사의 이익을 극대화하도록 기본 설정을 정하고, 여러 일련의 페이지 밑에 선택 스위치를 숨겨놓는 것은 무책임하다고 하겠지만, 그 어떤 회사라도 다르게 행동할 것이라고 기대하지 않는 게 낫다. 웹 같이 복잡한 생태계에서 다른 선택 구조를 원한다면, 소비자단체로부터 각종 압력에 응해야 하는 회사에 의존하거나 정부에 그런 기본 환경을 규정해달라고 요청해야 할 것이다.

구글 임원들은 사용자들이 구글의 데이터 수집 방식에 참여하지 않으면 인터넷 이용 환경user's experience이 현저하게 떨어질 것이라는 사실도 인정하지 않는다. 사생활에 대한 선택권을 찾고 조정하기 위해 3페이지씩이나 클릭해야 한다면, 비선택권에 대한 비용이 얼마나 될지 가늠하는 것은 그리 어렵지 않다. 만약 구글이 당신의 움직임을 추적하지 못하도록 한다면, 당신이 묻는 질문에 별로 관련이 없는 지역 식당이나 상점, 또는 웹사이트 결과를 보여줄 것이다. 구글은 '재규어jaguar'에 대한 검색 결과로 자동차를 보여줘야 할지, 고양이를 보여줘야 할지 추측해야 한다. 만약 구글이 당신의 관심사를 알고 있다면, 쇼핑할 시간을 많이 줄여줄 것이다. 마치 당신의 마음을 읽고 있는 듯 보일 수 있다. 게다가 구글리버스Googleverse, 구글 세계에 완전한 시민권을 가지고 있으면 회원 가입이 필요한 유튜브에 동영상을 올리거나, G메일 같은 기능들을 사용할 수 있고, 이는 당신이 흥미로워하는 엄청난 데이터를 구글이 수집하도록 허용하는 것이다. 게다가 이런 선택권을 분석하다보면 구글과 사용자들 간 상호 작용 속성에 대해서도 명확한 개념을 얻을 수 있다. 하지만 대다수 사람들의 개인 정보들은 신비로 남아있게 된다.

구글 서비스에서 탈퇴하게 되면, 거의 몰입하다시피 구글 서비스를 사용하는 다른 사람들과의 관계에서 손해를 입게 된다. 구글이 서비스를 통합하면 할수록, 그리고 좀 더 흥미롭고 필요한 서비스들을 제공하면 할수록, 효과적인 상거래나 자기 홍보, 문화적 시민권 등을 위해 구글을 이용하는 것이 더욱 중요해질 것이다. 구글의 영역이 넓어질수록, 즉 더 많이 구글화 될수록, 교양 있고 비판적인 인터넷 사용자들조차 구글 세계에 머무를 가능성이 높고, 그들의 이런 개인적 고뇌를 통해 구글은 더 많은 것을 알게 될 것이다. 구글에게 양은 질이다. 구글의 기본 환경을 감수하는 사람들에게는 편리함과 효용성이 늘어나고 신분이 상승된다. 그렇다면 어떤 비용을 감수해야 할까?

[사생활 문제]

개인 데이터 수집에 있어 구글은 악명 높은 기업과는 거리가 멀다. 구글은 현재까지는 제3자에게 당신에 대한 데이터를 팔지 않겠다고 약속하고 있고, 또한 정부 부처나 국가가 법적 지위를 통해 이런 데이터를 요청하지 않으면 넘기지 않는다고 약속한다이런 요청들에 대한 기준은 이미 느슨해졌고, 전 세계적으로 점점 더 느슨해질 것이다. 하지만 구글은 수익을 창출하는 서비스 분야에서 이런 정보들을 확실하게 이용하고 있고, 구글의 이런 행위나 정책은 사회적 · 문화적 문제들을 점점 더 확대하고 심화시킨다는 점을 분명히 보여주고 있다.

2007년 11월, 대학생들과 교수들 사이에서 가장 인기가 있는 소셜 네트워킹 사이트인 페이스북은 6,000만 명에 달하는 사용자들2010년까지 1억 5,000만 명의 회원들이 가입했다을 보유하면서 세상을 깜짝 놀라게 했다. 충분한 사전 경고 없이 페이스북은 비콘Beacon이라는 프로그램을 운영했다. 이 프로그램은 웹상에서 구매한 내역을 페이스북 프로필의 뉴스피드newsfeed에 올린다. 만약 한 학생이 친구에게 주려고 웹 상거래 사이트를 통해 물건을 구입했고 이 사이트가 페이스북의 비콘 프로그램 파트너로 등록돼 있다면, 이 아이템은 친구들 페이지에도 뜨게 된다. 대체적으로는 이 선물에 관심이 있을 만한 사람들이 포함된다. 페이스북은 깜짝 놀랄만한 명성의 일부를 엉망으로 만들었지만, 더 크게 놀랄만한 일이 벌어지고 있었다. 바로 사용자들의 반란이었다. 비콘을 출시하고 나서 얼마 지나지 않아 5,000명 이상의 페이스북 사용자들은 그들에게 탈퇴할 기회를 무시한 페이스북의 결정에 항의하는 특별한 페이스북 단체에 등록했다. 비콘에 대한 분노는 수많은 공식적인 시위자 수보다 훨씬 더 컸다. 주요 언론 매체들은 페이스북과 페이스북 서비스에 만족해

왔던 사용자들이 페이스북 프로필이나 비콘을 통제하지 못한 데 경악을 금
치 못하고 있다고 인용 보도했다.[12]

이는 페이스북 경영진들도 깜짝 놀라게 했다. 2006년 페이스북 세상 친구
들의 근황을 알 수 있도록 뉴스피드 서비스를 선보였을 때도 약간의 저항이
있었다. 하지만 사용자들은 몇 주 지나지 않아 이 서비스에 익숙해지면서 잠
잠해졌다. 시간이 지나면서 사용자들은 뉴스피드가 그렇게 심하게 불편하거
나 문제가 되지는 않는다고 생각했다. 게다가 사용자들은 그들이 원하면 이
서비스를 꺼버릴 수 있었다.

페이스북 경영진들은 페이스북 사용자들이 개인 사생활을 그렇게 신경 쓰
지 않는다고 추측했다. 사용자들은 난잡한 파티 사진 내지 가장 좋아하는 밴
드나 책들, 그리고 다른 사람들의 프로필에 솔직한 애기들을 거리낌 없이 올
렸다. 페이스북 경영진들은 요즘 젊은이들이 페레즈힐튼닷컴PerezHiton.com이
나 고커닷컴Gawker.com을 통해 연예인들의 일거수일투족에 빠져있고, 리얼리
티 텔레비전 쇼 참가자들의 기행에 사족을 못 쓰고, 유튜브닷컴에 엉성하게
춤을 추는 자신의 동영상을 올리면서 행복해하는, 새로운 계층이라고 믿어
왔다.[13]

그러던 차에 2010년 페이스북에 대한 반란이 일어났다. 그 해 5월, 사용자
들은 여러 다양한 방식을 통해 페이스북이 그들의 신뢰를 남용해 왔다며 경
각심을 일깨웠다. 처음에는 개인 정보를 쉽고 믿을 수 있게 관리하도록 허용
했지만자신의 프로필의 특정 부분들을 누군 보도록 허용하고 누군 보도록 허용하지 않는 선택만 하면 될 정
도로 간단했다, 점점 교묘하게 그런 부분들에 대한 통제권을 없애버렸던 것이다.
기본적으로 수많은 개인 정보를 공개적으로 이용할 수 있도록 해놓아 기본
설정을 바꾸게 되면 복잡한 양상을 초래하게 했다. 게다가 페이스북은 2010

년 초에 중대한 보안 실수를 저질렀다. 그러자 항의의 표시로 페이스북을 그만두자는 움직임이 일었다. 실제 얼마나 많은 사람들이 페이스북을 그만뒀는지 알 방법은 없다. 왜냐하면 페이스북은 회원 수를 공개하지 않기 때문이다. 게다가 완전히 계정을 삭제해버리는 것도 쉽지 않다. 2010년 페이스북 회원들은 전 세계적으로 지속적 증가추이를 보이고 있고, 이에 따라 불평도 늘어나고 있다. 근본적으로 페이스북은 이를 그만두기에는 이미 사람들의 삶 속에 가치 있는 것으로 자리 잡았다. 이 가치라는 것이 페이스북 회원이라는 데 있는 것이지, 페이스북 자체에 있는 것은 아니다. 다만 페이스북은 대중들의 분노에 아주 약간의 훈계를 받았을 뿐이었다.[14]

문화 저널리스트 에밀리 누스바움Emily Nussbaum은 2007년 2월호 뉴욕 매거진 기사에서 자신의 은밀한 신체 부위나 비밀을 라이브저널LiveJournal이나 유튜브에 올리는 데 거리낌이 없는 젊은이들의 이야기들을 다뤘다. 누스바움은 "젊은이들에게 진정한 사생활은 환상이라는 생각이 충분히 퍼져있는 것 같다"라고 말했다. 그녀는 계속해서 이어나갔다. "뉴욕의 모든 거리에는 감시 카메라가 있다. 대형 약국 체인점인 두에인 리드Duane Reade에서 카드를 긁거나, 지하철에서 카드를 이용할 때 이런 거래는 추적이 가능하다. 고용주는 당신의 이메일을 갖고 있다. NSA는 당신의 통화 기록을 갖고 있다. 인정을 하든 안 하든 당신의 생활은 공개돼있다. 그렇기 때문에 마치 사생활이 없는 것처럼 행동하는 젊은이들이 실제로는 미친 게 아니라 제 정신일 수도 있다는 가능성을 곰곰이 생각해야 할지도 모른다."[15]

하지만 젊은이들이 사생활에 그렇게 신경을 쓰지 않는다면, 그들이 구매한 물건들을 수백여 명의 지인들에게 알린다고 해서 무엇이 문제인가? 노스웨스턴 대학교의 에스터 하기타이Eszter Hargittai와 마이크로소프트 연구소의 다나흐 보이드danah boyd의 연구에 따르면, 미국의 젊은이들은 이전 세대보다 온라인 사생활을 훨씬 잘 알고 있고, 우려도 하고 있다는 사실을 보여줬다.[16] M15, 미국 국가 안전국, FBI는 말할 것도 없고 구글이나 아마존이 사람들에 관한 세세한 정보들을 보유하고 있는 이 시대에 사생활이 뭐가 그렇게 별난 개념인가? 과민한 학계에서 끊임없이 제기되는 경고나 1주일이 멀다 하고 비자Visa 또는 AOLAmerica Online,Inc.에서 대대적으로 정보 노출이 됐다는 얘기들을 접함에도 사람들은 계속 구글에서 검색하고, 아마존에서 책을 구입하고, 사용자 동의와 '사생활' 정책실제 사생활을 보호한다고 하더라도 거의 드문에 클릭한다. 그리고 끊임없이 사람들을 감시하도록 정부 기능을 강화하는 지도자에 표를 던진다.

문제들에서 사생활에 분명 무관심할 거라는 가정은 이런 기본적인 오해를 낳는다. 사람들은 종종 성행위나 마약 중독 같은 개인행동에 대한 정보를 단순히 주지 않는 것이 사생활과 관련이 있다고 가정한다. 하지만 사생활은 '사적'이라 불리는 개인의 선택 내지 특성 또는 행동만을 말하는 것은 아니다. 또 현재 살고 있거나 옮겨가는 모든 상황에 똑같이 적용되는 문제도 아니다. 사생활은 불행한 용어다. 왜냐하면 원하는 대로 바꿀 수 있다든지, 뜻밖에 일어난 일이라든지의 의미가 없기 때문이다. 사생활 침해를 불평할 때, 사람들은 그들의 명성을 어느 정도 통제할 수 있는 조치를 요구한다. 누가 우리에 관한 정보를 모으고, 참조하고, 알리고, 공유할 힘을 가져야 하는가? 만약 내가 사랑에 빠졌는지, 성적 취향은 뭔지 페이스북에 나타내기로 선택했다면, 나는 아직 사생활을 보호하고 있다고 생각할지 모른다. 왜냐하면 내가 잘 알고 있다고 생각하는 부분에서 그런 정보를 내보낼지 말지를 관리하고 있다고 가정하기 때문이다. 사생활은 정보를 통제할 수 있느냐 없느냐의 문제

지, 사람들이 공유하는 정보의 특성을 말하는 것이 아니다.[16]

정책의 부재, 공론화 부족, 그리고 몇몇 놀라운 발명품 때문에 우리의 사생활을 통제할 기회가 점점 줄어들고 있다. 교통 보안국Transportation Security Agency의 '출국 금지 목록No-Fly List'이 됐든, 캐피털 원 뱅크Capital One Bank의 신용 노출이 됐든, 아니면 높은 수수료를 부과하는 신용 카드 회사들이 점수가 나쁜 사람들의 신용 정보를 공개하는 게 됐든, 사람들의 행동을 프로필화하는 조치들로 해를 입게 된다는 점은 명확하다.

소설 《위대한 개츠비》의 제이 개츠비는 오늘날 존재할리가 없다. 하지만 개츠비의 디지털 유령은 어디서든 그를 따라다닌다스콧 피츠제럴드의 소설 《위대한 개츠비》의 주인공으로, 궁전 같은 저택에서 파티를 자주 여는 부자 개츠비에 대해 사람들 사이에서는 그가 옥스퍼드 출신이라는 둥, 살인 혐의를 받고 있다는 둥 각종 소문만 무성하다. 현재의 인터넷 시대를 비유하는 인물로 끌어들였다—옮긴이. 디지털 시대에 두 번째 막, 두 번째 기회는 없다. 명예 회복을 위해서는 어떤 한 사람의 기록에 상당한 자치권과 통제가 필요하다. 적어도 용서가 필요하다. 향후 고용주들이나 미국 정보요원들이 쉽게 '구글' 할 수 있는, 한창 젊은 시절의 무분별한 행동에 계속 책임을 느껴야 한다면, 사회적·지적·현실적 이동성을 제한할 수밖에 없다.[17]

사람들은 어렸을 때부터 세상에는 공적인 문제와 사적인 문제가 있고, 집에서 있을 때와 밖에 있을 때 정보를 달리 관리해야 한다는 점을 배운다. 하지만 그렇게 구별한다고 해서 사생활에 얽힌 복잡함을 이해하는 건 아니다. 사생활의 의미를 정의하거나 묘사하는 게 어렵기 때문에, 그리고 대중의 감시에 저항하는 게 종종 소용없어 보이기 때문에, 개인 정보를 통제할 수 있는 좀 더 나은 용어나 모델, 비유, 그리고 전략을 만들 필요가 있다. 이런 문제에 대해 좀 더 효율적으로 생각할 수 있는 방법이 있다.

적어도 사람들은 그들에 대해 알려진 부분들을 처리할 수 있는 다섯 가지 주요 '사생활 인터페이스', 즉 사생활 영역을 가지고 있다.[18] 이들 각각의 인터페이스는 서로 다른 수준의 통제와 감시를 제안한다.

첫 번째 사생활 인터페이스는 내가 '개인 대 동료person to peer' 라 부르는 것이다. 어렸을 때부터 사람들은 그들의 선호나 기호, 그리고 성장 과정을 아는 친구들이나 가족들과 협상하는 데 필요한 능력을 개발한다. 동성애 혐오 집안에서 게이로 자란다면, 가능하면 게이라는 점을 알지 못하도록 대처하고 노력하는 법을 배우게 된다. 10대 때 침실에서 마리화나를 피운다면, 증거를 없애야 한다는 점을 배운다. 동료들을 속인다면 어떻게든 거짓으로 모면하려 한다. 이는 모두 사적인 영역에서의 사생활 전략이다.

두 번째는 내가 '개인 대 권력person to power' 이라고 부르는 인터페이스다. 사람들은 선생님들이나 가족들, 고용주들 등이 몰랐으면 하는 정보들을 가지고 있다. 왜냐하면 이런 정보들은 교묘하게 처벌을 가하는 데 이용될 수 있기 때문이다. 개인의 삶에서 이런 부분은 맨 먼저 협상하는 법을 배워야 하는 인터페이스다. 보통 10대들이 "내 방에서 나가!"라고 큰소리치는 것은 이런 중요한 인터페이스를 관리하는 데 좌절감을 느낀다는 좋은 예다. 어른이 돼서는 회사가 보험 비용을 줄이기 위해 해고하지 못하도록 과거 병력을 고용주에게 숨기는 것 역시 중요하다.

세 번째 사생활 인터페이스는 '개인 대 회사person to firm' 다. 이 인터페이스에서 사람들은 상점 계산원이 집 전화번호를 물어볼 때 대부분 지쳐있거나 좌절감을 느끼고 있을 때 대답을 해야 할지 말아야 할지 결정해야 한다. 사람들은 슈퍼마켓이나 서점에서, 실제로는 기록을 보관하는 징표지만 공짜라고 생각되는 할인 카드를 제공받을 때 기꺼이 이를 받아들인다. 상점의 점원은 이 거래의 이면에 대해서는 거의 설명하는 일이 없다.

　네 번째가 가장 중요하다. 왜냐하면 잘못 사용되거나 남용될 확률이 가장 높기 때문이다. 바로 '개인 대 국가person to state' 다. 인구 조사나 세금 용지, 운전면허 기록, 그리고 수많은 관료 기능을 통해 국가는 사람들의 움직임이나 활동들의 흔적들을 기록한다. 미국에서 말도 안 되는 이유로 민간 항공기에 탑승하지 못하도록 하는 '비행 금지자 명단no-fly list' 이 대표적이다. 정부는 합법적 폭력이나 구속, 추방에 대한 독점권을 가지고 있기 때문에 수사망에 잘못 걸려들어 구속 영장을 발부 받을지도 모른다는 우려는 비현실적인 것처럼 보이더라도 한번 생각해볼 가치가 있다.

　다섯 번째 사생활 인터페이스는 나다니엘 호손Nathaniel Hawthorne이《주홍글씨The Scarlet Letter》에서 명확히 설명했지만, 제대로 이해되지 않다가 최근에서야 두각을 나타내는 부분이다. 나는 이를 '개인 대 대중person to public' 인터페이스라 부른다. 대체적으로 온라인상에 위치한 이 인터페이스를 통해 사람들은 각종 이미지들의 대량 확산, 표면상으로는 '사교적' 인 웹의 비사교적 특성, 그리고 디지털 기록의 영원성 등으로 인해 삶이 노출되고 이름과 얼굴이 웃음거리가 되며 불행해지고 있다. 일상적인 교우 관계에서는 자신의 사생활이나 평판을 관리하는 법을 배울 수 있지만, 온라인 환경은 서로 다른 사회적 관계를 구분하는 벽을 허물어 버린다. 페이스북이나 마이스페이스, 유튜브에서 직장 동료는 친구, 팬, 비평가가 될 수 있다. 직장 상사는 스토커가 될 수 있다. 부모는 감시자가 될 수 있다. 미래의 애인은 같은 온라인 짝짓기 서비스에서 전 애인이었을 수도 있다. 현실에서는 각각의 관계들을 따로 가져가면서 가면을 바꿔 쓰고, 다른 사람들이 우리에 대해 아는또는 안다고 생각하는 부분을 관리할 수 있다. 하지만 대부분의 온라인 환경은 의도적으로 사람들의 전문적·교육적·개인적 욕망을 동시에 만족하게끔 제작돼있다. 온라인 세상에서는 이런 맥락이나 인터페이스가 한데 섞여 있고, '공공'과 '개인' 영역 사이의 법적 구분은 더 이상 무의미해진다.[19] 사람들은 온라인 상에서 자신의 사생활을 관리하는 방법을 이제 막 이해하기 시작했지만, 혼란스러운 환경을 통해 이익을 추구하는 회사들이 관리하는 한 어떻게 하면 잘살 수 있을지 스스로 깨닫는 건 쉽지 않은 일이다.

개인 대 대중 사생활 인터페이스에 관해 충고하는 다음 이야기를 한번 들어보자. 《평판의 미래The Future of Reputation》란 책에서 법학 교수 다이엘 솔로브Daniel Solove는 '스타워즈 키드Star Ward Kid'의 암울한 이야기를 들려준다. 2002년 11월 사춘기의 땅딸막한 한 캐나다 10대 소년이 스타워즈의 등장인물을 흉내 내면서 골프공 리트리버골프공이 헤저드 등에 빠졌을 때 건져 내는 막대기 비슷하게 생긴 도구-옮긴이를 마치 펜싱 칼처럼 휘두르는 모습을 학교 카메라를 사용해 녹화했다. 몇 달이 지난 후 다른 학생들이 이 녹화된 동영상을 발견하고는 파일 공유 사이트에 동영상을 올렸다. 하루가 채 지나지 않아 이 엽기적인 10대가 스타워즈 놀이를 하는 동영상은 인터넷에서 난리가 났다. 수천 명, 아니 수백만 명이 이 동영상을 내려 받았다. 수많은 사람들이 그들의 컴퓨터를 이용해 복장을 더하고, 특수 효과를 주면서 동영상을 변형시켰으며, 이 소년을 깔로 찌르려는 악당까지 등장시켰다. 지금까지도 이 동영상의 수백여 개 버전이 웹에 나돌아 다니고 있다. 수많은 웹사이트들에는 이 10대의 몸무게나 용모에 대해 악의적인 발언들이 올라왔다. 곧 그의 이름과 학교가 공개되기 시작했다. 2005년 유튜브가 처음 서비스 될 때쯤 '스타워즈 키드'는 사용자 제작 문화user-generated culture의 불운한, 그리고 자신의 의지와는 상관없는 스타였다. 실제 세상에서의 괴롭힘 때문에 그의 가족은 다른 곳으로 이사를 가야

했다. 그리고 학교를 그만뒀다. 소프트웨어, 컴퓨터, 인터넷, 그리고 구글의 속성은 어느 날 오후의 악의 없는 상상의 기록을 지우지 못하도록 만들었다. 하지만 솔로브는 이런 부분이 기술의 문제가 아니라고 일깨워준다. 공개적으로 다른 사람들을 면박하고, 언론의 자유 원칙에 너무 쉽게 호소하며, 그러면서 순진한 사람들에게 상처 주는 행동을 정당화하는 것은 바로 우리의 의지라는 것이다.[20]

스타워즈 키드 사건이나 솔로브가 묘사한 다른 사건들을 통해 그 누구도 돈을 벌어본 적이 없고, 이런 부분들에 정부가 중립적 입장을 취한다고 해서 시장의 힘 내지 보안에 대한 과잉반응을 탓할 수는 없다. 하지만 일반 대중들이 이유 없이때로는 받을 만한 어떤 사람들을 쉽게 비난하는 점에 대해서는 깊이 생각을 해봐야 한다. 주홍글씨의 헤스터 프린Hester Prynne처럼 사람들은 그들의 실수로 인한 흔적으로부터 피하거나 도망칠 수 없다. 사람들은 더 이상 그들의 공공의 가면을 통제할 수 없다. 왜냐하면 수많은 주변 사람들이 그 가면을 감시하고 노출할 수 있는 카메라나 비디오 같은 도구들을 가지고 있기 때문이다. 창의성으로 가득하고, 민주적 문화에 공헌할 가능성이 크다고 생각하는 인터넷 팬으로서 솔로브는 창조적 실험들을 억누를 수 있는 여러 생각들을 가볍게 여긴다. 하지만 솔로브가 여기에서 밝힌 실제 해악들을 무시한다면, 이런 문화적 '매시업mashup, 웹서비스 업체들이 제공하는 각종 콘텐츠와 서비스를 융합하여 새로운 웹서비스를 만들어내는 것을 의미—옮긴이' 순간을 선호하는 사람들은 실수를 저지르는 것이다.

사회학자 제임스 룰James Rule은 《위험한 사생활Privacy in Peril》에서 사생활과 감시에 관한 어떠한 논의에도 포함돼있지 않거나 침묵하고 있는 한 주장을 강력하게 제기한다. 즉 한 조직에서 수집된 데이터는 다른 사람들에 의해 쉽게 옮겨지고, 파헤쳐지고, 사용되고, 남용된다는 것이다. 그래서 초이스포 인트ChoicePoint 같은 회사들은 사람들이 슈퍼마켓이나 서점에서 쇼핑한 기록 을 사서 광고용 우편물 마케터나 정당, 심지어 연방 정부에까지 팔기도 한다. 이런 데이터 마이닝data-mining, 대규모 자료를 토대로 새로운 정보를 찾아내는 것—옮긴이 회사 들은 선거인 등록 명부, 주택 소유권 증서, 운전면허, 유치권 등의 소비자 프 로필을 다이렉트 마케팅 회사에 팔기도 한다. 이런 수많은 자료들을 통해 초 이스포인트는 내 부모보다 나를 더 잘 알고 있다. 이는 우리 집에 날아오는 카탈로그들이 부모님이 생일 때마다 해주는 넥타이 선물보다 왜 더 좋은지 를 설명해준다. 이런 데이터 포인트data point, 데이터 안에서 규명할 수 있는 요소— 옮긴이 나, 각각의 소비자들의 선택은 당신에 대해 뭔가를 말한다. 선불 휴대폰을 사 든, 엄청나게 많은 부엽토를 사든, 당신은 FBI가 주시해야 하는 인물처럼 프 로필화 될 수 있다. 만약 당신이 아메리칸 익스프레스 플래티넘 카드를 사용 해 스타벅스에서 라테를 사고, 반스앤노블Barnes and Noble 서점에서 알렉산 더 해밀턴Alexander Hamilton의 새 전기문을 구입했다면 당신은 공화당 선거 캠 페인 기부자일 가능성이 높다.[21]

1974년 룰은《사생활과 공공의 감시Private Lives and Public Surveillance》라는 책을 발표하면서 1970년대 사생활 보호법에서 국가가 데이터를 보유함에 있 어 투명성을 보장할 수 있는 조치를 찾으려고 애썼다. 사람들은 연방 정부가 그들에 대해 얼마나 알고 있는지 알 수 있어야 하고, 잘못된 점을 바로잡을 수 있어야 한다는 것이다. 또 정부 기관들이 이런 데이터를 서로 공유하는 데 있어 강력한 제한 조치가 이뤄져야 한다는 것이다.[22] 룰이《위험한 사생활》 에서 설명하듯, 이런 상식선의 지침들은 법이 되는 순간 거의 무너져 버렸다. 그리고 공공 부문의 투명성 및 책임의 최대 적인 딕 체니Dick Cheney 전 부통령이 압력을 가한 후 이런 상식선의 지침들은 모두 공공의 안건에서 떨어져 나갔다. 마치 워터게이트나 처치 커미티 리포트Church Committee Report, 1975년 CIA가 자행한 미국 시민들에 대한 대대적인 정부 감시와 수많은 불법적 권력 남용을 낱낱이 파헤친 보고서, 그리고 반전 시위자들에 대한 FBI의 잠입 폭로 등은 절대 발생하지 않았던 것처럼 말이다.[23]

지난 18세기부터 대규모 감시는 삶의 진실이 되어가고 있다. 관료 정치로서 어쩔 수 없이 시민들이나 소비자들에 관해 기록을 하고 다뤄야 한다는 점은 새로울 게 없다. 디지털 도구들은 데이터베이스를 모으고, 합하고, 파는 것을 좀 더 쉽게 만들어줄 뿐이다. 시장 경제에서 모든 장려책들은 회사들이 사람들에 관해 좀 더 풍부하고 정교한 데이터를 모으도록 권장하고 있다. 관료 국가의 모든 보상책들은 대대적인 감시를 장려한다. 구글이나 아마존 같은 회사들에서 좀 더 나은 사생활 정책을 받아들이는 작은 변화가 결국에는 많은 차이를 가져오지는 않을 것이다. 이에 대한 유일한 해결책은 1970년대에 그랬던 것처럼 공익을 위해 대대적인 정치적 행동을 취하는 것이다. 인간의 존엄성이나 개인 보안과 관련된 이런 위협에 직면해서 너무 수동적으로 반응하면 통제가 불가능한 감시 기술을 받아들이는 것과 다름없다. 도전은 너무 거대하고 위험은 너무 크다.

['스트리트뷰'와 감시의 보편화]

국가나 기업들이 개개인들을 예의 주시하면서 이점을 얻는 데는 전혀 새로울 것이 없지만, 구글이 구글 맵스에 스트리트뷰 서비스를 하면서 개개인들은 전에는 불가능했던 감시 형태를 감수하게끔 만들었다. 처음에는 각각의 거리나 이웃들을 들여다볼 수 있는 이런 기능에 대부분의 사람들은 과장된 반응을 보였다. 한동안 이 서비스가 자리를 잡으면서 광범위한 관심과 효용을 창출했다. 또 명백하게 해가 되지는 않지만, 수많은 우려를 야기했으며 극소수 지역에서 구글은 이 스트리트뷰 서비스를 전면적으로 수정해야 한다는 압력을 받아왔다.

구글 스트리트뷰는 네덜란드, 프랑스, 이탈리아, 스페인, 오스트레일리아, 뉴질랜드, 일본, 그리고 미국, 영국의 구글 맵스 사용자들이 거리와 교차로를 360도 각도에서 볼 수 있게2009년 말 기준 서비스 하고 있다. 구글은 특수 카메라가 위에 장착된 차량이영국에서는 복스홀 아스트라스(Vauxhall Astras), 미국에서는 샤보레 코발츠(Chervolet Cobalts), 일본에서는 프리(Prii) 도시 구석구석을 돌게 하면서 이미지들을 촬영한다.[24] 2007년 5월 뉴욕 샌프란시스코와 일부 다른 거대 도시들을 시작으로 구글 스트리트뷰는 미국 전역의 수천여 개 소도시들까지 포함하고 있다. 심지어 인구 5만여 명의 작은 소도시인 버지니아 샬롯츠빌Charlottesville까지 포함한다. 처음에 미국 사용자들은 구글의 글로벌 눈으로 그들이 사는 곳을 찍었다는 사실을 알고는 혹시 그들 삶의 어떤 부분이 노출되는 것은 아닌지 확인하기 위해 몰려들었다. 많은 비평가들은 이 서비스가 편리성에 비해 너무 공격적이라고 선언했다.[25]

일반적으로 구글은 모든 지역에서 표준 방식대로 서비스를 도입한다. 만약 스트리트뷰가 관심이나 불평의 대상이 된다면, 구글은 지역 특색에 맞게 정책을 조정하기도 한다. 구글이 정해놓은 기본 설정이 영원하지는 않겠지만, 일관되기는 하다. 스트리트뷰에 대한 초기의 비판에 대해 구글은 만약 스트리트뷰 이미지가 누군가에게 문제를 일으키거나 난처하게 하고, 얼굴이나 차량 번호판 같은 개인 정보를 노출한다고 신고를 하면 기꺼이 그 이미지를 지우거나 모자이크 처리를 하겠다면서 방어했다. 하지만 늘 그랬듯 기본 설정은 최대한의 노출에 맞춰졌다.

구글 스트리트뷰에 대한 의심의 눈길은 몇 주가 지나자 사라져버렸다. 시간이 지나면서 끔찍한 이야기는 나오지 않았고, 구글 사용자들은 이 신기하고 새로운 기능에 익숙해졌다. 그리고 스트리트뷰를 창의적으로 사용하는 방법들이 고안되기 시작했다. 구글은 막연하게 걱정을 하기보다는 실용성을 우선하는 미국에서 사생활 보호 및 자신을 알리고자 하는 사용자들의 욕구를 파악한 것이다.

2009년 봄 대서양과 태평양 연안에 걸쳐 스트리트뷰에 대한 반응 조사를 하면서, 나는 스트리트뷰가 출시되고 나서 2년 동안 미국인들이 어떻게 스트리트뷰를 흥미롭게 사용하는지 궁금해서 트위터와 페이스북, 그리고 내 블로그를 통해 질문을 던졌다. 응답자들첨단기술을 잘 받아들이고, 교육적으로 엘리트들 중 압도적으로 많은 사람들이 앞으로 살아야 할 집들을 미리 살펴보는 데 스트리트뷰를 이용한다고 답했다. 몇몇 사람들은 복잡한 도심에서 어떻게 주차를 해야 할지 가늠하기 위해 사용했다. 다른 사람들은 종종 친구들에게 어떤 장소를 추천하는데, 정확한 이름이나 주소가 기억나지 않을 때 구글 스트리트뷰를 통해 어디에 레스토랑이 있었는지 기억을 되살린다고 답했다.[26]

대답한 사람들 중 몇몇은 특히 스트리트뷰가 아주 흥미로운 프로그램이라고 생각했다. 캘리포니아 주 데이비스Davis에 거주하는 데이비드 드 라 페나 David de la Peña는 매일 업무차 구글 스트리트뷰를 사용한다.

구글 스트리트뷰는 어떤 지역을 디자인하거나 거리 계획 프로젝트를 할 때 정기적으로 사용하는 유용한 도구다. 한 지역에서 수천 장의 사진을 찍어야 하는 고된 일로부터 해방시켜 준다. 스트리트뷰의 사용자 환경은 어떤 거리의 100여 장 사진을 넘겨보는 것보다 훨씬 더 직관적일 뿐 아니라 디자이너들이 거의 눈높이 정도의 시점에서 이웃 풍경을 볼 수 있도록 해준다. 이렇게 경험한 듯한 시선으로 주위를 보게 되면, 항공사진을 통해 보는 것보다 살기에 알맞은 환경을 창조하는 데 더 좋은 방법들을 시도해 볼 수 있다. 눈높이 수준에서 보게 되면 조감도나 항공사진을 통해서는 명확하지 않은 마당이나 현관 배치, 나무 형태 등 건축적 특성들을 확인·대조하는 데 도움이 된다. 거리 계획 프로젝트를 할 때 눈높이 수준에서 보게 되면 빌딩의 전면, 가로수들의 형태 및 종류, 가로등과 전신주의 위치, 자동차 도로와 자전거 도로, 그리고 주차 및 보도의 배치 같은 도로 특성들을 현실적으로 볼 수 있다.

나는 구글 스트리트뷰가 출시되자마자 사용하기 시작했다. 스트리트뷰를 즉시 내 연장통에 넣어야 할 중요한 도구로 생각했다. 이전에는 주로 항공사진이나 위성사진을 입체적으로 구현하는 엠에스 라이브 3dMS Live 3d, 또는 직접 찍은 사진들에 주로 의존했다. 물론 이들 중 어떤 것도 직접 현장에서 조사한 것에 비할 바가 되지 못한다. 예를 들면 내 사무실에서 30분 정도 떨어져 있는 새크라멘토 Sacramento 근처에서 한 프로젝트를 진행할 때 구글 스트리트뷰를 이용했다. 시가 저당을 잡은 4층짜리 연립주택이 늘어선 저소득 지역에 새로운 커뮤니티 센터와 공원의 위치를 잡는 작업이었다. 구글 스트리트뷰는 각각 유력한 후보 지역에 대해 그 어떤 비주얼 도구보다 훨씬 더 훌륭한 감을 줬다. 나는 오늘 내 직관이 맞는지 확인하고 사진을 좀 더 찍기 위해 이 지역을 다시 찾았다. 주변을 돌아다니다 보니, 8명의 주민들이 나에게 다가와 무엇을 하느냐고 물었다. 낯선 사람이 그들 집 사진을 찍을 때 사람들은 당연히 의심을 하게 마련이지만, 그들과 열린 마음으로 대화를 하게 되면 다른 문들도 열린다. 거기서 몇몇 미혼모들을 만났는데, 이들은 유아용 놀이터가 들어설만한 아주 훌륭한 장소를 추천했고 현장의 빌딩 관리인은 시가 어떻게 규정 준수 여부를 다루는지 제안해줬다. 이렇게 직접 만나게 되면 그 어떤 비주얼 도구보다 훨씬 더 중요한 정보를 얻을 수 있을 뿐만 아니라 지역 주민들과의 신뢰 관계 구축에도 도움이 된다.[27]

작가이자 블로거, 그리고 행동주의자인 코리 독토로Cory Doctorow는 인기 청소년 소설《작은 형Little Brother》작업을 하면서 샌프란시스코의 세세한 풍경들을 묘사하는 데 구글 스트리트뷰를 사용했다고 말했다. 여기에 그가 묘사한 풍경이 있다.

"나는 오페럴O'Farrell 거리에서 세 블록 정도 올라간 하이드 스트리트Hyde Street에 '문 닫았음'이란 빨간 네온사인이 창문에서 깜빡거리는 좀 이상해 보이는 '아시아 마사지 방Asian Massage Parlor' 앞에서 와이파인더 어플리케이션으로 와이파이 신호를 잡아보려고 휴대폰 안테나를 뽑았다. 하라주쿠 FMHarajukuFM이란 네트워크 신호가 뜨는 걸 보고서는 제대로 왔다는 사실을 알았다."[28]

독토로는 로스앤젤레스에서 살면서 많은 소설을 썼는데, 당시에는 외국을 많이 돌아다니면서 작업을 하고 있었다고 나에게 답을 보냈다.

"아마 그날 히스로Heathrow 공항이나 크로아티아였을지 모르겠다. 물론 오 페럴 거리를 잘 알고 있지만, 가본 지 몇 년 됐다. 나는 몇 초간 이 거리를 스 트리트뷰로 오르락내리락 보면서 기억을 완전히 되살린 후에 글을 썼다."[29]

미국에서 일반적으로 스트리트뷰를 받아들이는 것과는 반대로, 피츠버그 와 펜실베이니아에 살고 있던 아론과 크리스틴 보어링Aaron and Christine Boring 부부의 예를 들어보겠다. 스트리트뷰가 그들이 소유한 차도는 물론 도 로에서 한참 떨어진 자신들 집의 선명한 이미지도 포함한다는 것을 우려한 이 부부는 2008년 4월 구글을 상대로 사실상 그들의 재산을 침해했다면서 2 만5,000달러약 2,700만 원 소송을 제기했다. 이 소송을 담당한 판사는 2009년 2 월 이들의 주장을 기각했다. 왜냐하면 이 부부가 구글에게 먼저 권리를 침해 한 이미지를 제거해달라고 요구하는 기본 단계를 거치지 않았다는 이유에서 였다. 즉, 법원은 보어링 부부가 그들 집의 이미지를 발견하자마자, 얼마나 오랜 시간 동안 이 이미지들이 대중들에 공개됐고, 얼마나 많은 사람들이 이 이미지를 봤느냐에 앞서 이런 갈등을 줄이기 위해 비용이 적게 드는 행동을 할 수 있었다는 것이다.[30]

오늘날 구글 스트리트뷰는 사람들의 구글화를 가장 널리 보급한 사례이긴 하지만, 미국에서는 그다지 숨 막힐 정도는 아니었다. 하지만 캐나다나 일부 유럽 지역들, 그리고 일본에서의 상황은 달랐다.

2009년 늦봄에 구글은 캐나다 도시들에까지 스트리트뷰 서비스를 확장하 려는 계획을 세우고 있었다. 캐나다는 미국보다 훨씬 더 강력한 사생활 보호 법을 실시하고 있고, 미국의 부자 회사들이 그들에게서 무엇을 바라든, 아니 면 무엇을 주든, 고분고분 받아들일 사람들이 아니다. 특이하게도 캐나다는 보도나 예술을 위한 특별한 예외 사항을 제외하곤 개개인들의 허락 없이 사진을 사용하는 걸 일반적으로 금지한다는 점에서 유럽과 비슷하다. 기묘하게도 2007년 초 구글은 마치 캐나다에 특전이라도 주듯, 캐나다 법에 맞게 스트리트뷰에서 사람들 얼굴과 자동차 번호판을 모자이크 처리한다고 발표했다.[31] 사실 사람들 얼굴과 자동차 번호판을 모자이크 처리하는 것은 미국은 물론 전 세계 다른 나라들에도 적용할 버전이었다. 캐나다에서 스트리트뷰 서비스를 하기 전인 2009년 4월까지, 구글은 불완전하긴 하지만 자동화된 모자이크 처리 기술이 캐나다 법에 잘 맞을 것이라고 주장했다.[32]

이런 모자이크 과정에서의 문제는 종종 실수가 발생하고 있다는 점, 그리고 어떤 사람의 신원을 밝히는 데 얼굴만이 유일한 특징은 아니라는 점이다. 예를 들면, 나는 뉴욕 블리커 스트리트Bleecker Street 근처의 라구아디아 플레이스LaGuardia Place라는 곳에서 살았다. 매일 나는 갈색 점이 박혀 있는 하얀 개를 데리고 산책을 하곤 했다. 그리고 검은 차를 몰았다. 게다가 키는 2미터가 넘고 대머리인데다 뚱뚱하다. 그 지역에서 구글 스트리트뷰가 내 사진을 찍는다면, 바로 나라는 걸 알아차리는 사람들이 수백 명은 될 것이다. 여러 사진들 중 한 사진이 마치 내가 우리 아파트에서 10블록 정도 떨어진 불법 사설 도박장에 들어가는 것처럼 보이게 한다면, 내 개인적, 그리고 전문가적 명성은 상당히 심한 손상을 입을 것이다. 캐나다의 사생활 옹호자들 역시 구글 스트리트뷰 서비스가 시작되기 1주일 전부터 이런 모자이크 기술에 비슷한 우려를 나타냈다. 하지만 이런 논의들은 구글의 명성이나 정부 지도자들의 조치에 아무런 영향을 미치지 못했다.

2009년 5월, 독일 함부르크의 한 사생활 보호 담당 공무원은 만약 함부르크 시에서 구글이 독일의 사생활 법, 특히 사람들이나 재산의 사진에 대해 독일인들의 명확한 동의를 받는 문제와 관련해서 문서화를 통한 보장을 받지 못한다면 스트리트뷰 문제로 구글을 고소할 것이라고 위협했다. 독일의 다른 도시들 역시 스트리트뷰에 반대했다. 키엘Kiel시 시민들은 대문 앞에 구글이 그들 집을 찍지 말도록 요구하는 스티커를 붙여놓기도 했다. 스트리트뷰에서 '탈퇴'하는 원시적 방법이었다.[33] 독일의 몰프제Molfsee에서는 2008년 구글 차량이 거리를 훑고 다니는 것을 금지했다.[34] 2010년 5월에 독일의 사생활 보호 공무원들은 구글이 스트리트뷰 촬영을 위해 사용하는 차량과 카메라로 독일 전역의 무선 라우터router 위치를 수집한다고 비난의 수위를 높였다. 미국을 포함한 전 세계 법 집행 공무원들은 구글의 데이터 감시 관행을 조사하기 시작했다.[35]

2009년 5월 그리스는 구글이 주민들이나 시민들에게 구글 차량이 곧 지나갈 거라고 공지하는 계획이 없었다는 이유로 스트리트뷰를 금했다. 그리스 당국 역시 데이터 저장에 관해, 그리고 이런 이미지들에 대해 구글이 어떤 보호 조치를 취할지 세부사항들을 원했다. 그리스의 이런 결정에 구글의 대변인은 런던의 〈타임스Times〉에 나왔던 내용을 그대로 되풀이했다.

"구글은 사생활 문제에 대해 매우 심각하게 받아들이고 있기 때문에, 그리스에서 서비스를 시작할 때 사람들의 얼굴이나 자동차 번호판의 모자이크 처리를 포함, 각 지역의 기준을 존중하는 조치를 확실하게 하는 데 주안점을 두고 있다."[36]

각 지역 기준과의 팽팽한 긴장감은 2008년 스트리트뷰 서비스를 시작할 당시 일본에서의 반응에서도 나타났다. 서비스를 시작하자마자, '감시 사회에 반대하는 캠페인The Campaign Against a Surveillance Society'이라 불리는 변호사들과 교수들이 서비스에 반대하는 시위를 했다. 하지만 이 초기 캠페인은 구글이 이 계획을 철회하게 하거나 일본 정부가 스트리트뷰에 대해 조치를 취하게 하지는 못했다.[37] 하지만 일본의 웹 사용자들이 스트리트뷰 서비스에 난처한 사진들이 버젓이 올라온다는 사실을 발견하자, 2009년 초 이에 대한 우려는 커지기 시작했다.[38]

한 검색 엔진 전문가 오사무 히구치Osamu Higuchi는 2008년 8월 그의 블로그에 일본에 근무하는 구글 직원에 보내는 공개편지라는 글을 올려, 스트리트뷰가 일본 일상생활의 중요한 부분에 대한 이해가 부족하다는 점을 미국의 동료들에게 설명해야 한다고 종용했다. 오사무는 구글이 스트리트뷰에서 대부분의 골목길을 제거해야 한다고 주장했다. 오사무는 "일본의 도시 지역에서 골목길은 사람들이 살아가는 공간의 일부이며, 다른 사람들의 삶의 공간을 사진 찍는 것은 매우 무례한 행위다"라고 적었다. 그는 미국에서는 개인 공간과 공공 공간의 경계선이 공공 도로에 인접해있는 대지 경계선이라고 지적하면서 "하지만 일본에 있는 사람들에게 상황은 완전히 반대"라고 강조했다. 그리고 이렇게 덧붙였다. "소위 '골목길'이라 불리는 집 앞 도로는 마치 마당처럼 자신이 살아가는 공간의 일부라고 느끼는 경향이 강하다." 오사무는 이런 골목길을 마치 그들 자신 소유의 땅인 듯 시민들이 보살피고, 사유화하고, 꾸민다고 설명했다. 오사무는 "골목길을 걸을 때 사람들은 길가에 늘어선 집들을 응시하거나 뚫어지게 쳐다보지 않는다"고 설명했다. 도시는 인구밀도가 너무 크기 때문에 서로 조심해야 한다는 생각들이 필요하다고 주장했다. 제한되고, 공개된 삶의 공간을 엿봐서는 안 된다는 것이다.

스트리트뷰의 가장 큰 문제는 바라보는 것의 의미가 서로 다르기 때문이라고 오사무는 설명했다. 만약 어떤 사람이 거리를 내려가다가 남의 집 마당을 응시한다면, 기분이 불쾌해진 집주인은 바로 그를 쳐다보면서 경찰을 불러 신고를 할지 말지를 생각할지도 모른다. 하지만 구글 스트리트뷰에 관해서는 집주인들이 누가 그들 집을 엿보는지, 무슨 이유 때문인지 보거나 알수가 없다.[39] 오사무의 이런 탄원과 우려는 2009년 5월부터 다른 사람들과 공유되기 시작했고, 구글은 울타리나 담벼락을 넘어 찍지 못하도록 카메라 위치를 낮춰서 일본 도시들의 스트리트뷰 사진을 다시 찍을 것이라고 발표했다.[40]

분명 일본의 물리적·사회적 지형과 이에 수반된 사생활 개념은 구글의 기술자들이나 경영자들이 파악하지 못했던 문화적 측면에 관한 부분이다. 하지만 응시의 불균형에 대한 오사무의 분석은 일반적으로 그리고 전 세계적으로 왜 스트리트뷰를 혐오하는지 설명해준다. 아주 일부 지역에서만 구글의 기본 설정이 그 지역의 법에 위배될 뿐이지, 전 세계 대부분의 나라에서는 아직까지 스트리트뷰의 효용이, 제대로 설명되지 못하는 불균형에 대한 우려나 호혜주의의 부족보다는 분명 우위에 있다. 하지만 전 세계 어디에서든 적어도 몇몇 사람들은 스트리트뷰에 대해 소름끼쳐할 수도 있다. 일본처럼 몇몇 지역에서는 수많은 사람들이 심하게 불쾌해질 수도 있다.

2009년 영국에서의 반응은 2007년 미국에서의 반응과 거의 흡사했다. 하지만 약간 심하게 확대된 부분과 모순이 있었다. 스트리트뷰가 처음으로 서비스를 시작한 날, 구글은 트래픽이 41퍼센트나 증가해 영국에서 가장 바쁜 하루를 보냈다.[41] 이미 영국에서 구글은 웹 검색 트래픽의 90퍼센트 이상을 차지하고 있었다.[42]

첫날 벌어진 수많은 문제들은 충분히 예측 가능했다. 몇몇 곤란한 사진들이 카메라에 잡혔고 민감한 사진들은 요청에 따라 삭제돼야 했다. 게다가 〈인디펜던트The Independent〉 신문은 구글 엔지니어의 말을 잘못 인용해 얼굴과 자동차 번호판의 '99.9' 퍼센트가 자동적으로 모자이크 처리된다고 말한 것으로 보도되기도 했다. 구글 대변인이 훗날 인디펜던트에 알린 것처럼 이는 '비유적 표현'으로 판명됐다. "이 기술이 아직은 완벽하지 않다"고 대변인은 말했다. "모든 사람들의 얼굴을 가린다는 것이 아니라, 정확하게 신원을 알 수 있는 사람의 얼굴만 가린다는 것이다."[43]

사실 영국 스트리트뷰에서 신원을 확인할 수 있는 세세한 부분들은 충분했기 때문에 곧 대중들의 반발을 샀다. 토니 블레어Tony Blair 전 총리를 포함해 수천여 명의 사람들이 그들 집이나 상점의 특정 이미지를 없애달라는 요청을 했다. 한 전과자는 〈선Sun〉지에 스트리트뷰는 '범죄자들에게 선물'이 될 것이라는 칼럼을 썼다. 블로거들은 재빠르게 술집 밖에서 토하고 있는 남자나 성인용 비디오 가게를 나오는 남자 등 입장이 곤란해질 만한 사진들을 스트리트뷰에서 발견하고는 복사하기 시작했다. 이런 결과에 따른 분노는 2년 전 미국에서 일어난 반응을 넘어섰다. 구글이 이렇게 문제의 소지가 있는 사진들을 재빨리 제거하는 조치를 취했음에도, 이들 사진들은 다른 웹상에 그대로 보존됐다. 구글 이미지 서치로 쉽게 발견할 수 있을 정도로 말이다.[44]

구글 스트리트뷰에 관한 가장 극적인 반응은 브러튼Broughton이라 불리는 부자 마을 케임브리지셔Cambridgeshire의 주민들에게서 나타났다. 이 마을의 한 주민이 카메라를 장착한 구글 차량이 천천히 주변 이웃을 도는 걸 목격하고는 이를 제지하기 위해 거리로 달려 내려가 경찰을 부르고 동네 사람들에게 합세해달라고 요청했다. 한 10여 명의 사람들이 인간 띠를 만들어서 구글 차량이 더 이상 나아가지 못하도록 막았다. 브러튼의 주민들은 구글 스트리트뷰에 그들 집이 나오면 강도들이 관심을 갖게 될 것이라고 주장했다. 실제 강도가 구글 스트리트뷰를 이용해서 범죄를 계획하는지, 그리고 스트리트뷰의 정보가 단순히 이웃을 돌아다니는 것보다 더 유용한지에 대한 근거는 제시하지 못하면서 말이다. 브러튼 도로에서 구글 차량을 막아선 움직임은 전 세계적인 관심을 이끌어내긴 했지만, 이 역시 역공을 당했다. 구글 스트리트 뷰 옹호자들이 곧바로 브러튼 도로를 운전하면서 사진을 찍고 이 사진들을 소셜 포토 사이트인 플리커Flicker에 올리는 캠페인을 시작한 것이다.[45]

결국 이렇게 이목을 끄는 사건을 통해 브러튼이든, 구글이든 오랜 기간 동안 지속되는 결정적인 손해를 입지는 않았다. 오히려 뉴스 매체 등에 소개되면서 관음증 욕구가 생겨났고, 사람들 사이에 스트리트뷰의 입소문이 돌면서 영국에서 구글의 존재는 더 부각되었다. 즉, 스트리트뷰 도입으로 촉발된 언론인들이나 정치가들, 행동주의자들, 또는 화가 난 시민들의 패닉 상태는 오히려 스트리트뷰에 대한 흥미는 물론 무엇을 보여주는지 관음증적 호기심을 불러일으켰다. 구글 임원들은 그 때서야 스트리트뷰 서비스 이용이 늘어난 것은 이 서비스에 대한 경계심이나 우려가 아닌 대중들의 수용 증거로 볼 수 있다고 말할 수 있었다.

어디에서 스트리트뷰 서비스를 시작하든, 구글 대변인은 "사생활은 구글에게 가장 중요하다"는 말만 되풀이해왔다. '사생활'의 의미가 무엇인지 정확하게 정의하거나, 어떤 문화에서 사생활을 개인적이거나 신성불가침의 것으로 생각하는지에 대해서는 언급하지 않으면서 말이다. 구글은 항상 사람들이 언제든 탈퇴할 수 있고, 사진을 제거해달라고 요청할 수 있다는 말을 되풀이한다. 하지만 이런 요청을 하기 위해서는 최소한 세 단계를 거쳐야 하고, 구글 스트리트뷰에서 이미지가 없어지려면 몇 시간, 때로는 하루가 걸릴 수도 있다는 설명은 하지 않는다.

2009년 3월, 영국에서 구글 스트리트뷰 서비스를 시작한 지 며칠 안 돼서,

구글은 노스 런던North London 지역의 한 정원에서 놀고 있는 발가벗은 아기의 이미지를 지워야 했다.[46] 구글이 약속한 대로 정책은 시행됐지만, 대중들에게 노출되면서 이 아이나 이 아이의 부모는 계속해서 놀림을 당하고 창피를 당할 수도 있다. 부모가 사진을 발견하고 구글에 신고를 할 때까지 적어도 48시간 동안 이 사진은 스트리트뷰에 올라 있었다. 그 시간 동안 얼마나 많은 사람들이 이 사진을 봤고, 얼마나 많이 복사를 했는지는 알 길이 없다. 아마 이 아이의 친구들이나 이웃들이 비록 얼굴은 모자이크 처리됐지만, 주변 환경이나 주위의 어른들 사진들을 통해 그를 알아볼 수 있었을 것이다.

게다가 입장이 곤란해질 만한 사진들에 주인공으로 등장한 모든 사람들이 인터넷에 그들 모습이 올라온 후 48시간 내에 발견할 것이라고 확신할 수도 없다. 모든 사람들이 구글 맵스나 스트리트뷰를 이용하는 것은 아니기 때문이다. 그리고 모든 이웃들이 컴퓨터 사용자들로 가득한 것도 아니다. 구글의 기본 설정을 극복하기 위해서는, 자신은 물론 가족, 그리고 이웃들을 위해 늘 정신을 바짝 차려야 한다. 첨단 기술에 익숙하거나 잘 알고 있는 사람들은 구글 스트리트뷰가 해가 되지 않을 뿐더러 오히려 그것을 통해 많은 것들을 얻는다. 선택을 통해 첨단 기술을 멀리하는 사람들보다 나이나 무능함, 또는 가난 때문에 첨단 기술을 잘 모르는 사람들이 더 큰 상처를 받기 쉽다. 이런 부분은 물론, 다른 이목을 끈 사건들 때문에 2010년 4월 영국 정보 담당 장관 크리스토퍼 그레이엄Christopher Graham은 개개인들에 선택의 부담을 지울 게 아니라, 원래 기본 설정을 뒤집어 사생활 보호가 기본 설정이 되도록 구글에 요청했다. 그레이엄은 에릭 슈미트에게 다음과 같이 말했다.

"일방적으로 한 쪽에서 개인 정보를 대중들에게 전달하고, 나중에 문제가 생길 때 이를 고치겠다는 서비스를 출시한다는 것은 받아들일 수 없다."[47]

브러튼 사건이 일어나고 며칠 후에 나는 영국, 아일랜드, 벨기에, 네덜란드, 룩셈부르크 지역을 맡고 있는 구글의 커뮤니케이션 및 사회 문제 담당 국장인 피터 배런Peter Barron과 긴 대화를 나눴다. 배런은 스카이프를 통해 연결한 대화에서 "이는 정말 성공적인 출시였다"고 말했다.

구글 맵스를 얼마나 많은 사람들이 방문했는지 기록이 있다. 수백만, 아니 수천만 명이 스트리트뷰에 대해 정말 유용한 서비스라고 생각하고 있고, 즐기고 있고, 또 사용하고 있다. 스트리트뷰에 대한 불만은 아주 미미한 편이다. 수백여 가지 정도 되는데, 대체적으로 그들의 집이 올라있다거나 그들 얼굴이 제대로 모자이크 처리되지 않았다는 정도이다. 우리는 사람들에게 그들이 원하지 않으면 사진은 아주 신속하게, 보통 1~2시간 안에 제거될 것이라고 설명했다. ……실은 우리도 어느 정도의 논쟁은 기대하고 있다. 스트리트뷰 서비스를 시작하는 수많은 나라들에서 첫 1주일간은 어느 정도 논쟁이 있어왔다. 새로운 것에 대한 놀라움이라고 할까. 처음에 사람들은 스트리트뷰에 익숙하지 않아 약간 불편하게 느끼는 것이다. 하지만 2주 정도 지나면 이런 부분들은 사라진다.[48]

[인프라 제국주의]

몇 주가 지나면 구글 스트리트뷰에 대한 우려나 공포가 썰물처럼 빠져나간다는 배런의 설명은 맞다. 영국 신문들은 다른 이슈로 옮겨갔다. 사람들은 런던 주위를 찾기 위해 구글 맵스와 스트리트뷰를 사용하기 시작했다. 배런은 영국의 도시와 시골 지역에서 구글 스트리트뷰에 반응하는 방식에 아주 중요한 차이가 있었다고 강조했다. 배런은 "도시에 사는 사람들은 공공연히 사진 찍히는 데 매우 익숙하지만, 시골에서는 그렇지 못하다"고 말했다. 전세계 자유주의 국가나 공업화 국가들 중 가장 감시 체계가 잘 된 영국에서는 분명 그럴 것이다. 영국의 주요 도시에는 거의 모든 거리 구석구석마다 비디오카메라가 장착돼있다.[49] BBC 방송국은 공공용이든, 개인용이든 영국에서 약 420만 개의 감시 카메라가 돌아가고 있다고 추정한다. 이는 14명 중 1명 꼴이다.[50] 아일랜드 공화국 군인들의 테러로 10여 년간 시달렸을 뿐만 아니라 최근에는 이슬람 과격분자들 때문에 영국 국민들은 그들이 살고 있는 도시에서, 마치 격자처럼 감시하는 카메라 렌즈들이 범죄 내지 보안 강화에 도움이 되지는 못한다 하더라도 좀 더 높은 수준의 감시 체계를 받아들이는 게 당연한 분위기에서 자랐다.[51] 하지만 이렇게 하기 위해서는 분명 비용이 들었다. 국제인권단체Privacy International는 영국을 개개인의 사생활 보호에 있어 최악의 민주국가로 순위를 매겼다물론 이 단체 역시 사생활의 정의에 대해서는 명쾌하지 않다. 영국은 국가 감시의 수준이나 권한에서 봤을 때 말레이시아나 중국과 순위가 같았다.[52]

이렇게 감시 카메라에 사진 찍히는 게 익숙한 영국 사람들인데, 왜 한 미국 기업이 제대로 신원조차 파악하기 힘든 사진을 찍어 컴퓨터를 가지고 있는 사람이라면 누구든 이용할 수 있도록 만든다는 생각에 비이성적으로 반응했는지 이해하기 힘들다. 독일이나 일본에서의 부정적인 반응은 즉각 이해가 가능하지만 말이다. 나치Nazi 치하나 구소련이 동독을 지배하던 시대에 공격적이고 파괴적인 정부 감시를 경험했던, 독일 시민들이 구글의 이런 계획에 왜 경계심을 갖는지는 충분히 이해할 수 있다. 그리고 사람들로 빽빽하게 채워진 일본 도시들은 왜 일본이 스트리트뷰를 싫어하는지 설명해준다. 반면 영국 사람들은 감시를 제한하기보다 증대시키겠다고 공약하는 지도자들을 일관되게 뽑아왔다. 마가렛 대처, 존 메이저, 토니 블레어, 그리고 고든 브라운Gordon Brown 이후 영국은 반기업적이거나, 반미적 문화도 아니었다. 그래서 구글 스트리트뷰에 대한 반응은 깊게 뿌리내린 문화적 문제라기보다, 영국 저널리즘의 고질적인 선정주의를 반영한 것이라 볼 수도 있다. 아니면 일부 몇몇 사람들이 영원히 계속되는 국가 및 상업적 감시에 질렸기 때문인지도 모른다.[53] 아니면 그들의 정부나 기업 관료주의보다 명백하게 권리 침해를 하지만 덜 강력한 이 기업에 저항 한번 해보자 마음먹었는지도 모른다.

스트리트뷰에 대한 일련의 반응들과 문화적, 정치적, 그리고 역사적 맥락이 서로 다른 국가들에 이 서비스를 소개하기 위해 같은 방식으로 접근하는 구글을 조사한 후, 나는 구글이 보편화된 이데올로기를 가지고 운영이 되고 있는지 궁금해졌다. 구글은 각 지역의 차이나 관심에 대해 고려하긴 할까? 나는 스트리트뷰 무용담에서 이런 증거를 찾지 못했다.

구글의 CEO인 에릭 슈미트는 전 세계 구글 사용자들 간에 특별한 문화적 차이를 거의 보지 못했다고 말한 적이 있다. 2009년 5월 컴퓨터 과학자 에드 펠튼Ed Felten과 프린스턴 대학교에서 대화를 나누던 중 슈미트는 다음과 같이 말했다.

"구글에 관한 가장 흔한 질문 중 하나가 '구글은 각각의 나라들에서 얼마나 다르냐?'는 것이다. 그렇지 않다고 답을 해야 돼서 좀 유감이다. 아직도 여러 나라 사람들이 브리트니 스피어스에 관심을 보이고 있다. 이는 참 걱정스러운 일이다."

슈미트는 전 세계 구글 사용자들의 습관들을 분석해보니 "사람들은 어디나 다 똑같다"는 확신을 줬다고 말했다. 슈미트는 구글이 각 나라의 법물론 반드시 그렇게 해야 하지만들을 존중한다는 기본적인 구글의 입장을 보였다. 슈미트의 보편주의자적 진술은 많은 부분에서 구글의 행동과 일치한다.[54]

급속한 세계화 시대에 보편주의와 개별주의 사이의 긴장감에 대해서는 잘 문서화돼있다. 십수 년간의 논쟁 끝에 시장근본주의, 자유주의언론의 자유 원칙 같은, 기술근본주의, 그리고 자유 무역주의 같은 이데올로기들은 더 이상 단순히 '서구'의 것만은 아니라는 점이 명확해졌다.[55] 이런 이데올로기들에 단지 제국주의적이라는 딱지를 붙이는 것은 너무 단순하다그리고 반역사적이다. 하지만 이들 이데올로기들이 보편화되고 있다는 것도 사실이다. 이들 이데올로기들은 전 세계 모든 사람들이 똑같은 욕구나 가치, 그리고 꿈을 가지고 있다고 가정한다. 비록 이들 스스로도 아직 모르고 있지만 말이다.

문화적 제국주의라는 말은 별 쓸모가 없는 상투적 문구가 되고 있다. 학술적인 문화적 제국주의 명제는 다시 바꿔야 할 필요성이 아주 크다. 한때 1970년대와 1980년대 좌파 비평가들의 지배 사상이었던 이 문화적 제국주의는 문화 연구가 활발히 진행됨에 따라 변형되고 대체되고 있다.[56] 하지만 북방 선진국global North과 남방 후진국global South에 관한 공적인 담론이나 이에 대해 불안해하는 학계의 일부 분야에서는 문화적 제국주의에 아직 동조하고 있다.[57] 카이로의 KFC나 마닐라의 맥도널드 등 전 세계에 퍼져있는 체인점들을 인용하면서 문화적 제국주의를 불평하는 사람들이 있는 반면에, 미국의 문화 보호주의자들은 일반 대중들 앞에서 들리는 스페인 억양이나 오하이오에 오픈한 이슬람 사원에 치를 떨기도 한다. 몇몇 미국 국수주의자들은 문화적 제국주의가 전 세계에 도움이 될 거라고 생각한다. 왜냐하면 미국 국민들은 문화적 제국주의를 충분히 잘 알고 있기 때문이다.[58] 다른 사람들은 문화의 정치경제학적인 면에서 나타나는 실제적이고 중요한 불균형을 무시하고 '크리올풍화creolization, 서로 다른 나라의 언어들을 혼성해서 사용하는 것-옮긴이'에 어떻게든 찬사를 보내면서 문화적 제국주의의 복잡함을 피하려 한다.[59]

잘 선별해서 조사하면 문화적 제국주의가 강력하다는 증거가 있긴 하지만 그보다는 '인프라 제국주의'라 불리는 새로운 제국주의의 출현이 훨씬 더 강력하다. 문화의 세계적 흐름에 힘의 불균형이 존재하긴 하지만, 이는 전통적인 문화적 제국주의 이론가들이 주장하는 것과는 다르다.

문화적 제국주의의 지배적인 형태가 있다고 한다면, 문화의 산물보다는 이동 통로라든가 프로토콜protocol, 컴퓨터 상호간의 대화에 필요한 통신 규약 등과 관계가 있을 것이다. 즉 정보 유통의 형태나 정보 이용, 접근에 대한 조건 같은 것 말이다.[60] 이는 정확히 콘텐츠에 중립적인 것은 아니고, 문화적 제국주의 이론가들이 가정하는 것처럼 반드시 콘텐츠에 특정적인 것도 아니다. 글로벌 커뮤니케이션 네트워크를 통해 이동하는 문자나 신호, 메시지들은 사람들이 별 생각 없이 서구에 붙인 소비자 중심주의, 개인주의, 세속주의 같은 이데올로기나 사고를 명확하게 찬양하지도 않는다.[61] 대신에 이런 상업적 이동 통로들은 예를 들면 기계에 반대하는 좌파 록밴드 〈레이지Rage〉의 앨범이나 마이클 무어Michael Moore의 영화, 그리고 나오미 클라인Naomi Klein의 소설처럼 글로벌 자본주의의 이념을 공공연히 비판하거나 위협하는 텍스트를 운반한다. 타임워너는 그들이 팔고 있는 CD 안에 담겨진 데이터가 마돈나나 알리 파카 투레Ali Farka Touré의 목소리를 모방했다고 해도 별로 상관하지 않는다. 선진국에서 후진국으로 무엇이 흘러가는지는 어떻게 흘러가는지, 이런 흐름이 얼마나 많은 수입을 창출하는지, 그리고 누가 사용하고 재사용하는지가 더 중요하다. 이런 식으로 사람들의 구글화는 심오한 영향을 준다. 이는 문제를 일으키고, 위험하고, 때로는 흥미롭기도 한 구글이라는 브랜드를 어디에서나 접할 수 있느냐의 문제가 아니다. 그보다는 사람들의 사고와 행동 습관에 영향을 미치는 통제를 하지는 않지만, 일처리 방식이나 구글의 기본 환경이 더 중대한 영향을 준다. 이런 기본 환경, 이런 넛지들은 바로 이데올로기의 표현인 것이다.[62]

구글이 이목을 끄는 수많은 서비스들을 몇몇 유럽 국가들에 도입하는 것을 면밀히 봐왔던 배런에게 나는 구글이 어떻게 이런 문화적 차이들을 항해하는지, 그리고 구글의 보편주의자적 경향이 기술적이든, 아니면 자유로운 의사표현에 대한 문화적 필요성이든, 이를 받아들이지 않는 지역에서 문제를 일으킬만한 소지에 우려는 하는지 물었다.

"구글은 광범위한 지역의 수많은 사람들이 정보를 이용할 수 있도록 방법을 찾는 와중에 시작했다." 배런은 나에게 설명했다. "구글은 자유의사 표현의 토대 위에 만들어진다. 미국에서 이런 자유의사 표현은 열렬히 받아들여졌다. 다른 곳에서는 서로 다른 문화적 기준과 법률, 그리고 관습이 있다. 우리는 우리가 진출한 지역들의 법률을 지키려고 노력하고 있고, 각 지역의 기준이나 관습을 고려하려고 한다."[63]

이것은 기본적인 전략이었다. 그래서 나는 구글이 어떻게 지역의 관심에 맞게 그들의 전략을 맞추는지 사례를 들어달라고 요청했다. 마침 좋은 사례가 있었다. "지난 한 해 동안 무기를 마구 휘두르고, 위협을 하는 비행 청소년 관련 동영상들 때문에 문제가 생겼다." 유튜브의 가이드라인에 따르면 이런 동영상들은 규칙을 위반한 것은 아니었다고 배런은 말했다. "하지만 영국에서는 이런 부분들에 우려가 컸기 때문에 유튜브는 영국에서의 가이드라인을 바꿔서 비행 소년 관련 동영상들을 막도록 결정했다."

이 같은 경우나, 일본에서 구글 스트리트뷰를 계속 서비스하기 위해 나라 전체를 다시 찍기로 결정한 것을 보면 구글은 특정 환경에서의 반응에 따라 운영 전략을 바꿨다. 일본에서 이런 점을 인정하기까지 1년이 걸리기는 했지만, 이는 좋은 사례다. 구글은 구글이 운영되는 거의 모든 환경 속에서 통할 만한 이런 세계화 접근 방식을 발견해냈다. 구글을 사용하는 대다수 사람들은 스트리트뷰 같은 서비스가 해롭기보다는 이익이 된다는 사실을 알고 있다. 구글의 표준화된 보편적 정책으로 침해를 당할 수도 있는 소수의 사람들은 구글에 별로 큰 영향을 미치지는 않을 것이다. 결국, 사람들 모두는 구글의 고객들이 아니다. 구글의 제품일 뿐이다. 구글은 소수 몇 천 명의 사용자들을 따돌려도 지장이 없다. 왜냐하면 인터넷이라는 범세계주의적인 글로벌 문화에 연결돼 있는 대부분의 사람들은 구글 없이 지낸다는 게 견딜 수 없기 때문이다. 스트리트뷰에 불평을 하는 사람들에게는 그렇겠지만, 수백만 명의 사람들에게 스트리트뷰는 유용하다.

[구글화의 대상]

인프라 제국주의를 통한 감시의 일반화, 그리고 이런 부분들이 일반적으로 받아들여진다는 점에 대해서는 비판적인 관심을 가질 필요가 있다. 하지만 대대적인 감시에 따른 문제 소지의 영향을 조사한 연구들은 근본적으로 이런 부분들의 속성을 잘못 해석해왔다. 사람들은 구글이 가능하게 하는 이런 종류의 감시가 미셸 푸코Michel Foucault가 팬옵티콘Panopticon으로 묘사한 사회 통제 이론과 비슷하다고 가정한다. 원래 팬옵티콘은 제레미 벤담Jeremy Bentham이 구상한 것으로, 중앙에 감시탑을 둔 원형 감옥의 디자인이다. 모든 수감자들은 그들이 항상 감시를 받고 있다고 가정을 하기 때문에 올바르게 행동한다는 것이다. 푸코는 우리가 드나드는 것을 감시하고 기록하는 국가 프로그램을 통해 감시당하는 것을 두려워하는 시민들이 자신이 원하는 일을 못하게 하는, 일종의 가상 감옥을 만든다고 주장한다. 이 이론은, 주시가 대다수 사람들의 행동을 통제하는 쇠창살 역할을 한다고 주장한다.[64] 사생활과 감시에 관해 말하는 사람들은 대중 감시의 크나큰 폐해가 바로 사회 통제라는 점을 주장하기 위해 대체적으로 팬옵티콘 개념을 끌어들인다.[65]

하지만 팬옵티콘 모델은 현재 사람들이 처해있는 곤경을 묘사하기에는 충분하지 않다. 첫째, 대중 감시는 사람들의 행동을 제약하지 않는다. 수많은 카메라가 그들을 겨냥함에도 불구하고 사람들은 이상한 행동을 할 수 있다. 런던과 뉴욕의 수천여 개 감시 카메라가 기행이나 아방가르드적 행동을 억제하지는 못한다. 폐쇄회로 카메라 훨씬 전에도 도시는 보이지 않는 곳이 아니라 보이는 곳이었다. 오늘날 리얼리티 텔레비전 쇼들은 어떤 대상을 주시하는 카메라나 관찰자의 수 그리고 위엄을 갖춰야 한다는 허식을 버리고 기이한 행동을 기꺼이 하려는 것에는 분명한 상관관계가 있다는 점을 제시한다. 감시를 받고 있다는 점을 알고 있다는 게 전체주의가 아닌 시장 경제 하에서 상상력을 제한한다거나 창의성을 위협한다고 믿을 만한 이유는 없다.

물론 동독의 비밀경찰은 감시를 받고 있다는 점이나 반사회적인 생각에 잔혹한 처벌이 가능하다는 대대적 인식을 통해 생성되는 통제의 힘을 잘 이용했던 것이 사실하다.[66] 하지만 이는 우리들 대부분이 현재 살고 있는 환경과는 다르다. 만약 팬옵티콘이 비밀경찰 같은 정부기관처럼 눈에 보이거나 어디서나 존재하는 것이 아니라면, 벤담이나 푸코가 가정했던 것처럼 사람들의 행동에 영향을 미치지는 못할 것이다.

하지만 유럽이나 북미, 그리고 나머지 세상에서 점점 힘을 얻고 있는 것은 팬옵티콘 개념과 정반대라는 점이 더 중요하다. 이런 힘들은 하나의 중앙화된 권력에 응시당하는 개인의 복종 문제가 아니라 개개인들, 가능하게는 개개인 전부, 그리고 다수에 감시되는 부분들을 포함한다. 사람들은 '크립트옵티콘cryptopiticon, 모두가 모두를 감시하는 상황-옮긴이' 속에서 살고 있다. 벤담의 죄수들과 달리, 사람들은 어디에서 감시당하고 프로필화 되는지 알지 못한다. 그냥 감시당하고 있다는 것만 알고 있을 뿐이다. 그리고 사람들은 감시의 눈길 아래서 그들의 행동을 통제하지 않는다. 아예 신경을 쓰지 않는 것처럼 보인다.

사실 이런 부분들은 지금 현재 대부분의 감시자들이 원하는 것이다. 초이스포인트ChoicePoint, 페이스북, 구글, 그리고 아마존 등은 사람들이 풀어져 있거나 평상시 모습 그대로이기를 원한다. 이들은 소비자들의 선택이 만들어 내는 틈새시장을 개발하는 것에 흥미를 갖고 있다. 이런 회사들은 사람들의 기행을 추적하는 데 헌신한다. 왜냐하면 이들 회사들은 사람들이 대중들로부터 자신들을 분리하려고 애쓰고 있다는 점을 이해하고 있기 때문이다. 열정, 편애, 공상, 집착 등으로 사람들은 여분의 돈을 쓸 확률이 높아지고, 정확한 마케팅의 대상이 된다. 예를 들면, 거의 모든 사람들이 플리트우드 맥Fleetwood Mac의 1977년 앨범 '루머Rumors'를 좋아하기 때문에 내가 오래 전에 그 앨범을 샀다는 것이 나에 관해 특별한 이야기를 해주는 건 아니다. 하지만 나는 그보다 더 나아가서 이들의 초창기 블루스 앨범 〈그 때 연극이 시작됐다Then Play On〉를 가지고 있는 몇 안 되는 사람들 중의 한 사람이다. 나는 이런 이유로 마케터들에게 나에 관한 유용한 뭔가를 말할 수 있다. 조셉 터로우joseph Turow가 《니치 엔비Niche Envy》에서 설명했듯, 그리고 〈와이어드 Wired〉의 편집자 크리스 앤더슨Chris Anderson이 《더 롱 테일The long Tail》에서 묘사하듯, 시장 세분화는 오늘날의 상거래에서 중요한 부분이다. 마케터나 판매상들은 그들이 전하려는 메시지나 제품을 소비자들에게 맞추려면 소비자들의 기행, 즉 소비자들을 남들과 구분하게 하는 것은 무엇인지, 또는 적어도 어떤 소규모 이해관계 그룹에 소비자들이 속해있는지 알아야 한다. 대규모 청중이나 시장을 구축하는 것은 비누를 파는 것이 아니라면 시간과 돈 낭비일 뿐이다.[67]

북미나 서유럽처럼 현대 자유주의 국가에서도 사람들은 그들의 본성을 드러내기를 원한다. 파괴적이고, 잠재적 위험 가능성이 있는 사람들이 그들의 습관이나 사회적 관계 등을 통해 자신들을 드러내기를 원하지, 어둠 속으로 숨고 옆으로 빠져있는 것을 원하지 않는다.[68] 이의를 제기하거나 전복을 꾀한다고 그들을 없애야 되는 건 아니다. 독일 비밀경찰 스타시Stasi는 운영 규모가 엄청나고, 감시를 하는 사람들이나 감시를 받는 사람들에게 오래 지속되는 해를 끼쳤다. 그럼에도 스타시가 동독 사람들을 통제하려는 노력은 무위로 돌아갔다. 21세기 자유주의 국가에서 지배는 사회적·문화적으로 일치돼야 함을 뜻하지는 않는다. 국가는 정교한 마케팅 전략을 차용한 모든 회사들처럼 사람들이 그들 자신에 대해 표현하기를, 또는 선택하기를 원한다. 왜냐하면 차이를 표현하는 것이 권력자에게는 대체적으로 무해할 뿐만 아니라 놀랍도록 유용하기 때문이다.

시장근본주의와 기술근본주의의 지배 하에서 오랫동안 지내다보니, 사람들은 아이슬리 브러더스Isley Brothers와 마돈나의 노래 〈자신을 표현하라

Express yourself〉에서 권고하는 선택의 개념을 받아들이는 것이 훌륭한 삶을 살기 위해 필수적이라는 생각을 하게 됐다. 페이스북이나 구글 같은 상업 시스템이 만들어준 '옵션options'이나 '환경설정settings'에 안주하면서 더 거대한 문제들은 무시해버린다. 사람들은 이런 서비스들을 사회적·지적 삶에 탄탄하게, 그리고 재빠르게 연결시킨다. 하지만 이런 의존도가 얼마나 많은 비용을 요구하는지 생각하는 것은 거부한다. 이런 첨단기술에 익숙한 많은 사람들은 이 시스템의 함정을 밟고서 자신 있게 걸어갈 수 있기 때문에 대부분은 이 시스템의 위험성이나 그 안에 작동하는 기술들을 모르고 있다는 사실을 간과한다. 설정은 이들 시스템에 관심을 가질 정도로 충분히 알고 있을 때에만 도움이 된다. 디폴트값은 항상 문제가 된다. 구글의 대단한 속임수는 모든 사람들이 실제 시스템의 기본 설정을 변화시킬 수 없으면서도 선택의 가능성에 만족하도록 하는 데 있다. 다음 장에서 소개하겠지만, 자유롭지 않은 정치적 환경 속에서 살아가는 사람들의 경우, 이와는 다른 취약성도 존재한다.

Googl꜍

|

세계의 구글화

글로벌 공론장에 대한 전망

도시들이나 마을들, 그리고 대학들까지도 구글에서의 검색 여부나 순위, 그리고 명성에 얼마나 집착하는지, 그리고 이 강력한 검색 서비스에 얼마나 굴복하고 있는지를 보여준다. 동시에 전 세계의점점 더 많은 사람들이 구글의 보편적 성향에 저항하고 있다. 이들은 예외 또는 재고를 요구하고있다. 그래서 구글은 전 세계의 다양한 국가들이나 조직들, 그리고 커뮤니티들의 의지에 조금씩 굴복하면서도 구글의 비전이나 원칙들을 유지하려고 노력하고 있다.

2009년 초, 프랑스 북부 지역에 있는 작은 도시 에우Eu의 시장
은 이 도시의 공식 이름을 바꾸기로 결정했다. 구글에서 'Eu'
를 검색하면 대체적으로 유럽과 관련된 결과가 너무 많이 나오기 때문이었
다. 유럽 연합European Union이 구어적으로는 주로 'EU'로 알려져 있고, 또 일
반적인 유럽 웹 도메인 명이 '.eu'이기 때문이다. 심지어 화학 물질 중 하나
인 유로퓸Europium도 이 작은 도시보다 더 많이 검색됐다. 이 시의 투표권자
들은 좀 더 긴 이름인 '에우 엔 노르망디Eu-en-Normandie' 또는 '라 빌레 드
에우la Ville d'Eu.' 중에 하나를 선택해 달라는 요청을 받았다. 자치 단체장은
이 도시의 프로필을 검색 결과 윗부분으로 올리기 위해 구글에서 아예 광고
를 사거나, 검색 순위에 들도록 최적화하는 데 전문인 회사를 고용하는 것을
고려했다.[1] 구글에서 찾을 수 없으면 도시든, 사람이든, 어떤 것이든 마치
존재하지 않는 것처럼 보이는 듯하다.

구글이 점점 더 서비스를 늘려나가고 세계화하면서 각 지역이나 국가에서

서로 다르게 구글을 대하고 있다. 다른 유럽의 조직들은 에우시의 경우처럼 구글 검색에 영합하려기보다, 좀 더 적대적인 자세를 취하고 있다. 2010년 2월, 구글의 최고 책임 변호사 데이비드 드러몬드David Drummond와 다른 고위 임원 3명은 이탈리아에서 한 자폐아가 괴롭힘을 당하는 동영상이 유튜브에 올라가는 것을 막지 못했다고 사생활 침해 명목으로 유죄 선고를 받았다. 이 동영상은 지난 2006년 이탈리아 버전의 유튜브에 2개월 동안 올라 있었다. 널리 통용되는 관행이나 유럽의 법률 하에서는 구글과 그 임원들이 소송을 당하거나 기소를 당할 위험은 별로 없었다. 이번 경우에 구글은 항상 해왔듯, 그리고 다른 웹 서비스 공급자들이 하는 것처럼 일을 처리했다. 즉 관계 당국이 구글에 불법 콘텐츠에 대해 알리자마자 제거해버렸다. 하지만 몇 가지 이유에서 이탈리아 검찰은 그런 조치에 만족하지 않았다. 대신, 검찰은 구글 임원들을 1년 넘게 조사했고, 4명 중에 3명의 유죄를 입증했던 것이다. 구글은 곧바로 항소를 했고, 다음과 같이 당당하게 선언했다. 만약 웹 서비스 회사가 사용자들이 올리는 콘텐츠의 책임에 묶여 있으면, 아무도 콘텐츠를 공급할 수 없을 것이다. 만약 더 많은 나라들이 그런 건들에 기소를 한다면, 웹은 자유롭고, 개방되고, 흥미로운 곳이 될 수 없을 것이다.[2]

아주 다른 상황이긴 하지만, 이란 정부는 2010년 2월 구글의 이메일 시스템인 G메일에 접근하는 것을 막고 자국 이메일 시스템이 그 자리를 대신하도록 했다. 이는 1979년 발생한 이슬람 혁명을 기념하기 위한 30주년 기념식 바로 전, 그리고 부정 선거에 반대해서 일어난 대규모 반정부 시위 결과로 수천여 명의 정부 비판자들이 감옥에 갇히고 고문, 강간, 살해 등을 당하고 난 몇 개월 후에 일어났다. 이란 정부는 시위 계획을 감시하기 위해 페이스북이나 트위터 같은 소셜 네트워크 시스템에 이미 침투해 있었다. 시위자들이 암호화하기 편하다는 이유로 G메일을 사용하기로 하자, 이란 정부는 G메일에 대한 조치를 취했다.[3] 엇비슷한 시기에 구글은 중국의 해커들이 중국 정부에 문제를 일으킬 만한 반체제 인사들의 G메일 보안을 뚫으려고 한다는 뉴스를 접하고서는 3주 전쯤에 G메일 기본 설정을 암호화했다. 구글은 즉각 중국에서 신중하게 세웠던 운영 계획들을 철회하겠다고 위협하며 중국에서 완전히 서비스 공급을 중단하는 것도 고려할 것이라고 말했다.[4]

이런 부분들은 전 세계가 어느 정도나 구글화 됐는지를 증명하는 것이다. 도시들이나 마을들, 그리고 대학들까지도 구글에서의 검색 여부나 순위, 그리고 명성에 얼마나 집착하는지, 그리고 이 강력한 검색 서비스에 얼마나 굴복하고 있는지를 보여준다. 동시에 전 세계의 점점 더 많은 사람들이 구글의 보편적 성향에 저항하고 있다. 이들은 예외 또는 재고를 요구하고 있다. 그래서 구글은 전 세계의 다양한 국가들이나 조직들, 그리고 커뮤니티들의 의지에 조금씩 굴복하면서도 구글의 비전이나 원칙들을 유지하려고 노력하고 있다. 구글이 정보를 자유롭게 하고 전 세계를 연결하려고 노력하면 할수록 구글의 투자나 활동으로 인해 위험해질 수 있는 결과들을 다룰 수밖에 없다.

2009년에 구글은 전 세계 경제에서 가장 중요하게 성장을 하고 있는 중국과 인도가 원자력 발전을 놓고 벌이는 갈등에 끼게 됐다. 이 두 나라는 50년 이상 티베트와 인도의 아루나찰프라데시Arunchal Pradesh 사이의 접경 지역을 놓고 종종 분쟁에까지 이를 정도로 논쟁을 벌여왔다. 구글 맵스는 애초에 이 지역을 인도 영토로 그렸다. 2009년 후반부터 중국의 구글 맵스 사용자들은 이 지역이 티베트의 일부로 표시돼야 한다고 생각했다. 인도의 구글 맵스 사용자들은 계속해서 이 지역이 인도의 영토로 지정돼야 한다고 생각했다. 구글 맵스는 또 다른 분쟁 지역인 인도의 잠무Jammu와 카슈미르Kashmir 지역에 대해서도 같은 입장을 취했다. 1947년 인도와 파키스탄이 분리된 이후로 이 지역 인구의 대부분은 이슬람교도들이었고, 파키스탄은 자기네 영토라고 주장해왔다.[5] 구글의 영향력과 서비스 지역이 전 세계로 확장되면서 구글은 모든 사람들을 행복하게 하고, 그들의 임무에 충실하는 것이 어렵다는 점을 알게 되었다.

[중국 신드롬]

구글을 휘말리게 하고 힘들게 했던 모든 문제들 중에 중국과의 관계만큼 복잡하고 중대한 문제는 없다. 중국에서 구글의 역사는 2004년쯤에 시작됐고, 2010년에 끝난 것처럼 보였다. 2009년 여름, 중국 정부는 인터넷 검열에 필요한 모든 기술들을 동원해서 중국인들이 트위터나 페이스북 같은 소셜 네트워킹 서비스뿐 아니라 블로거나 유튜브 같은 수많은 구글 서비스에 접근하지 못하도록 했다.

이런 긴장감은 2010년 1월 한 사건 때문에 글로벌 온라인 시스템이 얼마나 취약한지, 그리고 중국이 비판자들을 찾아내려고 어느 정도까지 물불을 가리지 않았는지 전 세계에 알려지면서 이목을 끌었다. 미 국무장관 힐러리 클린턴이 디지털 네트워크상에서 의사소통의 자유를 위해 미국이 헌신적인 노력을 했다는 점을 강조하기 위해 연설을 하기로 한 일주일 전, 구글은 중국에서 멀리 떨어진 곳에 위치한 서버에 중국의 한 해커가 침투했다고 발표했다. 많은 사람들은 이 해커가 중국의 보안 당국으로부터 명령을 받고 해킹을 했다고 생각했다. 왜냐하면 해킹에 뚫린 여러 G메일 계정이 중국 정부의 비판자나 반체제 인사들 계정이었기 때문이었다. 하지만 이런 가정은 증명하기가 쉽지 않았고, 중국 정부는 이를 부인했다. 다음 날 구글은 적어도 미국의 30개 회사 서버들 역시 중국의 같은 해커에게 침투 당했다고 밝혔다. 보안이 취약하다고 깨달은 구글은 즉각 몇 가지 보안조치를 강화했다. 또한 구글은 중국에서 지금까지 해왔던 사업들을 중단할 것이라고 발표했다. 더 이상 중국 정부에 협조해서 검색 결과를 검열하지 않을 것이라고 약속했다. 주요 인터넷 회사들이 보안의 취약성 때문에 겪어야 했던 주요 스캔들이나 소문들을 받아들이는 대신, 구글은 인권과 언론의 자유를 방어하는 쪽으로 태도를 돌리려 했다.

구글은 중국의 해커로부터 뚫린 보안에 단호한 태도를 취하면서 적지 않은 위험을 감수해야 했다. 이런 조치 때문에 구글은 갈채를 받았고, 미국 정부로부터 지원을 받았다. 클린턴은 특히 인터넷 자유를 위한 연설에서 구글과 중국을 언급하면서, 중국을 당혹스럽게 하고 긴장을 고조시켰다. 또한 구글이 단순히 웹 검색 검열을 중단하겠다는 바람을 밝혔을 뿐, 중국인들이 어떻게 검열에 대항하고 피할 수 있는지 보장하지 않았음에도 오랜 기간 동안 중국과 협의를 통해 서비스를 해왔다고 비판했던 중국 인권 단체들조차 구글에 찬사를 보냈다. 2개월 동안 별다른 조치를 취하지 않다가 2010년 3월 구글은 중국 당국의 비판적인 검열 하에서 북경어로 검색 서비스를 해왔던 Google.cn을 더 이상 제공하지 않겠다고 발표했다.[6]

이런 구글의 조치는 '철수'로 잘못 묘사됐고, 미국의 운동가들은 인권의 승리라며 환호했다. 하지만 둘 다 아니었다. 구글은 단순히 홍콩에 기반을 둔, 구글이 적극적으로 검열에 개입하지 않는 검색 서비스로 중국 사용자들을 옮겨가게 하려 했던 것이었다. 하지만 중국 정부는 홍콩에 기반을 둔 중국어 버전 구글조차 종종 검열하고, 때로는 접근을 막고 있다. 그렇기 때문에 중국에 거주하는 그 어느 누구도 검열을 받지 않는 구글 검색 결과를 보지 못한다. 게다가 구글은 휴대폰을 생산하는 중국 회사들과 협력 관계를 계속 유지했다. 또한 중국 내에서의 활동은 물론 사무소도 계속 유지하고 있다. '철수'는 없었다. 단순히 데이터를 돌렸을 뿐이고, 대중들이 오인하도록 만들었을 뿐이었다.

Google.cn을 폐쇄하면서, 구글은 수백만 사용자들과 그에 따른 광고 수입을 포기하는 결정을 내렸다. 지난 10여 년 동안 미국 회사들은 제조와 마케팅을 위해 중국과 관계를 맺는 데 따른 위험성과 이익을 고려해왔다. 전 세계적으로 망신을 당할 수 있는 위험성에도 불구하고 회사들은 중국이 중요한 아이디어나 기술, 그리고 과학적 돌파구를 만들 가능성이 있음을 깨달았다. 더 직접적으로, 노동력이나 제품 그리고 서비스 시장의 원천인 13억 인구의 중요성은 부인하기 힘들다.[7]

궁극적으로 구글이 승복함으로써 중국 정부는 정확히 원하는 것을 얻었다. 중국 법률 하에서는 절대 편안하게 운영할 수 없는 성가신 회사를 제거해 버린 것이다. 대의명분을 위해 오바마 행정부와 미 국무장관 힐러리 클린턴의 협조를 얻으려 노력함으로써, 구글은 중국 국수주의자들과 중국 정부로부터 미국 정부의 꼭두각시라는 오명을 쓰게 됐고, 적어도 범세계주의자로서, 그리고 정치와 무관한 기술회사로서 쌓아온 명성에 흠집이 생겼다. 중국의 웹 사용자들은 현재 완벽하게 통제되고 있는 토착 검색 엔진을 사용하든가, 아니면 검열을 받고 있는 홍콩에 기반을 둔 구글을 이용하든가 해야 한다. 구글은 이런 조치로 손해를 봤고, 중국인들은 얻은 게 아무 것도 없었다. 그리고 중국 정부는 이제 두 다리 쭉 뻗고 쉴 수 있게 됐다. 앞으로 구글은 중국으로 스며들어오는 성가신 문제의 원천은 아닐 것이기 때문이다.

인권과 언론 자유 옹호자들은 지난 몇 년 동안 구글이 중국 정부와의 관계를 통해 중국 정부의 구조적 압박의 빌미를 제공해왔다고 주장했다. 이들은 구글이 기업적 책임의 의무를 포기했다고 주장했다. 2008년 11월 내셔널 퍼블릭 라디오National Public Radio 토론에서 하버드 대학교 컴퓨터 공학 교수인 헤리 루이스Harry Lewis가 밝힌 내용에 따르면2장 참조, 구글은 중국 정부가 요구하는 노선에 따라 Google.cn을 설립하면서 그들의 모토인 '악해지지 말자'를 어겼다는 것이다. 구글은 적극적으로 검열에 관여하기보다 수동적으로 검열을 허락하면서 단지 '두 개의 사악함 중에 좀 더 이익이 많이 남는 걸 선택'했다. 어쨌거나 결과는 중국인들에게 똑같겠지만 말이다.[8]

하지만 자유 시장을 옹호하는 신자유주의자와 기술근본주의자들의 관점에서 보면 중국에서의 구글의 존재는 투명성을 증가시켰고, 기본 인권을 위해 투쟁하는 사람들에게는 도움이 됐다. 어두컴컴했을 환경에 약간의 빛줄기를 비추면서 부패한 시스템을 개혁하는 데 일조했다. 정보화 시대의 선지자 중 한 사람인 에스더 다이슨Esther Dyson은 루이스의 주장에 정보 기술의 개혁적 힘을 주장했다. 그는 "인터넷의 엄청난 장점은 권력을 약화시킬 뿐만 아니라 핵심부에서 그 힘을 빼내 주변으로 가져간다는 점이다. 사람들에 미치는 조직의 힘을 약화시켜, 개개인들이 그들 삶을 영위할 수 있도록 넘겨준다"고 말했다. 그리고 다음과 같이 덧붙였다. "구글의 존재나 운영 방식은 완벽하지는 않지만, 투명성에 대한 기대감을 높이고, 어떤 문제에 대해 대답을 한다. 또 중요한 요소를 찾을 수 있다는 기대감을 준다."[9]

사실 구글은 중국인들을 압박하는 데 아무런 역할도 하지 않았다. 또한 중국인들의 해방 운동에도 거의 역할을 하지 않았다. 중국에서 문제의 일부이기도 하고, 해결책의 일부이기도 한 구글의 이런 두 가지 위치는 일반적인 인터넷과 중국에서의 구글의 정책 또는 서비스에 대한 이해의 부족에서 비롯된다. 만약 중국이 언론의 자유와 민주적 책임감의 소용돌이에 기꺼이 동참하게 된다면, 이는 단순히 인터넷이 무료이면서 개방돼 있거나, 중국 정부가 특정 사이트의 접근을 막는 데 구글이 협조하지 않았기 때문은 아닐 것이다. 이는 그렇게 단순한 문제가 아니다.

[기술과 혁명]

이 책을 위한 조사를 시작했을 때 나는 구글이 중국 정부에 묵인하는 자세를 취하면서 기업의 책임을 다하지 못한 점을 꾸짖으려 했었다. 1989년에 중국과 다른 곳에서 벌어진 민주화 운동들은 내 정치적 양심을 형성했다. 언론학자 제이 로슨Jay Rosen이 "1945년도 민주주의자가 있고 1968년 민주주의자가 있다. 나는 1989년 민주주의자다"라고 말했듯 나 역시 1989년 민주주의자다. 베이징에서 중국 군대가 수백여 명을 사살한 6월 4일 바로 그날, 폴란드에서는 새롭게 공인된 노동조합인 자유노조Solidarity가 공정 선거를 통해 공산정권을 붕괴시키면서 전 세계 민주주의 혁명에 불을 붙였다. 1989년 10월에 동독의 독재자 에릭 호네커Erik Honecker는 사임을 했고, 헝가리는 공화국 체제가 됐다. 11월에 남아프리카 공화국에서는 인종차별정책에 찬동하던 국민당이 인종차별 시스템을 붕괴하면서 그동안 압박받아왔던 대다수 흑인들의 대대적인 정치적 참여를 독려했다. 또 1989년 11월 구 체코슬로바키아와 공산당이 12월에 자유선거를 실시한다고 발표하면서 '벨벳 혁명Velvet

Revolution'이 시작됐다. 브라질 역시 그해 12월에 29년간의 군부 독재 이후 처음으로 자유선거를 실시했다. 그 해는 루마니아의 독재자 니콜라에 체아우세스쿠Nicolae Ceausescu가 권좌에서 물러나고 루마니아와 체코의 시인 바츨라프 하벨Vaclav Havel이 대통령직을 맡으면서 막을 내렸다. 이런 사건들은 소비에트 제국의 붕괴에 일조했다.

1989년에 23세였던 나는 내가 살아가고 있는 세계와 내 조국의 미래, 그리고 정의와 민주주의의 가능성에 낙관적일 수밖에 없었다. 이런 혁명들 소식이 불거지면서, 새로운 커뮤니케이션 기술들이 어떻게 압제에 저항해 중요한 역할을 하게 됐는지의 이야기들이 돌기 시작했다. 예를 들면 동유럽과 소비에트 연방에서는 팩스기 보급이 확대되면서 반체제 인사들이 실질적인 행동을 하게끔 의식을 불러일으키는 계기가 되었다.[10] 한 경제전문 기자는 "동유럽의 공산주의가 무너진 것은 새로운 정보 기술의 직접적 결과다"라면서 이런 사실을 당당하게 표현했다.[11] 나같은 젊은 미국인에게 새로운 기술이 놀랄만한 역사적 사건들을 야기할 수 있다는 사실은 흥분되는 일이었다. 이렇게 기술을 낙관하는 이야기들은 당시 내 다른 관점들과 잘 부합됐다. 즉, 15세기에 유럽에서 인쇄기의 출현으로 개혁과 계몽이 가속화되거나 필수적이 됐다던가, 토머스 페인Thomas Paine의 〈상식Common Sense〉 같은 대중 시장 관련 소논문들이 18세기 후반 미국의 탄생에 아주 커다란 기여를 했다는 관점 말이다.[12] 물론 이런 관점은 민주주의와 언론의 자유가 갑작스럽게 여러 곳에서 일시적으로 보급된 데 대한 설명치고는 너무 단순하다. 정치와 기술에 정통한 사학자들은 이 이야기가 훨씬 더 복잡하다는 사실을 알고 있었다.[13]

새로운 커뮤니케이션 방식이나 기술은 분명 급속한 사회적·정치적 변화에 중요한 역할을 하고 있다. 하지만 다른 사람들과 마찬가지로 나 역시 커뮤니케이션 방식이나 기술을 강조한 반면, 특히 남아프리카 공화국이나 브라질 같은 억압적인 정부를 전복시키는 데 더 중요한 인간의 노력이나 원초적인 용기, 이데올로기적 노력들에 대해서는 경시했다. 《포스트워Postwar:A History of Europe since 1945》에서 역사가 토니 주트Tony Judt는 동유럽 각각의 나라들에서 해방 운동이 성공을 거둔 데는 서로 다른 요인이 있다고 믿는다. 헝가리에서는 헝가리 공산당 내 젊은이들의 개혁 운동이 정부를 궁지에 몰아넣었다고 설명한다. 동독에서는 1989년 후반 견고한 아날로그 기술인 베를린 장벽이 붕괴되면서 베를린 사람들이 서로 왕래할 수 있도록 해공산당이 버틸 수 없는 정치적 물결을 형성했다. 위성 국가들에서의 이런 모든 변화는 소비에트 연방이 급격하게 약화되면서 더욱 강화됐다. 소비에트 연방이 약화된 데는 쓸데없이 아프간 전쟁을 일으킨 것도 한몫했다.

게다가 소비에트 사회 자체 내에서도 변화는 급격하게 일어났다. 소비에트 연방 지도자 미카힐 고르바초프Mikhail Gorbachev는 개방 정책인 글라스노스트glasnost에 참여하면서 반체제 인사들이 모임, 출판물 등을 통해 의사를 표현할 수 있도록 허용함으로써 이제 막 태동하기 시작한 공론장의 성장을 받아들였다. 글라스노스트는 소비에트 TV에 방영되는 프로그램도 자유롭게 했다. 텔레비전은 팩스기보다 훨씬 더 일반적이고 강력한 매개체다. 고르바초프 자신도 공산당이 뉴스나 정보를 독점하는 것을 끝내겠다고 말했다. 일단 모스크바가 약화되자 노동조합, 종교 지도자, 시인, 그리고 범죄자들의 노력을 포함해서 10여 개 다른 요인들이 소비에트 연방은 물론 위성 국가들에까지 퍼져있던 공산당 압제의 근간을 조금씩 소멸시킬 수 있었다.[14]

주트는 1989년 혁명유럽에서에서 가장 놀랄만한 것으로, 각국의 독특한 대의명분이나 상황에도 불구하고 이 모든 것들이 그렇게 짧은 기간 동안 거의 한꺼번에 일어났다는 점을 꼽았다. 그는 커뮤니케이션 기술이 혁명적 정신의 확산과 속도에 중요한 역할을 했지만, 사람들을 혁명에 끌어들인 것은 팩스기가 아니라 텔레비전이었다고 결론 내린다. 체코슬로바키아와 동독의 시청자들은 자신들의 집 거실에 있는 텔레비전에서 소요가 벌어지는 것을 보면서, 주트가 일컫는 "정치 교육이 '그들은 무력하다'와 '우리가 해냈다'는 두 메시지를 전파"한 상황과 맞닥뜨리게 된 것이었다. 마찬가지로 동유럽인들은 전 세계 다른 나라들과 함께 천안문 광장 사건이 벌어지는 걸 지켜봤다. 그들 역시 나와 마찬가지로 시위자들의 용기와 중국의 야만성에 놀랐다. 그리고 정확히 비슷한 시기에 전 세계에서 터져 나온 것처럼 보이는 평화로운 반란에 고무됐음이 틀림없다. 텔레비전을 통해 전 세계적으로 동시에 이런 내용들이 보도되면서 이들은 영감을 얻거나 경쟁을 벌일 일련의 모델을 제공받은 셈이었다. 그리고 처음으로 그들은 혼자가 아니라는 사실을 알았다.[15]

　사람들은 새로운 커뮤니케이션 기술의 참신함에 초점을 맞춘다. 이들 커뮤니케이션 기술과 동시에 변화가 일어났다거나 도움이 됐다기보다 원인이 됐다고 가정한다. 그러면서 중앙아시아에서 정부의 정책을 변화하거나, 문호를 개방하거나, 정부에 타격을 주거나 위축시키는 투쟁을 벌여야 한다는 강력하고 명확한 것들의 중요성은 평가절하 하는 경향이 있다. 이런 움직임들이 이미 존재하거나 힘을 갖추고 있다면 팩스나 인터넷 같은 강력하고 효과적인 커뮤니케이션 기술의 도입으로 이를 더 확대하거나 가속화될 수 있다. 물론 기술은 중립과는 거리가 멀다. 그리고 기술 자체에는 '자유'나 '억압' 같은 급격한 역동성이 없다. 이미 앞서 살펴본 것처럼 같은 기술이라도 사람들을 감시하거나 또는 연결하는 강력한 도구로 활용될 수 있다.[16] 사회나 국가가 기술을 사용하는 방식은 이 기술의 설계나 역량만큼이나 중요하다.

그래서 커뮤니케이션 기술은 자유를 위한 투쟁에 중요하다. 그렇다면 어떻게, 얼마나 중요한가? 탄압을 받는 사회 안에서는 법이나 기술로 방해를 받더라도, 현 체제에 반하는 생각들이나 비판들이 존재하고 흐르고 있다는 것을 기억하는 게 중요하다. 이들은 시스템 상의 틈을 뚫고 흐르는 것처럼 보인다. 그리고 모든 시스템에는 틈이 있다.

로버트 단턴Robert Darnton은 프랑스 혁명 전의 검열 시스템과 그 허점에 관한 책을 썼다. "이는 단순히 자유와 억압을 겨루게 하는 내용이라기보다 공모와 협력에 관한 이야기다."[17] 최근에 중국에서 일어난 사건들은 기술과 억압 정부, 그리고 자유주의 운동 간의 관계가 얼마나 복잡한지, 그리고 구글이 제공하는 기술적 혁신이 억압의 힘, 자유의 힘과 어떻게 공모해 기능하는지의 사례를 제공한다.

['만리 방화벽'의 신화]

일반적인 생각과 달리, 중국이 전 세계로부터 꽉 봉인된 것은 아니다. 1960년대 후반에서 1970년대 초반 끔찍한 문화대혁명 시기에도 그렇지 않았다. 외부 세계에서는 수많은 중국 사람들이 1950년대 후반 대약진 정책의 경제 '개혁' 기간에도 굶주렸고, 문화 혁명 기간에는 가정까지 철저히 무너졌다는 사실을 알고서 깜짝 놀랐다. 하지만 이미 이 기간 동안 수많은 중국인들의 삶이 견디기 힘들었다는 암시와 징표는 있었다. 그 규모만 알려지지 않았을 뿐이었다.

중국을 바라보는 일반적인 관점은 급부상하는 역동적인 경제 대국 그리고 유대 관계나 상상력을 제한하는 악랄한 전체주의 사회 사이에서 오락가락한다. 하지만 이 두 가지 모두 정확하지 않다. 중국은 중앙 정부의 계획 하에 거시 경제나 대규모 투자 정책이 결정되는 시장이다. 또 악랄할 뿐만 아니라 부패하고 무능한 정부 기구도 있다. 2008년 티베트 사건이 증명하듯, 필요하다면 한치의 주저함도 없이 잔인함을 발휘한다.[18] 중국은 아직까지도 반체제 종교 그룹이나 포르노물, 티베트 문화를 파괴하려는 노력 또는 1989년 6월 4일 발생한 천안문광장 사태 같은 특정 정책에 공공연히 반대하는 것을 용인하지 않는 전체주의 국가다.[19] 이런 억압적이고 제한적인 조치에도 불구, 중국은 세계의 사회적, 경제적, 기술적 흐름과 연결돼왔다. 2009년까지 전체 인구의 16퍼센트만이 정기적으로 온라인에 접할 뿐이지만 그래도 다른 나라들보다 인터넷 사용자들이 많다.[20]

중국 정부의 검열 스타일은 그래서 복잡하다. 수많은 언론 보도에서 중국을 언급할 때 등장하는 '만리 방화벽Great Firewall, 중국의 인터넷 검열 시스템을 뜻하는 것으로 만리장성(great wall)과 방화벽(firewall)의 합성어이다―옮긴이' 이 중국에는 없다.[21] 중국의 인터넷 검열 및 차단 정책이 뚫리지 않을 만큼 견고한 것은 아니기 때문이다. 조지 오웰George Orwell의 《1984년Nineteen Eighty-Four》보다는 앨더스 헉슬리Aldous Huxley의 《멋진 신세계Brave New World》에 묘사된 디스토피아반 이상향 모델에 더 가까울 정도로 유동적이며 상황에 따라 다르다. 오락 활동이나 소비자 지상주의를 통해 중요한 이견이나 문제를 일으킬 만한 표현들을 몰아낸다.[22] 완벽하지는 않지만 정부에 반하는 사이트나 메시지들을 차단하고 있다. 하지만 대부분 중국인들의 일상생활에서 사이트 검열이 미치는 영향은 극히 적다.

중국은 2008년 올림픽, 6월 4일 대학살의 20주년 기념일, 그리고 티베트 봉기 등 잠재적인 사회 불안 시기에 검열 방식들을 강화한다. 어떤 사이트나 서비스를 막을 때 중국 검열관들은 연결이 차단 또는 금지됐다기보다는, 연결이 끊겼다든지, 재조정 중이라는 식으로 방해를 하고 있다는 사실을 숨기려 한다. 이런 교묘한 방법 때문에 일반 중국 사용자들은 정부에 대해 명확하고 대상이 딱 정해진 분노를 표출하지 못하고 좌절하게 된다.

금지된 자료들을 중국 인터넷 사용자들이 완전히 이용하지 못하는 것도 아니다. 다만 용기가 필요하고, 만약 감시망에 걸리게 되면 정부의 보복이라는 위험을 감수해야 한다. 기술에 능숙한 사람들은 암호화한 메시지나 정부의 검열과 감시 기술을 피할 수 있는 프록시 서버를 통해 시스템 내 틈을 뚫고 들어가는 방법들을 찾기도 한다. 중국 인터넷 검열 프로젝트가 특정 자료나 사상으로부터 중국을 완벽하게 봉쇄한 것처럼 보이지는 않는다. 다만 잠재적 반란 세력들의 수를 최소화하고 추적하기를 희망할 뿐이다. 중국 정부는 인터넷을 사용해서 문제나 불안을 조장하려는 사람들을 막고, 공포감을 안겨주려고 하면서 한편으로는 전자상거래가 중국에서 꽃피도록 하려고 한다. 글로벌 상거래는 인터넷같이 믿을 수 있고, 유연성 있는 커뮤니케이션 인프라에 의존한다. 상거래는 민감한 데이터나 상거래 비밀을 보호할 수 있는 강력한 암호화 및 가상 사설 통신망VPNs, virtual private networks, 인터넷과 같은 공중망(public network)을 마치 전용선으로 사설망(private network)을 구축한 것처럼 사용할 수 있는 방식-옮긴이 같은 도구가 필요하다. 그렇기 때문에 중국은 인터넷 사용을 불법화하거나 정보를 보호하는 방식에 구속을 가할 수 없다.

그 결과, 중국은 미국이나 유럽 기업들처럼 자유롭게 인터넷을 이용할 수 있는 권한을 회사들에 허용하면서 소비나 오락 등으로 수많은 사람들의 관심을 딴 데로 돌리고, 동시에 정치적·종교적 반체제 인사들이 일상생활에 영향을 미치지 못하도록 방해를 하고 있다. 이는 중국의 인터넷이 '개방'되거나 '무료'라는 것을 말하려는 게 아니다. 오히려 그와는 거리가 멀다.[23] 엘리트들이 늘 그렇듯 중국 사회의 대다수 사람들보다 더 많은 자유를 얻어낼 수 있다. 언론인 제임스 팰로스James Fallows가 설명했듯, 중국 인터넷 정책이 효율적인 것은 예측이 불가능하다는 데 있다. 중국은 정치적 이견이나 관심을 억누르는 가장 효과적인 무기로 불편함의 힘을 이용해왔다.[24]

이런 예측 불가능의 결과로 중국에서 운영되는 글로벌 첨단기술 회사들역시 새로운 형태의 이견이 가능하게, 또 억압도 가능하게 하고 있다. 이런방식으로 인터넷 첨단기술 회사들도 억압적인 정권과 공모하는 동시에 이들정권을 전복시키기도 한다.

중국의 인터넷은 첨단 기술에 능한 반체제 인사들이나 정권의 진실을 소통하려는 사람들로 인해 뚫릴 수 있다. 또한 이들 반체제 인사들에 대한 감시를 수행하는 도구도 된다. 국제사면위원회Amnesty International는 다른 어떤 나라들보다 중국이 더 많은 언론인들과 블로거들을 투옥시켰다는 사실을 일깨워준다.[25] 중국 관료들은 보이지 않고, 또 예측 불가능하게 움직이는 일정선을 넘는 누구라도 탄압이 가능한 인터넷 감시 기술을 이용할 수 있다. 중국의 인터넷은 다른 어떤 나라들의 네트워크보다 더 중앙집권화 돼있다. 모든트래픽은 세 개의 광섬유 케이블 접점을 통해 나머지 세계로 흘러간다. 이런컴퓨터 시스템 구성은 중국 정부가 특정 자료에 접근하는 것을 막을 수 있게한다.[26] 중국은 또한 수천여 명의 공무원들을 고용해서 대부분 인터넷 카페에서 이뤄지는 인터넷 이용을 감시한다. 중국 정부는 검색 엔진 회사 바이두Baidu 같은 몇몇 중요한 인터넷 회사들을 지원한다. 그리고 중국은 중국에서

인터넷 서비스를 공급하는 외국 기업들로부터 약속 내지 조항들을 받아낸다.[27]

중국은 인터넷 기술 회사들을 포함, 외국 회사들에게 시장 점유율이나 수익, 그리고 인적 자원에서 성장할 수 있는 방대한 기회를 제공한다. 이런 유혹을 거부하기는 쉽지 않다. 하지만 야후의 사례처럼 어떤 회사가 중국에 제공한 기술을 모순된 목적으로 활용할 수 있다. 왕 샤오닝Wang Xiaoning이라는 한 활동가가 그의 야후 이메일 계정을 이용해서 1989년 5월과 6월 사건에 대해 중국 정부를 비판하는 익명의 글들을 유포시키자 중국 정부는 그를 체포했다. 2003년에 그는 10년형을 선고받았다. 공판에서 검찰 측은 왕이 불법 메시지를 유포했다는 것을 증명하는, 야후의 중국 지사로부터 확보한 증거들을 제시했다.[28] 이 사건이 있고난 2003년에 중국 당국은 리 지Li Zhi라는 반체제 인사를 체포해 '전복을 선동'했다며 8년형을 선고했다. 이번에도 야후는 리의 메시지를 추적하는 데 필요한 정보를 제공했다.[29] 또 다른 유명한 사례로 시 타오Shi Tao라는 시인이자 언론인이 있다. 그는 중국 공산당이 천안문 광장 반체제 인사들과 직접적으로 관련이 있다는 사실을 밝히는 이메일을 미국의 누군가에게 보냈다. 시는 인권 남용을 비판하면서 중국 당국의 주목을 받았다. 그래서 야후가 그의 이메일 계정 정보를 중국 당국에 누설하자, 중국 당국은 시가 문제가 되는 이메일의 발신자였다는 사실을 추적할 수 있었다. 시는 2005년 4월 10년형을 선고받았다.[30]

야후가 정치적 반체제 인사들의 박해에 공모했다는 소식이 미국에까지 전해지면서 분노가 이어졌다. 야후는 인권 단체들이 제기한 소송, 블로거들이나 활동가들 사이에서 확대되는 비판, 주주들의 반대, 그리고 야후나 시스코

Cisco, 중국에 감시와 사이트 저지 등을 용이하게 하는 서버들을 공급한다, 구글 같은 미국 회사들

의 역할을 조사하는 미 의회 위원회의 질문 공세에 부닥쳤다. 당연히 그들이 사업을 하는 나라의 법을 위배할 수 없고, 사용자들이 법을 위반하는 데 따른 책임을 질 수도 없다며 자기방어를 했다. 또 미국 야후는 중국 야후의 40% 지분밖에 가지고 있지 않다고 주장하기도 했다. 대주주는 중국의 검색 엔진이자 서비스 공급업체인 알리바바닷컴Alibaba.com이었다. 2005년부터 알리바바닷컴은 중국 야후를 완전히 통제하고 있다.

중국 내 인터넷 회사들의 책임과 역할에 대해 여러 가지로 논의를 해봤지만, 반체제 인사들이 겪은 역경이 가장 중심이 됐다. 이런 사건들로 인해 미국 회사들은 중국 정부가 기본적인 인권을 침해할 정도까지 그들의 데이터를 이용하지 못하도록 일련의 관례 또는 행동 규범을 만들어야 한다는 요청을 받아왔다. 1980년대에 수많은 미국과 유럽 회사들은 설리번 원칙Sullivan Principles에 서명했다. 이 원칙은 남아프리카 공화국 정부가 대다수 흑인들을 잔인하게 억압할 당시, 올바른 행동 규범을 확립했다. 하지만 외국 기업들 중 중국에서 이런 규정을 확립하는 데 성공한 기업은 아직까지 없다.

중국에서 전혀 다른 방식으로 운영되고 있는 구글에게도 야후의 이런 무용담은 그늘을 드리웠다. 중국에서 인터넷 기술을 적용하기 위해서는 어쩔 수 없이 압제에 공모를 하거나 또는 그 반대에서 도움이 되는 입장 사이에서 상호작용을 할 수밖에 없다. 기술근본주의자들의 확신과는 달리, 기술은 자유 민주주의나 신자유주의 경제 또는 정치 목적까지 발전시키지는 못한다. 중국에 '만리 방화벽'은 없고 기술근본주의자들이 예측한 대로 인터넷 기술이 목적을 달성하지는 못했다. 중국은 분명 인터넷 기술을 포용하지만, 제 나름대로 사용한다.

[중국과 인프라 제국주의에 대한 저항]

구글은 중국 반체제 인사들의 이메일 계정 같은 정보를 중국 정부에 넘겨야 하는 입장에 처하지는 않았다. 왜냐하면 구글은 몇 년 전에 이미 중국 내에서 그렇게 누설 가능성이 있는 이메일이나 다른 서비스를 제공하지 않기로 결정했기 때문이다. 하지만 중국과의 관계에서 구글이 중국 정부의 억압 정책과의 공모를 피할 수는 없었다. Google.cn은 중국 사용자들에게 이미 한 번 걸러진 구글 검색 엔진의 버전만을 제공할 뿐이었다. 구글은 중국에서 사업을 하기 위해서 모든 사람들이 모든 정보에 접근하도록 한다는 이미 공언된 약속과 타협해야만 했다. 중국 정부가 하는 방식에 응해야 했다.

2006년 이전에 구글은 중국에 서버나 서비스를 두지 않았다. 중국 사용자들은 구글닷컴Google.com에 접속해서 미국 서버를 통해 구글에 접근할 수 있었다. 물론 이는 중국 검열자들이 그들을 성가시게 하거나 문제를 일으킬 소지가 있다면 모든 구글 서비스를 막을 수 있음을 뜻했다. 이런 일들은 2002년과 2006년 사이에 빈번히 일어났다. 게다가 구글의 데이터가 중국의 세 개 중앙 노드와 여과장치를 통과해야 한다는 것은 구글이 중국에 서버를 둔 검색 엔진보다 엄청나게 느릴 수밖에 없다는 점을 의미했다. 구글은 점점 더 중국 사용자들과 무관해지고, 역사상 가장 빠르게 성장하는 소비자 광고 시장에서 광고 수입을 올리는 것에서 제외되었다. 부정기적으로 또 임의로 서비스를 중단하면서 비난을 받을 수밖에 없는 가능성에 직면하고 있었다.

2002년 후반에 들어서 구글이 자유로운 사고와 표현을 허용한다는 원칙을 계속 유지한다면 중국 시장에서는 수익을 올릴 수 없다는 것이 명확해졌다. 구글 부사장 엘리엇 슈라지Elliot Schrage는 2006년 의회 소위원회에서 "당시 우리는 선택의 기로에 직면했다"고 말했다. "자유로운 의사소통 약속을 굳게 지키면서 장기간에 걸쳐 중국 사용자들과 단절될 위험을 감수하느냐, 아니면 중국 시장에 바로 들어가 중국의 법과 규정에 굴복하면서 우리의 원칙을 타협하느냐의 문제였다." 적어도 한동안 구글은 실제로 중국과 동떨어져 있었다. 2005년 구글은 중국에서 구글 자신이나 사용자들을 위험에 처하게 하지 않으면서 믿을 만한 서비스를 제공할 수 있는 모델을 만들려는 노력의 일환으로 중국 정부를 비롯 인권 단체 지도자들과 일련의 토론을 진행했다.[31]

2006년에 구글은 Google.cn 서비스를 새롭게 시작했다. 이 서비스는 중국에 위치해 있기 때문에 빨리 작동했고, 중국인들의 욕구나 검색 습관에 맞춰졌다. 게다가 중국 정부에 의해 막혀있거나 제거된 특정 사이트들을 알려주는 특징도 있었다. 더 중요한 것은 구글이 사용자들을 위험에 처하게 할 수 있는 그 어떤 서비스도 운영하기를 거부했다는 점이다. G메일이나 블로거 서비스를 이용하려는 중국 사용자들은 미국에 기반을 둔 구글닷컴의 중국어 사이트를 통해 가입해야만 한다. 그리고 구글닷컴을 통해 생성된 검색 결과는 중국 정부라면 몰라도, 구글이 여과하거나 검열하지는 않는다. 그 결과, 중국 정부는 종종 '연결 시간이 초과됐다' 는 이상한 메시지를 보이면서 사람들이 유튜브나 블로거 서비스에 접근하는 것을 막았다.[32]

정보 유통 형식이나 접근 그리고 사용 조건 등 구글이 지지하는 인프라 제국주의 가치에 중국이 저항할 수 있는 이유 중 하나는 구글이 다국적 기업이기 때문이다. 구글은 중국 시장을 포기할 정도로 어리석을 수도 있었다. 사실, 구글은 중국을 피하거나 떠나는 행동을 할 수도 있었다. 구글은 언론의 자유를 수호하는 엔진이 아니다. 구글은 광고 회사다. 또한 구글은 공개 상장 회사로 주주들에게 배당금을 지불할 의무가 있고, 중국 시장에 진입한다는 것은 많은 수익을 올릴 잠재력이 있다는 것을 뜻한다. 그리고 구글과 인권 단체 비평가들이 언론의 자유를 약속했지만 구글이 이런 수준에까지 오른다는 것은 거의 불가능하다.[33]

수많은 언어권에서, 그리고 전 세계 수많은 곳에서 구글은 그들의 원칙과 타협하고, 종종 그 지역의 법에 따른다. 독일과 프랑스에서 구글은 반유대주의를 선동하는 사이트들의 접근을 제한한다. 거의 전 세계에서 구글은 음란 사진들에 대한 접근을 제한한다. 미국에서 구글은 소수 몇몇 사람들이 부적절하다는 표현을 하면 즉각 유튜브에서 동영상을 제거한다. 그리고 미국에서의 저작권법은 어떤 파일이 저작권을 침해할 가능성이 있으면 그 어떤 회사라도 웹 서버에서 디지털 파일을 제거하도록 할 수 있기 때문에 이런 요청은 검열의 효과적 도구로 활용될 수 있다.

상대적으로 자유로운 국가들에서 저작권법을 따르는 관행과 중국 같은 대대적인 정치적 검열 관행을 비교한다는 것이 공정하지 않을 수 있다. 하지만 구글은 상황이나 이슈 등에 상관없이, 검열 문제에 관해서는 지역의 법이나 기준에 따르겠다고 끊임없이 언급하면서 이런 비교를 기꺼이 받아들인다. 만약 문제가 있다면, 구글은 지역 공무원들에게 문제를 제기하라고 말한다.[34]

그렇더라도 구글 경영진들은 구글이 언론의 자유 원칙에 충실하고, 구글이 정보를 검열하는 것은 일반적인 게 아니라 아주 예외적이라고 끊임없이 주장한다.[35] 이런 모순은 구글의 공공 철학, 즉 구글이 자신에 대해 말하고 믿는 것과 전 세계에서 구글의 지위나 관행을 어떻게 둘지 협상하는 과정에서 알력을 생성하기도 한다. 분명 구글은 그들이 운영되고 있는 국가들의 법률을 따를 수밖에 없다. 그래서 중국 관료들이 구글에게 특정 사이트나 주제에 대한 접근을 제거하라고 요구하면 따를 수밖에 없다고 주장한다. 인권 단체들은 만약 그렇다면 구글이 중국의 모든 법에 따라야 한다고 반박하면서, 중국의 헌법은 언론의 자유를 보장한다는 점을 지적한다. 이들은 구글이 문제나 불편함을 최소화할 수 있게 선별적으로 중국 법에 따른다고 말한다.

중국이 인프라 제국주의의 가치에 저항할 수 있는 능력은 순전히 그 규모와 지정학적 힘에서 비롯된다. 구글의 원칙과 관행, 그리고 야후가 반체제 활동가들을 노출하면서 박해를 당하도록 한 결정에 대한 대중들의 격렬한 반응 사이의 모순은 중국과 거래를 하는 글로벌 인터넷 회사들이 공유된 행동양식을 가져야 한다고 강력하게 요구하도록 만들었다. 하지만 북미와 서유럽 자유주의 단체들이 중국 정부의 승인 하에 운영하는 회사들의 잠재적 수입을 부정하면서 압력을 가하는 것이 과연 타당한지는 명확하지 않다. 원칙을 철저히 고수하는 것은 미얀마나 사우디아라비아 같이 작고, 가난하고, 더 독재적인 나라들에서 쉬울 수 있다.[36]

최근 10여 년 동안 글로벌 기업들의 영향력이 커지면서, 변호사들이나 이론가들은 인권법의 범위를 국가뿐만 아니라 기업들에까지 늘려가는 작업을 하고 있다. 중앙아프리카에서 다이아몬드 산업이 대규모 학살과 시민전쟁에 미친 역할이나 셸Shell 같은 석유회사들이 미얀마의 전체주의 군사 정부를 지원한 역할, 탄광 회사들이 인도네시아의 이리안자야Irian Jaya 같은 지역을 황폐시키는 데 미친 역할들은 강력한 반작용을 불러일으켰다. 이들 회사들의 이해관계와 이들 지역에 존재하는 야만성이 서로 연결돼있다는 점은 부인하기 힘들다. 하지만 아직까지 이런 노력들은 가시적인 결과를 내지 못하고 있다. 자국민들의 압제에 회사들이 협조를 했다고 해서 이들 회사들을 제재할

법적 근거는 거의 없다. 게다가 국가는 인권 조약에 서명을 하지만, 기업들은 그렇지 않다. 현행법은 기업들이 인권 침해에 공모했다는 점에 법적 책임을 물을 수 없기 때문에 법률 개혁가들은 이런 공모를 범죄로 취급할 수 있도록 국제법을 바꿔야 한다고 강하게 밀어붙이고 있다.[37]

사실 중국에서 구글의 역할이 심각한 인권 대결을 촉발시키지는 않았다. 왜냐하면 중국을 좀 더 개방화하거나 더 폭압적이 되도록 할 만한 영향력이 없었기 때문이다. 2009년 구글은 중국의 검색 시장에서 21퍼센트가 채 되지 않는 점유율을 차지하고 있었다전체 검색에서 차지하는 비중으로 한정했을 때 검색당 광고 수입 비중으로 보면 29.8퍼센트로 더 높다. 이 수치는 2008년 하반기보다 2퍼센트 정도 하락한 것으로, 구글의 중국 시장 점유율은 2008~2009년 사이에 실제로 조금씩 떨어지고 있었다. 2008년 1/4분기와 2009년 1/4분기 동안 검색량이 41.2퍼센트나 증가했기 때문에 검색에서 21퍼센트 점유율을 차지한다는 것은 더 많은 사업을 전개하고 수익을 냈어야 함을 의미했다. 그럼에도 불구하고, 구글은 북미나 유럽에서 그런 것처럼 중국에서 문화적·정치적 요인이 되지 못했다.[38]

중국의 검색 사이트 바이두닷컴Baidu.com은 검색 시장의 74퍼센트를 점유하고 있다.[39] 바이두의 독점에는 많은 이유들이 있다. 바이두는 가장 우선적으로 초기에 시장 점유율에서 앞서나가면서 검색 결과나 서비스를 사용자에 맞게 보여줄 수 있는 더 많은 데이터를 제공받을 수 있었다. 둘째, 2009년 중반부터 Google.cn은 바이두보다 더 적은 검색 서비스와 기능을 제공했다. 당시 구글은 인권 문제 때문에 가장 매력적인 서비스를 철회한 반면, 바이두는 자국에 기반을 둔그래서 빠른 다양한 서비스온라인 채팅, 아이들 교육 자료 검색, 법률 검색, 그리고 정부 웹사이트 접근 등를 제공했다. 바이두는 또한 중국에서 점점 더 커지고 있는 민족주의적 정신에 호소한다. 왜냐하면 수많은 젊은이들이 다국적 기업의 영향력에 우려를 나타내고, 중국 기업이 전 세계에서 가장 강력하고 인기가 많을 수 있다는 데 자랑스러워했기 때문이다. 바이두는 또한 하나부터 열까지 검색할 수 있도록 간소화한 만다린어로 코드를 만들 수 있는 이점이 있었던 반면, 구글은 수많은 도구나 서비스를 만다린어로 바꿔야 했다. 아마 가장 중요한 이유는 지난 몇 년 동안 바이두가 중국의 악명 높은 느슨한 저작권을 이용해서 승인되지 않은 오디오물이나 동영상 파일들을 쉽게 찾을 수 있도록 했다는 점이다. 2009년 초 구글은 바이두와 경쟁하기 위해 주요 글로벌 음악 회사들과 계약을 맺고 저작권이 있는 음악을 사용자들이 무료로 다운로드할 수 있게 한다고 발표했다.[40]

구글은 일반적으로 중국 인구의 대다수를 차지하고 더 중요하게는 인터넷 서비스의 잠재 시장 대부분을 차지하는 젊고 가난한 사람들보다는 중국 내 범세계적 엘리트나 국제 사업가들 사이에서 인기가 더 좋다. 바이두가 훨씬 더 많은 사용자들을 가지고 있는 상황에서 구글의 시장 점유율이 향후 몇 년 동안 급격히 성장할 것이라고 믿을 만한 이유는 없다. 하지만 가치 있는 시장의 일부, 즉 더 많이 소비하고 더 많이 여행하는 사람들을 장악하면서 순수 매출과 전체 시장 매출에서의 몫을 계속해서 늘려간다면, 비록 전체 시장 점유율이 계속해서 줄어든다고 하더라도 잠재력은 있다.[41]

중국 정부가 인터넷 보안이나 감시, 그리고 검열을 위해 사용하는 여러 가지 다양한 도구를 고려해보면, 그리고 구글의 시장 점유율이 얼마나 작고, 그래서 중국에서의 구글 영향력도 작다는 점을 고려하면, 중국에서의 상거래나 정치, 그리고 정의의 문제에서 구글이 그다지 중요하지 않다고 결론 내릴 수 있을 것이다. 만약 그렇다면 구글이 중국 법률과 기준에 타협했을 때 중국의 반체제 인사들이나 종교적 자유, 그리고 민주주의 옹호자들에게 상당한 해를 끼칠 것이라는 에스더 다이슨의 믿음은 잘못된 것이다. 구글에서 가치를 찾는 경향이 강한 중국의 엘리트들은 중국의 인권에 대한 전 세계적인 비판, 검열과 감시, 그리고 1989년 혁명 당시 지도자들의 운명에 대해 좀 더 잘 알고 있었을 가능성이 높다. 하지만 대다수 중국인들은 바이두가 제공하는 오락이나 상업적 서비스들에 만족한다. Google.cn이 전 세계에서 통용되는 좀 더 복잡하고 문제의 소지가 있는 정치적 정보를 제공한다고 해도, 이를 요청하지 않을 수 있다.

웹 검색은 내재적으로 보수적일 수밖에 없다. 효과적이고 매력적인 검색 서비스를 제공하는 데 있어 가장 중요한 점은 사용자들이 마주치게 될지도 모를 깜짝 놀랄만한 요인들의 수를 줄이는 것이다. 구글은 이런 부분에 있어 전문가이기 때문에 사용자들에게 제공되고 있는 서비스들은 정확히 사용자들이 원하고 있다고 생각하는 것과 일치한다. 문제가 될 만한 것들을 사용자들은 찾지 않는다. 그렇기 때문에 강력하고 효과적인 웹 검색은 사회적·정치적 변화를 촉진하기보다는 금지한다.

중국이나 다른 나라들에서의 정치적 변화를 일으키려면 중국의 대중문화가 변화를 요구하고 또 압력을 가해서 정부 세력을 약화시킬 정도가 돼야 한다.[42] 사람들은 기술에만 의존해서 사회를 변화시키려는 실수를 저지른다. 기술은 사회와 문화 안에 내재해 있다. 기술은 독특하거나 독립적인 추진 요인이 아니다.[43]

[구글과 글로벌 시민 사회에 대한 전망]

인프라 제국주의 그리고 기술근본주의자들이 옹호하는 가치의 전파에 저항하는 게 억압 정권에 한정된 것은 아니다. 정부가 인터넷 트래픽을 효과적으로 검열하고 정치적 이견을 위협하는 유일한 사례가 중국뿐만은 아니다. 인터넷 학자 레베카 맥키논Rebecca MacKinnon이 2009년 6월 사태 때 중국의 구글이나 다른 인터넷 서비스들에 관해 적은 것처럼, 다음과 같이 말했다. "인터넷 검열 단체들이 점점 확장해서 이제는 점점 더 많은 민주주의 국가들까지 아우르고 있다. 입법자들은 검열 단체들로부터 인터넷 곳곳에서 범람하는 각종 위협에 정부가 '뭔가를 해야' 하는 것 아니냐며 점점 더 커져가는 압력을 받고 있고, 이에 도를 넘어설 위험성도 점점 커지고 있다."

독일도 국가적 검열 시스템을 고려하고 있다. 이렇게 되면 인터넷 서비스 공급자들은 몇몇 극비 사이트들을 막아야 할 수도 있다. 오스트레일리아와 영국은 수많은 세월 동안 이와 비슷한 국가 검열 목록을 유지해왔다.[44] 이들 국가들 중 그 어떤 국가도 중국이 하는 것처럼 대대적으로, 파괴적으로, 그리고 효과적으로 검열을 하지는 못하고 있지만 중국이 인터넷 사용을 제한하는 노력을 하는 데 있어 강력한 동반자가 있다는 점은 확실하다.

이들 각각의 국가들에서 구글은 정부의 명령을 따르고 그래서 적극적으로 비록 거의 관계가 없거나 마지못해 하는 것이긴 하지만 인터넷 검열에 참여한다. 미국 디지털 저작권법 역시 사이언톨로지교Church of Scientology, 로널드 허버드가 1954년에 창시한 신흥 종교로, 인간을 영적 존재라 믿고 과학기술을 통한 정신치료와 윤회를 믿는 종교로 알려져 있다-옮긴이 가 웹상에서의 비판들을 짓누르는 데 도움을 주도록 구글에 압력을 가해왔다. 게다가 미국은 지난 10여 년 동안 도서관이나 학교에 웹 필터링 소프트웨어를 설치하도록 권고해왔는데, 이는 중국 정부가 포르노물을 제공하는 것으로 의심되는 사이트에 접근을 막는다는 공공연한 이유로 모든 컴퓨터들에 소프트웨어를 깔도록 하는 시도와 비슷하다. 이 소프트웨어들은 물론 정치적으로 중요한 사안을 제한한다. 위에서 언급했던 것처럼 정보의 흐름을 차단하려는 중국의 노력과 미국 또는 다른 민주주의 국가들의 노력들을 비교하는 것은 그 규모나 효과 면에서 적절하지 않다. 하지만 중국만이 웹 검열 정책의 문제가 되는 심각한 곳으로 구분하는 것도 잘못이다.[45]

기술근본주의자들이나 구글 같은 기업들이 신봉하는 자유주의적 가치는 기업 또는 민족 국가의 현실을 만났을 때 저항을 불러일으킨다. 글로벌 네트워크상에서 자유로운 의사소통을 위한 노력은 '글로벌 시민 사회', 즉 전 세계 시민들이 개방적으로 그리고 평등적으로 조직하고, 의사소통하고, 참여할 수 있는 미디어 환경을 만들려는 힘겨운 시도를 보여준다. 그렇다면 이런 이상 세계를 실질적으로 실현할 수 있는 가능성은 얼마나 될까?

부분적으로 국가의 통치권 밖 내지 기업의 경제적 책무나 속박에서 벗어나 있는 독립체들의 발전에 답이 있다. 의사소통이나 수송 기술이 지난 30여년 동안 좀 더 효율적으로 사람들을 연결함에 따라, 국가의 통제권에서 벗어나 국경을 넘어 운영되는 소셜 네트워크나 조직들의 중요성이 증대돼왔다. 전형적인 시민 사회 조직들은 국제인권사면위원회나 국제구호단체인 옥스팜Oxfam, 파룬궁Falun Gong, 가톨릭교회, 국제올림픽조직위원회, FIFA, 그리고 국제적십자 등을 포함한다. 뿐만 아니라 이런 목록에는 이란 정부에 대항하는 시위자들을 지원하기 위해 임시적으로 모인 사람들이나, 엄청난 규모의 파일 공유를 가능하게 한 스웨덴 인터넷 해커들, 그리고 힌두교의 폭력적 · 편견적 낙인을 옹호하는 사람들 등도 포함된다.

'시민 사회' 는 아직 개념이 정립되지 않았고, 항상 자비로운 구성체만도 아니다.[46] 정치이론가 존 키인John Keane은 국제적 시민 사회를 "광대하고, 서로 연결되며, 다층 구조로 된 비정부 공간으로 스스로 방향을 정하는 수백여 개, 수천여 개의 조직과 생활 방식으로 구성돼있다" 라고 정의한다.[47] 분명 글로벌 시민 사회는 이미 존재하고 있다. 글로벌 시민 사회의 요소는 각각 글로벌하고, 시민적이고, 사회적일 뿐 아니라 대부분 웹보다 먼저 생겨났다. 지금 현재 존재하는 시민 사회와는 다른 이상적 글로벌 시민 사회는 지구 전체의 공통된 선에 대한 헌신 및 전 세계적 정체성을 육성할 것이다. 그래서 사람들은 구글이 어느 정도까지 그리고 어떤 방식으로 그런 사회를 만들고 지원하는 데 도움을 줄 수 있는지, 아니면 이를 방해할지, 그리고 사람들은 전 세계적 규모의 공공의 선을 촉진하기 위해 무엇을 할 수 있는지 물어야 한다.[48]

독일의 철학자 위르겐 하버마스Jürgen Habermas에 따르면 '공론장public sphere' 은 다음과 같다.

"공공의 의견에 접근하는 무언가가 형성될 수 있는 사회생활 영역이다. 이 공론장에는 모든 시민들이 참여할 수 있다. 개개인들이 모여 공공 단체를 형성한 곳이라면 이들이 나누는 대화들을 통해 공론장의 실체가 형성된다."[49]

하버마스에 따르면 초기 공론장은 18세기 민족국가와 상업에 종사하는 중산층이 부상한 이후에 출현했다. 공론장의 비극은 19세기와 20세기 들어서 공론장의 핵심 조직인 신문사나 방송사가 지나치게 상업화되고 국민들의 알 권리나 참여 목적을 제대로 지원하지 못하면서 시작됐다. 웹이나 웹상에서의 구글의 영향을 살펴보면, 하버마스가 말한 공론장의 몰락이 아주 짧은 시간 동안에 펼쳐진 사례로 볼 수 있다.[50]

사람들이 인터넷이라 부르는 국제데이터통신망은 하버마스의 영향력 있는 역사적 저서《공론장의 구조변동The Structural Transformation of the Public Sphere》이 처음 출간된 1962년 이후 커뮤니케이션 분야에서 처음 일어난 대규모 혁명이다.[51] 하버마스는 유럽의 사회적·정치적 역사에서 떠오르는 중산층들이 살롱이나 카페에 모여 공공의 관심사를 토론하는 순간을 묘사했다. 공론장은 18세기 거의 남자들로 구성된 중산층 구성원들이 가정의 영역과 공식적인 국가 영역 사이의 제3의 장소를 형성할 수 있는 일련의 장소나 집회를 의미했다. 이는 유럽에서 인쇄비용 및 문맹률이 줄어들면서 의사소통이 발전함에 따라 나타난 사회 현상이었다.

하버마스는 이런 공론장이 18세기 이전에는 강력한 형태로 존재하지 않았고, 19세기 후반에 들어서 엄청난 변화를 겪게 됐다고 주장한다. 그 이유의 배경으로는 미국과 프랑스의 민주 혁명, 영국에서의 의회 개혁 노력뿐 아니라 독일과 다른 유럽 국가들에서 공화국으로의 불균형한 쏠림 현상 등을 통해 공론장의 민주적 열망이 마침내 성문화됐다는 점을 꼽을 수 있다. 다른 한편으로 20세기 초엽, 민족 국가들 사이에서 의사소통 기능이 신문사 같은 형태로 법인화되면서 부르주아 공론장에서 깊이 사고할 수 있는 가능성 내지 그런 목적을 빼내갔다는 점을 들 수 있다.

하버마스는 이렇게 토의를 하고 대화를 나누는 민주주의적 관행을 걱정하는 사람들에게 신뢰할만한 모델을 제시한다. 이는 강력하고 유용한 모델이었다. 하버마스의 저서는 미디어 개혁을 위한 노력뿐만 아니라 그보다는 덜하지만 미디어 정책에까지 영향을 미쳤다. 고전적인 그리스의 아고라 광장을 재건하려는 노력에 지쳐 있다가 더 좋은 카페를 만들어 보자고 마음을 잡은 것이다.[52]

1990년대 인터넷이 공공의 의식 속에 들어오자마자, 문화 및 커뮤니케이션 이론가들은 인터넷이 '글로벌 공론장'을 만들 수 있을지, 그리고 요차이 벤클러Yochai Benkler의 용어를 빌려 '네트워크화된 공론장'을 만들 수 있을지를 묻기 시작했다.[53] 마샬 맥루한Marshall McLuhan의 지구촌global village 모델에 너무 영향을 받아서인지, 학자들이나 언론인들, 그리고 활동가들은 하버마스식 용어들을 인터넷 정책이나 인터넷 정책의 정치적 가능성에 관한 주요 토론의 장으로 몰아넣었다.[54]

하지만 공론장은 사람들이 전 세계적 이슈들을 생각하고, 민주화의 꿈을 꿀 때 가장 이상적인 좋은 모델은 아니다. 하버마스의 공론장은 베네딕트 앤더슨Benedict Anderson의 '상상의 공동체imagined community' 개념에 일시적으로, 그리고 지정학적으로 들어맞을 뿐 하버마스의 원 저서에서 다뤘던 특정 역사적 상황과는 맞지 않는 이질적 경험들에 잘못 적용됐다. 공론장의 출현과 축소에 관한 하버마스의 이야기에서 민족주의민족국가의 부상으로 인한와 자본주의는 중요한 역할을 한다. 국가나 지역 문제의 운명에 대한 우려는 사람들을 모이게 하고 생각하게 만든다고 하버마스는 주장한다. 하지만 글로벌 공론장은 전 세계적일 수밖에 없다. 그렇기 때문에 글로벌 공론장의 구성원들은 문화적으로 일관성이 있어야 한다. 언어를 공유하든, 가치 체계를 공유하든 해야 하고, 진실과 정당성에 대해서는 공통된 생각을 가져야 한다. 현재 이런 시스템이 구축돼있지 않을뿐더러 이런 시스템을 만드는 데 모든 사람들이 흥미를 느끼는지에 대해서도 확실하지 않다.[55]

게다가 인터넷으로 글로벌 공론장이 가능할 것이라는 생각은 전 세계적으로 인터넷 접근이나 기술 차이의 문제에 부딪치게 된다. 종종 인터넷이나 다른 의사소통 기술의 영향에 관해 토론할 때, 접근에 대해서는 별로 신경을 쓰지 않는 경향이 있다. 사람들은 전 세계적으로 국제데이터통신망에 접근하는 것을 가정하거나 대부분의 미국 사람들이 빠르고, 싸게, 그리고 통제 불가능할 정도로 전자 네트워크를 사용하는 것과 똑같이 전 세계 사람들이 전자 네트워크를 경험할 것이라고 가정한다. 하지만 실상은 가장 간단한 유튜브 동영상을 볼 수 있을 정도의 속도로 자국 내에서 인터넷에 접근할 수 있는 사람들은 전 세계적으로 5명 중 1명꼴이 채 안 된다. 인구의 80퍼센트 이상이 초고속 인터넷에 접속할 수 있는 나라는 2009년에 들어서야 고작 10개 국밖에 되지 않는다. 그리고 이 10개 국의 인구는 전 세계 인구의 2퍼센트가 채 안 된다. 공론장소인 인터넷 카페나 도서관 등에서 초고속 인터넷이 가능한 국가들의 수많은 사용자들은 필터링, 검열, 그리고 감시에 부딪칠 수밖에 없다. 그래도 이들은 인터넷 경험을 하고 있는 것이다.[56]

하지만 향후 인터넷을 맘껏 누릴 가능성에 있는 이런 시민들을 분리하는 가장 중요한 차이는 반드시 인터넷 기술이나 네트워크에 접근이 가능하냐의 문제가 아니다. 막 부상하고 있는 글로벌적 대화에 참여하는 데 필요한 능력을 갖췄느냐의 문제다. 검색 엔진을 사용하고, 링크를 클릭하고, 페이스북에 글을 올리고 하는 것은 대단한 능력이나 투자가 필요한 게 아니다. 하지만 동영상을 만들고, 영향력 있는 블로그를 운영하고, 위키피디아 커뮤니티에 참여하고, 프록시 서버를 운영하고, 링크와 원 정보 사이를 돌아다니려면 전 세계 대부분의 사람들이 가지고 있는 것보다 더 많은 돈과 지식이 필요하다. 이런 능력을 습득하기 위해서 사람들은 적어도 최소한의 자유 시간과 상당한 돈, 그리고 교육이나 돈에 상관없이 다른 많은 제약 조건들이 없어야 한다. 인간의 역사에서 이렇게 뭔가를 생산하는 데 진입 장벽이 낮았던 적은 없지만, 그렇다고 공짜로 누구에게나 개방돼있고 보편적인 것은 아니다.[57]

전 세계적 글로벌 시민 사회나 그 사촌뻘인 글로벌 공론장, 그리고 구글이 이곳에서 해야 하는 역할의 전망을 고려해보기 위해서는 중국, 러시아, 그리고 인도 같이 역동적이고 다양한 여러 나라들의 강력하고 융통성 있는 의사소통 기술의 역할을 한번 생각해봐야 한다. 이렇게 함으로써 구글이 일반적인 웹과 얼마나 밀착돼 있는지 정도를 가늠할 수 있을 것이다.

글로벌하고 보편화된 야망, 그리고 세계주의적인 관점에도 불구하고, 구글의 검색 기능은 웹 사용자들의 다양한 세상을 연결하고 한데 합치는 데 효율적이지는 못하다. 그 대신 개인에 맞춘 서비스나 검색 결과는 수세기 동안 전 세계적인 의식을 특징지었던 지식의 단편화 현상을 강화한다. 시간이 지나면서 여러 다양한 나라들의 사용자들은 특정 질문에 대해 자국에 맞는 결과를 내도록 구글 알고리즘을 훈련시킴에 따라, 전 세계 각 지역에서는 특정 검색어에 중요한, 즉 가장 '관련 있는' 서로 다른 결과 목록을 갖게 될 것이다. 이미 버지니아주 샬롯츠빌 컴퓨터 앞에 앉아서 구글 인도 버전인 Google.in을 이용해 검색을 하면, 인도 뉴델리에서 똑같은 검색어로 검색을 한 것과는 다른 결과가 나타난다. 구글은 검색자가 있는 곳과 그 지역의 다른 사람들이 보이는 검색 패턴을 반영해서 결과를 구조화하는 방법을 알고 있다.

구글이 계속해서 서비스 및 검색 결과를 지역화, 개인화, 그리고 특정화하게 되면 공통된 지식이나 중요 사항을 오히려 단편화한다. 구글은 '전 세계의 정보를 조직화해서 보편적으로 사용할 수 있게 하기'를 원할지 모르지만 실제로는 보편적 지식을 보편적으로 사용하게 하지는 않고 있다. 모든 정보는 궁극적으로 모든 사람들이 이용 가능하겠지만아직 그런 상태와는 거리가 멀고, 구글이 전 세계에서 공통적으로 그런 임무에 반드시 공헌할지는 미지수지만, 아주 중요한 정보가 시드니에서는 높게 순위가 매겨지고, 상파울루에서는 9번째 페이지에 가려져 있을 수 있다. 키예프와 상트페테르부르크, 텔아비브, 헤브론 사이에서 검색 결과는 중요한 차이그래서 지식에 접근하는 효과적인 방식까지를 보일 것이다.

그리고 인터넷 그 자체는 간단하게, 또 자동적으로 경험이나 지식, 또는 의사소통을 보편화하지 못한다는 점도 중요하다. 인도의 방갈로르에서 점점 늘어나고 있는 상위 중산층은 한때 잠들어 있던 남부의 이 도시를 투자, 연구, 그리고 기술 전문가들의 중심부로 만들려고 노력해왔다. 도시에 새로 생겨난 반짝거리는 빌딩들, 제대로 잘 들어오는 전기, 그리고 생활 용품에 새롭게 싹트고 있는 취향 등은 방갈로르의 변신을 잘 설명해주는 이야기다.[58] 지난 20년간 성장을 해오면서 이 도시는 그들을 지원하는 글로벌 회사들이나 노동자들, 그리고 투자자들을 위해 인프라나 생활방식을 맞춰왔다. 하지만 방갈로르 주변에, 그리고 방갈로르 안에 살고 있는 수많은 가난한 사람들의 욕구를 충족시킨 것은 아니었다.

방갈로르의 변호사이자 미디어 연구원인 로렌스 리앙Lawrence Liang은 방갈로르뿐만 아니라 하이데라바드Hyderabad나 뉴델리 같은 인도의 다른 주요 도시들을 이렇게 묘사한다.

"인도의 이런 도시화는 세계화를 주장하는 엘리트들의 중요한 무대가 되고 있다.…… 멀티플렉스나 몰 같은 미디어 산업의 등장, 그리고 도심 공동화 등은 도시의 부패와 공해, 그리고 인구 관리와 맞물려 새로운 질서 속에서 점점 더 갈피를 못 잡고 있다."[59]

미디어 전문가 라비 순다람Ravi Sundaram이 말한 것처럼 인도에서 "도시가 활발하게 재배치되고 있다." "인도에는 엘리트만 살 수 있는 지역이 있는데, 이들은 자체 발전 설비, 에어컨, 그리고 사설 보안 업체를 두고 생활한다." [60] 아직은 규모가 크지 않지만, 점점 더 증가하는 인도 사회의 특정 계층이 지난 20여 년 동안의 괄목할만한 투자 결과에 따라 문화나 지식, 그리고 권력의 범세계적 흐름에 단단히 자리 잡게 된다면, 가난한 사람들은 비싼 비용을 지불하면서 불충분한 보답을 받게 될 것이다.

만약 인도에 범세계적 시민 사회가 있다면, 이는 극소수의 엘리트들로 구성돼있을 것이다. 인도의 엘리트들은 글로벌 시민 사회의 구성원으로서, 또 상업적 계파의 공헌자로서 공헌도 하고 이익도 얻는다. 글로벌하고 범세계적이며, 기술전문적인 인도의 엘리트들은 여러 면에서 미국이나 유럽 사회, 그리고 바레인이나 브라질의 엘리트 계층들과 공통적인 면이 많다.그래서 공동체 의식을 더 강하게 느낀다. "이 공간은 안전하게 서구 사회에 정박해 있다가, 공론장 같은 문제들을 토론하는 과정에서 해방된 엘리트 이종 문화를 만들어내고 있다"고 순다람은 말했다.[61] 하지만 인도의 기술 엘리트 구성원들이 미국이나 캐나다, 그리고 유럽에 있는 국외 거주 인도인들과 대화를 나누거나 서로 교류할 때, 좀처럼 범세계적 정당성에 관한 공통의견을 형성하지 못한다. 스타일은 범세계주의자지만, 정치적인 면에서는 그렇지 못한 것이다.

편협한 지역주의를 보이면서 동시에 세계적이기도 한 공통 목적을 가진 단체들에게 인터넷은 거대한 공간과 기회를 제공하기도 한다. 지난 20여 년 동안 수천여 명의 이슬람교 인도인들을 강간하거나 죽음으로 몰아가는 데 공헌해왔던 급진 힌두교 근본주의는 절충적이거나 관대한 인도의 전통을 약화시키면서 '순수'하고 단순한 힌두교 정체성을 발전시키는 데 헌신하는 글로벌 인터넷 커뮤니티의 부상으로 도움을 받고 있다. 이렇게 인터넷은 정치적·종교적 반목과 폭력을 조장해왔다. 인도 도심에 인터넷 카페나 무선 인터넷 접속 지역이 늘어남에 따라, 최근에 수백만 명의 가난한 사람들이 인터넷 서비스에 접근할 수 있게 되었다. 그 과정에서 불법 소프트웨어, 폐기되거나 해킹당한 하드웨어, 그리고 훔친 전기를 사용하면서 리앙은 거대한 '불법 정보 도시'로 변하고 있다. 하지만 그들의 삶이 미미하나마 나아지는 것도 이들이 초래하는 환경이나 사회적 비용, 그리고 엘리트들에게 주어지는 특혜에 비하면 새발의 피다. 따라서 인터넷이 지금까지 인도에 미친 가장 중요한 영향은 글로벌 시민 사회가 아닌 무례와 불평등의 사회를 만들었다는 점이다.[62]

언어가 서로 다른 점도 진정한 글로벌 시민 사회를 만드는 데 걸림돌이다. 인터넷은 특정 언어 축을 통해서는 연결되지만, 다른 언어 축으로는 분리된다. 구글의 글로벌 역할 중 한 가지 예외적인 측면은 자동 번역 툴이다. 이는 사람들이 다른 언어로 쓰인 문서들을 대략적으로 번역해 읽을 수 있게 만든다. 대부분의 웹페이지에서 간단한 문서들에는 잘 통한다. 하지만 복잡하고 긴 문서들은 예외이다. 최근에 나는 이탈리아의 지성인들의 글들을 모아서 낸 책《Luci e ombre di Google : Futuro e passato dell'industria dei metadati》를 구글 번역기로 읽으면서 그 어설픈 번역에 실망했다.[63] 하지만 구글이 더 많은 문장들을 언어 분석 컴퓨터에 넣고서 사용자들로부터 피드백을 받게 된다면, 이는 분명 향상될 것이다. 그동안 구글은 새로운 사건이 일어날 때마다 새로운 언어를 번역 소프트웨어에 추가하려고 노력해왔다. 논란이 많았던 이란의 2009년 6월 선거 결과를 놓고 시위가 벌어졌을 때, 구글은 시위 발발 일주일 안에 페르시아어 번역 툴을 배포했다.[64]

그렇다 치더라도 전 세계에서 구글의 언어 능력은 현저하게 다르기 때문에 지역에 따라 서로 다른 효과와 영향을 미치고 있다. 최근의 웹 검색과 웹 사용 트렌드는 교류가 거의 없다시피 한 두 웹을 발전시키는 데 초점이 맞춰져 있다. 그 하나는 라틴 문자영어가 이 영역을 지배하고 있다를 쓰는 웹이고, 다른 하나는 중국어재외 중국인들을 포함하면 전 세계적인를 쓰는 웹이다. 몇몇 학자들에 의하면 웹상에서 영어는 효용성이나 범용성으로 전 세계 상거래의 지배적 언어로 그 지위를 강화해왔다. 하지만 두 가지 요인이 이런 궤적을 복잡하게 만들었다. 중국어가 웹상에서 가장 빠르게 성장하고 있는 언어로 부상하는 것과 구글이 십여 개 언어로 웹을 제작하고, 검색하고, 번역하는 것이다. 그래서 향후 10여 년 동안 웹상에서는 영어, 중국어가 인터넷을 지배하거나 아니면 어떤 언어도 지배하지 않는 두 가지 형태 중 하나가 될 것이다.[65]

구글은 라트비아, 리투아니아, 헝가리, 폴란드, 루마니아, 벨기에, 그리고 네덜란드에서 웹 시장의 95% 점유율을 차지하며 가장 지배적인 회사로 군림하고 있다. 베네수엘라, 스위스, 스페인, 포르투갈, 이탈리아, 독일, 프랑스, 핀란드, 덴마크, 콜롬비아, 칠레, 브라질, 아르헨티나, 그리고 영국이 그 뒤를 바짝 쫓고 있다. 2009년 여러 검색 산업 리포트에 따르면 구글은 이들 나라에서 웹 검색 트래픽의 90~95퍼센트를 장악하고 있다.[66] 구글이 검색 시장을 장악하는 나라들의 언어적 특성을 살펴보면, 공통분모를 찾기가 쉽지 않다. 대부분의 나라들이 라틴 문자를 사용하지만, 라트비아나 리투아니아, 헝가리, 핀란드 등을 포함한 몇몇 나라들에선 첨자 같은, 발음구별 기호가 심하게 들어가 있는 문자를 사용하고 있고, 이는 서유럽의 라틴어와는 상당히 다르다.

구글은 발음구별 기호를 잘 다루지 못함에도 불구하고, 동유럽이나 발틱해 국가들의 자국 검색 엔진이 구글을 대적하지 못하는 것은 좀 놀랍다.[67] 아시아계 음절 체계를 사용하고 비라틴 문자를 사용하는 대부분의 나라들에선 자국에서 개발한 검색 엔진이 그 나라 국민들의 욕구를 더 잘 충족시켜준다. 중국, 홍콩, 일본, 대만, 한국, 그리고 러시아에서 구글은 자국 업체와의 경쟁에서 한참 뒤져있다. 이들 각각의 국가들에서 구글은 검색 시장의 40퍼센트 미만의 점유율을 기록할 뿐이다. 그리고 이 나라들에는 라틴어와는 상당히 다른 문자의 모국어가 사용되고 있다.

물론 언어의 다양성이 모든 것을 설명해주지는 않는다. 2009년 모든 주요 검색 서비스는 다른 언어권보다 영어와 서유럽 언어권에서 더 잘 돌아간다. 게다가 자국어 검색 서비스가 있음에도, 영어로 된 웹사이트가 전통적으로 더 강한 힘을 발휘하면서사람들이 더 오래 머물게 하면서 더 많은 트래픽을 유발한다 모든 검색 엔진은 영어로 된 사이트를 선호한다는 착각까지 하게 만든다.[68] 하지만 전 세계, 그리고 엄청난 성장을 약속하는 일단의 시장에서는 영어에 편중되지 않고 매우 다양하다. 웹 검색과 포털 회사들은 이런 부분을 분명 이해하고 있다. 그렇기 때문에 언어의 다양성이 웹 회사들의 장기적 성공에 중추적 역할을 할 것이라는 점은 분명하다.[69]

라틴어 계열 언어를 쓰지 않는 나라들 사이에는 중요한 차이가 또 있다. 구글은 본토인 중국에서 21퍼센트 점유율을 차지하는 데 반해 대만에서는 그보다도 못한 18퍼센트의 시장 점유율을 차지하면서 더 저조하게 운영되고 있다. 그렇기 때문에 검열 기술이 검색자들에게 가장 중요한 요인은 아닐 수도 있다. 한국의 검색 시장에서 구글이 차지하는 시장 점유율은 겨우 3%다.[70] 한국에서 검색 시장을 주도하는 네이버Naver는 웹 사용자들이 검색 결과에 참여할 수 있도록 지식 검색이라는 것을 활용하고 있다. 이는 위키피디아와 구글을 합쳐놓은 형태다. 그리고 구글 사용자들 중에 한국어를 사용하는 사람이 아주 적다는 사실은 구글 컴퓨터가 다른 나라와는 달리 한국에서는 충분한 데이터를 확보할 수 없다는 것을 의미한다. 또 네이버는 일찌감치 검색 시장에 뛰어들었기 때문에, 구글은 한국에서 좌절하고 어려움을 겪을 수밖에 없었다.[71] 게다가 한국 정부는 사용자들이 동영상이나 유튜브에 댓글을 남길 때 실명으로 하는 시스템을 수용하도록 구글에 압력을 가하는데, 이는 구글이 시행하려는 정책과는 거리가 멀다. 구글은 사용자 익명성 보호를 포기하는 대신, 한국 사용자들이 일부 서비스에 접근하는 것을 제한하고 있다.[72]

구글은 2005년부터 아라비아어로 서비스를 제공해오고 있지만, 나는 아랍 국가들에서 구글의 시장 점유율 정보를 찾을 수가 없었다. 구글은 암만, 요르단, 그리고 이집트의 카이로에 사무소가 있다. 이집트 정부가 정치적 반체제 인사들이나 비판자들을 추적해서 감옥에 집어넣고 고문하는 것만 보면 중국 정부만큼 억압적이지만, 구글은 이집트 사용자들에게 G메일을 제공하고 있다. 구글은 중국에서와는 달리 이집트 구글 사용자들의 운명을 우려하지 않고 있고 미 의회, 그리고 인권 단체들 중 그 누구도 다른 억압 정권들에서의 구글 정책에 문제를 제기하지 않는 것처럼 보인다.

러시아의 경우 취약한 민주주의에서 블라디미르 푸틴Vladimir Putin의 지휘하에 민족주의적이고, 권위주의적인 일당 체제로 옮겨가면서 구글은 러시아에서 자유로운 운영이 가능해졌다. 비록 푸틴 정권이 정부에 비판적인그렇게 강하지 않더라도 언론을 막고는 있지만, 상대적으로 웹을 개방해놓고 있다. 사람들은 인터넷 사용과 정치적 자유는 비례한다고 생각하지만 러시아의 경우, 지난 10년간 인터넷 사용과 자유가 꾸준히 증가한 반면 반대자들에 대한 거센 탄압도 더불어 증가했다. 마치 러시아 정권이 웹은 쇼핑을 위한 공간일 뿐이고, 정치적 조직이 웹상에 나타나는 것은 단지 성가신 일이라고 여기는 듯하다.[73]

러시아 인터넷은 구조적으로는 개방돼 있지만, 구글 공동창립자인 세르게

이 브린의 고향에서 구글은 괄목할만한, 그리고 영향력 있는 검색 시장 점유율을 확보할 수 없었다. 얀덱스Yandex라는 러시아 회사가 정부와 끈끈한 관계 속에 2008년 검색 시장의 44%를 점유했다. 구글은 34%밖에 되지 않았다. 당시 러시아 국민의 25%만이 인터넷을 정기적으로 사용했기 때문에 시장이 더 성장하고 변화할 수 있는 잠재력은 컸다. 얀덱스는 와이파이에 접속할 수 있는 수많은 지역을 지배했고, 유명한 사진 공유 사이트도 운영했다. 얀덱스와 두 번째로 유명한 러시아 검색 엔진 램블러Rambler는 키릴Cyrillic 문자를 사용하는 러시아어를 모국어로 프로그램화 할 수 있다는 이점이 있었다. 얀덱스는 우크라이나와 벨라루스처럼 비슷한 언어를 사용하는 나라에 키릴 문자 사이트를 제공하는 데도 전문이었다.

러시아 문법은 대다수 유럽 언어와는 달리 복잡할 뿐만 아니라 많이 다르다. 현재 검색 기술은 복잡한 언어 분석을 필요로 하기 때문에, 구글이 서유럽 언어 연구 분야에서 우위를 차지하고 있다 해도 러시아 시장에서는 별로 도움이 되지 않는다. 2006년 러시아에 진출한 이래 구글이 그나마 성장할 수 있었던 것은 유튜브나 구글 맵스 같은 영향력 있는 보조 서비스 덕분이라고 할 수 있다. 또한 러시아 시장에서 정부의 지원이나 정치적 관계는 서비스의 질 만큼, 아니 그 이상으로 영향을 미칠 수 있다. 이런 복잡한 상황 때문에 러시아가 지금보다 더 민족주의적으로 바뀐다면 구글이 시장을 장악하거나 훨씬 더 성장하는 것을 상상하기는 힘들다. 다른 한편으로 만약 러시아 사회나 정부가 개방되고 자유로워진다면, 그 과정에서 구글이 중요한 역할을 할 수 있을 것이라는 상상을 할 수는 있다. 다시 한 번 말하지만, 미디어 환경이 사회적·문화적 조건들을 변화시키기보다 그것이 미디어 환경의 변화를 이끌 수 있다.[74]

구글은 다양한 언어가 존재하는 나라들에서 더 좋은 성과를 내는 것 같다. 대체적으로 1개 국어를 사용하는스페인어가 미국의 제2 언어긴 하지만 미국에서 구글은 2005년 이후 꾸준히 증가하고는 있지만 웹 검색 분야에서 72%의 점유율을 차지하고 있을 뿐이다. 구글은 2개 국어를 사용하는 캐나다에서는 78%의 시장 점유율을 차지하고 있다. 주요 경제 강국 중에서 가장 많은 언어를 사용하는 인도21개 주요 언어들이 사용되고 있다는 구글에 더할 나위 없는 훌륭한 시장으로 검색 시장에서 81% 이상의 점유율을 보이고 있다.[75]

인도에서 수많은 검색들은 영어로 이뤄지는데, 영어는 인도 전체에서 1억 명 이상, 즉 전 세계 인구의 17% 이상이 사용하는 표준 언어다. 단일 문자와 단일 언어의 통용이 네이버의 성공 요인으로 작용했던 한국과 달리, 인도는 융통성이 있고, 컴퓨터 역량을 잘 드러낼 수 있는 구글에게 이상적인 환경을 제공한다. 구글은 수많은 인도어들 간 자동 번역 기술에 엄청난 투자를 해왔다. 2009년 중반 이후 구글은 힌디어, 벵골어, 텔루구어, 마라티어, 타밀어, 구주라티어, 칸나다어, 말라얄람어, 펀자브어 등 9개 인도어로 서비스를 제공하고 있다. 인도가 비록 주요 최첨단 기술의 인큐베이터이긴 하지만, 인도의 소프트웨어 기술자들은 구글의 외양이나 느낌을 흉내 내는 것 이상으로 효과적인 자국 검색 엔진을 만들어내지 못하고 있다.[76]

[자국 문화와 세계주의에 대한 저항]

인터넷이 전 세계를 하나로 묶는 엄청난 잠재력을 가지고 있긴 하지만 지난 20년 동안 한결같지만은 않았다. 모든 사람과 모든 사람을 연결하고, 모든 사람과 모든 지식을 동등하게 연결하는 역할 대신 단절된 연결을 가능하게 하고 있다. 인터넷은 여러 곳에 흩어져있는 재외 국민들 커뮤니티를 결집하고 국내외에서 정치적 동맹을 결성하는 데 대단한 성공을 거두고 있다. 이런 현상 속에서 구글의 역할은 아주 단순하다. 구글은 검색 기능을 통해 웹의 '종족화tribalization'를 확대해왔다. 네덜란드 축구 팬들이나 마오리 혈통 사람들은 웹상에서 서로를 찾고 공유된 의견들에 집중한다. 새로운 방식으로 세상을 단절하고, 또 다른 새로운 방식으로 세상을 결집한다. 글로벌 시민 사회의 한 측면인 '자국 문화 운동local-culture movements'은 사람들과 장소를 동시에 이합집산하면서 엄청난 이득을 얻었다. 또 글로벌 시민 사회와 장차 가능한 글로벌 공론장이 서로 협업하기보다 어떻게 충돌하고 있는지 증명한다.

글로벌 공론장에 자국 문화 운동은 유용하지 않다. 오히려 자국 문화 운동은 글로벌 공론장을 골칫거리로 본다. 이 운동은 오랜 기간 동안 변방에 머물러 있던 문화 단체들의 이해관계를 나타낸다. 이 단체들은 특히 날조되고 강요된 민족주의를 위해 자유를 억압하고, 권위주의적이고, 전체주의적인 민족 국가들의 강력한 압제 하에서 정체성을 유지하고 나타내기 위해 노력을 기울여왔다. 이런 상황 하에서 수많은 문화 단체들은 자국의 전통을 공공연히 물려줄 수 없거나 그들 나라의 젊은이들에게 언어를 가르칠 수 없었다. 예를 들면, 스페인과 프랑스는 양국에 국경을 걸치고 있는 바스크의 문화나 언어를 억압하려고 노력해왔다. 인터넷은 전 세계 바스크 이민자들을 서로 연결시키고, 고대 바스크어인 에우스카라Euskara를 전파했다. 실제 조상이 누구든 상관없이 웹을 통해 이를 받아들이려는 사람들에게 바스크 정체성에 대한 개념을 확대하면서 바스크 민족주의를 재천명할 수 있도록 했다.[77] 비슷한 자국 문화 운동이 웨일스Wales나 콘월Cornwall 같은 곳에서도 번창했다.

하지만 세계화를 통해 수많은 곳오스트레일리아나 캐나다 같은 이미 자유주의 국가인 곳에서
도 종종 나타난다에서 이런 운동이 부활하면서 이들 문화 단체들은 새로운 위협을
맞고 있다. 사기업들이 그들의 기호나 이야기, 그리고 문화적 관습 등을 이용
하기 시작한 것이다. 이런 점에서 볼 때, 공론장은 다른 사람들이 그들의 경
험이나 전통, 그리고 신념을 신속하게 모방하거나 종종 모욕적이고 새로운
측면으로 격을 낮추는 또 다른 기회일 뿐이다.[78] 그래서 자국 문화 운동은
다국적 미디어 회사들이 위성이나 케이블, 방송 같은 폐쇄된 네트워크를 통
해 그들 소유의 수많은 사진들이나 텍스트들을 쏟아내는 것에 반대한다.[79]

자유로운 웹 운동과 공산주의적 자국 문화 운동 사이의 긴장 상태는 전 세
계적으로 중요한 문화나 건강, 환경 같은 문제들과 맞붙어 싸울 수 있는 글로
벌 공론장을 만드는 노력에 좌절과 한계를 가져다 준다. 하버마스 모델에서
공론장은 개인과 국가를 중재한다. 자국 또는 개인의 이해관계는 웹상에서
표출이 가능하지만 특정 글로벌 사안에 대해 효과적으로 통치권을 행사할
수 있는, 국적을 초월한 기관들은 거의 없다. 때로 세계무역기구가 그들의 의
제를 시행해 나가는 것처럼 보이기도 하지만, 이는 특정 민족 국가들의 이해
관계를 가리는 가면일 수 있다. 또 어떤 때에는 유네스코나 세계지적재산권
기구WIPO가 각각의 관심 분야에서 권위를 갖고 있는 것처럼 보이기도 한다.
하지만 이 역시 다방면으로 보호막을 찾는 민족 국가의 도구로 활용되고 있
을 뿐이다. 게다가 공론장은 토의와 논쟁을 위한 실제적 · 물리적 공간을 수
반하거나 필요로 한다.

자국 문화 운동은 그 주변성이것이 존재 이유이기도 하지만 때문에 문화 정책에 관
한 전 세계적 논의에서 변방에 머물러 있다. 캐나다나 오스트레일리아처럼
친절하게 도움을 주는 민족 국가가 대변을 해줄 때에만 자국 문화 운동 구성

원들의 주장은 정책을 결정하는 관료들에 관심을 받게 된다. 하지만 이는 공론장 영역이 주도하는 활동이 아니라 국가가 주도하는 활동일 뿐이다.[80]

인터넷은 하버마스가 묘사하고 규정한 건강한 공론장처럼 사회적 공간이나 기준을 제공하지 않는다. 인터넷은 문화에 영향력을 발휘하도록 설계되지 않았다. 역설적으로 인터넷은 자유가 제한된 상황에서 민주적 반체제주의 운동에 합리적인 공간이나 기준을 활성화하는또는 활성화하는 것처럼 가장하는 역할을 더 잘 해내고 있다.[81] 인터넷이 전 세계적인 정치적 행위를 중간에서 조정하는 기능은 현저하게 미개하다. 오히려 주변부에서 '정치적 목적의 해킹hactivism, 정치적 목적을 위해 파괴적인 의사소통 기술을 이용하는 것'이나 사이버반달리즘cybervandalism에 불만을 품은 자들자국 문화 운동의 구성원들을 포함한의 유용한 도구로 성장했다.[82] 인터넷만으로는 충분하지 않다. 인터넷에 적용된 특정 기술, 예를 들면 구글 같은 여과 장치가 네트워크를 '문명화'할 수 있다.

한동안 구글은 기술이 전 세계 사람들을 결속하고 연결할 것이라는 개념에 무게를 두면서 웹 사용에 있어 통일성과 일관성을 제공하는 것처럼 보였다. 합의에 따라 선택된 결과에 기반을 두고서 중요하지 않은 것들을 걸러내고 웹상의 지식을 안정되고 보편적으로 만들 것이라고 약속했다. 하지만 지금까지 봐왔던 것처럼, 최근에 웹 검색 결과를 지역화하고 사용자에게 맞추려는 움직임은 그런 가능성을 약화시켰다. 그리고 이제 사람들은 구글의 검색 알고리즘이 잘 조직되고 첨단 기술을 잘 아는 단체들에만 혜택을 준다는 사실도 잘 알고 있다. 사실 구글은 글로벌 공론장에 대한 전망을 붕괴하는 데 일조하고 있다.

왜 이런 파괴적 행위가 글로벌 정치에서 중요한지 이해하기 위해서는 포스트모던 글로벌 시장 경제 체제에서 문화의 독특한 역할을 고려해야 한다.

문화에 관해서는 이론이 분분하다.

세일라 벤하비브Seyla Benhabib는 '문화'가 전통적으로 상징적 세대 및 이를 구분하는 장 내지 동떨어진 별개의 분야가 아니라 지배적 정치 구조의 세계관을 유지하는 데 중심 역할을 하는 것으로 여겨져 왔다고 주장한다. 과학이나 정치학, 경제학 또는 군국주의가 조직화되고 구체화된 데 반해 '문화'가 그렇지 못했던 것은 소위 막스 베버의 '가치 차이Wertausdifferenzierung' 과정의 결과로 나타난 뚜렷한 현대적 현상이라는 것이다. 베버는 현대 국가와 자본주의 경제 하에서 문화는 반대의 자세를 견지하기도 하고 합리화하는 경향이 있기도 하다고 주장했다. 21세기 산업화 복지 국가라는 정치적 틀 안에서 문화 정치학은 단순히 자원을 어떻게 분배하느냐에 종속될 수밖에 없는데, 신자유주의 상황 하에서 자원의 재분배를 요구하는 것은 소용없고 반생산적인 것으로 묵살되는 것처럼 보인다. 결과적으로 문화에 대한 인식의 재분배 효과가 있을 수도 있지만, 최근에 문화 단체들은 자원의 재분배보다는 문화에 대한 인식을 주장하기 위한 노력으로 정치적 전략을 차용하고 있다고 벤하비브는 설명한다.[83] 절망적으로 분열된 다원 식의 세계 경제에서 문화적 인식은 인생 그 자체만큼이나 중요하게 보일 수 있다.[84] 글로벌 공론장을 형성하려는 노력은 절차적 평등을 위해 문화적 인식의 중요성을 지나치고 있다. 물론 그것이 잘못된 것은 아니다. 하지만 특정 문화의 주장이 식민지로부터 독립한 수많은 나라들을 배제하고 소외감을 느끼게 할 수 있는 강력한 힘을 가지고 있다는 점을 간과하고 있다.

검색 결과의 지역화와 그로 인한 지식의 맞춤화 같은 강력한 트렌드로 구글의 검색 기능은 자국 문화 운동의 이해관계를 강화하고 있고, 따라서 진짜 글로벌 시민 사회를 더 확대하기보다는 억제하고 있다. 하지만 몇몇 주요 측면에서 구글의 사업은 글로벌 시민 사회를 현재의 형태로 확장하는 데 영향을 미쳤고, 글로벌 공론장이 어떤 모습으로 나타날지 엿볼 수 있게 해줬다. 유튜브, 블로거, 그리고 구글 뉴스가 바로 그것이다. 이 세 분야는 전 세계의 구글화에서 가장 중요한 요소다. 지금껏 분석한 것처럼 비록 글로벌 공론장이 성장하는 데 장애가 따르고, 이런 장애들을 주장하는 사람들이나 세력들이 분명 있지만, 글로벌 공론장의 발전이 좋은 일이고 따라야 할 목표라면 사람들은 전 세계의 구글화가 어떻게 그런 목표를 이룰 수 있을지 곰곰이 생각해볼 필요가 있다. 그 한 가지 방법이 모든 것의 구글화의 주요 측면인 지식의 구글화을 좀 더 분석해 보는 것이다.

GooglᎶ

지식의 구글화

책의 미래

인간의 심오한 사고를 가장 잘 표현할 수 있는 방법들은 아직까지 풀로 제본되고, 천으로 된 표지로 보호되고 자리 잡은, 전 세계 도서관 서가에 잘 보관된 종이에 의존하고 있다. 어떻게 이런 지식들을 잘 보존하면서 동시에 널리 퍼뜨릴 수 있을까? 어떻게 책들의 유용성과 진실을 점검하고 판단할 수 있을까? 가장 훌륭한 지식을 어떻게 대부분의 사람들과 연결할 수 있을까? 물론 구글은 이 같은 질문들에 해답을 제공한다. 구글이 제공한 답이 충분한지의 판단은 우리의 몫이다.

자유주의와 계몽의 가치를 받아들이는 사람들은 '아는 게 힘이
다Knowledge is power'로 유명한 프란시스 베이컨을 종종 인용한
다. 하지만 역사가 스티븐 가우크로저Stephen Gaukroger가 설명했듯, 이는 지
식에 관한 주장이 아니다. 힘에 대한 주장이다. 가우크로저는 "지식은 지금
까지 힘으로 인정받지 못했다"고 말했다. "베이컨의 모델은 플라톤이 아니라
마키아벨리다."[1] 지식은 다른 말로 하면 힘 있는 자들의 도구이고, 지식에
접근한다는 것은 힘의 도구에 접근한다는 뜻이다. 하지만 단순히 지식을 가
지고 있고 사용한다고 해서 힘이 없는 사람들에게 자동적으로 힘이 부여되
는 것은 아니다. 힘이 있는 사람들은 항상 자신들의 목적에 맞게 지식을 활용
하는 수단과 방법을 가지고 있다.

하지만 지식에 접근할 수 있는 길을 확장하면 서로 다른 목적을 가지고 있
는 수많은 사람들이 그들의 목적을 알리거나 옹호받을 수 있고, 국가나 국가
를 초월한 행동의 어젠다에 자리 잡을 수 있도록 한다. 실제 지식 접근성을

늘려야 한다고 옹호하는 사람들은 특허 의약품 접근성에서부터 독점 소프트웨어 접근성까지 여러 분야에 걸쳐있는 국제적 어젠다에 이슈를 상정해왔다. 지식 접근성 문제는 공론장을 확장하고, 이를 통해 모든 권력 도구들의 소유권을 주장하는 힘 있는 사람들과 경쟁할 수 있는 전망의 중심이 된다.

인류 지식의 상당한 부분은 아직까지 책이라 불리는 일련의 문장 형태로 존재한다. 사람들은 이런 지식을 활용하고 전달하는 새로운 방식에 현혹되고 혼란스럽기도 하지만 인간의 심오한 사고를 가장 잘 표현할 수 있는 방법들은 아직까지 풀로 제본되고, 천으로 된 표지로 보호되고 자리 잡은, 전 세계 도서관 서가에 잘 보관된 종이에 의존하고 있다. 어떻게 이런 지식들을 잘 보존하면서 동시에 널리 퍼뜨릴 수 있을까? 어떻게 책들의 유용성과 진실을 점검하고 판단할 수 있을까? 가장 훌륭한 지식을 어떻게 대부분의 사람들과 연결할 수 있을까? 물론 구글은 이 같은 질문들에 해답을 제공한다. 구글이 제공한 답이 충분한지의 판단은 우리의 몫이다.

[책장을 넘기다]

2006년 5월, 〈와이어드Wired〉 잡지의 기고가 케빈 켈리Kevin Kelly는 〈뉴욕 타임스 매거진New York Times Magazine〉에 출판업의 변화와 유동성을 예견하는 기사를 게재했다. 이 기사에서 켈리는 구글이 대학교와 공공 도서관에 소장된 수백만 권의 책을 복사해 검색 가능한 텍스트를 제공한다는 계획에 의해 조성될 새로운 체제에서 글을 쓰고 읽는 관행 내지 출판업에 일어나게 '될' '될 수 있을'이나 '될 법한'이 아니다. 부분들의 윤곽을 보여줬다. 켈리는 "만약 세상의 모든 책들의 단어들이나 생각들이 상호 연결돼 하나의 액체 같은 조직처럼 된다면 어떤 일이 생겨날까?'라고 물었다. 그리고 이렇게 답변했다.

"첫 번째, 별로 인기가 없는 책들은 지금보다는 독자가 늘어날 것이다. 두 번째, 전세계의 도서관은 문명화 과정에서 쓰여진 모든 원본 문서들을 복사하고 연결하면서 역사에 관한 인식을 깊게 할 것이다. 세 번째, 그 전 세계의 도서관은 권위에 관한 새로운 개념을 양성할 것이다."[2]

켈리는 글과 글, 책과 책, 페이지와 페이지, 그리고 구절과 구절이 서로 연결되면 어떤 사람들은 승리자로, 또 어떤 사람들은 패배자로 만드는 지식의 격차를 메울 수 있을 것이라고 제안했다. 켈리는 다음과 같이 말했다. "만약 당신이 진정으로 과거, 현재, 그리고 언어에 상관없이 특정 주제에 관한 모든 문서들을 이용할 수 있다면 문명인으로서 인류로서 우리가 알고 있는 것과 모르는 것에 대한 명확한 감을 잡을 수 있다. 사람들이 얼마나 우매한지 강조될 것이고, 최고의 지식은 점점 더 완벽에 가까워질 것이다. 이 정도의 권위는 오늘날 학문에서는 얻기 힘들지만, 미래에는 일상적인 일이 될 것이다."[3]

이렇게 기술 혁명에 대해 자극적으로 예측을 하는 것은 지금의 기술근본주의 문화에서 그 동안 일상적으로 잘 받아들여져 왔기 때문에 그로부터 한 달 뒤 존 업다이크John Updike는 〈뉴욕 타임스 북 리뷰New York Times Book Review〉를 통해 켈리의 비전을 비판하기는 했지만 이런 미래가 일어날 것이라는 데 의구심을 품지는 않았다. 다만 업다이크는 1950년대 뉴욕이나 옥스퍼드, 보스턴 등지의 거리를 배회하다 즐겨 찾던 오래된 서점이 얼마나 그를 포함한 모든 사람들에게 훌륭했었는지 사색에 잠기면서 단지 이런 변화를 통탄해할 뿐이었다.[4] 업다이크의 이런 엘리트적 비판은 구글이 수백만 권의 책을 복사해 업다이크처럼 운이 따르지 않는 사람들에게 지식을 전달해준다고 주장해온 켈리나 다른 사람들이 민주주의에 기여한 업적을 더욱 돋보이게 했을 뿐이었다.

이미 밝혀진 것처럼 책에 담겨있는 지식에 보편적으로 접근한다는 것은 쉽지 않다는 점이 증명되고 있다. 물론 켈리의 예상대로 되려면 이 기사에서는 대수롭지 않게 여겼지만 저작권 시스템의 협력이 필요하다. 켈리는 저작권을 단순히 걸림돌로 언급한다. 법률가들이 만든 법저작권이 엔지니어들이 세운 법책의 디지털화을 무찌를 수 있다는 게 자신의 비전과 상충된다는 점을 인정하면서 말이다. 사실 그가 이런 기사를 썼을 때만 하더라도, 당시 미국 저작권 시스템은 10여 개 대학 도서관에 소장된 모든 책들을 복사하겠다는 구글의 계획을 짓밟는 게 전적으로 가능한 듯 보였다.

[책의 구글화]

지난 몇 년 동안 전 세계적인 디지털 도서관에 대한 켈리의 비전은 시기마다 구글 프린트, 구글 북 서치, 그리고 구글 북스로 알려진 프로젝트를 통해 점점 실현되는 듯 보였다. 이 프로젝트는 좌초됐다가 2008년 10월 미국 출판 및 저작자 길드 연합Association of American Publishers and the Authors' Guild과의 법률적 합의 덕분에 극적으로 다시 회생했다. 이 해결책은 디지털 시대에 저작권이라는 게 과연 어떤 것인지 장장 4년여 간의 분쟁 끝에 나왔다. 논쟁의 핵심에서 법률적·철학적 질문들을 회피하면서 지식에 접근하기보다는 더 많은 문제들을 제기하며 책의 연구, 유통과 관련된 확고한 새 체계를 세웠다. 즉 경쟁의 결핍, 가중되는 독점, 그리고 점점 더 증가하는 정보 생태계의 사

유화 같은 질문들이 그것이다.[5]

2004년에 구글은 25개 이상 도서관에 있는 수백만 권의 책을 복사하고 목록으로 만들기 시작했다. 이 서비스는 상당히 과장된 억측의 단골 주제가 돼 왔다. 구글의 계획을 접한 로렌스 레식Lawrence Lessig 같은 법률학자들은 이 서비스가 교수들뿐만 아니라 일반 대중들에게 급진적으로 정보를 자유화할 수 있을 것이라고 주장했다. 코리 독토로 같은 작가들은 처음에는 구글 북스가 흥미를 가지고 있는 독자들을 특정 텍스트에 연결하면서 대량 판매 시장에서 소규모로 발행되는 책들이 묻혀버리는 것을 막을 수 있는 기회를 제공할 것이라며 찬사를 보냈다. 켈리 같은 기술 진보주의자들은 구글 북스가 서로 관련 있는 이질적인 정보들과 사용자들을 연결하면서 산더미 같은 책 표지나 도서 목록을 필요 없게 만드는 전자 텍스트의 특성을 찬양했다. 구글 같은 기업의 지원을 통해 지식을 변형하고, 확장하고, 누구나 이용 가능하게 할 수 있는 디지털 문화의 가능성을 진정으로 믿었다. 그러는 사이 출판업자들과 작가들은 장밋빛 미래를 자제하면서 저작권 침해와 관련해 구글 북스에 두 개의 주요한 소송을 제기하기 시작했다.

구글 북스는 초기 지지자들이 제시한 과장된 주장들의 기대를 따라가지 못했다. 처음 약속대로 진행하지 못했을 뿐만 아니라 그 과정에서 저작권 체계나 출판 경제를 붕괴시켰다. 구글은 웹 저작권 관행의 기준이나 형식을 가져와서 전혀 맞지 않은 실제 세상의 책들에 적용하려 했다. 2008년 가을 출판업자 변호인들과 구글에 의해 제기된 합의 제안을 통해 구글 북스의 윤곽과 세세한 내용들을 접한 사람들은 큰 문제가 있다는 점을 발견했다. 저작권이 있는 책들의 공정한 이용이라는 구글의 대담한 시도에 박수를 보냈던 저작권과 사이버 법 교수들은 구글이 실제로는 출판 경제나 문화에서 스스로를 강력하게 만들 뿐 아니라 경쟁 우위의 시스템을 만들고 있다는 사실을 깨달았다.[6] 합의가 처음 발표됐을 때 하버드 법대 교수이자 저작권 개혁 옹호자인 로렌스 레식은 이 합의에 대해 "정말 환상적인 무언가의 토대가 될 수 있는 훌륭한 거래"라고 불렀다.[7] 하지만 이 합의와 구글의 계획을 둘러싼 여러 논쟁들 그리고 문제들을 고려한 후에 레식은 이 합의가 미국 저작권법을 약화시키는 데 실패할 것이고, 디지털 지식의 흐름을 더 상업화하고 제한할 것이라는 결론을 내리고서는 이 프로젝트에 대한 지지를 철회했다.[8]

더 중요한 것은 원래 구글 도서관의 동반자였던 하버드 대학교 도서관의 수장이 이 프로젝트에 대해 공공연히 반대한다고 천명한 것이었다. 역사가인 로버트 단턴은 하버드 대학교가 구글과 동반자 관계를 맺었을 당시 프린스턴 대학교에 교수로 있었다. 그러다 하버드 대학교 도서관장이 되자, 구글을 통해 지식을 사유화하는 것이 과연 하버드 대학교에 도움이 되는지 의문을 갖기 시작했다. 2009년 가을, 단턴은 〈뉴욕 리뷰 오브 북스New York Review of Books〉의 기고를 통해 상당한 문화유산을 통제하려는 구글의 노력들이 미래에는 위험 요소가 될 것이라고 공언했다.[9]

게다가 프랑스와 독일 정부는 구글 북스가 절판된 책 시장에서 구글에 부당한 이익을 줄 것이라는 의견을 냈다. 중국의 작가들은 허락도 없이 자신들의 책들을 복사해 저작권을 침해했다며 사과를 촉구하고 구글을 고소했다.[10] 2009년 9월 미 법무부는 구글 북스 합의가 대폭 바뀌지 않는 한, 이는 미국의 반독점법에 위배되는 것이라고 말했다. 구글과 출판업체들은 2010년 2월 이 사안을 다시 검토하고 공판에 재송부하기 위해 합의를 철회했다. 하지만 개정한 합의안도 법무부의 우려를 가라앉히지는 못했다. 이 재합의안대로라면 책들의 디지털 복사본은 구글을 통한 판매를 용이하게 할 것이고,

구글을 20세기에 출판된 대부분 책들의 독점적 판매상으로 만드는 데 효과적일 것이기 때문이었다.[11]

2010년 8월 데니 친Denny Chin 판사는 출판업자들몇몇 저자들 포함해서과 구글 간 집단 소송 합의 관련해서 판결을 내리지 못하고 있었다. 만약 친 판사가 이 합의를 인정한다면, 구글은 20세기에 출판됐다가 절판된 수백만여 권 책들의 디지털 파일들을 판매할 수 있는 권한을 갖게 될 것이다. 게다가 구글은 저작권법에 저촉되지 않거나 저작권이 만료된 수백만여 권 책들의 접근권도 제공할 것이다. 이 합의는 책들과 독자들, 출판업자들, 저자들, 도서관들, 그리고 구글 간 관계에 엄청난 변화를 가져올 것이다. 수많은 위대한 작품들에 접근하게 한다는 것은 10여 년 전에 상상했던 그 이상으로 대단한 작업이 될 것이다. 하지만 미국의 도서관들은 관내에 구글 자판기Google vending machine를 관리하면서 상업화될 것이 뻔하다. 출판업자들이나 저자들은 그 전보다는 돈을 조금 더 많이 벌 수 있을 것이다. 간혹 오랜 기간 동안 묵혀있던 작품들이 갑자기 베스트셀러로 튀어나올 수도 있다. 하지만 구글은 이런 방대한 책들에 접근하고 이용하는 데 있어 자신들이 대리인이라고 주장할 것이다. 다른 어떤 회사들도 현실적으로 경쟁을 할 수 있는 서비스를 시작할 수 없을 것이다. 독자들은 안전하고 익명이 보장되고 공익적인 공간에서 아무런 사전 경고 없이 그들의 독서나 검색 습관이 추적될 수 있는 상업화된 구글 환경으로 자연스럽게 넘어갈 것이다. 무엇보다 지식을 널리 퍼지게 할 목적으로 오랫동안 국가적으로 지속돼오던 양질의 비상업적 서비스를 설계하거나 자금을 댈 엄두를 내지 못하고, 단지 책을 팔거나 광고를 배치하는 데만 급급하게 된다는 점이 가장 큰 대가를 치러야 할 부분이다.

다른 한편으로 친 판사가 이 합의를 거부하고 저자들과 구글, 그리고 출판업자들의 저작권 소송을 다시 법원으로 송부한다면, 구글 북 프로젝트는 실패로 끝날 것이다. 구글은 합의를 이루려고 노력은 하겠지만, 저작권 침해와 관련된 비난에 선한 의도로 설득력 있게 방어할 수 없을 것이다. 그리고 출판 업자들은 애초 구글이 제시했던 것보다 약화된 조건으로 재협상할 수 있는 이점을 얻게 될 것이다.

이런 합의가 가장 걱정스러운 점은 적법성이나 세부사항들의 문제를 넘어서, 다음 몇십 년 동안 사람들이 책이나 지식을 어떻게 찾고 어떻게 경험하느냐는 전혀 관련이 없다는 것이다. 십여 개 도서관에 비치돼있는 책들을 사용하기 쉬운 형태로 변화시켜왔고, 또 이런 합의를 통해 나타나게 될 정책이나 관습의 변화를 놓고 보면 기회적인 측면에서는 기념비적이다. 구글 북스 프로젝트는 향후 100여 년 아니 그 이상을 놓고 봤을 때 가장 혁명적인 정보 정책의 변화다. 만약 이에 대해 승인을 받는다면 저작권이나 문화, 책, 역사, 그리고 도서관에 대해 생각하는 방식을 바꿔놓게 될 것이다. 하지만 일반 대중들은 구글 북스가 어떻게 만들어지고 운영될지에 결정권이 없다. 그 어떤 공공 정책 입안 단체들도 구글 북스의 탄생을 관장하지 않았다. 어떤 입법기관도 한 기업이 수백만 권의 저작권 있는 책을 복사하도록 허락하는 의무 라이선스 시스템compulsory-license system, 저작권 소유주에 저작물을 복사해도 되는지 사전에 허락받지 않고, 오히려 복사를 하는 사람이 복사할 권리를 추정하는 방식에 합당한지 고려하지 않았다.

구글 북스 계획은 공공기능의 실패의 대표적인 사례다. 이 세상 그 어떤 훌륭한 국가나 정부, 그리고 대학 도서관들도 구글이 상상한 것처럼 보편적인 디지털 유통 서비스에 필요한 정치적 의지나 비전, 그리고 자금을 모으지 않았다. 정부 기관들은 이런 서비스에 대한 갈망 또는 요구를 보지 못했다. 구글이 그 사이에 끼어들었고, 정부에 아무런 비용 없이 보편적으로 접근할 수 있는 무언가를 제공하겠노라 선언했던 것이다. 문제는 이 모든 것들이 장기간 보존해야 할 필요성이나 질적인 기준에 관심을 두지 않는 구글의 원칙 하에서 이뤄질 것이라는 점이다. 근본적으로 구글 북스 프로젝트는 집단 소송 합의에 따라 실행되는 정보 정책의 급격한 변화다. 만약 구글 북스 프로젝트의 효력이 발생된다면 사적인 법이 공적 정책을 좌지우지하게 될 것이다.

겉보기엔 순진해 보이는 이 프로젝트가 어떻게 구글이 그동안 시작해왔던 다른 어떤 프로젝트보다 논란을 일으키고 큰 위험 부담을 짊어지게 했을까? 구글의 경영진들은 당시에는 이를 깨닫지 못했겠지만, 많은 사람들은 전 세계 정보 시스템에 미치는 힘이 점점 커져가는 구글에 우려를 하고 있었다. 또 저작권이 있는 수백만 권의 책을 디지털화한다는 세세한 계획들은 저작권, 경쟁, 사생활, 공공 도서관의 사유화, 그리고 책들의 미래 같은 논란의 여지가 있는 문제들을 건드렸다. 구글 북스가 지식들에 접근할 수 있도록 하겠다는 약속 주위로 정반대의 유령이 맴돈다. 바로 책이나 책 속의 콘텐츠, 그리고 힘에 대한 개방된 접근의 제한이 그것이다.

[책 검색, 저작권, 그리고 무임승차]

2009년 10월 〈뉴욕 타임스〉의 사설란 맞은편에 구글의 공동 창립자 세르게이 브린은 구글 북스 프로그램을 변호하면서 이 프로젝트가 구글의 이상적인 임무에 잘 맞기 때문에 책들을 디지털화하는 데 관심을 갖고 있었다고 말했다. 브린은 "10여 년 전쯤에 공동 창립자인 레리 페이지는 책이 전 세계 집단 지식과 문화유산에서 중요한 역할을 하니까 이 세상 모든 책들을 디지털화해보자고 처음 제안했고, 그렇게 프로젝트의 싹이 트기 시작했다"고 설명했다. "그 당시만 해도 이 프로젝트는 너무 야심차고 어려워 보였기 때문에, 이 일을 같이 해보자고 누군가를 끌어들일 수도 없었다. 하지만 5년이 지난 2004년, 구글 북스당시는 구글 프린트라 불렸다가 탄생했고 사용자들이 수백, 수천여 권의 책들을 검색할 수 있도록 했다. 지금은 그 수가 1,000만 권을 넘어섰다."[12]

브린은 이 프로젝트가 출판업자들, 그리고 몇몇 부를 거머쥔 저자들의 소송을 불러일으켰다는 점을 통탄해했지만, 이에 대한 합의가 정부는 물론 모든 사람들에게 도움을 줄 것이라고 덧붙였다.

"구글과 구글에 소송을 건 출판업자들이 서로 이견을 보이긴 하지만, 우리는 공통의 목표가 있다. 저작권 소유자들에게 정당하게 보상을 하면서 수많은 절판된 책에 갇혀있는 지혜를 풀어주는 것이다. 결과적으로 공유된 비전을 성취하기 위해 힘을 합쳐 합의를 이끌어낼 수 있을 것이다. 이런 합의가 저자들이나 출판업자들, 그리고 구글이 윈윈할 수 있는 방법이긴 하지만 진정한 승자는 엄청나게 확장된 책의 세계에 접근할 수 있는 독자들이다."

브린은 또한 이 프로젝트가 지난 수백 년간 화재나 홍수 같은 물리적 피해의 위험으로부터 지식을 보존할 수 있는 방법이라는 점도 제시했다.[13]

이상하게도 브린은 구글의 문서 스캔 질이 오랫동안 보존하기에는 너무 형편없다는 점은 인정하지 않았다. 대부분 인간의 손이 구글 북스 이미지의 텍스트를 흐리게 하거나 페이지를 분실하고 얼룩지게 한다. 구글이 스캔하는 방식은 도서관의 디지털 보존 방식보다 훨씬 떨어진다. 더 흥미로운 것은 구글 북스가 회사의 수입을 증대시키는 프로젝트라는 사실을 언급하지 않았다는 점이다. 이는 공공 서비스가 아니다. 그리고 구글은 도서관이 아니다.

구글은 책들을 디지털화하려는 노력에 있어 가장 논란을 일으키는 회사이다. 하지만 이런 노력을 한 회사가 구글이 처음은 아니다. 웹에 제공된 디지털 책들의 무용담은 오래됐을 뿐만 아니라 갖은 고초도 겪어야 했다. 1990년대 초반, 고서 수집가로 구성된 몇몇 단체들이 저작권이 만료된 고전 작품들을 단순한 텍스트 버전으로 만들어 올리기 시작했다. 이런 서비스들 중 가장 잘 알려진 것이 프로젝트 구텐베르크Project Gutenberg와 엘드리치 프레스Eldritch Press다.

1990년대 들어서 웹을 사용하는 사람들이 늘어나자 점점 더 많은 사람들이 더 많은 텍스트들을 모바일 기기나 랩톱 등에서 읽기를 원했고 덩달아 이런 서비스들의 중요성도 커졌지만 몇 가지 한계가 있었다. 우선 저작권이 만료된 작품들은 전자 문서 형태로 원하는 사람들이 그렇게 많지 않았다. 둘째, 단순히 텍스트 형식으로 만들어진 파일들은 휴대가 간편하고 검색이 쉽지만 그렇게 읽고 싶은 마음이 들지 않았다. 랜덤 하우스 같은 회사들은 1944년 초반 베스트셀러들을 전자책 버전으로 만드는 실험을 했지만, 이런 책들을 읽을 수 있는 기기들이 제대로 작동되지 않거나 너무 비싸거나, 둘 다인 경우가 많았다. 그러는 사이에 아마존닷컴이 웹상에서 인쇄 서적들을 파는 대표 유통망으로 자리 잡으면서, 소비자들의 이해를 돕기 위해 목차나 일부 책 내용을 엿볼 수 있는 '미리 보기Look Inside'를 제공하기 시작했다. 하지만 아마존에서 모든 원문이 다 수록된 전자책을 검색하고, 조사하거나 접근하는 것은 여전히 불가능했다. 아마존은 공공의 이익을 위해서가 아니라 단순히 판매를 위해 원문의 디지털 이미지를 제공했다.

허락도 없이 엄청난 도서관 장서들을 공개적으로 복사하기 이전에 구글은 '협력관계 프로그램'이라 불리는 프로그램을 시작했다. 아마존의 온라인 판매 성공에 고무된 구글은 2003년 초, 구글 프린트라 불렸던 프로젝트를 위해 출판사들과 디지털 판권을 확보하기 위한 협상을 시작했다. 구글이 수집한 수백만여 권의 책 이미지에 접근하는 조건은 출판업자들의 바람에 따라 달랐다. 어떤 책들은 거의 원문 전체가 제공됐다. 어떤 책들은 단지 발췌문만을 제공할 뿐이었다. 일반적으로 사용자들은 한 번에 책 몇 페이지를 볼 수 있을 뿐 이미지를 복사, 인쇄, 또는 다운로드 할 수는 없었다. 나머지 페이지들을 위해 구글은 사용자들이 책을 구입할 수 있는 장소나 서지 정보, 그리고 출판사 홈페이지 같은 정보 링크를 제공했다.

그러다 2004년 12월, 구글은 5개의 주요 영어권 도서관에서 수백만여 권 책들을 디지털화하겠다는 계획을 발표하면서 출판업체들과 대중들을 놀라게 했다.[14] 2004년 초창기 때 구글에 장서를 제공하겠다고 한 도서관들은 다음과 같다.

하버드 대학교 도서관 : 프로젝트 시험 단계에 4만여 권의 저작권 만료 서적들. 제공 도서 확대 가능성 있음. 이 도서관에 있는 장서는 1,500만 권이 넘음.

스탠퍼드 대학교 도서관 : 저작권 만료된 다수의 서적들과 전체 도서 760만여 권으로 확장할 수 있는 가능성 있음.

미시간 대학교University of Michigan at Ann Arbor : 저작권이 살아있는 도서까지 포함, 780만 권 전체.

옥스퍼드 대학교 : 1900년 이전 출판된 모든 도서. 650만여 권 서적 보유.

뉴욕 공공도서관The New York Public Library : 프로젝트 시험 단계에 1

만 권에서 10만 권 사이의 저작권 만료 도서. 약 2천만 권의 책 보유.[15]

이후 몇 개월 동안 10여 개 대학 도서관들이 이 프로젝트에 참여했다. 여기에는 위스콘신 대학교, 버지니아 대학교 등이 포함됐고 가장 중요하게는 캘리포니아 대학이 하루에 3,000여 권씩 2,500만여 권의 책을 복사하겠다는 계획을 세웠다. 구글은 모두 합쳐서 1,700만여 권의 도서관 도서들을 권당 10달러 정도로 전자 목록에 더할 계획을 세웠다. 뒤늦게 협력관계를 맺은 도서관들은 구글에 그들이 보유한 특별한 서적들을 제공했을 뿐만 아니라 초기 다섯 개 대학에서 제공한 서적들 중 빠진 책들을 선별해서 고를 수 있도록 했다. 서적을 이용할 수 있게 한 데 대한 보답으로 구글은 이들 도서관들에 이 프로젝트에 기여한 책들을 전자책으로 제공하겠다고 약속했다.[16] 하지만 구글은 협력관계 협정을 맺을 때는 고소를 당할 여지가 있거나, 구글 프로젝트에 맞는 파일의 효용성 등을 따져서 특정 책들은 복사를 거부했다.

출판업자들이 권한을 부여한 '파트너' 프로젝트와 달리 초기 승인되지 않은 장서 스캔 프로젝트에서 검색 결과나 사용자 경험은 저작물의 저작권 상태에 달렸다. 구글은 1923년 이전에 출간된그래서 미국에서는 거의 저작권이 소멸된 책들은 사용자들이 원문 전체에 접근할 수 있을 것이라고 발표했다. 1923년 이후 출간된 책들에 대해서는그래서 아직 저작권의 보호를 받을 가능성이 있는 서지 정보와 함께 사용자가 검색창에 써넣은 텍스트 일부를 담고 있는 발췌록을 볼 수 있다. 구글은 저작권이 살아있는 책의 검색 결과를 보는 것은 '서점에 가서 책을 훑어보는 경험'에 비유할 수 있다고 주장한다.[17] 권위를 부여받은 '파트너' 콘텐츠에 관해서는 사용자들이 수많은 판매상으로부터 책을 구입할 수 있도

당신이 꼭 알아둬야 할 구글의 배신

238

록 링크를 제공하고, 책의 성격과 그에 따라 추론된 검색자의 흥미에 의존해 광고를 대상화할 수도 있다.

하지만 주요 상업 출판사들은 은밀하게 이뤄지는 이 도서관 스캔 프로젝트를 알았을 때 깜짝 놀랐다. 곧 우려를 나타냈으며 적절하지 못하다고 생각했다. 출판업자들은 구글 프로젝트가 책의 판매를 위협하고 해킹의 위험성이 있으며 전 세계적으로 해적판이 나돌게 될 것이라고 걱정했다. 시간이 지나면서 구글의 도서관 프로젝트는 출판업자들의 핵심 시장이나 프로젝트에 아무런 위협을 주지 않았다는 점이 분명해졌다. 오히려 마케팅적으로 혜택을 봤을지 모른다. 검색을 통해 사용자들의 욕구에 맞는 책들이 나타난다면 그런 저서들 중 적어도 일부는 구입할 것이기 때문이다.[18] 하지만 당시는 엄청난 재력을 가지고 있는 한 회사가 그들의 콘텐츠에 무임승차해서 보상이나 질적인 문제에는 아무런 관심도 보이지 않은 채 상업적인, 그리고 이익을 남기는 서비스를 한다고 불쾌해했음이 분명했다. 출판업자들은 약간의 수익을 원했다. 그리고 검색 결과나 표출 방식에 어느 정도의 통제권을 원했다.

저작권은 전통적으로 저자나 출판업자들이 그들의 저작물을 복사하거나 유통하는 데 대한 통제권은 보호했지만, 저작물의 효용이나 가치를 올리는 부가적인 시장에서는 좀처럼 적용되지 않았다.[19] 저자이면서 활동가인 코리 독토로가 지적한 것처럼 출판업자들은 책꽂이 회사들이나 책갈피 회사들, 또는 안경 제조사들에게 저작권 수입을 뽑아내려고 노력했던 적이 없다. 이와 비슷하게 애초에 구글이 제공하려고 계획했던 온라인으로 검색 가능한 원문 색인은 책에그리고 책 문화에 부가적인 것으로, 책을 대체하는 것이 아니다. 하지만 그런 색인을 만들기 위해서는 구글이 책 전체를 디지털화해야 하고, 이는 저작권 법령의 기본 조항을 어기는 것이다.[20] 출판업자들의 불평이 좀

5장 지식의 구글화

239

과장된 면은 있지만 법은 그들의 편이었다.

대담한 구글의 초기 도서관 프로젝트를 놓고 벌어진 논쟁은 저작권의 핵심을 건드리는 질문들을 쏟아냈다. 만약 구글과 출판업자들이 이 소송을 해결하지 못하고 법원을 통해 이런 질문들을 계속해서 쏟아냈다면 저작권 체계의 역할이나 범위, 목적, 그리고 설계 등에 아주 중요하고 흥미로운 대중 토론을 목격했을 뿐만 아니라 아마도 급진적이고 중요한 변화를 보게 됐을 것이다. 출판업자들이 승리를 거뒀다면 구글의 핵심 임무와 웹의 개방성은 위협을 받게 됐을 것이다.

구글이 광고와 주요 시장에서 축적한 모든 수입원도 마찬가지다. 만약 구글이 승리를 거뒀다면 정보 시장에서 엄청난 힘의 이동을 보게 됐을 것이다. 즉, 책에 가격을 매기고 파는 식으로 한정된 수량의 책을 만들고 대금을 청구하는 데 있어서 구글 같은 디지털 회사들로 힘이 이동했을 것이다. 더 직접적으로 저작물상업적 목적을 위해 책 전체를 복사하는 것도 포함한의 정당한 사용fair use에 관한 미국의 독특한 개념이 더 확장되고, 공고해졌을 것이다. 복사기가 출현하면서 상업적 출판이 멸망할 것이라고 위협했던 1976년 미 의회가 정당한 사용에 관한 법을 만들면서 상상했던 그 이상으로 더 큰 변화를 제시했을 수도 있다. 정당한 사용은 간단히 말하면 저작권 침해로 고발을 당했을 때 법원에서 방어용으로 사용할 수 있다. 즉, 원 저작물의 이용 자체가 미미하기 때문에 원 저작물 시장을 위협하지 않는다거나 저널리즘, 비평, 연구, 또는 교육 서비스를 위해 사용된다고 주장할 수 있는 것이다. 정당한 사용에 대한 그 어떤 것도 명확하고 단순하지 않다. 법정은 정당한 사용에 대한 논쟁을 그때그때 사건에 기초해 고려할 수밖에 없다. 그리고 이런 방어가 어떻게 작동할지는 확실하지 않다. 정당한 사용은 개개인들이 승인되지 않은 저작물의 이용을 통해 이득을 얻을 수 있을 때, 저작권이 있는 저작물을 이용하기 위해 허락을 얻어야 하는 시간이나 비용을 피할 수 있게 발전돼왔다. 하지만 구글은 방대한 복사를 일반적으로 허용해달라는 논쟁을 일으키고 있었다. 만약 구글이 이런 논쟁을 계속 밀고 나가서 승리를 했다면 정당한 사용은 애초에 설계됐던 것보다 사용자들의 권리를 훨씬 더 강력하게 만들었을 것이다. 만약 구글이 법정에서 패했다면 웹상에서의 정당한 사용은 심하게 축소됐을 것이다.

2008년 합의는 법에 혁명적인 변화를 가져오지는 않았지만, 정보 생태계를 지배할 새로운 규칙을 만들었고, 문화유산들에 접근하는 조건들을 형성했다. 이 합의의 주요 내용은 아래와 같다.

작가 조합의 구성원들이나 미국 출판 도서 협회는 저작권 침해에 의한 손해를 감수하는 것을 중단하는 데 동의했다.

구글은 이 소송을 해결하기 위해 출판업자들에게 1억2,500만 달러를 지불하기로 했다.

구글은 비 상업적 저작권 등기소를 설립하고 운영하는 계획을 맡았다. 이는 저작권 소유자가 절판된 책들에 통제를 주장하거나 통제를 할 수 있도록 하기 위함이다. 이 저작권 등기소는 학자들이나 출판업자들이 저작권 문제를 확실하게 할 수 있도록 저작권 소유자를 찾을 수 있는 데이터베이스로 활용하도록 했다. 이런 저작권 등기소가 이전에는 없었기 때문에 이런 조항이 저작권 조사나 출판에 혜택을 줄 가능성이 있었다. 게다가 절판된 책들을 다시 출판해서 소비자들의 선택을 받게 하는 등 이전에는 효과적이고 효율적으로 작용하지 않았던 책 시장을 잘 활용하면서 저작권 소유자들에게 로열티비록 미미하긴 하겠지만가 쌓이도록 도울 것이다. 구글은 미국 저작권 사무소가 이미 몇 년 전에 했어야 할 일들을 떠맡았다.

또 구글은 몇몇 절판된 책들을 다운로드를 통해 판매할 수 있도록 전문全文을 제공하고 공유하는 부분은 완벽하게 통제하는 데 동의했다.

구글은 아직 저작권이 남아있는 수많은 절판된 책들에 좀 더 잘 접근하도록 하는 임무를 맡았다. 합의가 있기 전에 구글은 별로 쓸모가 없는 발췌문만을 제공했다. 이 합의를 통해 더 풍부하고 폭넓은 접근을 제공하게 됐다.

구글은 절판된 수백만 권의 책들을 온라인상에서 볼 수 있도록 앞부분의 내용을 제공하는 지정 컴퓨터 단말기를 미국 도서관들에 제공하는 데 동의했다. 이 단말기들을 통해 인쇄하는 것은 금지했지만, 전자책 사본을 구입할 수는 있다.

구글 북스의 애초 모델 하에서 사용자들이 대부분 20세기에 출판된 책들에 접근하는 데 엄격한 제한이 가해진 것에 비하면, 이 새로운 모델은 서비스를 획기적으로 향상시킬 것이라고 약속했다. 게다가 위에서 설명한 것처럼 이 합의는 저작권이 완전 붕괴되는 위협을 피하기 위함이었다. 분명 양측은 법원까지 가서 마지막 결전을 벌이는 데 따르는 실제 위험을 알고 있었다. 어쨌든 구글이 북 프로그램의 일부로 도서관 스캔 프로젝트를 소개했을 때, 많은 저작권 비평가들은 거대한 회사가 정당한 사용을 강화한다는 사실에 갈채를 보냈다. 하지만 이런 일은 일어나지 않았다. 디지털 세계에서 정당한 사용은 합의가 이뤄지기 바로 전날처럼 아직까지도 애매하고 예측할 수 없다. 그렇다면 이 합의의 문제점과 함정은 무엇일까? 구글 북스 비평가들은 이에 아직까지 심각한 우려를 하고 있다. 합의에 이르렀다는 발표가 있자마자 나는 바로 구글 법조팀에 다음과 같은 질문을 던졌다.

이는 엄청난 독점 금지 문제가 아닌가? 보통 입법 기관이 이런 체계를 만드는 데 그런 과정 없이 실질적으로 엄청난 의무 라이선스 시스템을 만들었다. 게다가 이렇게 제안된 체계는 대학 출판사 같은 수많은 출판업체나 작가조합의 구성원이 아닌 저자들은 제외하고 있다. 더 중요한 것은, 이 체계가 다른 주요 검색 엔진 회사들 내지 디지털 도서 경쟁에서 구글의 경쟁 상대인 오픈 콘텐트 얼라이언스Open Content Alliance를 배제했다. 이런 경쟁 상대들이 현재의 반독점 조치에 강력한 권리를 주장하지는 않는가?[21]

구글 법조팀은 이번 합의가 다른 상대들이 경쟁 서비스를 개발하지 못하도록 구조화됐다는 점을 믿지 않았다. 구글이 웹 사업 분야의 경쟁에 뛰어드는 전형적인 방식과 마찬가지로 출판업자들, 도서관들, 그리고 등록기관과의 합의는 독점적이 아니라는 것이다. 등록기관은 구글의 자금 지원 하에서 시작되긴 하겠지만, 구글로부터 규제를 받지 않으면서 오픈 콘텐트 얼라이언스나 다른 서비스들과도 거래할 수 있는 독립적인 비상업적 주체가 될 것이라는 것이다. 일반적으로 구글의 변호사들은 이 서비스가 전형적인 반독점 문제를 일으키지 않을 것으로 봤다. 전 세계 도서 시장에는 실제 수많은 서점들이나 아마존닷컴 같은 온라인 서점, 그리고 중고 서적 유통망 등이 존재하고 있고 어떤 한 주체나 부문에서 도서 가격절판된 도서까지을 효과적으로 정할 수 없다고 주장했다. 도서관들 간의 경쟁을 포함해 도서 시장에는 항상 경쟁 요인이 있다는 것이다.[22]

하지만 이는 도서관들에 사생활 노출의 가능성을 예견하는 건 아닐까? 나는 이렇게 물었다. 무료로 이용할 수 있는 단말기들예를 들면, 사용자들을 구글 닥스나 다른 서비스들에 로그인하도록 요구하면서을 통해 개인을 식별할 수 있는 정보를 수집하는 것은 아닌가? 이런 도서관 단말기들을 통해 모은 검색 및 이용 데이터를 통해 검색을 '향상' 시키는 것은 아닌가? 이런 데이터들이 출판업자들이나 미디어 학자들의 연구를 위해 노출되는 것은 아닌가? 구글은 이런 정보들을 모아서 얼마나 오랜 기간 동안 가지고 있는가?

2008년 11월 구글의 변호사들은 이런 가능한 문제들을 조사할 의향이 있다고 밝혔다. 그들은 구글 북스 프로그램의 설계가 아직 상당 부분 결정되지 않았다고 시사했다. 구글은 출판업자들과 개인 정보들은 공유하지 않겠다고 했지만, 이 서비스들을 통해 모은 전체 데이터는 공유할 수도 있다고 동의했다. 그리고 구글이 아직 구글 북스 시스템 설계를 끝마치지는 않았지만, 법조팀은 공공 단말기를 이용하기 위해 구글에 로그인할 필요는 없을 것으로 예상했다. 구글 법조팀은 구글이 도서관들의 안내와 도움으로 '사생활 보호 방책을 마련할 것' 이라고 나를 안심시켰다.

[도서관 폐쇄와 기업의 번영]

구글 북스에 대한 주요 비판은 구글 자체 내지 일반적으로 이 프로그램이 도서관들에 미칠 영향보다는 이 프로그램에 참여한 대학 도서관들의 움직임과 항상 관련이 있었다. 이 합의가 도서관들에 주는 이점은 두 가지다. 첫째, 도서관들은 아직까지 저작권의 보호를 받고 있는 도서관 소장 도서들을 구글이 복사하도록 허용하면서 법률적 위험 요인에 직면할 가능성이 확 줄어든다는 점이다이번 합의가 적용되는 미국이나 오스트레일리아, 영국 이외의 나라에 살고 있는 작가들이나 출판업자들에 의해 향후 소송들이 제기될 수 있다는 점은 계속해서 위험 요인으로 남아있다. 둘째, 구글이 미국 전역에 있는 공공 도서관들이나 대학 도서관들에 지정 단말기들을 설치할 것이라고 약속했기 때문에 자금 지원을 받은 적이 없거나, 방대한 서적들을 수용할 공간이 없는 수많은 도서관들은 사용자들에게 전자 문서에까지 확장된 접근을 제공할 수 있을 것이다.

하지만 이런 변화가 가져올 부정적인 영향 역시 중요하기는 마찬가지다. 도서관들이 구글을 통해 전자책에 접근하는 것이 충분하다고 생각한다면 서고에서 실제 책들을 없애야 할지 말아야 할지를 선택해야 할 것이다. 가장 큰 우려 중 하나는 미국에 있는 모든 도서관들이, 만약 그렇지 않았다면 비 상업적인 공간에서 운영됐을 것들을 사실상 조만간 구글에 의해, 그리고 구글을 위해 운영되는 책 자동판매기로 대체해야만 한다는 점이다. 모든 도서관들은 조만간 서점이 될 수도 있다. 도서관과 대학의 상업화는 새로운 이야기는 아니지만, 계속 골치 아픈 문제로 남아있게 될 것이다. 도서관의 공공을 위한 영역에까지 구글을 초대한 것은 도서관이 운영되는 지역에 정보의 공유지 역할을 해야 한다는 도서관 본연의 목적에 직접적인 도전을 안기고 있다.

구글 같은 상업적 회사들은 항상 자신에게 가장 이득이 되는 방식대로 행한다. 하지만 도서관들은, 특히 대학 도서관들은 이와는 다른 더 이타적인 임무와 명확한 윤리적 의무를 지니고 있다. 처음부터 구글 북스는 회사의 번영을 위한 주요 사례처럼 보여 왔다. 미국에 있는 모든 공공 대학 도서관들은 나를 고용한 대학까지 포함해 각종 서적들을 모으기 위해 엄청난 돈을 썼다. 하지만 현재 도서관들은 온라인 시장을 염두에 두고 있는 한 회사에 이 서적들을 넘기고 있다. 이들은 사용자 비밀, 이미지 보존, 이미지 질, 검색 기량, 메타데이터 표준, 또는 장기간 보존성 등에 대한 우려 없이 이 서비스에 대한 구글의 계획을 무비판적으로 받아들였다. 소장 도서 목록을 늘리기 위해 가장 좋은 길보다는 가장 편리한 길을 선택했다. 이들은 한 회사에 지식을 집중하고 상업화하는 데 공모를 해왔던 것이다.

처음으로 도서관 소장 도서들이 민간 업체를 통해 판매될 것이다. 물론 이런 변화가 정도의 문제겠지만, 어쨌든 주요한 임무의 변화를 초래할 것이다. 우리는 이 구글 북스가 지식을 확장하는 가장 좋은 체계인지 물어야 한다.

도서관 기능을 사유화하는 것이 반드시 나쁜 것만은 아니다. 도서관이 시장의 힘으로, 도서관의 수많은 기능들을 사기업들에 아웃소싱하지 말아야 한다고 가정해서는 안 된다. 하지만 오늘날 도서관이 처한 가장 심각한 문제들의 대부분은 급속한 사유화 내지 부담스러운 계약 조건 때문이다.

전자 문서에 무료로 접근하는, 겉으로 보기에는 순수한 도서관 서비스를 제공하면서 구글은 그들의 주인, 즉 주주들이나 동반자들을 위한다. 구글은 미시건주 주민들이나 하버드 대학교의 학생들 그리고 교수들을 섬기지 않는다. 사유화의 가장 큰 위험은 간단하다. 도서관이나 대학은 영원히 지속되지만, 사기업들은 시들어가거나 망할 수 있다는 점이다. 우리의 유산이나 집단적 지식을 이제 갓 15년쯤 된 한 회사에 믿고 맡겨야 할까? 만약 주주들이 구글 북스가 돈만 축내거나 너무 많은 책임을 지고 있다고 결정하면 어떻게 될까? 만약 이 모든 파일들을 모든 서버에 유지하는 데 드는 인프라 비용이 타당하지 않다고 결정되면 어떻게 될까?

초기 구글 도서관 프로젝트에 대한 찬사는 근거가 없고 당혹스럽다. 글로벌 디지털 정보 세계에서 사서들의 역할이 불필요하다는 것이다. 또 아주 중요한 질적 통제의 문제도 무시했다. 구글은 북 검색 엔진이 어떤 원칙을 가지고 운영될지에 대해 공론화하지도 않았다. 구글과는 반대로, 사서들이나 도서관들은 개방돼있는 공공 기준을 가지고 메타 데이터나 조직을 운영한다. 데이터에 대한 데이터인 메타 데이터는 특히 중요하다.[23] 주제목이나 키워드, 그리고 품질 지표 같은 메타 데이터가 파일 안에 심어져 있지 않으면, 나치 대학살Holocaust에 대한 책을 검색할 때 나치 대학살을 연구한 서적만큼이나 이를 진실이 아니라고 말하는 서적들을 뽑아낼 것이다. 훌륭한 메타 데이터 기준은 더 좋은 검색 결과를 생성한다. 수준이 떨어지는 메타 데이터는 말도 안 되거나 오도된 결과를 생성할 수 있다.[24] 이런 색인 기능을 공공 대학 도서관에서 사기업으로 넘겼을 때 훌륭하고 개방된 메타 데이터 기준을 세울 것이라는 데 대해 아직까지는 믿을만한 근거가 없다.

[저작권과 지식의 민영화]

만약 판사가 제안된 합의안을 거부했으면 어땠을까? 다시 2008년으로 돌아가 보면, 당시 구글은 출판업자들을 상대로 정당한 사용에 대한 방어를 강화하고 있었다. 하지만 구글은 도서관들의 콘텐츠를 계속해서 복사해 나가면서 정당한 사용 권리를 가지고 있다고 대중들이나 재판부를 설득하는 데 더 큰 어려움을 겪고 있었다. 출판업자들과의 소송을 해결하면서 대규모로 책을 복사하는 것은 정당하고 합법적이라는 주장을 철회하면서 구글은 엄청나게 유리한 위치를 차지할 수 있었다. 출판업자들이 즉각 고소를 할 수 있는 상황에서 그 어떤 조직도 지식 분야의 대규모 스캔 프로젝트를 따라할 수 없었다. 그리고 다른 어떤 주체라도 구글이 협상했던 것처럼 고소인 측에게 여러 조건들에 대한 합의를 하자고 종용할 수 없을 것이기 때문이었다. 합의의 성격이 어떻든 서고에 자리만 차지하고 충분히 활용되지 않고 있는 서적들을 좀 더 혁신적으로 사용할 수 있게 저작권을 개혁하지 않으면, 사람들은 책의 구글화에 사로잡혀 더 이상 아무 것도 하지 못할 것이다. 만약 재판관이 이 합의를 거부하고, 구글이 법원에서 패할 것이 두려워 이 프로젝트를 폐기했다면 아마 지금보다 훨씬 더 접근권이 제한됐을 것이다.

2000년대 초반 음악 다운로드 논쟁은 이런 문제들의 한계를 어느 정도까지로 정할 것인지에 대한 발단이었다. P2P 방식의 음악 다운로드는 음악 저작권 소유주들에게는 역사적으로 성공한 저작권 체계와 이에 의존하는 모든 산업에 엄청난 위협을 주는 것으로 간주됐다.[25] 2004년 MGM과 그록스터 Grokster 소송은 이런 문제들에 대한 결전의 장으로 예상됐다.[26] 미디어 연구 분야의 교수를 대표해 작성한 법정 조언문에서 나는 그록스터의 P2P 인터페이스와 인기 있는 구글 검색 엔진 간에는 기능적인 차이가 없다고 주장했다.[27] 이 둘 모두 검색 엔진으로 원하는 것을 발견하고, 접근하고, 다른 사람들의 저작물을 승인받지 않고 사용할 수 있게 한다. 이 둘 모두 다른 사람들의 저작물에 '무임승차' 하게 하는 것이다. 이 둘 모두 사용자들에게 직접적으로 비용을 받지 않고 서비스를 제공하지만, 증가한 트래픽이나 사용자들로부터 수집한 데이터를 통해 이익을 얻는 상업적 주체일 뿐이다. 만약 그록스터에 권리 침해를 야기한 책임을 지운다면 구글의 웹 서치 서비스 역시 같은 책임이 있다.[28]

물론, 한 가지 중요한 차이가 있다. 그록스터 자체는 실제 어떠한 복사도 하지 않는다. 다른 사람들이 복사하는 것을 용이하게 할 뿐이다. 지난 몇 년 동안 구글은 그들이 목록화 하는 웹페이지를 캐시에 복사해왔다. 캐시에 저장 해놓지 않으면 검색 기능을 운영할 수 없기 때문이다. 법원은 이런 관행이

두 가지 면에서 저작권을 침해하지는 않았다고 판결을 내렸다.[29]

웹상에서 저작권은 독특한 방식으로 작용한다. 미국에서 중요한 일련의 소송 사건들은 검색 엔진 회사들이나 다른 웹 기업들에 혁신을 위한 자신감을 안겨줬다.[30] 만약 구글이나 다른 검색 엔진들이 자유롭게 다른 사람들의 저작물을 캐시에 복사하지 못한다면 사람들은 효과적으로 웹을 항해할 수 없을 것이다. 당신이 블로그에 글을 올리거나 새로운 페이지를 만들 때마다 당신은 검색 엔진들에게 이를 복사할 수 있는 마치 당연한 듯한 권리를 제공하고 있는 것이다. 만약 당신이 웹 검색 시스템에서 제외되기를 원한다면 행동으로 옮겨야 한다. 짐은 저작권 소유주에게 있다. 법원은 만약 이런 짐이 검색 엔진 회사들에 있어 매일같이 웹상에서 저작권 콘텐츠를 생성하는 엄청난 수의 사람들과 조건을 협상하고 허락을 구해야 한다면 천문학적 비용 때문에 사업을 접을 것이라고 판결을 내렸다. 그렇게 되면 그 어떤 검색 엔진도 없을 것이고 웹은 항해를 할 수 없는 곳이 돼버릴 것이다.

실제 책들을 캐시에 복사하면서 구글은 단순히 인터넷이나 웹페이지의 복사를 넘어서고 있다. 웹이 아닌 실제 세상에서는 누군가 상업적 목적으로 전체 작품을 복사하려 할 때 저작권 소유주가 명백하게 허가를 해줘야 한다. 이 부분이 바로 저작권이 지난 300여 년 동안 작동했던 방식이다. 허가를 받는 것은 작품을 복사하려는 쪽의 몫이다. 이 세상의 모든 것들은 보호를 받는 것이 기본 설정이다. 그러나 웹상에서의 기본 설정은 모든 것들이 복사될 수 있다는 것이다.

스캐닝 프로젝트를 통해 구글은 디지털 세계에서의 저작권 기준을 아날로그 세상에도 부과하기를 바랐다. 기존 세상의 기준에 익숙해있고, 웹 세상에 겁먹고 있던 출판업체들은 깜짝 놀라서 고소를 했다.[31] 구글 북스에 대한 소송을 통해 구글은 회사의 가치에 도박을 걸었다. 피츠버그 대학의 법학 교수 마이클 메디슨Michael Madison의 말로 하자면 구글은 이 소송에서 '인터넷을 걸었다.' 만약 이번 소송 건이 법원으로 넘어가 구글이 패했다면 법원 판결문에는 검색 엔진들이 일반적으로 허가 없이 웹 문서들을 캐시에 복사하는 권리를 약화시키는 조항이 적혀 있었을 것이다. 만약 그랬다면 월드 와이드 웹을 항해한다는 개념은 무너져버렸을 것이다. 가장 부유하면서 성공한 구글 같은 기업조차도 해당 목록을 위해 찾아낸 수백억 개의 웹페이지나 이미지, 그리고 동영상 등의 복사를 허락받으려 일일이 시간, 노동력, 자금을 들이지는 못할 것이다.[32] 물론 이는 저작권법이 애초 의도했던 결과와는 상당히 거리가 멀지만, 저작권에 대한 부담이 구글 북스 사례에 지워졌다는 건 위협임에 틀림없다.

최근의 저작권은 그 자체만으로도 너무 강해졌다. 더 많은 콘텐츠를 보호하고 이전보다 더 많은 행위들을 불법으로 규정하고 있다. 개인의 창의성을 옥죄고 문화와 지식을 발견하며 공유하는 것을 방해한다.[33] 하지만 구글의 스캐닝 프로젝트는 저작권의 근간을 위협했다. 구글은 디지털 시대의 저작권 체계 불안정성을 이용하려고 했다. 미국 저작권 법 중 가장 취약하면서 제대로 이해되지도 못하고, 가장 고루하면서 또 가장 이론異論의 여지가 많은 공공 이익에 관한 조항에 이 거대하고 야심넘치는 혁명적 프로젝트를 의지하려 했다. 바로 정당한 사용이 그것이다.

출판업체들과의 소송을 해결할 당시 구글은 제한되고 상업적인 플랫폼에 저작권이 있는 수백만여 권 저서들을 복사할 명백한 '정당한 사용' 권리가 없다는 주장에 동의하면서 저작권의 근본적 이슈를 피해가려고 했다. 하지만 이는 단순한 회피 그 이상이었다. 구글은 저작권 수수께끼를 뛰어넘어 전 세계의 주요 검색 플랫폼 지위를 이용해 전자 도서관 검색과 유통 시장을 장악하려 했다. 이는 수많은 어려운 문제들을 해결하려는 아주 대담하고 깜짝 놀랄만한 움직임이었다.

이런 문제 해결을 통해 구글은 소송에서 승리를 거뒀을 때보다 그들의 상업 서비스들에 더 좋은 위치를 꾀할 수 있었다. 게다가 구글은 소송에서 이길 확률이 아주 적다고 판단했다. 몇몇 사람들 역시 2004년 초반에 이미 구글이 정당한 사용 방어 전략으로 소송에서 이길 가능성이 거의 없다고 확신했다. 구글 북 서치 도서관 스캔 프로젝트가 공표되고 나서 얼마 지나지 않아, 런던에 근거를 두고 있는 법무관 폴 간리Paul Ganley는 미국과 영국 법 하에서의 구글 도서관 소송에 대한 분석 글을 내놓았다. 그는 구글이 유연한 미국 법의 정당한 사용 조항 하에서는 승리할 가능성이 있다 하더라도 영국 법원에서 살아남을 기회는 전혀 없다고 결론 내렸다. 간리는 이 소송을 '가르침의 순간teaching moment'이라고 제시한다. 왜냐하면 이는 두 가지 훌륭한 가능성 있는 시험 문제를 만들어냈기 때문이다. 구글이 현재의 저작권법 하에서 이를 수행할 수 있을지, 현재 저작권법 하에서 구글이 이를 수행해야만 할지가 그것이다.[34]

이 프로젝트와 관련된 공개 토론회에서 나는 이 두 가지 질문에 세 번째 질문을 바로 더했다. 구글은 이를 행할 적당한 대리인가? 만약 구글이 적당한 대리인이라면 저작권법은 현재의 시장을 위협하지 않으면서 저작권이 있는 저서들을 야심차고, 잠정적으로 이익을 남길 수 있게 사용하려는 부분들을 분명 허락해야 한다. 하지만 만약 구글이 이를 하기 위한 가장 적합한 조직이 아니라면, 만약 다른 주체가 이 프로젝트를 통한 수익을 거둬들이거나 위험을 감수해야 한다면 저작권법은 다른 조직들이 이를 떠맡기 위한 노

력을 할 수 있도록 벌써 준비를 시켰어야 한다.[35]

구글이 도서관 소장 도서들을 복사하겠다는 계획을 발표하고 나서 몇 주 지나지 않아 나는 법률적으로, 정치적으로, 그리고 실용적으로 봤을 때 구글이 이 일을 떠맡기 위한 적당한 대리인이 아니라고 결론 내렸다. 대신 나는 도서관들이 그들의 노력들이나 자원들을 합쳐서 이런 대규모 디지털화 및 접근 프로젝트를 성취해야 한다고 주장했다. 구글이 이 프로젝트를 맡아야 한다고 선택하는 것은 너무 부적절하기 때문에 이에 대한 법률적 논의들은 본질적으로 약할 수밖에 없고, 간리의 첫 번째 질문에 대한 답은 '아니오'일 수밖에 없다. 이 스캔 프로젝트에 대한 법원의 중대한 결정을 피하긴 했지만, 구글 소송은 다른 조직들이 추구할 수도 있는 프로젝트들 역시 불확실하다는 점을 주입시켰다. 만약 공공 도서관과 대학 도서관들이 이와 비슷한 서비스를 창출하기 위해 팀을 이룬다 하더라도 아직 저작권의 보호를 받고 있는 수많은 책들의 복사본을 캐시에 저장할 정도로 대담할 수 있겠는가? 구글 북스를 통해 절판된 책들을 이용할 수 있는 새로운 시장이 존재한다면 도서관들이 제기하는 정당한 사용 방어 전략에 반대하도록 법원에 편견을 갖게 할 수 있을까? 이런 질문들에 대한 답은 간리의 두 번째 질문을 좀 더 일반화해서 만들어보면 된다. 현재 저작권 법 하에서 그 어떤 주체가 아직 저작권의 보호를 받고 있는 수많은 스캔된 책들의 복사본을 캐시에 저장할 수 있을까?

당시 구글이 이런 대담하고 강력한 사례를 통해 정당한 사용의 범위를 확장하는 것처럼 보였을 때, 조나단 밴드Jonathan Band, 윌리엄 패트리William Patry, 프레드 본 로만Fred von Lohmann, 코리 독토로, 그리고 로렌스 레식 같은 저명한 학자들은 구글의 도서관 프로젝트와 구글의 저작권 방어 전략에 한목소리로 열광했다.[36] 학자들은 전통적인그리고 법에 명시된 '4요소' 분석을 통해 구글의 저작물 이용 행태를 분석했다. 왜 이용하려는지, 이용하려는 저작물은 어떤 것인지 뿐만 아니라 얼마나 많은 양이 이용될 것이고, 또 현재의 시장에 미치는 해는 무엇인지 등이 그것이다.[37] 이들은 네 번째 요소에는 별로 신경을 쓰지 않으면서 구글 프로젝트가 책 판매에 해를 끼치지는 않을 것이고, 오히려 책 판매를 강화할 것이라고 선언했다. 게다가 이들은 몇몇 중요한 사례를 들면서 최근에 상업적으로 가능했던 이용 사례들이 정당한 사용의 범위를 벗어나지 않았다고 한 목소리를 냈다.[38] 이들 모두 구글 사용자들이 저작물 링크를 클릭했을 때 마주치게 되는 부분 인용snippet을 저작물 운영의 한 형태로 보면서 정작 출판업자들이 법원에 신중히 고려해달라고 요청한 원 저작물의 복사 그 자체는 중요성이나 운영의 측면에서 높게 보지 않았다. 이들은 사우터Souter 법관이 캠벨 애컵로스Camvell v. Acuff Rose 소송에서 힙합 그룹 투 라이브 크루2 Live Crew에 판시한 마법 같은 판결문을 언급하면서 부분 인용을 기반으로 하는 인터페이스는 단순히 '변형'을 하는 데 지나지 않는다고 주장했다.[39] 이런 관점에서 보자면 로이 오비슨Roy Obison의 히트곡 〈오 프리티 우먼Oh, Pretty Woman〉 원곡을 '변형'한 피고인 루더 캠벨Lutehr Campbell은 원곡을 패러디한 완전히 새로운 음악을 만든 것이 된다.

변형은 표절과는 완전히 다른 개념이라는 게 현재의 입장이다. 만약 어떤 작품이 저작권 있는 작품을 표절한다면 이는 저작권자의 통제 하에 있게 된다. 만약 이 작품이 변형을 했다고 생각된다면 이는 정당한 사용으로 간주될 수 있다.[40] 이런 구분에는 위험성이 도사리고 있다. 하지만 마이클 메디슨이 지적하듯 변형에 대해 법원이 늘 한결같은 결정을 하지는 않는다.[41]

게다가 구글의 저작권 전략을 옹호하는 사람들은 검색으로 표시되는 부분 인용이 명백하게 책이나 작품의 일부일 뿐이라는 주장에 의존했다. 이렇게 이들은 세 번째 요소를 고려하는 데 있어 구글에 도움을 주고 있다. 차용의 양과 실재성이 그것이다. 이런 주장의 문제점은 종종 책들이 저작물의 아주 일부, 그리고 독특한 부분들을 모아서 쓴다는 점이다. 예를 들면 시 선집이 그것이다. 레오 톨스토이의 《전쟁과 평화》의 부분 발췌를 일반적인 정당한 사용의 '4요소'로 분석하는 것은 일본 고시인 하이쿠haiku나 아일랜드 고시인 리머릭limericks 시 선집과는 완전히 다르기 때문이다. 단순한 베끼기나 4요소 테스트의 자의적 특성 같은 여러 가지 이유로 학자들이나 재판관들은 이의 효용에 의문을 갖게 됐다.[42]

2005년으로 거슬러 올라가 레식이 구글을 변호할 수 있었던 것은 구글 도서관 스캔 프로젝트가 "제퍼슨이 공공 도서관을 꿈꾼 이후 지식의 전파에 가장 중요한 공헌을 했을 수도 있다는 점이다. 우리 문화의 과거를 되살리고 이에 접근할 수 있는 놀랄만한 기회다"라는 그의 주장에 법원이 동의했다는 데 있다.[43] 이런 과정은 구글의 논쟁에서 중요했다. 만약 구글의 도서관 스캔 프로젝트가 가치 있는 서비스를 제공할 것이라 약속하지 못한다면, 정당한 사용에 관한 논쟁을 내세우기에 너무 빈약할 것이기 때문이다. 레식의 주장에서 문제가 되는 것은 구글의 알고리즘이 웹같이 역동적이고 순간적인 것들에는 효과적일지^{불완전하지만} 몰라도, 책처럼 안정적인 텍스트와는 전혀 맞지 않는다는 점이다. '생애 최고의 순간이었다It was the best of times.' 또는 '저작권copyright' 같은 아주 단순한 검색어에도 검색 결과는 형편없다. 구글은 이 서비스를 제공할 때 사람들이 더 잘 살 수 있다고 법원을 설득하는 데 힘겨운 시간을 보냈을지도 모른다. 구글의 페이지랭크 알고리즘이 웹에 맞을지는 몰라도 구글 북스에 페이지랭크의 예민함이나 탁월함, 또는 웹 검색을 효과적으로 개선하는 지속적인 피드백 메커니즘이 전혀 구현돼있지 않다. 간단한 검색에도 관련이 없는 결과를 너무 많이 만들어낸다. 그리고 구글은 고객들에게 간단한 검색 방법 정보도 제공하고 있지 않다.

색인처럼 이미 체계화된 검색 형태를 넘어 본문 검색이 가능하다고 해서 어떤 혜택을 얻게 되는지의 문제도 골치 아프다. 이런 일을 사서들 대신 구글의 기술자들에 의존하는 것 자체는 더 큰 실수다. 수많은 책들 사이를 검색하는 대신 한 책 내의 텍스트를 검색하는 것도 좋은 방식은 아니다. 책은 외부의 링크보다는 내부의 응집력으로 운영되는 별개의 문서다. 데이비드 와인버거David Weinberger의 문장을 빌리자면 책들은 '느슨하게 결합된 작은 조각들'이 아니고 그래서도 안 된다.[44] 책의 가치는 응집력에 있다. 인쇄되고 제본된 책은 지난 500년 동안 너무 잘 작동된, 휴대가 간편하고 신뢰할만한 기술의 좋은 사례다. '본문 내 키워드' 검색이 독자들이나 연구원들, 그리고 작가들에게 더 많은 가치를 준다는 점은 아무도 입증하지 못했다.

도서관이나 사서들이 저작물이나 책을 통해 지식에 접근할 수 있는 가장 좋은 방법을 제시한다는 근거는 특히 대학 출판사 같은 비상업적 출판업체들에도 똑같이 적용된다. 구글 북스를 놓고 논쟁이 벌어진 초기에 미국 각 대학 출판사들의 대표자들은 이미 그들 또한 도서관에 전자책 및 전자 색인을 공급하려고 했었다며 불평을 털어놓았다. 10여 년 이상 수많은 대학 출판사들은 백 카탈로그흘러간 책 또는 그 목록와 절판된 책들을 전자 파일화 하는 작업을 해왔다. 수요가 너무 적은 책들을 '주문 인쇄' 하기 위해서였다. 재단들의 지원으로 대학 출판사들은 협의체를 구성해서 이런 파일들의 형태나 목록을 표준화해 구독료를 받고 도서관들에 제공하겠다는 것이었다. 마이크로소프트와 야후는 비영리 목적의 벤처기업인 오픈 콘텐트 얼라이언스Open Content Alliance가 소수 대학 도서관들의 소장 도서들을 스캔하는 데 도움을 줘왔다

하지만 2004년 구글이 그들의 야망을 능가하는 자금력을 가지고 이 시장에 뛰어들면서 다양한 시장 참여자들에 대한 자금 지원 방안을 논의하는 것이 불가능하지는 않았지만 어려워졌다. 구글은 너무 컸고 또 빨랐으며 소규모 계획들을 몰아냈다. 구글 북스를 통해 책이 다운로드될 때 저작권 소유자들에게 지급되는 로열티 금액을 효과적으로 책정한 합의 이후 구글은 혼자 남게 됐고, 구글 도서관 프로젝트 발표 이후 수많은 대학 출판사들이나 도서관들은 엇비슷한 프로젝트들을 잠정 중단했다.[46]

대학 출판사 책임자들은 구글이 제공하는 개방 웹 검색 기술 역량에 특별히 불편해 하지는 않았다. 단 구글로부터 받게 되는 전자 복사본의 재산권이나 법적 측면 등을 우려했다. 그런 면에선 다른 사람들도 마찬가지일 것이다. 나는 이 프로젝트에 대해 구글의 입장을 지지하는 수많은 학자들이나 활동가들에게 정당한 사용이나 현 저작권법 하의 어떤 조항 또는 예외 규정이 구글에게 저작권이 있는 모든 작품의 분배를 맡기고, 상업적 교류를 통해 돈을 받고 파는 것을 정당화시키는지 물었다. 아직까지 이에 대한 답을 받고 있다. 이런 이유로 간리의 법학 시험 문제에 더해 세 번째 질문에 대한 내 답은 이렇다. 구글은 아직 저작권의 보호를 받고 있는 수백만여 권의 스캔된 책들의 복사본을 캐시에 저장할 적당한 대리인이 아니다. 저작권 있는 책들을 디지털화하는 프로젝트를 원한다면, 단지 정당한 사용 법령에 희망을 두거나 법원이 이런 대대적인 프로젝트에 호의를 표할 것이라 바라지만 말고 저작권을 바꾸는 데 필요한 정치적 의지를 형성해야 한다.

[유산]

구글 북스의 법적 분쟁 이야기는 두 가지 중요한 영향을 미쳤다. 첫 번째, 20세기에 출판된 모든 미국 서적들의 유통과 검색을 할 수 있는 수단을 구글이 독점적으로 소유하게 했다는 점이다. 이런 힘을 가지고 구글은 사실상 로열티에 대한 고정된 값을 매겼고, 적절한 다른 대안 서비스들을 몰아냈다. 어떤 경쟁자도 저자들이나 출판업자들과 비슷한 계약을 협상하지 못하도록 했다. 가장 중요한 것은 오래된 책이나 새로운 책을 발견하는 주요한 방식으로 자리매김했다는 점이다. 신문이나 잡지들이 서로 계약을 통해 책들에 대한 서평이나 논쟁을 제한하기로 하고, 도서관 예산이 줄어들어 국가에서 자금 지원이나 기부가 줄어드는 상황에서 출판업자들은 독자들과 책을 연결할 수 있는 새로운 방법을 생각할 수밖에 없는 상황이다. 현 시점에서는 그런 노력을 펼칠 수 있는 확실한 동반자가 구글뿐이다. 그래서 문화와 정보의 중재자, 여과장치, 그리고 편집자로서의 구글 역할은 점점 더 커질 것이다.

그런 역할에 따르는 문제점들은 진흙탕 싸움을 벌이는 저작권 법 그 이상으로 확장될 것이다. 이런 문제들을 이해하고 무엇을 해야 할지 알기 위해 지식의 구글화 영향과 성격을 좀 더 깊이 볼 필요가 있다. 지식을 모으고 정제하고 사회에 전달할 믿을 만한 조직들을 조사해봐야 한다. 그리고 이런 조직들 역시 얼마나 구글화 됐는지 살펴봐야 한다.

Googl ℮

6장
기억의 구글화
정보의 과잉, 여과, 그리고 지식의 파괴

오늘날 디지털 정보 저장소나 검색은 기억을 지식의 기본 상태로 두고, 잊는 것을 우연한 일이나 예외로 둔다. 잊는 것에서 적어도 접근하기 힘들게 하는 것에서 기억하는 것검색을 쉽게 하는 것으로 빠르게 움겨오면서, 이런 변화가 주는 영향을 무시해왔다. 저장할 그릇이 있으니까 이를 채워야 할 필요가 있다고 느낀다. 그리고 나서 우리는 데이터 통신 네트워크에 참여해 우리네 삶의 이질적인 요소들을 다른 이방인들에게, 더 중요하게는 우리가 더 알고자 하는 사람들에게 제공한다.

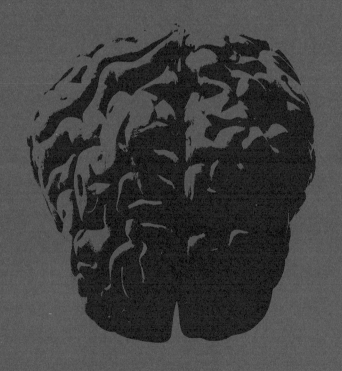

엘비스 프레슬리는 1955년 〈잊기로 한 걸 깜박했어। forgot to remember to forget〉라는 노래를 불렀다. 나는 이 노래가 1955년 발표됐다는 사실을 구글을 통해 제목을 검색하고 위키피디아 표제어를 클릭해 알아냈다. 얼마 전만 하더라도 나는 엘비스가 1955년 기념비적인 선 레코즈 Sun Records 연주회 일부로 이 노래를 녹음했다는 걸 스스로 기억했어야 했을 것이다. 책장에 있는 블루스와 컨츄리 음악사 전집을 한 장 한 장 넘겨야 했을 것이다. 그렇게 5분 정도 걸렸을 일을 5초 안에 해낸 것이었다. 이제 기억력은 더 이상 필요 없다. 그리고 이런 전집들도 예전처럼 필요하지 않아 보인다.

이런 변화는 대부분의 사람들에게 마치 좋은 일인 양 여겨지고 있다. 비용은 거의 들지 않아 보이고 이로 인한 이득은 아주 많아 보인다. 정보 검색이 훨씬 더 효율적이고 포괄적일 수 있으며, 키보드 몇 번에 이렇게 많은 문서들이 나타난다. 컴퓨터를 잘 아는 나로서는 다른 방식을 통해 알 수 있는 것보다 훨씬 더 많은 정보에 접근할 수 있다. 기억해야 하는 걸 기억할 필요가 없다는 것은 마치 자유를 얻은 듯한 느낌이다. 그림이나 문서, 음악과 끊임없이 연결될 수 있는 이런 시대에 혹시 전 세계적으로 문화 병폐에 시달리고 있는 건 아닐까? 데이터의 홍수에 질식돼서 좋은 것과 나쁜 것, 진실과 거짓을 구분하지 못하는 건 아닐까? 소비를 해야 하고, 알아야 하고, 연결돼야 한다는 강박관념에 마비되고 있는 건 아닐까? 어떤 도구가 이런 풍요로움을 관리하도록 도울 수 있을까? 어떤 도구가 부유하게 잘 살 수 있는 능력을 막고 있을까?

지식과 정보의 차이에 대한 일반적인 설명으로는 현재 상황을 충분하게 묘사하지 못한다. 닐 포스트먼Neil Postman이 설명한 것처럼 지식은 적어도 진실하고, 타당하고, 아름답고, 유용한 것을 포함한다. 정보는 그렇게 판단할 수밖에 없는 해석, 즉 일종의 가공 과정이 필요하고 그렇게 지식의 기반으로 작용하기 시작한다. 가공을 거치지 않은 정보가 너무 많으면 지식의 생성이나 효용을 간섭하게 된다. 걱정이나 쓸데없는 노력, 그리고 무력감을 생성할 수 있다. 가치 있고 아름다운 것들을 모호하게 만들 수도 있다.[1] 또한 조심스럽게 다듬은 지식의 그릇으로서의 존경심도 약화시킬 수 있다. 데이비드 셍크David Shenk가 그의 역작인 《데이터 스모그Data Smog》에서 말한 것처럼 한때 상어 알처럼 귀하고 소중한 정보는 이제 감자처럼 너무 많고 당연한 것이 돼버렸다.[2] 셍크의 우려에 점잖게 응수를 하자면 상어 알은 한때 부자들만을 위한 것이었고 감자는 가난한 사람들을 위한 것이었다는 점이다. 아마 부자든 가난한 사람들이든 감자의 효용은 전반적으로 향상됐을 것이다. 결국은 감자를 가지고 뭘 할 수 있을지가 문제다. 하지만 모든 정보는 특정한 방식으로 가공된다. 정보는 서로 관련 없는 일단의 신호들 중에서 대략적으로 선별하거나, 정보로서의 자격을 갖추기 위해 체계화하기도 한다. 나는 정보와 지식 간의 일반적인 구분이 무언가를 잘 이해할 수 있도록 도움을 준다고 확신하지 않는다. 중요한 것은 일상적인 판단과 선택에서 무엇을 고려해야 할지를 어떻게 선택하느냐는 점이다.

어렸을 때부터 사람들은 그들이 받아들이는 정보를 다른 사람들이 가공하도록, 즉 여과하도록 허락해왔다. 과학기술 전문 작가 클레이 셔키Clay Shirky 가 주장하듯 정보가 너무 많다고 생각하는 것은 실제로는 '여과의 실패' 기능이다. 뉴스나 정보의 양에 압도당한다는 느낌을 받을 때, 이는 정보의 흐름을 제대로 파악하지 못했다는 신호다. 훈련을 통해 아니면 이를 훈련시키는 기술을 통해 블랙베리스마트폰가 주머니 안에 있어도 평온을 얻을 수 있을 것이다.[3] 집중, 정신 훈련, 그리고 시간 관리는 여과장치로서 중요하다. 구글도 마찬가지다. 만약 프란시스 베이컨이 맞는다면, 그리고 지식이 힘의 한 요소일 뿐 반드시 힘의 원천은 아니라면 구글에게 여과에 필요한 지식을 준다는 것은 힘을 주는 것과 같다. 그렇게 하는 것이 그다지 불편하지는 않을 것이다. 분명 나를 포함해서 모든 사람들이 편하게 생각한다. 하지만 이에 따른 영향력에 장님이 돼서는 안 된다.

[잊지 말고 기억하기]

구글을 통해 정보를 너무 쉽게 얻을 수 있어 사람들은 스스로 기억하는 것에 게을러지기 쉽다. 나는 어머니의 휴대폰 번호도 기억하지 못한다. 한편으로는 구글 덕에 절대 잊고 있지 않은 것처럼 가장할 수 있다. 쓸데없이 수많은 것들과도 연결될 가능성도 있다. 하지만 궁극적으로 무엇을 기억해야 하

고 무시해야 할지를 선택해야 한다.[4]

할아버지는 1907년에 사우스 인디아South India에서 태어나 86세까지 살았다. 브라만이었던 할아버지는 신성한 산스크리트어 문서들을 기억하고 암송하면서 사회가 할아버지에게 기대했던 역할을 충실하게 이행했다. 어렸을 때 그는 수백 시간 동안 기도문과 고시인 슐로카sloka를 익혔다. 노년에 들어서 믹 재거의 〈만족할 수 없어요(I Can't Get No) Satisfaction〉이라는 노래처럼 슐로카를 직접 짓기도 했다. 하지만 이런 시들에 대한 그의 지식은 단순히 무턱대고 외운 것 그 이상이었다. 그는 종이에 산스크리트어와 영어로 번역해 가면서 공부했다. 어떤 번역이 가장 잘 됐는지에 대해서도 파악할 정도였다. 내가 10세 때쯤 할아버지는 열두 밤 내내 고대 인도의 서사시 중 하나인 라마야나Ramayana 전체를 암송해주기도 했다.

하지만 할아버지는 인지 장애도 겪고 있었다. 추측컨대 이런 장애는 너무 세세한 것들을 알고, 좀 더 넓은 영역을 잘 몰랐던 데서 기인한 것 같다. 할아버지는 로켓이 어떻게 우주로 날아가는지, 전통적으로 남자들이 하던 일을 여자들도 할 수 있다는 생각을 전혀 하지 않았다. 나는 하늘의 별들이 사람들의 운명을 결정하지 못한다는 점을 할아버지에게 설득할 수 없었다. 할아버니는 1970년대 미국으로 이민을 오고 난 이후에는 변화된 주변 세상들을 경외와 감탄으로 바라봤다. 하지만 그가 감명 깊게 배웠던 교육 방식을 넘어 지적인 틀을 확장하려 하지 않았다. 할아버지는 기억력이 너무 좋아서 지금의 기준으로 보자면 분명 천재로 불렸을 것이다. 하지만 그는 자신만의 관점과 입장에 빠져서 수많은 문제들을 명확하게 생각할 수 있는 능력을 지니지는 못했다. 그렇다면 나는? 나는 구글을 통해 가장 최선의 것을 얻을 수 있고, 엄청난 범위의 주제들과 관련된 정보를 얻을 수 있다. 그렇다면 누가 더 훌륭한 사고를 하는 것일까?

호르헤 루이스 보르헤스Jorge Luis Borges는 단편 《기억의 왕 푸네스Funes the Memorious》에서 기억한 걸 잊어버리지 못하는 저주를 받은 아르헨티나의 젊은 왕 아이레네오 푸네스reneo Fures의 비극을 다루고 있다. 내레이터는 "그는 아무런 노력 없이 영어, 프랑스어, 포르투갈어, 라틴어를 배웠다"라고 말한다. 그리고 이렇게 덧붙인다. "그럼에도 나는 그가 사고를 잘 한다고 생각하지 않는다. 사고를 한다는 것은 다른 것을 무시하거나 또는 잊고, 일반화하고, 추상화하는 것이다."[5] 사고를 하는 데 있어 잊는 것은 기억하는 것만큼이나 중요하다. 잊어버리지 못하는 능력 때문에 푸네스는 아무 것도 이해할 수 없다. 추상적으로 생각할 수 없다. 상대적으로 경중을 따져 사실을 판단할 수 없다. 세세한 것들에 빠져서 중요한 것과 하찮은 것, 새로운 것과 오래된 것을 구별할 수 없다. 고통스럽게도 푸네스는 쉬지를 못한다. 구글은 단순히 기억을 돕는 기계가 아니라 잊어버리게 하는 도구다. 왜냐하면 사람들을 위해 수많은 것들을 걸러주기 때문이다.

이렇게 구글이 사람들을 대신해 기억해주는 비용은 사람들이 일반적으로 상상하는 것보다 훨씬 크다. 잊지 않기 위해서는, 적어도 전후 관계가 있어야 한다. 밴쿠버의 정신과 의사 앤드류 펠드머Andrew Feldmar의 시련을 생각해보자. 그는 2007년 시애틀 타코마Seattle-Tacoma 공항에서 친구를 마중하기 위해 미국 국경을 넘으려 했다. 미국 국경에서 한 관리인은 그의 이름을 구글로 검색해봤다. 검색을 하자 펠드머가 2001년에 발표한 학술 논문의 링크가 나왔다. 이 논문에서 펠드머는 1960년대 영국 정신과 의사 로널드 데이비드 랭 R.D. Laing을 연구하면서 환각제를 경험했었다는 점을 기술했다. 전과 기록이 없고, 정부의 데이터베이스에도 이에 의심되는 연루 행위는 없었지만, 미국 정부 당국은 그가 철저히 통제되는 의약품을 불법으로 사용했다고 인정한 점을 들어 입국을 금지했다.

웹 이전에 그리고 구글 이전에 국경 관리소는 펠드머가 국경을 넘느냐 아니냐를 결정할 수 있는 일반적인 수단으로 법 집행 기록밖에 없었을 것이다. 하지만 현재 겉으로 보기에는 완벽한 기억의 시대에 살고 있고 의지만 있다면 어떤 사실도 끄집어낼 수 있다. 사실 이런 상황은 완벽과는 거리가 멀다. 완전 기억 능력은 맥락, 시간, 그리고 장소를 무관하게 만든다. 젊었을 때의 무분별한 행위든, 학창 시절의 무분별한 행위든 40년 전에 일어났던 무언가가 현재까지 문제가 되고, 마치 어제 일어났던 일인 마냥 누군가를 괴롭힐 수 있다.

대부분의 인간사에서 잊는 것은 기본이었고 기억하는 것은 도전이었다. 성가, 노래, 책, 도서관, 그리고 대학교들은 주로 사람들의 잊어버리는 성향을 극복하기 위해 만들어졌다. 기억에 도움을 주는 이런 기술들은 물리적 · 경제적 한계가 있었기 때문에 오히려 사람들을 잘 보살펴줬다. 이런 기억 기술들은 여과장치, 또는 편집기로의 역할도 한다. 더 많은 것을 버리게 하면서 더 많은 것을 기억하도록 돕는다. 오늘날 디지털 정보 저장소나 검색은 기억을 지식의 기본 상태로 두고 잊는 것을 우연한 일이나 예외로 둔다. 잊는 것에서 적어도 접근하기 힘들게 하는 것에서 기억하는 것 검색을 쉽게 하는 것으로 빠르게 옮겨오면서 이런 변화가 주는 영향을 무시해왔다. 저장할 그릇이 있으니까 이를 채워야 할 필요가 있다고 느낀다. 그러고 나서 우리는 데이터 통신 네트워크에 참여해 우리네 삶의 이질적인 요소들을 다른 이방인들에게, 더 중요하게는 우리가 더 알고자 하는 사람들에게 제공한다.

수많은 것들에 접근하는 게 너무 쉬워졌기 때문에 미미한 정보들을 남용하고 개인을 비하하는 것도 쉬워졌다. 누군가 구글에서 우리 이름을 검색해 몇 년 전에 쓴 무례한 이메일이나 연구 보고서에 접근해서는 우리 자신을 잘 못 이해하거나 오명을 씌우는 것을 두려워하지 않는 사람이 있을까? 불과 10년 전만 하더라도 특정 독자들을 위해 쓴 글들로 인해 우리를 잘 모르는 악의적인 독자들에 의해 해를 당할 수 있다는 건 생각조차 못했다.

지금까지의 짧은 인생에서 아주 소량의 디지털 글들을 남긴, 내 학생들 중한 명이 겪은 고통을 한번 생각해보자. 구글에서 그의 이름을 검색하면 대중적으로 중요한 글 하나가 나온다. 2008년에 작성한 선거 기고문이 그것이다. 그는 이글이 향후 그가 입사할 회사에 편견을 줄지도 모른다고 걱정하고 있다. 이렇게 정보를 쉽게 양산하면서 치러야 하는 비용은 분명히 존재한다. 사람들은 다함께, 그리고 어리석게 집단 기억인터넷에 올라있는 각종 정보들—옮긴이을 만들어가고 있는 중이다. 푸네스의 기억처럼 세세한 것 하나하나에까지 말이다.

푸네스와 마찬가지로 사람들의 삶에서 데이터의 증식과 이런 데이터를 관리하는 엉성한 여과장치는 판단, 구분, 연역적 사고를 불가능하게 한다. 엄청난 데이터베이스, 그리고 변칙이나 패턴을 찾아내는 데 필요한 연산 능력의 증가와 함께 귀납적 사고가 황금 시기를 맞았다는 주장이 가능하긴 하지만 일반 인터넷 사용자들에겐 아직 요원하다. 이런 변화를 다루기 위해 인터넷 학자 빅토르 마이어 셴버거Victor Mayer-Schönberger는 가능하면 많은 정보들을 기록하고, 보유하고, 내보내는 인류의 기본 습관을 재설계하고 재고해야 한다고 제안한다. 왜냐하면 수세기 동안 잊어버리는 데 대한 무력감에서 탈피하려고 노력해온 사람들은 기억하는 것의 힘이나 위험에 대해서는 쉽게 이해할 수 없기 때문이다.[6]

[기억이 문제는 아닐 수 있다]

2007년 여름, 첨단기술 저자인 니콜라스 카Nicholas Carr는 〈아틀란틱〉 잡지에 '구글은 사람들을 바보로 만드는가?'라는 도발적인 커버스토리를 기고했다. 이 기고문에서 카는 웹상의 지적 자원과 활동에 끊임없이 의존하게 되면서 자신은 물론 수많은 사람들의 정신세계를 근본적으로 다시 쓰고 있는 사례를 들었다. 카는 "인터넷이 집중하고 사색할 수 있는 내 능력을 조금씩 잘라내는 것처럼 보인다"며 다음과 같이 말했다.

"내 마음은 이제 인터넷이 주는 대로 정보를 받아들이길 기대한다. 아주 세세한 조각 정보들이 신속하게 흘러가는 대로 말이다. 한때 나는 수많은 말들의 바다에서 스쿠버 다이버였다. 이제 나는 제트 스키에 타고 있는 한 남자처럼 물결을 가르며 나아가고 있다."[7]

카는 조만간 웹의 사용이 지속적으로 사고할 수 있는 능력을 손상시킨다는 가정을 지지하거나 틀렸음을 입증하는 면밀한 심리학적·신경학적 데이터를 보게 될 것이라고 전망했다. 그는 사람들이 온라인상에서 글을 읽는 습관을 바꾸고 있다는 것을 보여주는 예비 연구 자료를 인용했다. 그는 사람들이 온라인상에서 동영상 클립, 링크, 비디오, 노래, 애니메이션, 그리고 텍스트 일부 등 이리저리 돌아다니게 만드는 것들을 더 많이 소비하면, 진득하니 앉아서 책을 읽거나 구글이 사람들의 삶에 어떤 영향을 미칠지 같은 담론들을 말하는 능력을 점점 더 상실하게 될 것이라고 걱정했다.

카가 의존한 경험적 데이터가 빈약하고 기초적이었다면 그의 이론적 기반은 두터웠다. 비록 온라인 미디어를 사용하는 일반적 경험과 구글의 형태나 기능을 한데 버무려놓긴 했지만, 카는 내가 이 책을 통해 얘기해왔던 것과 같은 우려를 제기했다. 즉 구글은 사람들을 편하게 하면서 테크노크라시technocracy, 과학 기술 분야 전문가들이 많은 권력을 행사하는 정치 및 사회 체제―옮긴이 통치를 확장하고 있다는 것이다. 구글은 기술의 진보가 자비로운 영향력을 미칠 것이라는 기술 근본주의자적 신념 속에서 살고 있고, 또 다른 사람들에게도 전파한다. 그리고 구글은 사람들 생각의 흔적을 기록하고 좀 더 효율적인 소비를 위한 서비스에 이런 데이터를 이용하면서 사고를 보완하도록 설계됐다. 하지만 카는 내가 동의할 수 없는 한 가지를 제시했다. 그는 과도한 자극을 주도록 설계된 이런 새로운 환경에 참여하게 되면 근본적으로, 또 되돌릴 수 없을 정도로 생각하는 방식을 바꿀 것이라는 것이다.

　이런 주장을 위해 카는 《2001 : 스페이스 오디세이2001 : A space Odyssey》에 나오는 컴퓨터 HAL 유령을 끄집어냈다. HAL은 적수인 인간 데이브Dave가 기억 회로를 끊어버리자 정신이 사라지고 있다고 울부짖는다. 카는 미디어 이론 분야의 대부인 마샬 맥루한도 언급한다. 마샬 맥루한은 지배적인 커뮤니케이션 기술이 의식을 형성하고 그래서 서로 다른 형태의 사람들, 즉 '활자인간typographical man' 을 창조하며, 이들의 사고 패턴은 인쇄된 글자의 존재로 인해 형성된다고 상정한다. 맥루한은 글자 또는 인쇄 이전의 삶이나 바깥 영역의 삶은 다른 형태의 생각이나 집단적 의식을 가지게 된다고 주장한다. 인쇄된 글들을 읽고 자란 사람들은 이런 기술의 결과로 좀 더 구조화되고 직선적 형태의 생각을 갖게 된다. 전자 미디어 환경에서 태어난 사람들은 근대 이전의 사고 형태로 되돌아간다.[8]

　이런 모든 역사적 주장들이 실험으로 검증할 수 있는 부분은 아니다. 어떤 부분들에 대해 신념이 굳으면이번 경우는 사고의 형태 이런 행위들을 보여주는 아주 미미한 문서라도 모아 '새로운 인류' , 또는 '새로운 시대' 가 탄생했다고 선언하게 된다. 이런 역사적·인류학적 분류법은 점성학 정도의 정당성만을 부여할 수 있다. 수많은 연구 문헌이 있는 인간 정신의 가소성the plasticity of the human mind은 인간의 뇌가 시간이나 경험에 따라 바뀔 뿐만 아니라 끊임없이 변할 수 있다는 점을 의미한다. 만약 니콜라스 카처럼 웹이 당신의 사고 능력을 방전시키지 않을까 걱정이 된다면, 좀 더 잘 사고할 수 있도록 재훈련할 수 있다. 훈련은 진화론자 라마르크가 말하는 적응과는 다른 부분이다.

도구나 기술을 너무 과도하게 사용하거나 남용하게 되면 감각을 마비시키거나 생각을 몽롱하게 할 수 있다. 그래서 사람들이 문화적 신진대사를 높여주는 첨단기술을 받아들이고 난 이후에 오히려 혼란이 증가했다고 보고되는 것도 놀라운 일은 아니다. 하지만 기술에 영향을 받는 생물학적 변화를 너무 강조하면서 카는 기술 결정주의라는 과오를 범한다.

카가 기고문을 쓰고 나서 1년 후쯤 미래학자 자마이스 카시오Jamais Cascio는 이와 엇비슷하게 응수하는 글을 썼다. 카시오는 여러 놀라운 기술 발전 중에서 전자 미디어가 진화를 모의실험하는 데 사용되고 있다고 주장했다. 오랜 시간을 거쳐 솎아내는 자연 도태나 번식 이익에 의존하는 대신, 삶을 살아가는 데 도움이 되는 것들을 창조한다는 것이다. 구글이나 웹이 이런 목록에 포함된다. 카시오는 디지털로 서로 연결되고, 또 어수선한 이런 상황들이 여러 자극들을 구별하고 좀 더 잘 생각하도록 훈련시킨다는 입장을 취한다. 혼란스럽고 압도당하는 느낌을 받을 수도 있지만, 이는 여과 방식이나 기술이 부적당하기 때문이다. 앞으로 그렇게 되겠지만, 구글이 여과를 더 잘해준다면 사람들은 좀 더 행복하고, 더 똑똑하고, 더 삶을 지속할 수 있을 것이다. 하지만 지금도 전자 미디어는 '지능 증강intelligence augmentation' 역할을 하면서 사람들을 똑똑하게 만들고 있다.[9]

카처럼 카시오 역시 반만 옳다. 기술이사회적 기준, 법과 함께 치열한 생존 경쟁의 영원한 사이클 압박으로부터 사람들을 자유롭게 한다고 주장하는 점에서는 옳다. 사람들은 생명을 위협하는 상황에서 스스로의 길을 창조하고 있다. 심지어 컴퓨터광조차 이런 상황을 야기할 수 있다. 사회학자 레스터 프랭크 워드Lester Frank Ward는 지난 1883년 허버트 스펜서Herbert Spencer가 사회적 진화론을 지지하는 데 대해 비슷한 주장을 펼쳤다.[10] 오늘날 수많은 미디어 방식들, 특히 비디오 게임들은 지적 능력을 필요로 하면서 철학적이지는 않지만 전략적 사고 내지 지속적 참여를 가능하게 하고 있다는 카시오의 주장은 옳다.[11]

하지만 카시오는 카와 비슷한 실수를 저지른다. 두 사람 모두 기술이 필연적으로 그리고 단방향으로 사람들에 영향을 준다고 가정한다는 점에서다. 카시오는 기술이 사람들을 확실한 무언가로 이끈다고 가정한다. 즉 미래는 이미 결정돼있고, 이 미래가 어떨지에 대해 자신은 알고 있다는 것이다. 카시오는 미래학자였다. 그는 기술이 사람들의 능력이나 소망들을 다른 방식이 아닌, 좀 더 정확히 말하면 사람들과 협력하는 방향으로 몰고 간다고 가정한다. 카시오의 기술 결정주의 이론에 따르면 사람들의 삶은 항상 더 나아지고, 발전하고, 절대 세상을 오염시키지 않고, 스스로를 중독되거나 살찌게 하거나 멍하게 해서 굴복당하지 않게 한다.

카시오는 구글이 사람들의 삶에 가져온 심오하고 충격적인 변화를 암시한다. 그는 여과장치가 분명 더 강해질 것이고 조만간 편집하거나 무시하는 힘을 알고리즘에 넘겨주게 될지도 모른다고 주장하면서 최근에 구글이 시스템에 구현하는 놀라운 변화들을 떠올린다. 구글은 사람들을 멍청하게 만들지 않는다. 하지만 사람들은 구글을 더 똑똑하게 만들고 있다. 왜냐하면 개개인의 이해관계나 성향 등에 관한 모든 정보를 수집할 수 있도록 만들었기 때문이다.

사람들에 관한 수많은 정보를 주고서 구글이 이를 여과할 수 있도록 하는 것은 개개인이 각자에게 중요한 일들에만 집중하도록 폭을 좁히고, 다수의 의견이나 관점 같은 집단적 지식을 분열시킬 가능성이 있다는 점이다. 구글이 사람들이 추구하는 사람과 지식 간 조정 역할을 강하게 해나가면서 대학 교육 분야에서도 그 영향이 명확해지고 있다. 바로 내가 걱정하는 부분이다.

[대학 교육의 구글화]

'학습'이라는 단어의 뜻은 당신이 모르는 것, 당신이 생각해보지 못했던 것, 당신이 상상조차 할 수 없었던 것, 그리고 절대 이해하지 못했거나 받아들이지 못했던 것들과 마주치는 것이다. 다른 것과 우연히 만나는 것이다. 검색자가 처하게 되는 이런 상황은 이 학습이라는 단어의 오랜 느낌으로 말하자면, 새로운 다른 것과 마주하면서 지식을 추구하는 것이라 할 수 있다. 구글은 인터넷 검색자와 검색 결과 사이에 끼어들어 일종의 여과장치 역할을 하면서 검색자가 누구인지, 과거에 흥미로워했던 것은 무엇인지 등을 파악한다. 그리고 검색자가 이미 알고 있을 법한 것들이 반영된 검색 결과의 '개인화'를 통해 다른 것들과의 급격한 만남을 피하게 한다.

2007년부터 구글은 주 고객들G메일이나 유튜브, 블로거, 구글 북스, i구글 같은 서비스를 사용하기 위해 구글에 등록한 사람들을 위해 개개사용자에 맞춘 웹 검색 기술을 설치하는 일련의 과정에 착수했다. 사람들이 일단 구글에 등록을 하게 되면 브라우저에 쿠키가 놓이게 되고, 구글은 당신이 방문할 때마다 로그인하는 것을 기본 설정으로 한다. 2007년에 구글은 구글 검색 서비스에서 중요한 한 가지를 기본 설정으로 해놓았다. 개인에 맞춘 검색 결과automatic customization of search results가 그것이다. 마리사 메이어는 2007년 인터뷰에서 "우리는 미래의 검색 엔진이 개인화되고, 더 좋은 결과를 제공하게 될 것이라고 믿는다"라고 말했다.

메이어가 이런 결정에 대해 마치 구글이 여러 대안들 중 하나를 선택하는 결정자 역할을 한 것이란 표현을 쓰지 않은 점에 주목하자. 그녀가 '제공하게 될 것'이라고 말한 것은 구글이 그 문제에 관해서는 선택권이 없다는, 어쩔 수 없음을 말한다. 메이어는 구글이 검색 결과를 개인화하려는 노력에 가장 중요한 것이 사용자들의 검색 히스토리라고 설명했다. 메이어는 개개인에 맞게 검색의 기본 설정을 맞추고 사용자들이 적극적으로 선택을 하도록하는 것은, 사용자들이 개개인에 맞는 검색을 기대하게끔 만드는 것이라고 인정하기는 했다.

"때로 강매처럼 보일 수도 있다." 메이어는 말했다.

"우리는 사용자들에게 서비스에 등록하라고 요청을 한다. 이 서비스에서부터 검색 히스토리의 형태로 데이터를 수집하기 시작한다. 하지만 사용자들은 히스토리 형태가 제대로 갖춰지기까지는 별다른 혜택을 보지 못할 것이다. 우리가 지금 애쓰고 있고, 생각하고 있는 게 바로 이런 것들이다. 이런 이유 때문에 검색 히스토리와 개인화된 검색 모델을 시작하려고 노력하는 것이다."[12]

개개인에 맞춘 검색은 이미 알려진 당신의 지역, 흥미, 강박관념, 성적 감정을 일으키는 대상들, 관점 등에 맞는 더 많은 결과를 전달할 수 있다는 것을 의미한다. 여과된 정보를 이렇게 '협송狹送, narrowcasting' 하는 것은 굉장히 능률적일 수 있다. 당신이 무엇을 원하는지 안다면, 페이지 상단에 정확한 결과를 놓고 빨리 얻을 수 있게 할 것이다. 또 시간이 지날수록 더 사용자에 맞는 광고를 제공하고 다양한 구글 서비스들을 이용하는 주요 고객들의 풍성한 프로필을 형성한다. 검색 결과를 개개인에 맞출수록 예상하지 못한 불편한 것들과 우연히 마주칠 수 있는 기회는 점점 줄어든다. 당신의 웹 검색 경험은 이미 당신이 지니고 있는 관심, 의견, 그리고 편견을 강화할 것이다.

사람들이 웹을 이용하는 방식은 이미 개개인에 맞는 검색의 엄청난 위력을 보이고 있다. 서로 다른 관점에 대한 개방성, 숙고의 과정 같은 공익적 가치들이 위협받고 있는 것이다. 구글은 웹 검색 결과를 개개인에 맞추면서 그런 영향력을 배가시키고 있다.[13] 이미 우리가 자신은 물론 우리가 알고 있는 것들을 반영해 결과를 맞춰서 내놓게 되면, 결국 우리가 확실히 알고 있는 것을 알고 있는결국 모두 웹에 다 있다 여러 다양한 커뮤니티로 나눠서 안내하겠지만, 같은 사안에 대해 다르게 알고 있는 커뮤니티로는 이끌지 않을 것이다. 그리고 검색 결과를 개개인에 맞추는 것은 최근 구글 디자인에 널리 퍼져있는 소비를 부추긴다. 이런 트렌드는 쇼핑에는 딱 좋을지 모르지만, 특히 대학 수준의 학문에는 결코 도움이 되지 않는다.

《구글이 무엇을 할 것인가?What Would Google Do?》라는 책에서 미디어 비평가 제프 자비스Jeff Jarvis는 구글의 가치 내지 구글을 모델로 삼아 대학 교육에도 혁명이 일어날 것이라는 비전을 제시한다. 자비스는 "구글이 있는데 대학이 뭐가 필요한가?"라고 공격적으로 묻는다. 사실 그가 대학의 해체를 제안하는 것은 아니다. 대신 그는 "교육은 붕괴될 만한 조직들 중 하나다. 그럴 가능성도 상당히 높다"고 주장한다.[14]

자비스는 대학 교육이 개혁, 상승, 투자 등 향상을 의미하는 다른 수많은 말들 대신 왜 붕괴할만하다고 했는지에 대해서는 충분히 설명하지 않는다. 그는 가르치고, 시험보고, 연구하고, 교우관계를 맺는 것을 대학의 가장 중요한 역할이라고 본다. 그는 이런 역할들을 검토하고서 구글 같이 분산되고 인터넷을 기반으로 하는 체계가 현재 상황보다 이 모든 것들을 더 잘 수행할 것이라고 결론 내린다. 그는 젊은 사람들이 네트워크를 구축하고 사회관계를 맺기 위해 대학 캠퍼스라는 '유니폼'을 입을 필요가 없다고 언급한다. 왜냐하면 이는 평생 추구해야할 과제이기 때문이다. 그는 실험실에 틀어박혀 연구를 할 게 아니라 서로 협력하고 개방된 상태에서 연구를 해야 한다고 주장한다. 시험을 보거나 증명서 교부 같은 일들은 온라인에서 쉽게 따라할 수 있다. 그리고 강의는 강의실 안의 소수 수강생들보다 더 광범위한 소비자들을 기반으로 서비스를 제공하고 싶어 하는 독립 계약자와의 계약을 통해 웹을 통한 구독 방식으로 가능하다. "검색을 통해 사실을 알 수 있는데, 왜 아직까지 학생들에게 사실을 외우라고 가르치고 있는가?"[15]

대학교에서 근무하고 경력을 쌓고 있는 교수로서이런 면에서는 2세대인 나는 이런 예측과 설명에 당황했다. 자비스가 말한 현 상태 대로라면 그는 내가 지금껏 보지 못했던 대학을 묘사하고 있다. 사회적 현상은 물론이고 미국에서 가장 보수적인 캠퍼스도 개인적인 실험들을 서로 공유하는, 세균을 배양하는 페트리 접시로서의 역할을 하고 있다. 물론 아직까지 똑똑한 직원들이나 물리적인 공간과 장비, 그리고 이런 모든 것들을 관리하고 자금을 지원하는 대학의 인프라 및 구매력을 갖춰야 하지만, 대학에서의 연구는 늘 조직이나 국경을 넘어 서로 협력해왔다. 초등 교육 기관적어도 미국에서는에서조차 외우는 방식의 교육은 20세기 초 존 듀이John Dewey의 개혁 이후 그리 오래 지속되지

당신이 꼭 알아둬야 할 구글의 배신

않았다.

그래서 나는 자비스가 과연 무엇을 붕괴시키고 싶어 했는지 확실히 알 수 없다. 한 가지 확실한 것은 지구상 어떤 조직도 미국 대학처럼 지속적으로, 또 훌륭하게 성공을 거두지는 못했다는 점이다. 어떤 학생이나 교수, 행정가, 그리고 납세자들이라도 대학들이 변해야 하는 10여 가지 이유들을 들을 수 있겠지만, 여전히 대학들은 시장으로부터 압도적인 인정을 받고 있다. 훌륭한 대학들은 신입생을 받아들이기 전 4배에서 10배까지의 신청자들을 퇴짜 놓는다. 그렇게 배타적이지 않은 주립 공과대학이나 교육대학에서조차 질 좋은 교육이 만연해 있다. 수많은 졸업생들이나 그들 가족들을 중산층이나 그 이상으로 나아가게 했다는 점에서 성공을 거두고 있다. 미국의 지역 전문 대학community colleges은 더 공부를 하거나 직업 역능력을 업그레이드 시키려는 수백만 학생들에게 도움을 주고 있다. 대학 교육에 비판을 가하는 수많은 비평가들처럼 자비스는 단순히 엘리트 조직들을 대상으로 그들을 엘리트로 규정하는 독점성에 비난을 한 것이다. 그는 하버드에서 벌어지는 일들이 하버드에 입학하려는 수천여 명 정도의 사람들에게만 문제가 된다고 가정한다. 과거에 대학이 창출한 수많은 중요한 개혁, 즉 자비스가 찬사를 보낸 우유 저온 살균 과정이라든지, 수술 중에 피의 응고를 조절한다든지, 오픈 소스 소프트웨어 등이 다 대학에서 나올 수밖에 없었다는 사실은 무시한다.

가장 당혹스러운 부분은 내가 근무하는 버지니아 대학이 1819년 토머스 제퍼슨Thomas Jefferson이 설립한 이후 지금까지 쭉 성공해왔다는 사실이다. 반면 구글은 1998년에 설립됐다. 하지만 자비스는 구글에 감명을 받고 대학교의 관리나 운영 방식을 규정한다. 나는 100년이 지난 후 버지니아 대학교가 연구와 교육 분야에 계속 주요 기관으로 남아있는 반면, 구글은 더 이상 존재하지 않을 것이라는 데 기꺼이 돈을 걸겠다. 그 때에도 농구에서 듀크 대학교를 이기지 못할지는 모르겠지만, 훌륭한 졸업생들과 중요한 연구 결과를 내고 버지니아 주에도 많은 도움을 줄 것이다.

대학 교육의 구글화에 대한 비판 중 자비스가 가장 크게 실수한 부분은 구글 자체도 역시 대학교에서 나왔다는 사실을 무시한 점이다. 이는 대학교가 약점과 병폐에도 불구, 힘이 있고 가치가 있다는 사실을 뜻한다. 바로 이 때문에 구글의 창립자들이 대학에 관여를 하는 것이다. 그들은 모교에 기부를 하고, 졸업식 연설을 하고, 장학금을 후원한다. 또 캠퍼스 내에서 적극적으로 직원들을 채용하고 그들 사업의 모든 분야에서 대학교들과 협력을 한다. 그렇기 때문에 구글은 대학 문제의 해답이 아니다. 구글 역시 대학의 탁월함과 성공의 산물이다. 오히려 구글로 인해 제기된 수많은 문제들의 해답은 대학교가 쥐고 있을지 모른다.

사실 구글과 전 세계 대학들 간의 관계는 긴밀한 것 그 이상이다. 거북스러울 정도로 친밀하다. 최근에 구글은 도서관 데이터베이스나 검색 인터페이스, 이메일 서버 같은 수많은 서비스들을 도입하거나 새롭게 단장하고 또 바꾸고 있다. 구글의 서버 용량이나 컴퓨팅 역량은 대학 연구에 새로운 지평을 열고 있다. 구글 스칼라Google Scholar는 학자가 아닌 사람들이 한 번도 접하지 못했을 법한 학계의 연구들을 발견할 수 있게 하고, 구글 북스는 대학 도서관의 일상적인 업무 방식이나 비전 모두를 급격하게 변화시켰다. 노력을 통해 모든 것들을 구글 브랜드에 포함되도록 하면서 구글은 좀 더 완벽하고, 민주화되고, 글로벌하고, 범세계적인 정보 생태계를 육성하고 있다. 하지만 이는 동시에 지속적인 대학의 상업화는 물론 정보의 질 수준을 부식시키는 데 일조하고 있다.

대학교와 학생들에 비용 압박이 심해지고 대학교에 대한 정부의 지원이 줄어들게 되면, 구글은 이런 공공기능의 실패나 정부 지원의 약화 또는 철회 등을 이용할 것이다. 캠퍼스 내 어디서나 구글을 볼 수 있다는 점은 기회와 불안을 동시에 창출한다. 불행하게도 대학들은 구글이 주도권을 쥐도록, 그리고 관계의 조건을 정하도록 허용해왔다.

구글의 기업 문화와 대학 문화는 굉장히 닮았다. 구글의 설립자 세르게이 브린과 레리 페이지는 스탠포드 대학교에서 컴퓨터 공학 박사 학위 과정 중에 만났다.[16] 구글 웹 서치, 즉 페이지랭크 알고리즘 이면에 있는 설립 개념은 브린과 페이지가 1999년 발표한 학술 논문에서 나왔다.[17] 페이지는 미시건 대학교에서 학부 생활을 마쳤고 지금까지도 미시건 대학교와 끈끈한 유대관계를 맺고 있다. 캘리포니아 버클리 대학의 경제학 교수인 할 베리안Hal Varian처럼 몇몇 야심 가득한 구글 직원들은 구글에 합류하기 위해 학계를 떠나기도 했다. 그렇기 때문에 구글의 기업 문화가, 꼭 짜이지 않은 근무 시간, 수평적 관리 구조, 다방면으로 흐르는 정보와 피드백, '캠퍼스'를 중심으로 통합된 레크리에이션과 육체 활동, 그리고 놀랄 만큼 느슨한 옷차림 등 학계의 가장 훌륭한 일처리 방식을 반영한다는 점은 그렇게 놀랄만한 일이 아니다. 지난 십수 년 동안 미국의 대학들은 기업들처럼 행동해야 한다고 배웠다. 되도록 대학처럼 행동하려고 하는 구글은 가장 놀라운 성공을 거둔 회사다.

구글이 학계로부터 받아들인 핵심 가치는 동료 검토peer review, 시스템 등의 결함이나 개선 사항을 발견하기 위하여 개발 당사자를 제외한 주변 동료가 검토, 분석하고 개선 사항을 제안하는 작업—옮긴이다. 모든 아이디어나 작품, 제안은 우발적이고 불확실하기 때문에 자격을 갖춘 검토자들의 비평이나 검토를 받아야 한다는 것이다. 이런 방식은 구글에만 특별한 것은 아니다. 창의적인 성공과 품질 관리 시스템을 이룬 모든 오픈 소스 또는 무료 소프트웨어 프로젝트, 독점 소프트웨어 산업의 대부분이 동료 검토에 의존한다. 사실 모든 인터넷 기술들은 이런 동료 검토 과정을 통해 나온 것이다. 하지만 구글은 소프트웨어와 정보를 널리 대중들에 유통하는 다른 주요 회사들보다 훨씬 더 동료 검토의 개념을 끌어안고 간다.

구글이 성공을 거둔 데는 웹 검색 엔진의 장악과 유기적으로 생성된 검색 결과에 돈을 지불하고 광고 자리를 차지하도록 한 경매 프로그램 때문이다. 만약 구글 검색창에 '신발 가게'라는 단어를 치면 구글의 페이지랭크 알고리즘은 '신발 가게'라는 단어를 담고 있는 웹페이지들을 분류한다. 이 페이지에 연결된 다른 수많은 페이지들에 기반을 두어 순위를 매기고, 채 1초가 안돼 상대적 인기에 기반을 둔 냉혹한 결과를 보여준다. 이런 상황에서 인기는 질을 평가하는 잣대가 된다. 그렇다고 이런 부분이 단순히 천박하거나 시장에 기반을 둔 가치만은 아니다. 이와 똑같은 원리가 학계의 인용—리뷰 시스템citation-review system도 이끈다. 구글의 창립자들이 월드 와이드 웹의 혼란스러운 상태에 이런 시스템을 적용해보자는 아이디어가 떠올랐던 것도 그들이 대학에서 인용 분석citation-analysis 프로젝트를 수행하고 있을 때였다.[18]

인기도는 웹 검색 결과를 여과하고 제시하는 가장 효과적인 방법으로 판명됐다. 지금까지 봐왔던 것처럼 구글은 편집적 판단을 수많은 웹 저작자들하버드 대학교 법학과 교수 요차이 벵클러는 '동료 제작자(peer producers)'라고 말한다에 주면서 검색 엔진들 중 시장의 리더가 됐다.[19] 20세기 후반에 모든 다른 검색 엔진은 끼워 넣기 광고각 사이트의 소유주들이 검색 결과들 중에서 좋은 자리를 차지하기 위해 돈을 지불한와 '전문가' 판단검색 엔진 직원이 어떤 사이트를 목록에 포함할 만한 가치가 있는지 결정하는 두 가지를 함께 사용했다. 이에 반해 구글은, 벵클러가 말하듯 수많은 사용자들이 굉장히 가치 있는 연관성과 공인된 알고리즘을 창출하기 위해 그들의 사이트

를 유용하게 만드는 과정에서 부산물로 나온 판단들을 이용한다.[20]

물론 어떤 작품의 가치를 다른 작품의 인용출판물의 통계적 분석 여부에 따라 결정하는 것은 학계에서조차 논란이 되고 있고 문제의 소지도 있다.[21] 수십여 년 동안 과학계에서 사용되고 있는 이런 원리를 학문의 당연한 '영향력'이나 '가치'의 잣대로 확장하는 것은 광범위한 비판을 낳았다. 왜냐하면 위대한 작품들은 목록화된 저널보다는 책으로 출판되기 때문이다.[22]

군이 대학 사회에서 동료 검토를 도입할 필요도 없었다. 구글과 뿌리가 같은 다른 분야, 즉 오픈 소스 소프트웨어 회사들에서 쉽게 구할 수 있기 때문이다. 여러 공동 제작자들이 참여하고, 협업 환경을 통해 나온 응용 프로그램들은 모든 정보들의 창조나 보급 과정을 다시 형성해왔다. 거의 모든 이메일 시스템이나 대부분의 웹 서버들, 그리고 점점 더 증가하는 웹 브라우저와 컴퓨터 운영 시스템들은 독점권에 대한 주장 내지 통제 없이 만들어졌다. 오픈 소스 소프트웨어 프로젝트와 혁신가들은 단순히 컴퓨터 코드를 전달하는 것이 아니라 제공되는 서비스들을 통해 보수를 얻는 상업적 구조 내에 정보의 공개 교환, 지속적인 동료 검토, 그리고 일반적 자유 같은 이데올로기를 증진시켰다. 오픈 소스 소프트웨어 움직임을 주도한 수많은 초기 혁신가들이 대학에서 유래됐다는 사실은 인터넷과 월드 와이드 웹, 그리고 구글을 만들고 유지하게 하는 대학의 컴퓨터 부문과 수많은 이익을 내는 소프트웨어 회사들, 그리고 강력한 비전문가 커뮤니티 사이의 연관성을 설명한다.[23]

원천이 무엇이든 간에 구글이 검색자의 이해관계와 지식을 창출하는 동료 직원들의 판단을 동시에 고려해 정보를 여과하고 순위를 매기는 방식은, 강의 연단의 양쪽에 위치한 사람들에게 대학에서 무슨 일이 벌어지고 있는지, 어떻게 지식에 창의적으로 접근하고 이용할 수 있는지를 이해시키는 데 커다란 영향을 끼쳐왔다. 지식의 구글화는 학생들, 교수들, 그리고 좀 더 폭넓게는 연구와 수업, 학문을 지원하는 조직 인프라에 영향을 미쳤다.

[학생들의 구글화]

역설적이게도 구글, 그리고 구글 페이지랭크 알고리즘에서 내의 동료 검토 원칙은 적어도 대학생들 사이에서 정보 원천들 간의 차이를 구별하는 능력을 손상시켜왔다. 영국 대학생들을 대상으로 수행한 두 가지 조사에 따르면 상업적 인터넷 검색 서비스가 학생들의 정보 검색 전략을 지배하고 있는 것으로 나타났다. 이 연구에 따르면 학생들 중 45%는 과제 연구를 수행할 때 주요 검색 방법으로 구글을 선택했다. 고작 10%의 학생들이 대학 도서관 도서 목록을 우선 검토하는 것으로 나타났다. 학생들은 다른방법 대신 웹 검색 엔진을 선택한 이유로 '이용의 편리성'을 꼽았고, 구글이나 다른 주요 검색 엔진을 통해 얻은 결과에 만족해하는 것으로 나타났다.

이런 결과들이 그렇게 놀랍지만은 않다. 하지만 대학생들의 정보를 찾는 능력에 구글이 끼치는 영향을 우려하는 사람들이 내린 한 가지 결론은 마음을 불편하게 한다. 즉 "검색 엔진의 사용이 다른 전자 자료들에 대한 학생들의 지각이나 기대에 영향을 미친다"는 점이다. 다른 말로 하면 만약 양질의 검색 자원들이나 수집물들이 구글 인터페이스의 단순함이나 질서 정연함을 따라하지 못한다면, 이들 자료들은 가장 먼저 학생들의 관심을 끌지 못할 것이고, 우연히 이 자료를 발견한 학생들에게조차 외면당할 게 틀림없다.[24]

2002년 퓨 인터넷 앤 아메리칸 라이프Pew Internet and American Life 프로젝

트 일환으로 시행한 초창기 연구에서 "대학생들 중 약 4분의 373퍼센트이 정보를 찾기 위해 도서관보다 인터넷을 더 많이 이용한다고 말했고, 오직 9퍼센트만이 인터넷보다 도서관을 더 많이 이용한다고 말했다"는 사실을 발견했다.[25] 하지만 이는 질문이 잘못됐을 가능성이 높다. 왜냐하면 21세기 초에도 모든 대학 도서관들은 인터넷을 통해 도서관 자원특히 저널들에 접근할 수 있도록 했기 때문이다. 그래서 구분을 잘못했는지 모른다. 사실 2004년부터 수많은 도서관들은 학생들이 대학 네트워크에 접속할 때 구글 스칼라Google Scholar를 통해 도서관 소장 도서들에 직접적으로 연결될 수 있도록 했다. 그래서 미국의 대학생들에게 '도서관'과 '인터넷' 개념은 엇비슷한 것으로 여겨졌다.

연구를 시작할 때, 그리고 연구를 끝낼 때 구글을 선택하는 이런 변화는 사람들이 가정하는 것처럼 그렇게 전 세계적이지는 않다. 캘리포니아 세인트 메리 대학St. Mary's College in California에서 수행한 학생들의 연구 활동 조사에서는 다른 결과가 나왔다. 2007년에 발표한 이 조사에서는 "대다수 학생들이 코스 리딩course reading, 즉 도서관 웹사이트를 방문해 온라인으로 학술 저널들에 접근하면서 연구를 시작한다. 그보다 훨씬 적은 학생들만이 야후나 구글, 그리고 위키피디아를 첫 번째로 이용한다"는 사실을 보여줬다. 게다가 학생들은 서지 정보 내지 한데 모여 있고 주제별로 분류된 다른 자료들이 연구를 시작하는 기점으로 간주한다는 사실도 알았다. 이 연구의 저자인 앨리슨 헤드Alison Head는 "대다수의 학생들은 이번 연구에서 제시한 것처럼 사전 조사를 위해 검색 엔진에 의존하지 않았다"고 말했다. "이번 조사에서 10명 중 1명 정도가 연구를 시작할 때 야후나 구글을 가장 먼저 사용한다고 보고됐다. 10명 중 2명 정도는 두 번째로 검색엔진을 이용하는 것으로 나타났다."[26] 전반적으로 세인트 메리 대학의 학생들은 연구 과제를 부담스러워할 뿐만 아니라 연관성 있는 양질의 자료들을 제대로 구분하지 못하고 또 자료를 확실히 찾을 수 있으리라는 기대를 할 수 없다는 데 좌절하는 것으로 나타났다. 이런 연구들에서 분명한 것은 학생들이 정보 세계에서 일일이 안내를 필요로 하고, 대학들은 아직까지 이들에게 필요한 수단들을 제공하지 못한다는 점이다. 처음 시작이 교재가 됐든, 위키피디아나 구글이 됐든 학생들은 다음 단계에서 어디로 가야하고, 왜 그런지에 대해 알 필요가 있다.

좀 더 나은 정보 활용 능력을 위한 논문 〈구글 대학: 정보화 시대에서의 교육The University of Google: Education in the (Post)Information Age에서 브라이튼 대학교University of Brighton (UK)〉의 타라 브라바존Tara Brabazon은 그가 가르치는 학생들의 연구 습관에 관한 이야기들을 소개한다. 그는 "구글과 구글의 자연 언어 검색 방식이 잘못된 행동을 유발한다"고 말한다.[27] 브라바존은 구글의 광범위함이나 권위 같은 힘이 어설픈 텍스트 검색을 통해 양산되는 수많은 결과로 충분한 조사를 했다고 생각하게끔 학생들을 어리석게 만들고 있다고 설명한다. 구글은 접근이 불가능한 수백만 여 개의 문서들과 학생들을 연결하지만, 어떻게 그들이 발견한 문서들을 이용할지 가르쳐주지 않을뿐더러 사실인지 거짓인지, 믿을만한지 불완전한지, 논쟁을 야기하는지 분석인지 아닌지 조차 구분 못하게 한다. 웹 검색은 간단한그리고 잘 구현된 웹사이트들을 선호하기 때문에 복잡한 구글 스칼라를 잘 선택하지 않으면 정제된 지식을 발견할 가능성은 거의 없다. 그렇게 했다고 하더라도 구글 스칼라가 콘텐츠 공급자와 콘텐츠 제공 협약을 맺었기를 바라야 한다. 왜냐하면 수많은 학술 저서들은 비용을 지불해야 볼 수 있는 사이트들에 담겨있기 때문이다.[28]

브라바존은 학생들이 컴퓨터처럼 복잡하고 멀티미디어적인 작업들을 이해하고 표현할 줄 아는 능력, 즉 '암호 해독자'가 되도록 독려하는 조작적 문해력operational literacy의 관행들이 단편적인 정보들을 판단하고 구분하고, 이를 종합해서 새롭고 일관되게 작업하는 비평적 문해력critical literacy 같은 능력을 고려하지 못하게 한다고 비판한다. 브라바존은 대학들이 '접근'과 '검색 가능성'의 이데올로기를 무비판적으로 받아들일 게 아니라, 비평적 문해력을 강조하는 교과 과정의 변화를 통해 구글의 유비쿼터스적인 힘을 보강해야 한다고 결론 내린다. 브라바존은 "비평적 문해력은 단순히 텍스트를 해독하거나, 이데올로기의 절규에 순응하는 읽기를 넘어 그 이상의 신호를 보내면서 개입을 하는 것이다"라고 설명한다. "이의 목적은 숙고의 과정을 만들기 위함이다." 건전한 논쟁, 해석, 그리고 분석은 끊임없는 정보의 홍수 시대에서 중요한 도전이 되고 있다.[29]

구글이 학생들의 삶에서 그 중요성이 약해질 거라고 믿을만한 이유는 없다. 그리고 교육 과정에 속속들이 배어드는 구글을 축복할 이유도 없다. 이런 새로운 정보가 학생들이나 나머지 사람들에게 무엇을 제공하는지 이해하기 위해서는 많은 작업들을 해야만 한다.

[학문의 구글화]

대학생들에게 미치는 구글의 영향은 학생들을 가르치는 학자들과 그들이 하는 연구에도 똑같이 적용된다. 구글 스칼라가 여러 다양한 학문 분야의 현 상황을 여과하고 대표하는 데서 이런 부분들을 잘 살펴볼 수 있다.

구글 스칼라는 구글이 진행하고 있는 흥미진진한 부수적 프로젝트다.

2004년 출시돼, 여러 다양한 학문 분야의 저서들에 접근할 수 있는 광범위하지만 피상적인 접근점을 제공한다. 구글은 수백여 개의 전자 학술 저작물 출판업자들에게 그들이 소유한 저작물들을 구글의 '스파이더' 가 검색해서 스캔하고 복사해 구글의 목록에 포함되게 해달라고 설득했다. 이들 출판업자들은 저작물들이 학계를 넘어_{학계 내에서도 특정 데이터들에 돈을 지불하고 접근할 수 없는 조직들을 포함해서} 수많은 독자 커뮤니티에 노출이 되면 이익을 얻는다. 이 서비스는 다른 학술 서적 검색 서비스들이 할 수 없는 것을 제공한다. 같은 검색어로 검색했을 때 생물 물리학, 컴퓨터 공학, 법률, 문학, 도서관학 등 다양한 분야의 저술들 링크를 제공하는 것이다_{예를 들면 '바이디야나단(Vaidhyanathan)' 이 그런 경우인데, 왜냐하면 이 모든 분야에서 바이디야나단의 저서들이 있기 때문이다.}

하지만 학계의 사서들에 따르면 구글 스칼라는 학자들의 필요성이나 의견을 심각하게 고려하지 않았고, 구글처럼 아주 불투명하게 만들어졌다. 구글 스칼라에 대한 주요 비판 중에는 검색 엔진이 어떻게 저서들의 순위를 매기고 분류하는지 투명하지 않다는 점, 수집된 자료들이 고르지 않고 결과를 신뢰하기 힘들다는 점, 그리고 사서들이나 학자들이 정확한 논문들을 찾기 위해 필요한 세부 항목들이 부족한 인터페이스라는 점 등이 포함된다. 다른 모든 구글 서비스의 강점인 광범위한 범위와 이용의 편리성은 가장 큰 단점이 된다. 즉 깊이나 정확성의 부족을 야기한다. 그렇기 때문에 구글 스칼라의 목록은 일반 조사원이나 학생들에게는 분명 혜택을 제공하지만, 학자들에게는 효용이 제한돼있다.

구글 스칼라 기능을 조사한 한 연구에 따르면 구글 스칼라의 목록은 업계의 선두 주자인 퍼브메드_{PubMed} 목록에 올라있는 저서들보다 거의 1년이나 뒤져있고, "현재의 의학 정보나 시술의 탁월함에 관심을 갖고 있는 진지한 연구자라면 최신의 정보를 찾기 위해 구글 스칼라에 의존해서는 안 된다"고 결론 내렸다.[30] 북미 출판업체들은 구글 스칼라에 그들 저서들을 포함시키는 데 다분히 부정적이었기 때문에(아니면 구글이 북미 출판업체들을 끌어들이는데 공격적이었든), 구글 스칼라 검색의 처음 몇 페이지에서 영어 아닌 다른 언어권의 수많은 저서들은 눈에 잘 띄지 않는다. 예를 들면 독일 문학이나 사회 과학 연구는 검색 결과에서 심하게 저평가되고 있다.[31]

더 많은 저널들이 온라인으로 옮겨가면서 연구와 인용 행태에도 변화가 생겼다. 2008년 출간된 〈사이언스Science〉지의 한 연구에서는 1998년과 2005년 사이에 많은 저널들이 온라인으로 출간되면서 새로운 참고자료들을 덜 인용하고 있다고 주장했다. 다른 말로 하면, 과학자들이 책으로 만들어진 오래된 저널들을 활용하도록 하면 우연히 뭔가를 발견할 수 있거나, 오랜 기간 동안 논쟁을 벌였던 사안들에 대해 좀 더 깊은 이해를 할 수 있게 된다는 것이다. 그렇기 때문에 온라인을 통해 연구를 하는 연구원들은 이미 널리 알려진 일치된 의견들을 되풀이하거나 그들이 하는 연구에만 지적 기반을 좁힐 확률이 높다.[32]

구글은 이런 트렌드를 두드러지게 하는 데 도움을 줄 뿐이다. 구글 스칼라 검색에서 왜 특정 저서가 다른 저서들보다 더 위에 올라있는지에 대한 비밀은 도움이 되지 않는다. 구글의 '구글 스칼라에 관해서' 사이트에는 "구글 스칼라는 각 논문들의 전문, 저자, 논문들이 올라있는 간행물, 그리고 얼마나 자주 다른 학술 문헌에 인용되는지 등을 고려해 논문들을 분류하려고 한다"고 설명한다.[33] 이런 설명이 많은 것들을 이해시키지는 못한다. 현재 작동되는 원리는 분명 사회과학이나 인문학보다는 과학이나 기술 서적들에 편견이 있을 수밖에 없다. 왜냐하면 영향력 있는 대부분의 저서들이 책으로 출판되는 인문학보다는 과학 분야에서 논문을 인용하는 경우가 많기 때문이다. 물론 과학에서도 얼마나 많이 인용되느냐가 절대적 가치를 나타내지는 않는다. 많이 인용이 된다는 것은 어떤 논문이 지배적인 지식으로 자리 잡았거나 어떤 분야에서 합의를 이뤄냈다는 것을 대변하고, 그래서 근간으로 작용한다는 것을 나타낸다. 하지만 그와 마찬가지로 인용이 많이 된다는 것은 이 논문이 아직 의심스럽고 의문의 여지가 있다는 것을 나타내기도 한다. 이는 가치가 같지도 않을뿐더러 논문들의 순위를 마치 순위가 있는 것처럼 매기는 것도 문제가 있다는 사실을 말해준다. 마지막으로 구글 스칼라는 전문 색인과 검색이 가능하기 때문에 검색 결과는 여러 다양한 문헌들이나 분야에서 가져올 가능성이 있다. '휴먼 게놈 프로젝트'에 관해 검색하면 휴먼 게놈 프로젝트를 다양한 관점에서 묘사하고 분석한 문헌들을 보여준다. 첫 번째 페이지에는 제임스 왓슨James Watson이나 프란시스 콜린스Francis Collins 같은 이 분야 주요 인물들의 논문이 나온다. 하지만 휴먼 게놈 데이터베이스를 활용해 실제로 연구를 한 논문들은 포함되지 않는다. 이를 찾기 위해서는 특정 용어나 유전자를 찾아야 한다. '고래 기름whale oil'으로 검색을 하면 농업 저널이나 생태학 저널, 그리고 허먼 멜빌Herman Melville의 《모비딕Moby Dick》이 나온다.

구글 스칼라와 학술 저서들 목록을 검색할 수 있는 다른 상업적 서비스들을 비교하는 연구들은 구글 스칼라의 부적절함을 일관되게 주장하고 있지만, 학자들이나 학생들의 인식 속에 구글이 전면에, 그리고 중심에 있다는 점은 명확하다.[34] 이는 그 어느 때보다 정보 평가 능력을 중요하게끔 만든다. 게다가 구글 스칼라에서의 순위는 어떤 분야에서 학문이 기여하는 바를 측정하게끔 하는 근거로 작용하기 때문에 학계에서의 고용이나 승진 가능성에 직접적인 영향을 줄 수 있다. 그렇기 때문에 구글 스칼라는 모든 학계의 사명 중에서 사서들의 역할을 가장 중요하게, 그리고 더 돋보이게 만든다. 역설적이게도 사람들이 더 많이 구글 스칼라를 이용할수록 구글 스칼라가 제공하는 데이터나 학문의 안개를 헤쳐 나가도록 돕는 사서가 더 필요하다.

[연구의 구글화]

학술 저서들의 목록을 구글화 하는 것은 아주 한정된 문제인 듯 보이지만, 그 이면에는 훨씬 골치 아픈 문제들이 깔려있다. 학계 연구를 지원하는 인프라의 구글화와 그로 인한 상업화가 그것이다. 전 세계 모든 정보 회사들, 특히 대학들보다 우위에 있는 구글의 주요 강점은 마음대로 사용할 수 있는 엄청난 서버 공간과 연산 능력이다. 구글 인프라의 규모는 기밀이긴 하지만 G메일 사용자들에게 메일을 저장할 수 있는 2기가 가량의 서버 공간을 기꺼이 준다는 것은 구글의 서버 팜 용량이 어마어마하다는 점을 보여준다.

구글의 원격 저장소와 컴퓨터는 몇몇 공동 연구 프로젝트를 관리하고 도움을 줄 정도로 거대하고 빠르다. 2007년 10월 구글은 IBM과 손잡고 방대한 데이터와 빠른 프로세서가 필요한 연구 프로젝트에 초점을 맞춘 서버 팜을 설립했다. 이는 대학들 단독으로 맡기에는 비용이 많이 드는 모험이었다. 워싱턴 대학의 컴퓨터과학과가 첫 번째로 구글-IBM 자원을 활용하겠다고 계약을 맺었다. 곧이어 카네기 멜론 대학, 매사추세츠 공대, 스탠포드 대학, 캘리포니아 대학교 버클리 캠퍼스, 그리고 메릴랜드 대학 등이 합류했다. 워싱턴의 연구원들은 웹에 올라있는 스팸이라든지, 지역적 태그 같은 복잡한 분석을 할 수 있는 오픈 소스 소프트웨어가 갖춰진 서버들을 이용하고 있다.[35] 2008년 3월, 미 국립 과학 재단National Science Foundation은 구글-IBM 서비스를 채택하는 프로젝트 제안을 검토하겠다고 동의했다.[36]

연구원들과 대학들이 얻게 되는 이익은 명확하다. 이 정도 규모의 서버들이나 프로세서들을 대학 단독으로 구입하기는 어렵다는 점이다. 비용이 그다지 많이 들지 않는 개인용 컴퓨터에 연결된 일련의 원격 서버들을 이용해 '클라우드' 상에서 컴퓨터를 사용하면 전 세계 연구원들과의 공동 작업이 가능하다. 구글과 IBM, 그리고 대학들이 그들의 머리와 컴퓨터 능력을 한데 합칠 수 있다면, 좀 더 빨리 그리고 쉽게 엄청난 과학을 이룰 수 있다.[37]

구글과 IBM에 돌아가는 이익도 명확하다. 대학 연구원들이 해결하기 원하는 수많은 컴퓨터 문제들은 이 두 회사의 이익과도 맞아떨어진다는 점이다. 이 프로젝트를 통해 구글과 IBM은 연구원들이 이 시스템들을 활용해 생산해내는 지식들에 쉽게 접근할 수 있다.[38] 구글의 전통이나 가치에 따라 구글은 대학들의 도움으로 된 작업에 독점적 권리를 주장하지 않는 것처럼 보인다. 하지만 구글과 계약 협상을 하는 대학 임원들은 종종 구글의 경쟁자들이 협력관계의 대학들과 무슨 일을 진행하고 있는지 명확한 그림을 그리지 못하도록 기밀 보장 협정을 맺어야만 한다.

클라우드 상에서의 컴퓨터 작업은 철저히 권한을 부여하기도 하고 우려를 안기기도 한다. 한 가지 단점은 개인 연구원들, 대학의 기술 이전 사무소, 그리고 주요 컴퓨터 회사들이 대대적으로 협력하는 가운데 발생할 수 있는 권리 주장이 복잡하게 얽혀있다는 점이다.[39] 이렇게 혼란스럽고 복잡한 일련의 권리들은 당사자들 간에 수년간에 걸친 소송을 야기할 수 있을 뿐만 아니라 심각한 반독점 조사를 받을 수도 있다.

클라우드 컴퓨팅과 광범위하게 분산된 컴퓨터 사용에 관해서는 이미 〈와이어드Wired〉 잡지에서 다음 세대의 거대한 지적 혁명이라고 선언한 바 있다. 이런 트렌드를 예상한다는 점을 자랑스러워하면서 말이다. 편집자 크리스 앤더슨Chris Anderson은 2008년 6월, 상상할 수조차 없었던 수많은 데이터들을 모으고 분석하는 능력이 가설을 만들어내는 일반적인 과학적 과정, 즉 데이터 수집, 실험, 검토, 발표, 그리고 재검토 등을 쓸모없게 한다고 적었다. 앤더슨은 다음과 같이 적었다.

> 구글, 그리고 구글과 비슷한 생각을 하는 회사들이 클라우드 컴퓨팅을 인간사의 실험실로 취급하면서 역사상 가장 질서 정연한 지금 시대를 샅샅이 조사하고 있다. 클라우드 컴퓨팅은 페타바이트1,000테라바이트 시대의 자손들이다. 페타바이트 규모에서 정보는 단순히 3차원, 4차원으로 분류하거나 정리할 수 있는 문제를 넘어 차원을 따질 수 없는 통계의 문제가 돼버린다. 이는 완전히 새로운 접근 방식을 요한다. 데이터를 한데 연결해 전체적으로 시각화하는 부분들이 필요 없다는 의미다. 먼저 데이터를 수학적으로 검증한 다음, 나중에 맥락을 형성하도록 한다. 예를 들면 구글은 응용 수학에 지나지 않는 것으로 세상을 지배했다. 구글은 광고 문화나 관행에 대해서는 모르는 척했다. 더 훌륭한 데이터, 그리고 더 훌륭한 분석 툴을 통해 승리할 것이라고 가정했다. 그리고 구글은 옳았다.[40]

두말할 필요 없이 앤더슨의 기술근본주의자적 과장법은 컴퓨터 역량의 개혁적이고 변형적인 힘을 이야기 하는 과정에서 기존의 이해관계를 저버린다. 앤더슨은 여기에서 한 발짝 더 나아가 일반적인 〈와이어드〉의 기조인 대중 사회학과 경제학마저도 넘어섰다. 앤더슨은 "연관성은 이제 충분하다"고 주장한다.[41] 다른 말로 하면, 과학이런 문제라면 사회 과학 이론을 생성하는 전체 과정에서 아무런 인과관계도 없이 연관성에 대한 주장을 제한하는 것은 쓸모없고 이상하다는 것이다. 충분한 데이터와 컴퓨터 역량을 통해 당신이 발견한 것이 논쟁할 필요도 없이 사실이라고 자신 있게 주장할 수 있기 때문이라는 것이다.

이런 주장이 위험한 것은 지적 자만심을 넘어서기 때문이다. 학계에는 지적 자만심이란 게 없다. 모든 과학 분야에서 이런 컴퓨터 모델들을 열정적으로 옹호하는 현 상황이 위험한 이유는 사람들이 지난 300여 년 동안 혁혁한 성과를 올렸던 힘들고, 비용이 많이 들고, 애를 많이 써야 하는 실험실 과학에서 다른 곳으로 귀중한 연구 자금이나 주도권을 돌리기 때문이다. 이미 주요 대학 행정과에서는 자원들을 실험실 공간에서 서버 공간으로 옮기려고 애쓰고 있다. 거대한 서버와 훌륭한 기능의 컴퓨터에서 생성하는 정보들은 분명 중요하고 가치가 있을 것이고 잠재적으로 혁명적이기까지 하다. 하지만 이는 구글의 지원을 받거나 와이어드의 지지를 얻을 만큼 매력적이지 못한, 이미 검증된 발견 방법을 희생해 가면서까지 행해져서는 안 된다.

[대학들이 어떻게 구글을 다뤄야 할까?]

구글은 학생들이나 교수들, 그리고 대학 행정 관리들이 지식을 추구하는 방식에 지속적으로 중요한 역할을 하면서 지배를 강화해오고 있다. 거의 매달 구글은 대학이 따로 돈을 들이지 않아도 엄청난 이익을 약속하는 새로운 계획을 제시하는 것처럼 보인다. 2006년부터 구글은 마이크로소프트, 야후 등과 대학의 이메일 서비스를 맡기 위해 경쟁해왔고, 그렇게 구글은 학생들을 평생 동안의 이메일 사용자로 가둬놓고 그들의 이메일 콘텐츠들을 이용해 소비자 선호도나 광고의 목표 설정을 위한 실마리로 삼고 있다.[42] 대학들이 이메일 서버를 운용하는 데 드는 비용을 줄여주고, 사용자들에게 이메일 저장 공간의 제한을 없앨 수 있다는 점에서 매력적이다.

이런 문제들에 대해 대학들은 무엇을 할 수 있고, 또 해야 할까? 일반적으로 지식의 구글화와 사람의 구글화, 그리고 세상의 구글화에 무엇을 할 수 있는지 답을 하기 위해서는 뒤로 한 발자국 물러나, 전 세계적인 디지털 시대에 중요한 공론장을 창조하고 유지할 수 있는 가능성을 고려할 필요가 있다. 우리는 정말 경계를 해야 한다. 구글과 달리 돈이 부족하다고 해서 부유하고 강력한 한 회사가 대체적으로 대학의 연구와 지출 의제를 정하도록 해서는 안 된다. 장기적인 비용과 이익이 이런 대화를 주도해야 한다. 단기간의 보상이나 지원 약속에 편승해서는 안 된다. 구글과 대학 간의 관계는 오이디푸스의 비극과 별반 다르지 않다. 처음 태어났을 때부터 구글은 자신감에 가득차서 그들의 모교인 대학을 유혹해왔다. 만약 구글이 세상을 바라보는 렌즈라면, 우리 모두는 야망에 눈이 멀어 지구를 떠돌아다니는 저주를 받은 것일지도 모른다.

인간 지식 프로젝트

호르헤 루이스 보르헤스Jorge Luis Borges는 1941년 발표한 단편 소설 《바벨의 도서관The Library of Babel》에서 도서관 구조로 된 세계를 묘사한다. 이 세계는 6각형으로 된 무한대의 작은 방으로 이뤄져있다. 각각의 작은 방은 4개의 책 벽으로 되어 있는데, 중요하거나 유용한 책들을 찾을 수 있도록 정리되어있지 않다. 책장에 있는 대부분의 책들은 잘 읽을 수도 없다. 의미가 없는 단어나 글자로 돼 있거나 의미는 있지만 암호화 돼있다. 하지만 이 도서관은 무한대의 서적을 보유하고 있기 때문에 의미상으로는 모든 가능한 지식들을 가지고 있다. 무작위로 발견되는 무한대의 텍스트나 기호는 시, 전기, 역사, 그리고 미스테리물을 생산할 수 있다. 게다가 이 모든 책들은 작은 방 책장 어딘가에 있을 책들을 통해 모든 언어로 완벽하게 번역될 수 있다. 기억의 왕 푸네스에 관한 이야기와 함께 보르헤스는 광대한 정보를 모아놓는다고 해서 궁극적으로 지식에 가까워지는 것은 절대 아니라고 주장한다. 바벨 도서관의 사서들조차 제대로 파악할 수 없는 시스템에 좌절하면서, 정확하고 완벽한 지식의 가능성에 미쳐가고 만다. 사서들은 도서관 어딘가의 책들 속에 책들의 목록이 있을 거라고 믿게 된다. 결국 모든 책들이 반드시 존재한다면 목록 또한 있어야 한다는 것이다. 이 목록의 주인은 '북맨Book-Man'으로 알려진 신적인 존재다. 이야기는 모든 지식을 담고 있는 목록과 북맨을 논리적으로, 체계적으로, 그리고 궁극적으로는 파괴적으로 찾아가는 과정을 그린다. 바벨 도서관에서 북맨은 신화이면서 숭배를 받는 위험한 대상이다. 우리네 삶에서 구글은 빠르게 북맨의 역할을 떠맡고 있다.[1]

2010년 8월호 〈월스트리트 저널〉 인터뷰에서 구글의 CEO 에릭 슈미트는 구글 사용자들과 구글의 검색 서비스, 그리고 실제 세상 간의 관계에 대해 놀랄만한 주장을 했다. 슈미트는 "나는 실제로는 대부분의 사람들이 그들의 질문에 구글이 답하는 것을 원하지 않는다고 생각한다"고 말했다. "사람들은 자신들이 다음번에 무엇을 해야 하는지 구글이 말해주기를 원한다. 우리는 대략 그가 누구인지, 무엇에 관심이 있는지, 그 친구들이 누군지만 알고 있을 뿐이다."[2] 다른 말로 하면 구글은 사람들이 온라인상의 정보를 찾는 서비스에서 선택이나 취향을 위해, 그리고 주변 세상을 돌아다닐 수 있도록 돕는 내재된 안내자 역할로 옮겨가고 있다. 이는 우리가 자주 사용하는 가장 유연하면서도 강력한 정보 여과장치인 구글이 사람들의 결정이나 가치 판단에도 과도한 영향력을 행사하게 됐다는 것을 의미한다. 구글 시스템은 사람들이 기존에 내렸던 선택들을 반영하게끔 철저하게 맞춰져 있기 때문에 사람들의 확고한 소망들을 어떻게 만족시킬 수 있는지 충분히 예측할 수 있다. 구글은 보르헤스의 북맨 그 이상의 월드맨World-Man이 될 것이다. 모든 것은 구글화 될 것이다.

[더 나은 방법 상상하기]

건강한 글로벌 대중문화를 위해 사람들은 공통적인 고민에 대해 믿을 만한 정보들을 나눌 수 있어야 한다. 개인들과 단체들은 인간적으로, 그리고 겸손하게 서로 연계하고, 대화하고, 협력할 수 있어야만 한다. 세계 경제의 변화, 정보 전달과 발굴 기술, 그리고 기존 조직들의 역할 모두는 공론장에 새로운 압력을 가하고 있다. 구글은 이런 글로벌 생태계에서 하나의 배우일 뿐이다. 물론 주연 배우다. 구글을 사용하는 사람들이나 조직들의 행동, 그리고 지식의 원천을 빠르게 조직하고 정돈하고 있다. 역사적으로 사람들은 공론장을 먹여 살리기 위해 신문, 책, 그리고 다른 지식의 그릇을 이용해왔다. 하지만 요즘에는 저널리즘이나 비소설 출판에 대한 상업적 지원이 약화되고 있다. 지난 50여 년 동안 익숙해졌던 정보 생태계가 약화되면서 우리는 지역의 공익적 가치와 글로벌 민주 문화를 육성할 수 있는 새로운 조직이나 목소리의 출현, 그리고 실험이 가능할만한 환경에 투자하거나 지원할 의무가 있다.

인터넷은 각종 정보들을 빠르게 분배하고 그보다는 훨씬 덜하지만 심도 있는 토론이나 심오한 창의성을 육성하는 매개체로서 아주 효과적이다. 지식이 혁신을 조성하는 정책을 지지해야 한다는 것은 상식이다. 그런 인프라가 어떠해야 하고, 어떻게 성취할 수 있는지는 심각하게 고려해야 할 부분들이다. 이 책을 통해 살펴본 모든 것의 구글화 상황에서 우리가 고려해야 할 중요한 문제는 정보 접근을 강화하는 주요 글로벌 네트워크의 발전을 촉진하거나 방해하는 구글의 역할이다. 문제는 구글이 사람들을 얼마나 잘 대해주느냐가 아니다. 구글이 우리가 할 수 있는 최선이냐는 점이다. 구글이 설계하고 지배하는 시스템은 세상의 모든 부분, 그리고 사회의 모든 부문에 이상적인가? 구글은 오랜 기간 동안 지속 가능한 성장을 할 것인가? 구글은 사람들이 계속 보존하면서 창조하게 할 수 있게 하는가? 구글은 사람들이 현명하게 정보를 여과하고 폭넓게 연결할 수 있도록 하는가?

사람들은 모든 것의 구글화에 만족해하거나 열광할지도 모른다. 하지만 구글은 과거의 구글이 아니라는 점을 깨달아야 한다. 최근 구글은 역점을 두고 있는 부분이나 실행에서 몇 가지 주요한 변화를 보이고 있다. 한때 구글이 호기심을 충족하기 위한 정보를 전달하는 데 전문적이었다면, 이제는 소비를 촉진하는 데 그렇다. 지적 탐구의 일반적 개념으로서 '검색'은 각종 상품들과 서비스를 '훑는' 과정으로 변했다. 한때 사용자들이 익숙하지 않은 곳으로 안내를 받았다면 지금은 목적 검색, 주문 검색이 기본이고, 그렇게 구글은 사람들을 익숙하고 편한 곳으로 몰고 간다. 한때 연결돼서 들어오는 링크를 모아 검색 결과를 생성했다면불완전한 시스템처럼 검색 결과 역시 불완전했다 현재 구글은 사람이 개입한 편집을 더 수용하고 있고, 검색 결과에서 품질의 지표로 상표를 인식하기 시작했다.[3] 구글은 유튜브나 구글 북스에서 두드러진 콘텐츠를 제공하고 있다. 출판업자들, 작가들과의 합의된 조건들 하에서 구글 북스는 미국 전역의 공공 도서관에서 실질적으로 전자책 자판기를 운영할 수 있게 됐다. 신문사들은 허핑튼 포스트 같이 유명한 뉴스보다 더 특권을 누리기 위해 구글에 계약 관계를 맺도록 압력을 가하기 시작했다.

향후 10여 년 동안 구글은 더 심하게 변화할 것이다. 직원들은 입사하고 퇴사할 것이다. 프로젝트는 시작되고 끝날 것이다. 투자자들이나 이사회 구성원들은 어떤 계획에 대해 만족감을 표시할 것이고, 다른 계획들에 대해선 그렇지 못할 것이다. 또 구글의 경영자 세르게이 브린, 레리 페이지, 그리고 에릭 슈미트는 병에 걸려, 또는 전문적 견해의 차이로 회사를 떠날 수도 있다. 구글이 공약이나 책임감에 따르는 비용을 댈 만큼 돈을 벌지 못할 수도 있다. 관심을 돈으로 돌리거나 정부가 검색 시장을 지배하는 구글의 능력을 엄격하게 제한할 수도 있다.

무엇보다 도서관이나 정부, 대학들이 수백 년 동안 지속된 반면, 상업적 회사들은 100년을 버티기가 힘들다는 사실을 염두에 두어야 한다. 처음 20여 년 동안 망하거나 몰라볼 정도로 변한다. 구글은 이제 반 정도 왔다. 우리는 구글이 예전과 같을 거라거나 지금까지 해왔던 것처럼 도움이 될 거라 믿어서도 안 된다.

우리는 구글이 소중한 문화적·과학적 자원들의 관리인이 될 거라 믿어서는 안 된다. 또 구글이 우리가 원하는 것을 전달하거나 또는 우리가 원하는 것을 생각하는 데 집중하면서 우리에게 실질적으로 필요한 것들을 전달할 것이라 가정해서도 안 된다. 우리는 '악' 하지 말자고 선언한 이 거대하고 부유하고 용감한 회사가 인류가 그동안 생산해온 수많은 중요한 문화적·지적 자원들을 분배하고 디지털화 하는 책임을 떠맡았다며 안도해왔다.

어떤 의미에서 우리는 기회를 잃었다. 구글이 이 프로젝트를 시작할 즈음에 우리는 관심 있는 정부 단체들로부터 자금을 지원받고, 가장 훌륭한 국립 도서관들이 주도하는 대대적 글로벌 프로젝트를 조직해 모든 사람들을 모든 것에 연결하는 50년 계획을 실행하고 계획했어야 했다. 적어도 전 세계 100여 개 주요 도서관들이 소장하고 있는 주요 장서들을 디지털화하고, 검색 가능한 목록으로 통합하는 계획을 실행했어야 했다. '인간 지식 프로젝트' 같은 걸 시작했어야 했다. 10여 년이 흐른 지금, 이를 수행하기는 더 어려워졌다. 하지만 불가능한 것은 아니다. 사실 정말 중요한 글로벌 공론장의 꿈을 좇기 원한다면 아직까지 이런 작업은 필요하다.

구글의 존재나 부는 이런 대대적인 글로벌 프로젝트에는 장애물이다. 구글은 이런 형태의 프로젝트에 대한 투자를 몰아낼 뿐만 아니라 상상조차 할 수 없게 만들어왔다. 글로벌 대학 도서관을 만드는 데 주요 대리인으로 참여하려고 노력하는 구글의 매력은 이런 프로젝트에 착수하는 속도에 있다. 미시간 대학교 도서관장인 폴 쿠란트Paul Courant는 수백만 권의 책을 디지털화하려는 구글의 노력에 지지를 보내면서 "내가 살아 있는 동안 내 동료들이나 학생들을 이 놀라운 자원에 풀어놓고 싶다"고 말한다.[4]

오랜 시간이 걸리고 결과를 예측할 수 없는 공공기관의 활동보다 구글이 유리한 점이 세 가지가 있다. 첫째, 구글은 이런 노력들이 큰 성과를 이루게 할 수 있는 컴퓨터 능력이 있다. 둘째, 전 세계 경제가 침체된 가운데 공공기관들의 지원 없이 자금을 쏟아 부을 수입원이 있다. 셋째, 대규모 공공 서비스를 육성하는 것처럼 보이는 문화 자본들을 축적해놓음으로써 당분간 이 프로젝트를 계속해 나가는 데 문제가 없다. 구글에 대한 평판은 개인 맞춤 검색이 가능한 시스템을 만들었다는 점에서 나쁘지 않다. 또 자료들을 확보하기 위한 독점 계약을 하지 않았다는 점에서 지식의 유통을 '좌지우지' 할 것이라는 우려를 사전에 방지했다.

하지만 구글이 1998년부터 2008년까지 특정한 방식으로 행동했다고 해서 다음 10년 동안도 같은 방식으로 행동할 거란 의미는 아니라는 점을 기억하는 것이 중요하다. 지금까지 봐왔던 것처럼 구글은 이미 성격이 변화하고 있다. 게다가 구글은 품질, 보편성, 개방성에 대한 보장을 하지 않는다. 확고한 규정이나 경쟁 시장, 또는 경쟁을 벌이는 공공 프로젝트가 없다면, 구글이 부정행위를 저지르거나 기대 이하의 성과를 냈을 경우, 어디에 의지할 데가 없다. 이런 부분들이 인류를 위한 중요한 사명이라면 이를 촉진하고 논쟁을 벌이고 공적으로 자금 지원을 하는 것이 중요하지 않을까? 그런 게 중요하지 않다면 신경쓰지 않아도 된다. 다른 모든 생각들을 버리고 접근 방식이 불평등하긴 하지만, 어딘가 분열되고 민영화된 시스템이 장악하도록 하면 된다.

하지만 확장된 공론장의 기반으로서 보편적으로 접근 가능하고 사용할 수 있는 글로벌 정보 생태계를 꿈꾸고 실행하고자 한다면 적어도 이를 추구할 수 있는 정치적 의지를 결집해야 한다. 미래의 시민들이나 시스템 자체를 위해서는 아닐 지라도 적어도 정치를 위해서 말이다. 결국 공공재의 적당한 분배를 확실하게 하는 것은 정치니까.

전 세계 지도자들이 다 같은 생각은 아니겠지만, 이 복잡한 세상을 헤쳐나갈 수 있도록 지식의 차이를 줄이고, 호기심 가득한 사람들을 훌륭한 자원들과 연결하는 것은 50년을 기다릴 만한, 그리고 수백만 달러의 돈을 쏟아부을 만한 가치가 있다고 생각한다. 빨리 하는 것보다 제대로 하는 것이 더 중요하다. 다음 주에 볼 수 있는 조잡한 사진들을 담고 있는 책보다 앞으로 100년 동안 유지될 지식의 원천을 갖는 게 더 중요하다. 그리고 다른 사람들보다 훨씬 더 많은 정보 속에서 이미 살고 있는 사람들의 접근 속도를 빠르게 하는 것보다 저개발 국가의 어린이들을 지식에 연결하는 것이 훨씬 더 중요하다.

[인간 지식 프로젝트로의 초대]

마지막으로 구글보다 더 오래 존재할 수 있는 정보 생태계 설계 프로젝트에 당신을 초대하면서 결론을 맺으려 한다. 내가 '인간 지식 프로젝트'라 부르는 이런 노력은 실현 가능한 한 가지 목표, 즉 전 세계의 정보를 조직하고 전 세계적으로 접근 가능하도록 하기 위해 필요한 일련의 정책적 도전, 인프라의 필요성, 철학적 통찰력, 그리고 기술적 도전들이 무엇인지 확인해줄 것이다. 그들의 사명을 좀 모방한다고 해서 구글이 개의치는 않을 것이라고 확신한다.

다음 10여 년 동안 이 프로젝트는 적절하고 효과적인 글로벌 정보 생태계 계획과 비전을 형성할 수 있는 사상가들과 디자이너들을 모아 일련의 미팅을 갖게 될 것이다. 처음에는 몇몇 공상가들과 함께 이 프로젝트의 전체 윤곽을 그리는 소규모 작업부터 시작할 것이다. 그러고 나서 특정 분야에서 일할 수 있는 관심이 있고 능력 있는 수백 명의 사람들을 초대할 것이다.

인간 지식 프로젝트는 개방적이면서 공공을 위하고, 글로벌하면서 여러 언어로 이뤄져야 한다. 또 한 가지에 집중해야 한다. 전 세계의 사용자가 참여하는 커뮤니티의 특정 요구 사항들에도 민감해야 하지만, 남아프리카 공화국의 가난한 마을에서 자라는 아이와 캐나다 부자 도시에서 자라는 아이의 지식 차이를 해소시킬 수 있는 글로벌 시스템을 만드는 데 혼신을 다해야 한다.

이미 이를 가능하게 하는 기술들은 충분하다. 부족한 건 아주 적은 또는 거의 무료에 가까운 비용으로, 반경쟁적인 지적 재산권 같은 장애를 없애면서 더 많은 지식이 자유롭게 사용자들에게 흘러갈 수 있도록 하는 법적 인프라이다. 또 부자들이나 교육을 잘 받은 사람들에게 특혜를 주는 디지털 격차를 막고 혜택을 제대로 받지 못하는 사람들을 위해 고안된 일련의 글로벌 정책들, 콘텐츠 선호도에 따라 승자를 가리는 강압적인 인터넷 관행에서 벗어나물론 이런 점이 네트워크 중립성을 위반하는 것이긴 하지만 각종 루머들로부터 신뢰할 수 있고 유용한 지식을 구분하도록 돕는 일련의 규약이나 기준이다. 이밖에도 정보의 질이나 보존을 확실하게 하는 기술에 대한 합의, 그리고 시스템 전반적으로 책임과 투명성을 담보하는 글로벌 통제 시스템 등이다. 이런 부분들이 쉽게 얻어지는 건 아니다. 최선의 길을 놓고 수많은 싸움과 반박이 있을 것으로 예상된다. 하지만 포럼 등에서 이런 부분들을 놓고 논쟁을 하는 것이, 변덕스러운 시장의 힘이나 기술적 필요성, 그리고 비밀스러운 계약 등을 통해 결정하는 것보다 훨씬 낫다.

현재의 정보 생태계는 오랜 역사의 대학 도서관, 상업적 출판사, 위키피디아, 블로그처럼 비전문가들이 주도하는 불안정한 프로젝트, 그리고 구글처럼 고도로 상업화되어 정보를 수집하고 광고에 좌지우지되는 플랫폼들이 한데 얽혀있는 덤불이다. 구글 이후 인간 지식 프로젝트의 어젠다는 진정으로 보편적이고 근본적인 민주적 글로벌 지식 생태계와 공론장의 설립 및 보존에 필요한 과정과 가치의 윤곽을 잡는 데 헌신하게 될 것이다.

나는 공공 도서관이 인간 지식 프로젝트의 접속점이 될 것으로 본다. 도서관은 가난한 사람들이 인터넷으로 지식과 기회를 구하는 장소가 될 것이기 때문에 도서관을 통해 가장 효과적인 방법으로 지식을 가지고 있는 사람들을 연결해야 한다. 게다가 전 세계 도서관들에 자금 지원을 급속히 늘리게 되면 도서관들은 신문이나 잡지, 책, 비디오, 음반, 그리고 소프트웨어 같은 공론장을 지원하는 상품들에 더 많은 비용을 지출하게 될 것이다. 인간 지식 프로젝트는 신문이 어떻게 하면 다시 이익을 얻을 수 있을지 같은 단기적 우려를 넘어선다. 그리고 전통적인 저널리즘이나 출판의 몰락을 가져온 구글이나 크레이그목록Craigslist, 미국의 벼룩시장이라 불리는 온라인 상거래 사이트, 허핑튼 포스트, 그리고 다른 웹사이트들을 비난하는 것도 초월한다. 인간 지식 프로젝트는 일반 대중들의 지적 욕구에 가능한 가장 좋은 방식으로 기여하고, 많은 시민들의 참여와 사람들의 창조성을 발전시키기 위해 광범위하고 심도 있게 접근한다.

나는 누군가 교육을 잘 받은 전문가들이 직원으로 근무하며, 각계각층 사람들의 질문에 개방이 된 글로벌 도서관 네트워크에 자금을 비롯 근원적 지원을 한다는 소식을 듣고 싶다. 하지만 현재 '글로벌 도서관 시스템' 자체가 아예 없다. 미국에서조차 표준화된 국가 도서관 체계가 없다. 하지만 미국에서 고도의 전문성과 기술 수준은 정보 도서관학과 같은 전문 교육기관을 통해 지탱되고 있다. 이런 글로벌 프로젝트를 실현하기 위해서는 공공 도서관들의 비상업적 공간이나 전문 사서의 높은 윤리적·기술적 수준이 그 어느 때보다 더 필요하다.

인간 지식 프로젝트는 네트워크, 하드웨어, 소프트웨어, 프로토콜, 법, 직원, 관리자, 물리적 공간도서관, 개별 작품들, 사전이나 백과사전 같은 참고서적, 새롭게 떠오르고 있는 협업 작품들, 그리고 협업과 창조성을 용이하게 하는 공간 등 조직과 유통 모든 단계를 숙고할 것이다. 그렇다고 인간 지식 프로젝트가 민간 부문을 몰아내려고 노력한다거나 민간 부문이 인간 지식 프로젝트를 몰아내도록 허용하지는 않을 것이다. 상업 출판사나 유통업체들과 서로 협력하고 존중하는 것은 각종 정보들을 늘리거나 유지하는 데 필수적 요소가 될 것이다. 우리는 어떤 특정 기업 내지 산업을 보호하거나 보존해야 한다는 사고에 갇혀서는 안 된다. 상업적이든, 예술적이든, 과학적이든 새로운 아이디어들이 자랄 수 있는 비옥한 환경을 만들어야 한다.

인간 지식 프로젝트에 대한 아이디어는 인간 게놈 프로젝트에서 영감을 받았다. 아마 두 이야기가 비슷하게 들릴 것이다. 1980년대 초 캘리포니아 대학의 로버트 신셰이머Robert Sinsheimer 교수가 이끄는 소규모의 분자 생물학 연구 단체는 천문학의 허블 망원경에 버금가는 생물학의 거대 프로젝트를 구상했다. 규모 면에서 야심찬 프로젝트로, 개별 현상을 면밀히 살펴보는 고전적 방식으로는 얻을 수 없는 자연 세계의 비밀을 파헤치겠다는 것이었다. 훗날 '거대과학big science'으로 알려지게 된 가치를 신셰이머는 봤던 것이다. 이 프로젝트의 목적은 인간 게놈 지도를 그리자는 것이었다. 즉 인간 체세포 내 모든 유전자들의 기능이나 위치를 확인하자는 것이다. 당시 많은 과학자들은 인간이 약 4만 개 이상실제로는 약 5만 5,000여 개에 가깝다의 유전자들을 가지고 있다고 추정했다. 그렇기 때문에 이 작업은 거의 불가능할 만큼 위압적으로 보였다. 1980년대 초 기술로 엡스타인 바 바이러스EpsteinBarr virus의 유전자적 조합을 규명하는 데만 몇 년이 걸렸다. 이 바이러스는 인간 게놈보다 수천 배나 작다. 이런 데이터베이스 덕에 주요 과학자들 사이에 충분한 열정이 지펴졌고, 자금 투자 및 프로젝트 지원을 유도할 수 있었다.

하지만 인간 게놈의 배열 순서를 밝히려는 노력은 산발적이면서 체계적이지 않고, 각각의 나라들 간 협조가 이뤄지지 않았다. 프로젝트 초기 10년간은 기술적으로도 초보적 수준이었다. 일본, 프랑스, 그리고 영국의 과학자들 역시 비슷한 프로젝트를 시도했으나, 그 누구도 정보를 개방된 데이터베이스로 만들려는 글로벌 비전을 갖지 못했다. 1990년대 초에서야 영국의 존 설스턴John Sulston 같은 과학자들이 유전자 배열 기술을 세련되게 다듬으면서 여러 분야의 과학자들이 향후 몇 십 년 안에 인간 게놈 지도를 만들 수 있을 것으로 예측하게 만들었다. 과학자들의 열정은 더욱 커졌다.[5]

그 때 자신감에 넘치고 충분한 기술을 갖춘 한 사기업이 이 일을 공짜로 해주겠다고, 아니 적어도 공공 자금 지원 없이 할 수 있다고 끼어들었다. 괴짜 생물학자 크레이그 벤터Craig Venter가 이끄는 세레라Celera는 구글과 별반 다르지 않은 약속을 했다. 일반 대중들이 데이터에 접근하는 데 아주 약간의 제한만을 두는, 더 빠르고 더 싸고 더 좋은 결과를 내겠다는 것이었다. 벤터와 동료 연구원 마크 애덤스Mark Adams는 처음에 공공 프로젝트에서 일하며 1990년에 발현된 '서열 표지expressed sequence tagging'라 불리는, 유전자를 빠르게 확인할 수 있는 새로운 기술을 개발했다. 벤터는 이런 새로운 접근 방식이 "게놈 프로젝트에 비하면 거저나 다름없다"며 적은 비용으로 몇 년 안에 90퍼센트의 유전자를 찾아낼 것이라고 주장했다.[6]

당시 인간 게놈 프로젝트의 수장이었던 제임스 왓슨James Watson은 미 국립 보건원National Institutes of Health 관리들이 벤터의 기술에 환호를 보내자 몹시 화가 났다. 왓슨이 보기에 이는 인간 게놈 프로젝트를 깎아내릴 뿐만 아니라 정보의 사유화로 가는 길이기 때문이었다. 이미 국립 보건원은 벤터가 발견한 것들에 특허를 확보하기 시작했다. 왓슨과 다른 사람들은 이런 조치가 과학의 원칙을 심각하게 위배하는 것으로 간주했다. 왜냐하면 특허는 이 프로젝트를 통해 발생할 수 있는 지식을 미래의 연구자들이 공유하지 못하도록 할 수 있기 때문이다. 이 문제를 놓고 논쟁을 벌이다 왓슨은 프로젝트에서 손을 뗐다. 벤터 역시 손을 떼고 1998년에 셀레라 지노믹스Celera Genomics를 설립하고는 인간 게놈의 사유화를 추진하고 있다.

존 홉킨스 대학의 연구원들과 공동 작업을 하면서 벤터는 이 과정을 앞당길 수 있는 또 다른 혁명적 기술을 개발했다. 전체 게놈을 '샷건shotgun' 방식DNA분석 방법의 하나—옮긴이으로 배열하는 것이 그것이다. 이 개발은 유전자 배열 관련 커뮤니티 내에서도 수많은 논쟁을 불러일으킨 가운데 미 국립 보건원의 신임 원장 프랜시스 콜린스Francis Collins는 과학적으로 의미 있는 접근에 찬성했고, 설스턴 같은 다른 과학자들은 벤터의 기술 일부를 받아들여야 한다고 주장했다.

그 결과 공공 프로젝트는 활기를 띠면서 좀 더 빠른 결과를 생성할 수 있는 새로운 기술을 채택했고, 또 대중의 지지와 벤터의 데이터 사유화에 대한 우려를 이끌어내면서 자금 지원을 증대시켰다. 셀레라가 3년 안에 전체 게놈의 유전자 배열을 밝힐 것이라고 선언하자, 콜린스는 5년 안에 게놈의 '대략적 초안'을 만들어낼 것이라고 선언했다. 전 세계의 과학자들은 그들의 연구와 그 결과를 조정해서 인간 게놈 지식이 전체 인류에 속하도록 했다. 마침내 2000년 후반, 공공 프로젝트와 민간 프로젝트는 각각의 접근 방식 및 이용 조건으로 서로 다른 저널에 결과물을 낼 준비가 됐다. 연구 결과 발표 이후, 과학자들의 정치적 의지 표현 및 경쟁은 활발해졌고 게놈과 특정 유전자에 대한 연구는 계속되고 있다.[7]

인간 게놈의 유전자 배열을 확인하려는 경쟁의 여파로 프랜시스 콜린스와 그의 동료들은 공공의 이익을 위해 엄청난 글로벌 프로젝트를 수행하면서 그리고 강력한 힘을 가진 야심 넘치는 사기업에 대항해 경쟁을 하는 과정을 통해 배운 교훈들을 곰곰이 생각하게 됐다. 콜린스는 성공의 핵심 조건으로 연구에 전념하는 다양한 전문가들로 팀을 운영하면서 점진적이고 장기적인 목표에 집중하고, 관리를 잘하는 것이 필요하다고 봤다. 확실한 이정표를 세우고 이를 늘 염두에 두면서 연구결과를 신속하게 발표하고, 가장 훌륭한 기술을 활용하며, 사기업들과 잘 협력해야 한다고 결론 내렸다.[8] 이 마지막 부분에서 콜린스와 인간 게놈 프로젝트는 실패했다. 이들은 셀레라와 운용 가능한 정도의 합의에 도달하지 않았다. 하지만 그들이 기대했던 것 이상으로 성과를 내면서, 어쨌든 인간 게놈 프로젝트는 탁월한 성공을 거뒀다.

인간 지식 프로젝트도 구글, 언론사, 출판업체, 그리고 과학 단체 같은 민간 부문이 이 시스템을 설계하고 실행하는 데 주요 참가자들이 되도록 장려해야 한다. 재정적 지원도 필요하다. 그렇지 않으면 아무도 새로운 지식을 창출하는 데 따른 위험을 감수하려 하지 않을 것이다. 하지만 목표는 어떤 특정 기업을 부자로 만들자는 것이 아니다.

인간 지식 프로젝트의 목적은 지식 이용의 기회를 늘리고, 새로운 방식으로 창의성과 혁신을 육성하자는 것이다. 이런 장기간 프로젝트를 성취할 수 있는 유일한 방법은 정치적 운동이다. 만약 전 세계 수많은 사람들에게 가장 훌륭한 정보를 제공하면서 디지털 시대에 맞는 글로벌 공론장을 만들어 주려 한다면 이런 목적을 위해 설득력 있는 사례를 만들어야 한다. 비용과 장애물 등을 확인해야 하고, 직접적으로 이런 부분과 맞부딪쳐야 한다. 필요성과 이익을 분명히 고려해야 한다. 생각을 바꿔야 한다. 법을 바꿔야 한다. 어떤 거대하고 부유한 회사가 대신해줄 거라고 희망을 가질 수 없다. 그러면 너무 무책임하다.

모든 것의 구글화의 문제점은 사람들이 구글에 너무 의존한다는 것이다. 너무 많이 신뢰를 한다. 보이지 않는 기술로 엄청난 문제들을 해결하는 구글의 능력을 맹신하는 것이다. 그러나 구글 북스 프로젝트 과정에서 한번 발이 걸리면서 무적의 기운은 이미 바래졌다.

우리는 구글의 이데올로기를 공유하지 않는 지역에서 글로벌화를 위한 구글의 노력들이 얼마나 거센 저항에 맞부딪쳤는지 목격했다. 저작권법은 다른 회사들이나 조직들이 글로벌 정보 생태계에 공헌하려는 것을 막았을 뿐만 아니라, 사람들에게 좀 더 좋은 서비스를 제공할 수 있는 구글의 능력을 손상시켜왔다. 그리고 구글은 문제가 있을 만한 행위의 관심을 비껴가기 위해 기업의 책임 카드를 활용하기도 했다. 그러면서 더 강력한 쇼핑 도구를 개발하고 있다. 이제 더 많은 것을 요구해야 한다. 어떤 회사들이나 어떤 기술들이 다음 10년 동안 번성을 할지라도, 우리에게 서비스를 더 잘 해줄 수 있는 체계들을 만들어야 한다. 가장 중요한 것은 그릇된 우상들이나 공허한 약속들을 경계하는 법을 배워야 한다는 점이다. 지식의 미래, 그로 인한 인류의 미래는 이런 부분을 얼마나 제대로 해내느냐에 달려있다.

Googl₂

∽

이 책을 위해 연구를 하고 글을 쓰는 동안 소스타인 베블런Thorstein Veblen의 말이 계속 머릿속을 떠나지 않았다. "믿어 달라." 정말 위압적이고 이상했다. 나는 글을 쓰면서 계속 혼잣말을 하고 있었다. "베블런이라면 어떻게 생각했을까?"

구글에 관한 책을 쓰겠다고 제안하기 전 여름에, 나는 베블런이 쓴 모든 책을 다 읽으려고 노력했다. 묘하게도 이 프로젝트는 그렇게 책을 읽는 와중에 나왔다. 나는 사람들이 위험을 감수하면서까지 베블런을 무시한다고 확신하고 있다. 그래서 이 책은 베블런의 비판 정신을 되살리고, 20세기가 막 태동한 지금 많은 도움이 되리라는 것을 입증하는 과제인 셈이다. 이 책 작업을 한 지난 4년 동안 나는 인터넷에 끊임없이 접속할 수 있다는 사실을 당연하다고 생각하려는 충동을 억눌러왔다. 인터넷과 연결되는 게 얼마나 이상한 건지, 최근까지 얼마나 다르게 살아왔는지에 집중했다. 나는 구글 인생을 살아야만 하는 게 얼마나 이상한 건지 인정하려고 노력했다.

이 책은 구글과 함께 살아가고, 구글을 통해 생각하는 주제를 다룬다. 나는 이런 질문들을 탐험하기 위해 구글을 회피하거나 구글 밖 세계에서 사는 대신 구글 속으로 들어갔다. 구글의 공공정책 블로그를 읽고, 구글에서 일하는 사람들과 대화를 나누고, 구글을 매일 사용하는 사람들의 말을 들어보고, 가능한 구글 서비스들을 이용해보려고 많은 시간을 들였다. G메일을 사용하기 시작했고, 같이 글을 써야 하는 프로젝트 내지 강의에서 프레젠테이션을 하기 위해 구글 닥스를 사용하기 시작했다. 오르컷구글의 소셜 인맥 플랫폼으로 인도와 브라질에서는 유명하지만 미국에서는 그렇지 못하다에 회원 가입을 했고, 온라인 저장소인 구글 헬스Google Health에 내 의료 기록을 올리기도 했다. 4년 넘게 가능한 많이 구글 제품과 서비스들을 이용하면서 생활하려고 노력했다. 지난 몇 주간은 기본 워드 프로그램 대신 구글 닥스를 이용해 이 책을 썼다.

구글과 유튜브에서 일하는 직원들, 특히 피터 배런Peter Barron, 단 클랜시 Dan Clancy, 빈트 서프Vint Cerf, 할 배리언Hal Varian, 알렉스 맥길리브레이Alex Macgillivray, 글렌 오티스 브라운Glenn Otis Brown, 그리고 제니 존슨Jennie Johnson의 도움이 없었더라면 이 책은 존재하지 않았을 것이다. 몇 차례의 방문에도 항상 기꺼이 맞아주었다. 내 블로그Googlizationofeverything.com에 초고를 올리며 저지른 실수나 과장을 용납해줬다. 가장 중요한 것은, 이들이 단지이 책뿐만 아니라 내가 연구를 하거나 저술을 할 때 광범위하게 사용하는 제품들을 만들어냈다는 점이다. 구글은 내 삶을 더 훌륭하고 풍성하게 해주고 있다.

책의 미래를 위한 재단Institute for the Future of the Book의 밥 스타인Bob Stein, 댄 비셀Dan Visel, 그리고 벤 벌시보우Ben Vershbow는 이 프로젝트의 초기 대변자들로 내 블로그가 잘 운영될 것이고, 수많은 관심을 끌 것이라고 확신했다.

~

내 대리인이자 친구인 샘 스톨롭Sam Stoloff은 전 세계 여러 출판사들에 이 책을 제안하고 계약하는 과정에서 조언을 아끼지 않았다. 상황이 안 좋아 보일 때도 샘은 일이 잘 처리될 수 있도록 조용히 독려해줬다. 그 친구에게 뭐라 감사의 말을 전해야 할지 모르겠다. 재능 있는 편집자 버드 바이낙Bud Bynack은 이를 실제 책으로 만드는 데 도움을 줬다.

버클리 캘리포니아 대학 출판사의 나오미 슈나이더Naomi Schneider는 지혜와 인내심을 가지고 이 책의 출판을 도왔다. 처음부터 이 책의 가능성을 보고 수많은 잘못된 시도를 잘 참아줬다. 이 책이 그녀의 높은 기대감에 부끄럽지 않기를 바랄 뿐이다.

이 책을 만드는 데 두 명의 영특한 연구 조교들의 도움을 받았다. 엘리스 말윅Alice Marwick은 새로운 세기에 미디어 분야에서 가장 중요한 인물이 될 것이다. 그녀는 비할 데 없는 직업윤리와 호기심으로 충만해있다. 그녀의 비판적 감각은 나이에 비해 훨씬 정제돼있다. 사라 왈치Sarah Walch는 최고의 사서다. 내 생각을 정리하고 중요한 자료를 발굴하는 데 많은 시간을 들여 도와줬다. 당시 북 캘리포니아 대학에서 근무하고 거주하던 사라는 실리콘밸리의 눈과 귀가 돼줬다. 뿐만 아니라 힘을 북돋워 주면서 조사 및 저술에서 중요한 부분에 집중하도록 했다.

미국 대학신문인 〈크로니클 오브 하이어 에듀케이션the Chronicle of Higher

Education〉의 크로니클 리뷰 섹션 편집자인 카렌 윙클러는 이 책을 풀어가는 데 중요한 역할을 했다. 그녀는 구글 북스를 허용함으로써 대학이 받고 있는 위험에 대한 논문을 작성하도록 부추겼다. 그 논문으로 많은 주목을 받았고, 이 책의 출판 계약을 맺는 데 도움을 받았다.

MSNBC.com의 기술과 과학 분야 편집자인 마이클 완Michael Wann은 웹 2.0 현상에 관한 칼럼을 기고하도록 했다. 그 때의 많은 생각들이 이 책의 작성에 도움이 됐다. 급여가 그리 많지 않은 오스틴의 언론인으로, 같이 연구 자료를 수집하는 동안 태어난 마이클의 격려와 열정, 그리고 우정은 영원히 나를 지탱해줄 것이다.

아직까지도 토마스 제퍼슨Thomas Jefferson의 호기심과 자유주의가 학내 분위기를 채우고 있는 버지니아 대학의 관대한 지원이 없었다면 이 책은 아마 태어나지 못했을 것이다. 예술 과학 학부의 세 명의 학과장은 이 책의 저술을 강력히 지지했다. 에드워드 아이얼스Edward Ayers, 카렌 라이언Karen Ryan, 그리고 메레디스 우Meredith Woo가 그들이다. 버지니아 대학 법학과의 폴 마호니Paul Mahoney 학과장과 짐 라이언Jim Ryan, 그리고 리즈 매길Liz Magill 부학과장 역시 나를 지지해줬다.

특히 인내심을 갖고 피드백을 준 도탄 올리아Dotan Oliar, 크리스 스프리그먼Chris Sprigman, 톰 나흐바Tom Nachbar, 그리고 내 강의를 듣는 법학과 학생들에게 특별히 고마움을 전한다. 미디어 학부의 동료들인 안드레아 프레스 Andrea Press, 브루스 윌리엄스Bruce Williams, 조안나 드러커Johanna Drucker, 아니코 보드록호지Aniko Bodrokhozy, 데이비드 골럼비아David Golumbia, 헥토르 아마야Hector Amaya, 그리고 제니퍼 피터센Jennifer Petersen은 미디어 학부가 모든 가능한 방법으로 나를 지원할 것이라고 확신시켜줬다. 브루스 윌리엄스는 전체 초고를 읽고서 많은 충고를 해줬다. 주디 맥픽Judy McPeak은 모든 부분들이 잘 돌아가도록 해줬다. 분류학이 역사적으로 어떤 역할을 했는지 좀더 진지하게 생각하도록 분발하게 한 버지니아 대학의 채드 웰몬Chad Wellmon에게도 특별히 감사를 드린다. 데보라 존슨Deborah Johnson은 사생활과 투명성에 대한 설계의 영향에 대해 좀 더 생각해보도록 영감을 줬다.

버클린Verklin 가문이 버지니아 대학의 미디어 연구 학부에 준 관대한 지원도 이 책의 탄생을 도왔다. 몇몇 중요한 학내 보조금을 통해 연구를 하는 과정은 물론, 책을 완성하는 과정에서 발생하는 비용들을 댈 수 있었다.

렌디 피커Randy Picker, 마이클 매디슨Michael Madison, 앤 바토우Ann Bartow, 로렌스 레식Lawrence Lessig, 요차이 벵클러Yochai Benkler, 마크 렘리Mark Lemley, 파멜라 사뮤엘슨Pamela Samuelson, 마하데비 순다르Mahadevi Sundar, 크리스 스프리그먼Chris Sprigman, 줄리에 코헨Julie Cohen, 몰리 반 호웰링Molly Van Howelling, 롤리 가사웨이Lolly Gasaway, 아누팜 찬데르Anupam Chander, 슈바

고시Shubha Ghosh, 마이크 고드윈Mike Godwin, 그리고 팀 우Tim Wu 등 법률학자들의 도움도 있었다. 닐 네타넬Neil Netanel과 데이비드 님머David Nimmer는 UCLA 법률 학교 세미나에 초대해 구글에 대한 개념을 정리할 수 있는 기회를 제공했다. UCLA 법학과 학생들은 이 책의 초고에 중요한 피드백을 줬다. 오랜 브라차Oran Bracha는 구글 북스 초기에 오스틴에 있는 내 모교 텍사스 대학에서 구글 북스에 대한 강의를 할 수 있는 영광을 안겼다. 카스 선스타인 Cass Sunstein은 책 집필 방향이 제대로 돼있다며 확신시켜줬다. 프랑크 파스쿠알레Frank Pasquale는 자신이 구글에 대해 기고한 몇몇 글에 대해 나와 많은 대화를 나눴다. 텍사스 대학 학부시절부터의 내 소중한 친구 앤드류 친 Andrew Chin은 전체 원고를 읽고 결정적 실수를 범하지 않도록 도왔다.

뉴욕 대학의 헬렌 니센바움Helen Nissenbaum과 밀워키 위스콘신 대학의 마이클 짐머Michael Zimmer는 검색 엔진의 모든 것을 알려주면서 구글이 세상에 어떤 영향을 미치는지 폭넓게 생각하도록 독려했다. 이 두 사람 누구라도 내가 쓴 것보다 훨씬 더 훌륭한 책을 집필했을 것이다. 그들 영역에 끼어든 나에게 그들의 아이디어, 의견, 그리고 전문적 식견을 공유해준 관대함에 고마움을 전한다.

두 명의 위대한 컴퓨터 과학자인 MIT의 할 아벨슨Hal Abelson과 하버드의 해리 루이스Harry Lewis는 그들 분야의 주요 신조와 역사에 대해 많은 부분들을 알려줬다. 펜 주립 대학Penn State University의 짐 잔센Jim Jansen은 검색 엔진을 사용하는 소셜 과학의 떠오르는 실체로 안내했다. 인터넷 사회학자 다나 보이드danah boyd는 사생활 개념의 변화에 대한 통찰력을 안겨줬다. 크리스 소고이안Chris Soghoian은 감시와 보안에 대한 기술적 문제들을 설명해줬다. 테드 스트리파스Ted Striphas는 21세기 책의 역할에 대해 많은 것을 알려줬다. 리즈 로시Liz Losh는 정부와 전자 미디어의 관계에 대한 이해를 도왔다. 에스테르 하기타이Eszter Hargittai는 모든 면에서 조언을 아끼지 않았다. 그리고 프레드 터너Fred Turner는 실리콘밸리의 문화적 역사에 대한 뛰어난 통찰력을 공유했다. 암스테르담의 헤르트 로빙크Geert Lovink와 리처드 로저스Richard Rogers는 구글이 유럽에서 어떻게 운영되는지 정보와 통찰력뿐만 아니라 내가 가장 좋아하는 유럽 도시에서 열린 훌륭한 회의에 초대해 내 작품을 설명할 기회를 두 차례나 제공했다. 비엔나에 사는 콘라드 베커Konrad Becker는 검색 엔진에 관한 전 세계 작업 관련 회의를 주재했고, 관련 모음집을 출간하면서 많은 도움을 줬다. 방갈로르의 로렌스 리앙Lawrence Liang은 영감을 주는 절친한 친구 관계를 유지하고 있다.

조 커트버스Joe Cutbirth, 토드 기틀린Todd Gitlin, 에릭 알터만Eric Alterman, 카를로 로텔라Carlo Rotella, 조엘 디너스타인Joel Dinerstein, 제이 로센Jay Rosen, 수 크레넥Sue Krenek, 샘 펜로스Sam Penrose, 에릭 클리넨버그Eric Klineberg, 로레

인 카데마토리Lorraine Cademartori, 캐서린 콜린스Catherine Collins, 케빈 그라우케Kevin Grauke, 조나단 실버맨Jonathan Silverman, 폴 에릭슨Paul Erickson, 그리고 캐롤린 드 라 페냐Carolyn de la Peña 등은 늘 나를 지지하고 격려해줬다. 조나단 레뎀Jonathan Lethem은 책을 집필하면서 어떻게 하면 좋은 아빠가 될 수 있을지 얘기해줬다. 정치 사회학자 다니엘 오닐Daniel C. O'Neil은 25년 우정으로 나를 지지했을 뿐만 아니라, 중국 관련 부분을 읽고 아낌없는 비판을 해줬다. 데이비드 셍크David Schenk는 성급하게 작성한 작업들을 더 완성도 있게 정제하도록 독려했다. 수잔 올리안Susan Orlean과 클리베 톰슨Clive Thompson은 구글화 시대에 작가들의 저작물에 대한 그들의 견해를 제공했다. 제프 자비스Jeff Jarvis는 처음부터 끝까지 완벽하게 좋은 사람이었다. 기술 서적 저자가 문의할 수 있는 가장 훌륭한 스파링 파트너다.

몇 년 전 나는 완전히 다른 책 기획안을 가지고 있었다. 간단한 주제로 책을 쓰고 싶었다. 당시 나는 막 아빠가 됐고, 종신 교수직을 얻었다. 그래서 나는 집에서 가급적이면 빠른 시간 안에 책을 완성하고 남은 시간은 가족들과 함께 하고 싶었다.

어느 날 콜롬비아 대학 언론 학과장인 니콜라스 레만Nicholas Lemaan과 점심을 할 기회가 있었다. 그는 내게 무슨 책을 작업하느냐고 물었다. 나는 생각하고 있던 프로젝트에 대해 설명했다. 닉은 이 프로젝트에 흥미가 없어 보였다. 하지만 더 이상 어떤 질문도 하지 않았다. 몇 분 동안의 침묵이 흐른 뒤 나는 "고려 중인 주제가 하나 더 있다"고 언급했다. "'모든 것의 구글화' 라는 것인데"라고 말하자, 닉의 두 눈이 반짝거렸다. "그걸 한번 써봐라"라고 너무 단호하게 말하는 바람에 나는 깜짝 놀랐다. 그래서 그렇게 했다. 그 운명적 점심 이후에 웨스트 코스트West Coast로 자주 출장을 가게 되었고, 또 수많은 밤을 지새웠다. 딸이 용서하기를 바랄 뿐이다.

당시에 나는 인류가 책으로부터 배워온 수백 년의 관리인이 되겠다고 선언한 한 젊은 회사당시 6년밖에 되지 않았다의 뻔뻔함에 매료돼 이 책을 써봐야겠다고 생각했다. 하지만 그만큼의 영향을 미친 것은 요차이 벵클러의 기념비적인 저서 《네트워크의 부Wealth of Networks》의 한 문장이었다. 그가 이름붙인 '네트워크화된 공론장the networked public sphere'의 전망을 요약하는 장에서 벵클러는 인터넷이 깊은 생각을 할 수 있는 이상적 플랫폼을 만드는 데 실패할 것이라고 경고한다. 그 이유에 대해 "구글이 데스크톱이나 이메일 프로그램, 그리고 웹상에서 너무 강력해져 매스 미디어 모델의 재출현 전망을 밝게 하는 효과적인 슈퍼노드supernode, 말 그대로 노드(node) 사이에 전압이 있으면, 글 두 개를 묶어서 노달분석(nodal anulysis)에 적용하는 회로이다―옮긴이가 될 것이기 때문이다"라고 설명한다.[1]나는 이런 일들이 실제 일어났는지 확인하기 위해 이 책을 썼다. 내 대답은 아직은 아니지만 점점 더 그렇게 가고 있다는 것이다. 이 책은 내 세 번째 책이고 요차이 벵클러의 책과 말들에 영감을 받은 세 번째 책이기도 하다. 그의 그늘에서 많은 시간을 보낸 것은 정말 영광이다.

전 세계 수백여 명의 사서들이 구글이 사람들을, 그리고 사람들이 구글을 어떻게 이용하는지에 대한 내 생각을 이끌어주고 영감을 불어넣어줬다. 그중 주요한 인물로 하버드 대학 도서관 국장 로버트 단튼Robert Darnton과 미시간 대학 도서관장 폴 코런트Paul Courant가 있다. 이 둘 모두 그들의 시간과 통찰력을 아낌없이 공유했다. 그리고 버지니아 대학의 사서들이 준 도움에도 감사의 말을 전한다. 테일러 피체트Taylor Fitchett, 벤 도허티Ben Doherty, 그리고 레슬리 존스톤Leslie Johnston에 특별히 찬사를 보낸다.

이 책은 다른 내 작품과 마찬가지로 모든 도서관과 내가 알고 있는 사서들에게 보내는 연가다. 어렸을 때 뉴욕 앰허스트amherst 클리어필드 공공 도서관Clearfield Public Library 플라스틱 의자에서 보냈던 시간은 내가 도서관에 빚진 것을 떠올리게 하는 추억이다. 그 긴 시간 동안 내 옆에 앉아 있었던 사람은 꿈을 꾸고 꿈을 발견하는데 있어 내 파트너였던 여동생 메할라 바이디야나단Mehala Vaidyanathan이었다. 그 도서관은 내 막내 여동생이자 내가 가장 좋아하는 사서 베다나 바이디야나단Vedana Vaidyanathan에게도 영감을 불어넣었다.

내 부모님 버지니아와 비시남페트 바이디야나단Virginia and Vishnampet

Vaidyanathan은 보람 있는 삶을 살게 하고, 이런 생각들을 갖게 하며, 이런 일을 할 수 있도록 수많은 멋진 일들을 했다. 부모님은 내가 원하는 어떤 책이라도 구입하고, 빌리고, 읽게 했다. 금지된 지식은 없었다. 두려워할 것도 없었다. 어떤 책도 아끼지 않았다. 나 역시 부모님의 반만큼이라도 용감하고 관대한 부모가 될 수 있기를 바란다. 내가 연구와 인터뷰를 위해 출장을 다니는 동안 나와 가족들을 돌본 아내 앤 헨릭센Ann Henriksen의 사랑과 지지에 특별히 감사한다.

그리고 두 딸 멜리사Melissa와 자야Jaya, 그리고 애완견 엘리Ellie에게 이 말을 해주고 싶다. 책 나오는데 너무 많은 시간이 걸려 미안해. 오늘은 아빠가 저녁 차릴게.

버지니아 샬롯츠빌Charlottesville, Virginia에서

Googl₂

프롤로그

1. Amartya Kumar Sen, Development as freedom (Oxford: Oxford University Press, 2001).

2. Jonathan Zittrain, The future of the Internet and how to stop it (New Haven, CT: Yale University Press, 2008).

3. Jane Mayer, Dark side : the inside story of how the war on terror turned into a war on American ideals (New York: Doubleday, 2008). Thomas E. Ricks, Fiasco : the American military adventure in Iraq (New York: Penguin, 2006); Jeffrey. Toobin, Too close to call : the thirty-six-day battle to decide the 2000 election (New York: Random House, 2001); Alan M. Dershowitz, Supreme injustice : how the high court hijacked election 2000 (Oxford: Oxford University Press, 2001); Ron. Suskind, The one percent doctrine : deep inside America's pursuit of its enemies since 9/11 (New York: Simon & Schuster, 2006); Ron. Suskind, The price of loyalty : George W. Bush, the White House, and the education of Paul O' Neill (New York: Simon & Schuster, 2004).

4. 디지털 세상에서 무정부상태와 과두제 사이의 역동적 긴장감에 대한 간단한 설명을 보려면 Siva Vaidhyanathan, The anarchist in the library : how the clash between freedom and control is hacking the real world and crashing the system (New York: Basic Books, 2004).

5. 기술이 전 세계에 어떻게 작용할지 순수한 비전의 예를 보려면 Kevin Kelly, Out of control : the rise of neo-biological civilization (Reading, MA: Addison-Wesley, 1994); Kevin Kelly, New rules for the new economy : 10 radical strategies for a connected world (New York: Viking, 1998); Nicholas. Negroponte, Being digital (New York: Knopf, 1995); Ray Kurzweil, The age of spiritual machines : when computers exceed human intelligence (New York: Viking, 1999).

6. 근거 없는 '세대별' 사고에 대한 설명을 보려면 Jeff Gomez, Print is dead : books in our digital age (London: Macmillan, 2008). Neil. Howe and William. Strauss, Millennials rising : the next great generation (New York: Vintage, 2000).

7. Harriet Rubin, "Google Offers a Map for Its Philanthropy," New York Times, January 18, 2008.

8. Randall E. Stross, Planet Google : one company's audacious plan to organize everything we know, vol. 1 (New York: Free Press, 2008); David A. Vise and Mark Malseed, The Google story (New York:

Delacorte, 2005); John Battelle, The search : how Google and its rivals rewrote the rules of business and transformed our culture (New York: Portfolio, 2005); Amy N. Langville and C. D. Meyer, Google's PageRank and beyond : the science of search engine rankings (Princeton, NJ: Princeton University Press, 2006); Amanda. Spink and Michael Zimmer, Web search : multidisciplinary perspectives, Information science and knowledge management (Berlin: Springer, 2008). 구글이 세상에 미치는 영향 (그리고 다른 회사들이 이를 통해 어떻게 이익을 얻는지)에 관한 좀 더 낙관적인 설명을 보려면 Jeff Jarvis, What would Google do? (New York, NY: Collins Business, 2009). 가장 최근의 그리고 가장 포괄적인 구글 '자서전'과 구글이 미디어 세상에 미치는 갈등에 대해 살펴보려면 Ken Auletta, Googled : the end of the world as we know it (New York: Penguin, 2009).

서문

1. Elizabeth Losh, Virtualpolitik : An Electronic History of Government Media-Making in a Time Of War, Scandal, Disaster, Miscommunication, and Mistakes (Cambridge, MA: MIT Press, 2009).

2. Clay Shirky, "A Speculative Post on the Idea of Algorithmic Authority," Clay Shirky, blog, November 15, 2009, www.shirky.com.

3. Thomas L. Griffiths, Mark Steyvers, and Alana Firl, "Google and the Mind: Predicting Fluency with PageRank," Psychological Science 18 (December 2007): 1069-76

4. Nicholas Carr, "Is Google Making Us Stupid?," Atlantic, July 2008, 75-80.

5. 나는 이런 '위험성'의 의미를 알렉산더 갤러웨이(Alexander Galloway)로부터 빌려왔다. 그는 무정부적, 공화주의적 목적을 위한 것처럼 보이는 인터넷 프로토콜이 사실은 통제의 기술로 작용한다면서 '위험성'이라는 용어를 사용한다. Galloway, Protocol : How Control Exists after Decentralization (Cambridge, MA: MIT Press, 2004).

6. 미국에서 자동차에 대한 최근의 사회적 · 기술적 설명을 보려면 "Traffic: How We Get From Here to There," Backstory: With the American History Guys, July 18, 2008, www.backstoryradio.org; Peter D. Norton, Fighting Traffic: The Dawn of the Motor Age in the American City (Cambridge, MA: MIT Press, 2008). 미국에서 자동차의 문화적 역사에 대해 보려면 Cotten Seiler, Republic of Drivers (Chicago: University of Chicago Press, 2008). 비행기가 미국의 법률을 어떻게 급격히 변화시켰는지의 역사를 보려면 Stuart Banner, Who Owns the Sky? : The Struggle to Control Airspace from the Wright Brothers On (Cambridge, MA: Harvard University Press, 2008).

7. Jeff Jarvis, What Would Google Do? (New York: Collins Business, 2009); Chris Anderson, Free: The Future of a Radical Price (New York: Hyperion, 2009).

8. Anil Dash, "Google's Microsoft Moment," Anil Dash, blog, July 9, 2009, http://dashes.com; David Carr, "How Good (or Not Evil) Is Google?," New York Times, June 22, 2009.

9. John Battelle, The search : how Google and its rivals rewrote the rules of business and transformed our culture (New York: Portfolio, 2005); Randall E. Stross, Planet Google : one company's audacious plan to organize everything we know, vol. 1 (New York: Free Press, 2008); Alexander Halavais, Search

engine society (Cambridge, MA: Polity, 2009).

10. Todd Gitlin, Media unlimited : how the torrent of images and sounds overwhelms our lives (New York: Metropolitan Books, 2001).

11. 조셉 슘페터(Joseph Schumpeter)의 말. Schumpeter, Capitalsim, Socialism, and Democracy (London: Allen and Unwin, 1952), 81

12. Lucas D. Introna and Helen Nissenbaum, "Shaping the Web: Why the Politics of Search Engines Matters," Information Society 16, no. 3 (2000): 169.

13. 나는 다른 맥락에서 디지털 기술과 네트워크의 보급 이후 현대의 예술가들이 향유해온 상황이나 습관들을 묘사하는 데 기술 문화적 상상력이라는 용어를 사용하곤 했다. See Siva Vaidhyanathan, "The Technocultural Imagination," in Chrissie Iles et al., 2006 Whitney Biennial : Day for Night (New York: Distributed by H.N. Abrams,: Whitney Museum of American Art :, 2006). 1959년 The Sociological Imagination 성명에서 라이트 밀스(C. Wright Mills)는 사회 과학자들이 그들의 저서를 대 이론과 경험론의 양 극단 사이에 놓아야 한다고 가르친다. 밀스는 "사회학적 상상력을 소유한 사람은 다양한 개개인들의 내적인 삶의 의미와 외적인 사회생활의 관점에서 더 거대한 역사적 장면을 이해할 수 있다"고 말했다. 이렇게 '기획자(imagineer)' (밀스가 사용하지 않은 용어)는 '개개인들이 매일매일의 엄청난 경험 속에서 그들의 사회적 지위를 잘못 인식하는지를 고려' 할 수 있다. 밀스는 학자들이 여러 학문과 관련해 영향력을 미칠 만한, 무엇보다 흥미로운 저서를 남길 수 있는 세가지 요소에 대해 설명한다. 사회의 필수 구성요소는 무엇이고 서로 어떤 관련을 맺는지, 어떤 역사적 변화가 사회의 특정 부분이나 기능에 영향을 미치는지, 그리고 사회에서 누가 승리자고 누가 패배자인지, 왜 그렇게 됐는지 등이 그것이다. Mills, The sociological imagination (New York: Oxford University Press, 1959), 5.

14. Anderson, Free.

15. Miguel Helft, "In E-Books, It's an Army vs. Google," New York Times, October 7, 2009.

1장

1. John Barlow, "Declaring Independence," Wired. 4, no. 6 (1996): 121, http://wac.colostate.edu/rhetnet/barlow/barlow_declaration.html.

2. Lawrence Lessig, Code : and other laws of cyberspace (New York: Basic Books, 1999).

3. 2008년 조지타운 대학에서의 대화를 통해 상대적인 통찰력을 얻게되어 제임스 그리멜만(James Grimmelmann)에게 감사의 말을 전한다. Mary Beard, review of Maria Wyke, Caesar: A Life in Western Culture, New York review of books 55, no. 20 (2008): 48; Mary Beard, The Roman triumph (Cambridge, MA: Belknap Press, 2007); Maria. Wyke, Caesar : a life in western culture (Chicago: University of Chicago Press, 2008); Christopher Kelly, The Roman Empire : a very short introduction (Oxford: Oxford University Press, 2006).

4. 구글의 '세이프서치' 여과 기능을 꺼도, '얼굴의(facial)'로 검색을 하면 첫 페이지에 성행위 대신 거의 대부분 피부 관리에 대한 결과가 나타난다. 2010년 2월에 버지니아 샬롯츠빌에서 검색을 해본 결

과 위키피디아의 표제어와 어반딕셔너리닷컴(Urbandictionary.com)의 용어 정의만이 포함됐다. 1990년대 후반까지만도 '아시안(Asian)' 이라는 검색어를 넣으면 아시아 모델들이 나오는 포르노물이 등장했다. 요즘에는 그 검색어에 아시아계 미국인의 역사나 문화, 그리고 아시아 음식에 대한 결과가 나온다.

5. Introduction to the Google Ad Auction, 2009, video online at www.youtube.com; Steven Levy, "Secret of Googlenomics: Data-Fueled Recipe Brews Profitability," Wired, May 22, 2009; Search Advertising: Dr. Hal Varian, SIMS 141, course in the School of Information, University of California at Berkeley, 2007, 비디오는 www.youtube.com에서 가능; "Talking Business: Stuck in Google's Doghouse," New York Times, September 13, 2008; "Big Brands? Google Brand Promotion: New Search Engine Rankings Place Heavy Emphasis on Branding," SEOBook, February 25, 2009, www.seobook.com/google-branding; "Corporate Information: Our Philosophy," Google.com, www.google.com/corporate/tenthings.html.

6. Robin Wauters, "Google Flags Whole Internet As Malware," TechCrunch, January 31, 2009, www.techcrunch.com; "Search is too important to leave to one company ? even Google," www.guardian.co.uk, June 1, 2009; Ian Bogost, "Cascading Failur: The Unseen Power of Google's Malware Detection," Ian Bogost, blog, June 12, 2009, www.bogost.com/blog; Jonathan Zittrain, The future of the Internet and how to stop it (New Haven, CT: Yale University Press, 2008).

7. Barry Schwartz, "First Google Image Result for Michelle Obama Pure Racist," Search Engine Round Table, November 13, 2009, www.seroundtable.com/archives/021162.html; David Colker, "Google won't exclude distorted Michelle Obama image from its site," Los Angeles Times, November 25, 2009; Judit Bar-Ilan, "Web links and search engine ranking: The case of Google and the query 'jew'," Journal of the American Society for Information Science and Technology 57, no. 12 (2006): 1581.

8. Richard Thaler and Cass Sunstein, Nudge : improving decisions about health, wealth, and happiness (New Haven: Yale University Press, 2008).

9. Levy, "Secret of Googlenomics"

10. Randall E. Stross, Planet Google : one company's audacious plan to organize everything we know (New York: Free Press, 2008), 109-28.

11. Cecilia Kang, "AT&T Accuses Google of Violating Telecom Laws; Google Rejects Claims," Post I.T., blog, September 25, 2009; Amy Schatz, "AT&T Asks for Curbs on Google," wsj.com, September 26, 2009; John Markoff and Matt Richtel, "F.C.C. Hands Google a Partial Victory," New York Times, August 1, 2007.

12. "GOOG - Google Inc Company Profile," CNNMoney.com, August 12, 2010.

13. Ken Auletta, "Annals of Communications: The Search Party," New Yorker, January 14, 2008; Rob Hof, "Maybe Google Isn't Losing Big Bucks on YouTube After All," Business Week, June 17, 2009; Nicholas Thompson and Fred Vogelstein, "The Plot to Kill Google," Wired, January 19, 2009; Eli Edwards, "Stepping Up to the Plate: The Google-Doubleclick Merger and the Role of the Federal

Trade Commission in Protecting Online Data Privacy," SSRN eLibrary, April 25, 2008, http://papers.ssrn.com; Michael Liedtke, "Guessing game: How much money is YouTube losing?" Associated Press, June 17, 2009; "Privacy Group Asks F.T.C. to Investigate Google" New York Times Bits Blog, March 17, 2009, http://bits.blogs.nytimes.com; Peter Swire, "Protecting Consumers: Privacy Matters in Antitrust Analysis," Center for American Progress, October 19, 2007, www.americanprogress. org; Miguel Helft, "Yahoo and Google Offer to Revise Ad Partnership," New York Times, November 3, 2008; Daniel Lyons, "They Might be a little Evil: Why Google Faces Antitrust Scrutiny," Newsweek, June 1, 2009.

14. Miguel Helft, "Google Makes a Case That It Isn't So Big," New York Times, June 29, 2009.

15. Carl Shapiro and Hal Varian, Information rules : a strategic guide to the network economy (Boston, MA: Harvard Business School Press, 1998).

16. Amanda Spink et al., "A study of results overlap and uniqueness among major Web search engines," Information Processing and Management 42, no. 5 (September 2006): 1379-91, www.sciencedirect. com.

17. Lawrence Page et al., The PageRank Citation Ranking: Bringing Order to the Web, Technical Report, Stanford University, 1999, http://ilpubs.stanford.edu:8090/422/.

18. Harry McCracken, "A Brief History of Google Killers," Technologizer, May 19, 2009, http:// technologizer.com.

19. Nova Spivack, "Wolfram Alpha Computes Answers To Factual Questions: This Is Going To Be Big.," TechCrunch, March 8, 2009, www.techcrunch.com; David Talbot, "Wolfram Alpha and Google Face Off," Technology Review, May 5, 2009; Eric Schonfeld, "What Is Google Squared? It Is How Google Will Crush Wolfram Alpha," TechCrunch, May 12, 2009, www.techcrunch.com

20. Loren Baker, "Hakia Semantic Search Adds Pubmed Content to Medical & Health Search Engine," Search Engine Journal, June 12, 2008.

21. "Hakia Challenge: IT band," Hakia, July 16, 2009, http://hakia.com.

22. Miguel Helft, "Bing Delivers Credibility to Microsoft," New York Times, July 14, 2009.

23. Nicholas Thompson and Fred Vogelstein, "The Plot to Kill Google," Wired, January 19, 2009.

24. Chris Anderson, Free : the future of a radical price (New York: Hyperion, 2009), 119-34.

25. Theo R?hle, "Desperately seeking the consumer: Personalized search engines and the commercial exploitation of user data," First Monday 12, no. 9, http://firstmonday.org.

26. Levy, "Secret of Googlenomics."

27. Joseph Turow, Niche envy : marketing discrimination in the digital age (Cambridge, MA: MIT Press, 2006).

28. Introduction to the Google Ad Auction; Levy, "Secret of Googlenomics"; Randall Stross, "Why the Google-Yahoo Ad Deal Is Nothing to Fear," New York Times, September 21, 2008; Search Advertising: Dr. Hal Varian; Auletta, "Annals of Communications"; Benjamin Edelman, "How Google

and Its Partners Inflate Measured Conversion Rates and Inflate Advertisers' Costs," Ben Edleman-Home, www.benedelman.org/news/051309-1.html.

29. Susan Orlean, "Re: Google Docs," July 13, 2009.

30. "Browser Statistics," W3schools, www.w3schools.com/browsers/browsers_stats.asp, accessed August 18, 2010.

31. Lester G. Telser, "Why Should Manufacturers Want Fair Trade?," Journal of Law and Economics 3 (October 1960): 86-105; Russell Hardin, "The Free Rider Problem," Stanford Encyclopedia of Philosophy, http://plato.stanford.edu/entries/free-rider/; Gary Reback, Free the market! : why only government can keep the marketplace competitive (New York: Portfolio, 2009), 69.

32. Fred G. Gurley, "Unalienable Rights versus Union Shop," Proceedings of the Academy of Political Science 26, no. 1 (May 1954): 58-70.

33. Kang, "AT&T Accuses Google of Violating Telecom Laws"; Schatz, "AT&T Asks for Curbs on Google"; Markoff and Richtel, "F.C.C. Hands Google a Partial Victory."; Brad Stone, "The Fight Over Who Sets Prices at the Online Mall," New York Times, February 8, 2010; Reback, Free the Market, 69.

34. Kelly v. Arriba Soft Corp. (280 F.3d 934(CA9 2002) withdrawn, refiled at 336 F.3d 811(Ca9 2003).

35. Michael J. Madison, "A Pattern-Oriented Approach to Fair Use," William and Mary Law Review 45, no. 4 (2004): 1525-1690; Kathleen K. Olson, "Transforming Fair Use Online: The Ninth Circuit' s Productive-Use Analysis of Visual Search Engines," Communication Law and Policy 14, no. 2 (2009): 153; Richard Perez-Pena, "Associated Press Seeks More Control of Content on Web," New York Times, April 7, 2009; Copyright Law of the United States of America, Sec. 107: Limitations on exclusive rights: Fair use, 17 USC 1976; Siva. Vaidhyanathan, Copyrights and copywrongs : the rise of intellectual property and how it threatens creativity (New York University Press, 2003).

36. Eric Pfanner, "In Europe, Possible Survival Lessons for U.S. Papers," New York Times, March 30, 2009; Eric Pfanner, "In Europe, Challenges for Google," New York Times, February 2, 2010.

37. Dirk Smillie, "Murdoch Wants A Google Rebellion," Forbes, April 3, 2009, www.forbes.com.

38. Matthew Flamm, "WSJ publisher calls Google 'digital vampire'," Crain' s New York Business, June 24, 2009, www.crainsnewyork.com.

39. Jane Schulze, "Google dubbed internet parasite by WSJ editor," Australian, April 6, 2009.

40. "Murdoch could block Google searches entirely," Guardian, November 9, 2009.

41. Dan Farber, "Google' s Schmidt: Brands to clean up Internet 'cesspool'," CNET News, October 13, 2008, http://news.cnet.com; Rory Maher, "How Can Google Help Newspapers? How About Some SEO Coaching," Washington Post, May 22, 2009; Julie Moos, "Transcript of Google CEO Eric Schmidt' s Q&A at NAA," PoynterOnline, April 7, 2009, www.poynter.org; Shira Ovide, "Google Responds to AP' s Tougher Stance," Digits - Wall Street Journal, April 7, 2009; Zachary M. Seward, "Google sharing revenue with publishers for new product," Nieman Journalism Lab, September 14, 2009, www.niemanlab.org.

42. Charles Mann, "How Click Fraud Could Swallow the Internet," Wired, January 2006; Amit Agarwal - Google AdSense Publisher from India, 2007, www.youtube.com에서 동영상 이용 가능. 허핑튼 포스트는 상업적 뉴스 콘텐츠만을 수용한다. 하지만 구글 웹 서치에 맞게 페이지를 최적화하는 기술을 통해 사용자들이 뉴스를 찾는 콘텐츠로 만들었다. 그들이 수집하는 수많은 원래 사이트들보다 훨씬 더 효과적이었다.

43. Todd Gitlin, "Journalism's many crises," OpenDemocracy, May 20, 2009, www.opendemocracy.net; Leonard Downie and Michael Schudson, "The Reconstruction of American Journalism," Columbia Journalism Review, December 2009, 28-51; John Nichols, "The Death and Life of Great American Newspapers," Nation, April 6, 2009, 11; Zachary M. Seward, "How The Associated Press will try to rival Wikipedia in search results," Nieman Journalism Lab, August 13, 2009; Zachary M. Seward, "Google CEO Eric Schmidt envisions the news consumer of the future," Nieman Journalism Lab, November 4, 2009.

44. James Fallows, "How to Save the News," Atlantic, June 2010.

45. Miguel Helft, "Google Calls Viacom Suit on YouTube Unfounded," New York Times, May 1, 2007; Hof, "Maybe Google Isn't Losing Big Bucks."

46. Richard Alleyne, "YouTube: Overnight success has sparked a backlash," Daily Telegraph, July 31, 2008l; Hof, "Maybe Google Isn't Losing Big Bucks"; Liedtke, "Guessing game"; An anthropological introduction to YouTube, 2008, www.youtube.com에서 동영상 이용 가능; Chris Soghoian, "Why Obama should ditch YouTube," Surveillance State - CNET News, November 24, 2008, http://news.cnet.com; Chris Soghoian, "White House exempts YouTube from privacy rules," Surveillance State - CNET News, January 22, 2009, http://news.cnet.com; Marcia Stepanek, "Speaking YouTube," Cause Global, July 2, 2009, http://causeglobal.blogspot.com; Siva Vaidhyanathan, "What we might lose with GooTube," MSNBC.com, October 27, 2006; Siva Vaidhyanathan, "Me, 'Person of the Year'? No thanks," MSNBC.com, December 28, 2006.

47. Johnny_mango, "'Lost' Police Incident Report... Is This What Heather Wilson 'Lost' 13 Years Ago?," Albloggerque, October 19, 2006, http://albloggerque.blogspot.com; Vaidhyanathan, "What we might lose."

48. Vaidhyanathan, "What we might lose."

49. Jack Goldsmith and Tim Wu, Who controls the Internet? illusions of a borderless world (New York: Oxford University Press, 2006).

50. Abigail Cutler, "Penetrating the Great Firewall: Interview with James Fallows," Atlantic, February 19, 2008; James Fallows, "'The Connection Has Been Reset,'" Atlantic, March 2008; Ronald Deibert et al., Access denied : the practice and policy of global Internet filtering (Cambridge, MA: MIT Press, 2008).

51. Thomas Frank, One market under God : extreme capitalism, market populism, and the end of economic democracy (New York: Doubleday, 2000).

52. Francis Fukuyama, The end of history and the last man (New York: Free Press, 1992).

53. 캠브리지 대학의 사회학자 존 톰슨(John Thompson)이 설명하듯, 이데올로기는 '권력을 서비스하는 과정에서 생겨나는 의미', 즉 상징적 표현이 어떻게 사회적 지배 습관이나 구조를 지지하거나 위협하는지에 대한 인식이다. John Thompson, Ideology and modern culture : critical social theory in the era of mass communication (Stanford CA: Stanford University Press, 1990).

54. David Harvey, A brief history of neoliberalism (Oxford: Oxford University Press, 2005).

55. Thomas Frank, The wrecking crew : how conservatives rule (New York: Metropolitan Books, 2008).

56. Jeffrey Madrick, The case for big government (Princeton NJ: Princeton University Press, 2009).

57. Paul Krugman and Robin Wells, Economics (London: Worth Publishing, 2009).

58. Carnegie Commission on the Future of Public Broadcasting, A public trust : the report of the Carnegie Commission on the Future of Public Broadcasting (New York: Bantam Books, 1979); Laurie Ouellette, Viewers like you? how public TV failed the people (New York: Columbia University Press, 2002).

59. Michael Barbaro and Justin Gillis, "Wal-Mart at Forefront of Hurricane Relief," Washington Post, September 5, 2005; Virginia Brennan, Natural disasters and public health : Hurricanes Katrina, Rita, and Wilma (Baltimore, MD: Johns Hopkins University Press, 2009); Douglas Brinkley, The great deluge : Hurricane Katrina, New Orleans, and the Mississippi Gulf Coast (New York: Morrow, 2006); Ivor Van Heerden, The storm : what went wrong and why during hurricane Katrina : the inside story from one Louisiana scientist (New York: Viking, 2006).

60. Barbaro and Gillis, "Wal-Mart at Forefront of Hurricane Relief."

61. Steven Horwitz, Making Hurricane Response More Effective: Lessons from the Private Sector and the Coast Guard during Katrina, Policy Comment, Global Prosperity Initiative (Vienna, VA: Mercatus Center, George Mason University, March 2008).

62. Robert Pear and Jackie Calmes, "Cost Concerns as Obama Pushes Health Issue," New York Times, June 16, 2009.

63. Steve May, The debate over corporate social responsibility (Oxford: Oxford University Press, 2007). Andr? Habisch, Corporate social responsibility across Europe (Berlin: Springer, 2005).

64. Milton Friedman, "The Social Responsibility Of Business Is to Increase Its Profits," New York Times Magazine, September 13, 1970.

65. 어설프게 규정된 웹은 시장 힘의 소용돌이에 내버려두면 민주주의적 가치를 고양하는 데 실패할 것이라는 설명을 보려면, Andrew Chin, "Making the World Wide Web Safe for Democracy: A Medium-Specific First Amendment Analysis," Hastings Communications and Entertainment Law Journal (Comm/Ent) 19 (1996): 309.

66. "Regulate Google?" Brian Lehrer Show WNYC TV, July 8, 2009, www.wnyc.org.

67. Jessica Guynn, "Google facing challenges to its bold ambitions in Europe," Los Angeles Times, February 25, 2010; Adam Liptak, "When American and European Ideas of Privacy Collide," New York Times, February 26, 2010; Milton Mueller, "There's more to the Google-Italy case than meets the eye," Internet Governance Project, February 25, 2010, http://blog.internetgovernance.org; Struan Robertson,

"Google convictions reveal two flaws in EU law, not just Italian law," Out-Law.com, March 3, 2010, www.out-law.com; Elisabetta Povoledo, "Italian Judge Cites Profit as Justifying a Google Conviction," New York Times, April 12, 2010.

68. Candidates@Google: Barack Obama (Mountainview, California: Google, 2007), www.youtube.com; Barack Obama, The audacity of hope : thoughts on reclaiming the American dream (New York: Crown Publishers, 2006).

69. Soghoian, "Why Obama should ditch YouTube,"; Soghoian, "White House exempts YouTube"; Chris Soghoian, "White House acts to limit YouTube cookie tracking," Surveillance State - CNET News, January 23, 2009, http://news.cnet.com; Chris Soghoian, "Is the White House changing its YouTube tune?" Surveillance State - CNET News, March 2, 2009, http://news.cnet.com.

70. Siva Vaidhyanathan, "Google Net Neutrality Stance Gives 'Net's Future to Corporations," MSNBC.com, August 10, 2010.

71. Joseph Nye, The paradox of American power : why the world's only superpower can't go it alone (Oxford: Oxford University Press, 2002); Joseph Nye, Soft power : the means to success in world politics (New York: Public Affairs, 2004).

2장

1. Louis C.K. and Conan O'Brien, "Everything's Amazing, Nobody's Happy," Late Night with Conan O'Brien, NBC TV, February 19, 2009, available at www.youtube.com

2. Arthur C. Clarke, 3001: The Final Odyssey, quoted in Ray Kurzweil, The singularity is near : when humans transcend biology (New York: Viking, 2005), 4.

3. Marissa Mayer, Google I/O '08 Keynote Address, June 5, 2008, available at www.youtube.com

4. 동일 동영상.

5. 동일 동영상.

6. John Battelle, The Search : How Google and Its Rivals Rewrote the Rules of Business and Transformed Our Culture (New York: Portfolio, 2005).

7. Otis Port and Neil Gross, "A Search Engine Gets a Search Engine," Business Week, September 28, 1998.

8. Marshall Robin, "Don't take it out on your PC," Press (Christchurch, New Zealand), December 15, 1998.

9. Sam Vincent Meddis, "Find a career, laugh a lot, or pay a visit to the E-Quarium," USA TODAY, December 16, 1998.

10. Max Frankel, "The Way We Live Now," New York Times, November 21, 1999.

11. Peter H. Lewis, "Searching for Less, Not More," New York Times, September 30, 1999.

12. 동일 문서.

13. Chris Anderson, Free: The Future of a Radical Price (New York: Hyperion, 2009).

14. Jeff Jarvis, What Would Google Do? (New York, NY: Collins Business, 2009). 상업적 주체로서 구글의 놀라운 기록들은 최근 경제면에서 거의 매일 보도되다시피 하고 있다. 2004년 기업 공개 이후 주가 가치는 급등했고, 2007년에는 주당 600달러 이상으로 다시 정점을 찍었다. 초기 기업 공개 이후 연 수익은 4배 이상을 기록하고 있다. 2007년 2분기 수익(대체적으로 광고 유치를 통한)은 38억 7,000만 달러로 뛰었고, 이는 2006년 같은 분기 보다 58% 늘어난 수치다. 기업 공개 이후 구글은 동영상 호스팅 사이트인 유튜브, 그리고 인터넷 광고 회사인 더블클릭 등을 공격적으로 인수했다. 2009년에 구글의 핵심 서비스인 웹 검색 엔진은 미국의 웹 검색 사업 분야의 70% 이상, 유럽에서는 90% 이상을 점유했다. 그리고 전 세계적으로 독보적 비율로 성장했다.

15. Thorsten Joachims et al., "Accurately interpreting clickthrough data as implicit feedback," Proceedings of the 28th annual international ACM SIGIR conference on Research and development in information retrieval (Salvador, Brazil: ACM, 2005), 154-61.

16. B. J. Jansen and U. Pooch, "A review of web searching studies and a framework for future research," Journal of the American Society for Information Science and Technology 52, no. 3 (2001): 235-46; Amanda Spink and Bernard J. Jansen, Web search : public searching on the Web (Dorndrecht: Kluwer Academic Publishers, 2004); Caroline M. Eastman and Bernard J. Jansen, "Coverage, relevance, and ranking: The impact of query operators on Web search engine results," ACM Transactions on information systems 21, no. 4 (2003): 383-411; Eszter Hargittai, "The Social, Political, Economic, and Cultural Dimensions of Search Engines: An Introduction," Journal of Computer-Mediated Communication 12, no. 3 (2007): 767-77.

17. Bing Pan et al., "In Google We Trust: Users' Decisions on Rank, Position, and Relevance," Journal of Computer-Mediated Communication 12, no. 3 (2007): 767-77.

18. Bernard J. Jansen and Amanda Spink, "How are we searching the World Wide Web? A comparison of nine search engine transaction logs," Information Processing & Management 42, no. 1 (January 2006): 248-63.

19. Deborah Fallows, Search Engine Users, January 23, 2005, Pew Research Center and American Life Project, www.pewinternet.org.

20. S. Fortunato et al., "Topical Interests and the Mitigation of Search Engine Bias," Proceedings of the National Academy of Sciences of the United States of America 103, no. 34 (August 22, 2006): 12684-89.

21. Susan L Gerhart, "Do Web search engines suppress controversy?" First Monday 9, no. 1 (January 5, 2004), http://firstmonday.org.

22. William James, Pragmatism (Buffalo N.Y.: Prometheus, 1991); Charles Peirce, Charles S. Peirce : the essential writings (Amherst N.Y.: Prometheus Books, 1998); Charles Peirce and Peirce Edition Project, The essential Peirce : selected philosophical writings (Bloomington: Indiana University Press, 1992); Richard Rorty, Contingency, irony, and solidarity (Cambridge: Cambridge University Press, 1989).

23. Peirce, Charles S. Peirce.

24. William James, Pragmatism and other writings (New York: Penguin Books, 2000), 88-89.

25. Rorty, Contingency, irony, and solidarity.

26. Lucas D. Introna and Helen Nissenbaum, "Shaping the Web: Why the Politics of Search Engines Matters," Information Society 16, no. 3 (2000): 169.

27. Eric Goldman, "Search Engine Bias and the Demise of Search Engine Utopianism," SSRN eLibrary, March 29, 2006, http://papers.ssrn.com.

28. 동일 문서.

29. Judit Bar-Ilan, "What do we know about links and linking? A framework for studying links in academic environments," Information Processing & Management 41, no. 4 (July 2005): 973-86.

30. Joseph Reagle, "In good faith: Wikipedia collaboration and the pursuit of the universal encyclopedia" Joseph Reagle, 2008, http://reagle.org/joseph/ blog; Joseph M. Reagle, "Do as I do:: authorial leadership in wikipedia," Proceedings of the 2007 international symposium on Wikis (Montreal: ACM, 2007), 143-56.

31. Andrew Famiglietti, "Wikipedia and Search: Some Quick Numbers," Hackers, Cyborgs, and Wikepedians, blog, March 4, 2009, http://blogs.bgsu.edu/afamigl.

32. Nicholas Carr, "All hail the information triumvirate!," Rough Type: Nicholas Carr's Blog, January 23, 2009, www.roughtype.com.

33. Siva Vaidhyanathan, "The Digital Wisdom of Richard Sennett," Chronicle of Higher Education, May 23, 2008. 만약 지난 10년 동안 와이어드 잡지에서 디지털 문화에 강력한 영향을 준 지식인들의 이름을 검색해 훑어보면 수많은 유명인들을 만날 수 있다. 셰리 터클(Sherry Turkle), 마크 그라노베터(Mark Granovetter), 로렌스 레식(Lawrence Lessig), 클레이 셔키(Clay Shirky), 파멜라 사뮤엘슨(Pamela Samuelson), 그리고 디지털 미디어 이론의 시조인 마샬 맥루한(Marshall McLuhan) 등이 그들이다. 와이어드 기록 검색을 통해 만날 수 없는 인물은 리처드 세넷(Richard Sennett)일 것이다. 대체적으로 아날로그 세상의 공공 사회학자로 묘사되는 세넷은 디지털 이론가로서는 경시돼왔다. 새로운 것과 디지털에 관해 열광적 반응을 보이는 경향이 있는 위키피디아가 세넷에 할애한 단어는 오직 489 단어다. 그와는 대조적으로 스탠포드 소셜 네트워크 사회학자인 그래노베터는 이들 뉴스나 논문 주석 등을 접한 사람들 사이에서 세넷보다 추종자들이 훨씬 적지만 위키피디아 프로필에 812 단어나 올라있다. 레식은 3,127 단어가 올라있다.

34. Frank A. Pasquale, Rankings, Reductionism, and Responsibility, Seton Hall Public Law Research Paper No. 888327, Seton Hall University, 2006.

35. Judit Bar-Ilan, "Web links and search engine ranking: The case of Google and the query 'jew'," Journal of the American Society for Information Science and Technology 57, no. 12 (2006): 1581.

36. "Google: An explanation of our search results," Google.com, www.google.com/explanation.html 2010년 8월 12일 검색.

37. "ADL Praises Google for Responding to Concerns About Rankings of Hate Sites," Anti-Defamation League 보도자료. April 22, 2004, www.adl.org.

38. Judit Bar-Ilan, "Google Bombing from a Time Perspective," Journal of Computer-Mediated

Communication 12, no. 3 (2007), http://jcmc.indiana.edu.

39. Goldman, "Search Engine Bias."

40. John Paczkowski, "Google and the Evolution of Search I: Human Evaluators," Digital Daily, June 3, 2009, http://digitaldaily.allthingsd.com

41. Randall E. Stross, Planet Google : one company's audacious plan to organize everything we know (New York: Free Press, 2008).

42. Steven Shapin, The scientific life : a moral history of a late modern vocation (Chicago: University of Chicago Press, 2008).

43. Thorstein Veblen, The engineers and the price system (New Brunswick, N.J: Transaction Books, 1983).

44. Walter Kirn, "Life, Liberty and the Pursuit of Aptitude," New York Times, July 5, 2009.

45. Kevin J. Delaney, "Google Adjusts Hiring Process as Needs Grow," Wall Street Journal, October 23, 2006.

46. Nicholas Lemann, The big test : the secret history of the American meritocracy (New York: Farrar Straus and Giroux, 1999).

47. Neil Postman, Technopoly : the surrender of culture to technology (New York: Knopf, 1992).

48. Langdon Winner, Autonomous technology : Technics-out-of-control as a theme in political thought (Cambridge, MA.: MIT Press, 1980).

49. Fred Turner, From counterculture to cyberculture : Stewart Brand, the Whole Earth Network, and the rise of digital utopianism (Chicago: University of Chicago Press, 2006).

50. Fred Turner, "Burning Man at Google: a cultural infrastructure for new media production," New Media Society 11, nos. 1-2 (2009): 73-94.

51. Yochai Benkler, The wealth of networks : how social production transforms markets and freedom (New Haven, CT: Yale University Press, 2006).

52. Dalton Conley, Elsewhere, U.S.A. (New York: Pantheon Books, 2009).

53. Siva Vaidhyanathan, "Interview with Vint Cerf of Google," The Googlization of Everything, blog, January 2, 2009, www.googlizationofeverything.com.

54. Mayer, Google I/O '08, Keynote Address.

55. Joe Nocera, "On Day Care, Google Makes a Rare Fumble," New York Times, July 5, 2008.

56. "Corporate Information - Our Philosophy," Google.com, www.google.com/corporate/tenthings.html. 2010년 12월 8일 검색.

57. "Does Google Violate Its 'Don't Be Evil' Motto?" Intelligence Squared, National Public Radio, November 26, 2008 www.npr.org 에서 이용 가능.

58. 예를 들면, Martin Wachs, Curbing Gridlock: Peak-Period Fees to Relieve Traffic Congestion (Washington, DC: National Academies Press, 1994); Bo Carlberg, Ola Samuelsson, and Lars Hjalmar Lindholm, "Atenolol in Hypertension: Is It a Wise Choice?" Lancet 364, no. 9446 (2004): 1684-89.

59. Gordon E. Moore, "Cramming More Components onto Integrated Circuits," Electronics 38, no. 8 (1965). 무어의 법칙에 대한 비판적 분석을 보려면, Ilkka Tuomi, "The Lives and Death of Moore's Law," First Monday 7, no. 11 (November 2002), http://firstmonday.org.

60. Timothy H. Dixon et al., "Space Geodesy: Subsidence and Flooding in New Orleans," Nature 441, no. 7093 (2006). Also see Ivor van Heerden, The Storm : What Went Wrong and Why During Hurricane Katrina: the inside Story from One Louisiana Scientist, ed. Mike Bryan (New York:: Viking, 2006).

61. 미사일 방어의 어리석음이나 20여 년 동안 수십억 달러가 들어가는 꿈을 계속해서 꾸게끔 한 이데올로기, 부패에 관한 훌륭한 역사적 설명을 보려면 Frances FitzGerald, Way out There in the Blue : Reagan, Star Wars, and the End of the Cold War (New York: Simon & Schuster, 2000).

62. Reinhold Niebuhr, The irony of American history (Chicago: University of Chicago Press, 2008), 160.

63. "Retraction: Ileal-lymphoid-nodular hyperplasia, non-specific colitis, and pervasive developmental disorder in children," Lancet 375, no. 9713 (February 6, 2010): 445; Kate Kelland, "Lancet retracts paper linking vaccine to autism," Washington Post, February 3, 2010.

64. Kugel Allison, "Jenny McCarthy on Healing Her Son's Autism and Discovering Her Life's Mission," PR.Com, October 9, 2007, www.pr.com/article/1076.

65. 2009년 10월 26일 버지니아 샬롯츠빌에서 '자폐증 백신'을 검색했을 때, 상위 2개의 결과는 백신과 자폐증 간 관계를 사실로 인정하는 사이트였다. 세 번째 결과는 미 질병 대책 센터가 이들 링크를 부정하는 것이었다. 나머지 대부분은 백신을 놓고 언론사간 소위 논쟁을 하는 것이었다.

66. Frank Ahrens, "2002's News, Yesterday's Sell-Off," Washington Post, September 9, 2008.

67. Tom Petruno, "Tribune, Google trade blame in United Airlines stock fiasco," Los Angeles Times, September 9, 2008.

68. Amy Fry, "Information is Power - Even When it's Wrong," ACRLog, blog, September 11, 2008, http://acrlog.org.

69. John Letzing, "Tribune blames Google for damaging news story," Marketwatch.com, September 10, 2008.

70. Cass Sunstein, Going to extremes : how like minds unite and divide (Oxford: Oxford University Press, 2009).

71. 아주 오랜 기간 동안 나는 구글 복음 전도사였다. 지난 1999년, 2000년에 나는 절친한 친구들과 가족들을 포함해서 한 100여 명이 넘는 사람들에게 웹상에서 무언가를 찾는 가장 최적의 방법은 구글이라고 말하고 다녔다. 1999년 초 구글을 처음 접했을 때, 나는 미들타운 코네티컷(Middletown Connecticut)의 웨슬리안 대학(Wesleyan University)에서 역사를 가르치고 있었다. 당시 나는 내 첫 번째 책이 된 학술 논문을 간신히 마무리하고 있었다. 왜냐하면 대부분의 연구 자료는 마이크로필름 형태로 이용 가능했고, 검색 엔진이 그 때까지는 내 전문적 삶의 통합된 일부가 되지 않았기 때문이었다. 나는 전자 보관소라든가, 지식의 전 세계적 전파 등과 같은 이야기들은 알고는 있었지만, 그런 부분을 심각하게 생각하지 않았다. 나는 책을 써야하고 팔아야 했다. 나에게 웹은 자신을 홍보하기 위한 플랫폼일 뿐이었다. 그리고 야후처럼 당시 존재했던 검색 엔진은 그런 노력들에 별

도움이 되지 않았다.

1995년부터 나는 웹 검색을 위해 야후와 알타비스타를 사용하기 시작했다. 빠른 웹 검색 서비스 노던 라이트(Northern Light)도 이용했다. 수익이 떨어지기 전까지 이 검색 서비스는 기업 고객들에 특화된 포털이었다(현재까지도 그렇다). 내가 처음 구글을 알게 된 것은 UCLA에서 정보학 교수로 있던 필 아그레(Phil Agre)가 작성하고 편집한 레드 록 이스터(Red Rock Easter)라는 뉴스레터의 이메일 주소를 통해서였다. 1990년대 후반의 다른 수많은 웹 괴짜들처럼 나 역시 아그레의 뉴스레터를 어김없이 구독하고 있었다. 그가 구글을 좋아한다면 나도 그럴 가능성이 높았다.

당시 웹상의 모든 것과 달리 구글은 복잡하지 않았다. 단순했고 빨랐으며, 효율적이었다. 구글이 실질적으로 사람들을 위해 웹을 여과하고 관리하는 문제를 해결하기 전, 사람들은 자신들이 좋아하는 다른 페이지들에 링크를 제공할 만큼 자신이 신뢰하는 페이지들에 의존했다. 하지만 구글은 모든 링크와 클릭을 모아서 순위를 매기고 링크를 거는 환경으로 만들어버렸다. 이는 정말 대단했다. 당시 나는 처음으로 구글을 몇 시간 동안 사용해본 후, 구글이 웹을 지배하는 조직이 됐을 때의 영향을 곰곰이 생각하기 시작했다. 이런 생각이 얼마나 빨리 강박관념으로 커갈지에 대해서는 전혀 생각지도 못했다.

이 책을 쓰는 동안에도 나는 내 블로그(Googlization of Everything)를 이용해 웹 사용자들로부터 피드백과 의견을 구했다. 2008년 7월, 나는 간단한 질문을 올렸다. "당신은 구글을 처음 사용했을 때를 기억하나요? 그게 언제였나요? 구글에 대해서는 어떻게 알게 됐나요? 첫 인상은 어땠나요?' 이에 대한 응답은 엄청났다. 216명의 사람들이 그들의 이야기를 내 블로그에 올렸고, 36명은 이 질문이 세계적으로 유명한 블로그인 보잉보잉(BoingBoing)에 링크된 후 이 블로그에 의견을 올렸다.

웹사이트 개발자이자 비평가인 왈도 재퀴스(Waldo Jaquith)의 글을 한번 보자.

"1998년에 검색 엔진이 얼마나 형편없었는지 말하기는 힘들다. 알타비스타와 핫봇은 전혀 나아지지 않았고, 제대로 말해주는 게 거의 없었다. 검색 결과는 기본적으로 아무렇게나 막 분류됐다. 검색 엔진의 선택은 무엇보다 신념에 기초했다. 그 때 구글이 나타났다."

작가 클레이 셔키(Clay Shirky)는 다음과 같이 말했다.

"90년대 후반, 나는 맨해튼에서 인터넷 쇼핑 회사 CTO로 재직 중이었다. 우리는 새로운 고객들을 만날 때마다 내비게이션 홈페이지에 어떻게 링크를 걸어야 좋을지 같은 '내비게이션 바 문제'를 놓고 많은 시간을 보냈다. 우리는 야후 첫 페이지의 분류 체계에 대해 많은 연구를 했다. 야후의 첫 페이지는 14개의 카테고리로 나눠져 있었다. 그리고 나서 구글을 보게 됐는데, 여기는 아예 분류 체계가 없었다. 오로지 검색창만 있었다. 나는 당시 많은 사람들이 그랬듯 즉각 구글로 바꿨고, 2000년까지는 그게 얼마나 큰 거래였는지 깨닫지 못했다. 당시 나는 팀 오릴리(Tim O'Reilly)가 주최한 저녁 식사 자리에서 20여 명과 함께 전혀 다른 주제의 대화를 나눴다. 당시 저녁 식사에서 팀은 "지금 현안과는 별로 관계가 없는 걸 알지만, 호기심에 한번 물어보겠다. 여기 모인 분들 중 얼마나 많은 분이 구글을 사용하는가?' 라고 말했다. 모든 사람들의 손이 올라갔다."

도서관 컨설턴트 카렌 코일(Karen Coyle)은 다음과 같이 답했다.

"한번은 구글 창업주의 동생과 채팅을 할 기회가 있었다. 그는 자기 형이 새로운 검색 엔진을 연구하고 있는데, 아마 지금까지의 검색 엔진보다 훨씬 더 좋을 것이라고 말했다. 나는 전문(全文) 검색의 현실로 놓고 봤을 때 이 검색 엔진도 여전히 제한이 있을 수밖에 없을 것이라고 주장했다. 구글이 처음 상용화됐을 때 얼핏 보고는 별로 감명을 받지 않았다. 그냥 좀 더 많이 키워드 검색을 했을 뿐이었다. 요즘에도 끊임없이 구글을 사용하긴 하지만, 구글이 명사나 고유명사(사람, 회사, 그리고 이름이 있는 것들)는 잘 검색하는 반면 어떤 개념에 대해서는 제대로 작동하지 않는다는 것을 잘 알고 있다. 나는 구글이 인터넷을 위한 거대한 전화번호부일지는 몰라도, 지식을 잘 분류한다고 생각하지는 않는다."

내 질문에 답한 수많은 사람들은 정보 또는 웹 전문가들이었다. 그들은 분명 처음부터 구글을 사용하면서 구글의 가치를 이해하고 있었다. 그리고 그들의 절친한 친구들이나 가족들에게 재빨리 입소문을 냈다. 그로부터 구글이 전 세계를 아우를 정도로 성장하는 데 채 5년이 걸리지 않았다. 많은 것을 손쉽게 찾을 수 있다는 점에서 사람들은 열광했고, 구글에 질문을 하기 위해 멈추지 않았다. 광신자가 된 것이다.

3장

1. Lev Grossman, "Time's Person of the Year: You," Time, December 13, 2006.

2. Robert L. Mitchell, "What Google knows about you," Computer World, May 11, 2009.

3. Michael Zimmer, "Privacy on Planet Google: Using the Theory of Contextual Integrity to Clarify the Privacy Threats of Google's Quest for the Perfect Search Engine," Journal of Business and Technology Law 3 (2008): 109.

4. "Privacy Policy: Google Privacy Center," Google.com, www.google.com/privacypolicy.html. 2009년 3월 11일 검색.

5. Paul Ohm, "Broken Promises of Privacy: Responding to the Surprising Failure of Anonymization," SSRN eLibrary August 13, 2009, http://papers.ssrn.com.

6. "Privacy Policy," Google.com, March 11, 2009.

7. Arshad Mohammed, "Google Refuses Demand for Search Information," Washington Post, January 20, 2006.

8. Charlie Rose Show, 2009, http://video.google.com 에서 시청 가능.

9. Richard Thaler and Cass Sunstein, Nudge : improving decisions about health, wealth, and happiness (New Haven, CT: Yale University Press, 2008), 109.

10. 동일 문서., 3.

11. Google Search Privacy: Plain and Simple, 2007, www.youtube.com.

12. Louise Story and Brad Stone, "Facebook Retreats on On-line Tracking," New York Times, November 30, 2007.

13. Warren St. John, "When Information Becomes T.M.I.," New York Times, September 10, 2006.

14. Jenna Wortham, "Facebook Glitch Brings New Privacy Worries," New York Times, May 5, 2010; Laura M. Holson, "Tell-All Generation Learns to Keep Things Offline," New York Times, May 8, 2010.

15. Emily Nussbaum, "Say Everything: Kids, the Internet, and the End of Privacy: The Greatest Generation

Gap Since Rock and Roll," New York, February 12, 2007. 16 dana boyd and Eszter Hargittai, "Facebook Privacy Settings : Who Cares?" First Monday 15, no. 8 (2010), www.uic.edu/htbin/cgiwrap /bin/ojs/index.php/fm/article/view/3086/2589.

16. Helen Nissenbaum, Privacy in context : technology, policy, and the integrity of social life (Stanford CA: Stanford Law Books, 2010).

17. Michael Zimmer, "The quest for the perfect search engine values, technical design, and the flow of personal information in spheres of mobility," PhD diss., New York University, 2007.

18. 나는 사생활보호 인터페이스 개념을, 온라인 환경에서의 사생활보호와 윤리에 관한 최고의 철학자 헬렌 니센바움(Helen Nissenbaum)의 저서에 근거하고 있다. 이 주제와 관련해 가장 영향력이 있는 "Privacy as Contextual Integrity," Washington law review. 79, no. 1 (2004): 101-39 참조. 또 니센바움의 Privacy in Context: Technology, Policy, and the Integrity of Social Life (Stanford, CA: Stanford Law Books, 2010)도 참조.

19. Helen Nissenbaum, "Protecting Privacy in an Information Age: The Problem of Privacy in Public," Law and philosophy. 17, no. 5 (1998): 559-96

20. Daniel Solove, The future of reputation : gossip, rumor, and privacy on the Internet (New Haven, CT: Yale University Press, 2007). 솔로브의 초기 저서 《The Digital Person: Technology and Privacy in the Information Age》는 온라인 데이터 수집과 분석에서의 위험성을 설명할 수 있는 기준을 정했다. 이 저서에서 솔로브는 '개인 대 회사', 그리고 '개인 대 정부' 간 인터페이스에 '디지털 서류'가 통용되는 상황을 둘러보게 하고, 남용 가능성의 윤곽을 잡는다. 《The Digital Person》은 9·11테러 이후 오랜만에 미국 정부의 악명높은 통합정보인식(Total Information Awareness) 프로그램과 사람들의 행동을 프로필화 하려는 다른 노력들을 고려하도록 출간됐기 때문에 중요하다. 이 책은 거대한 데이터의 수집과 사생활 감시에 사회적·미디어적 이론을 적용한 이전의 역작인 오스카 갠디의 《The Panoptic Sort》를 보강했다. 하지만 2004년은 정부 감시라는 문제에서는 너무 일렀다. 솔로브는 2005년에 미 국가안보국(NSA)이 주요 통신사들의 협조를 얻어 불법 도청 프로그램을 통해 미국인들의 전화 통화를 감시했다는 폭로까지 예측할 수는 없었다.

21. James Rule, Privacy in peril (Oxford: Oxford University Press, 2007).

22. James Rule, Private lives and public surveillance social control in the computer age (New York: Schocken Books, 1974).

23. 동일 문서.

24. 2008년 5월, 구글은 차들이 통행하는 데 방해를 줄 만한 길이나 골목길에서는 특별히 제작된 삼륜차를 배치해 스트리트뷰를 확장하겠다고 발표했다. 삼륜차 실험은 이탈리아에서 시작돼 유럽 전 지역으로 확대됐다. See Google, "Trike with a view," Press Centre, May 18, 2009, www.google.co.uk/intl/en/press/pressrel/20090518_street_view_trike.html.

25. Elinor Mills, "Are Google's moves creeping you out?," CNet News, June 12, 2007.

26. Siva Vaidhyanathan, "Ever use Google Street View for something important?" Googlizationof everything, blog March 29, 2009, www.googlizationofeverything.com.

27. 동일 블로그.

28. Cory Doctorow, Little brother (New York: Tor Teen, 2008).

29. Cory Doctorow, quoted in Vaidhyanathan, "Ever use Google Street View?"

30. Jemima Kiss, "Google wins Street View privacy case," Guardian, February 19, 2009.

31. "Google eyes Canada rollout of discreet Street View," Reuters, September 24, 2007, http://uk.reuters.com; "Google's Street View blurred by Canadian privacy concerns," CanWest News Service, www.canada.com.

32. Tamsyn Burgmann, "Google to blur faces in Canadian Street View," Star (Toronto), April 5, 2009. 온타리오 의회의 보수파 의원인 피에르 폴리베르(Pierre Poilievre)는 스트리트뷰에 대한 입장을 번복했다. 처음에 그는 이 서비스의 타당성과 효율성에 의문을 던졌다. 1주일이 채 되지 않아, 그는 한 기고문에서 스트리트뷰를 옹호하면서 캐나다 법률이 이 서비스를 방해하고 있다며 불만의 목소리를 냈다. Michael Geist, "Poilievre Changes His Tune on Privacy and Google Street View," Michael Geist, April 2, 2009, www.michaelgeist.ca/content/view/3797/125/. Vito Pilieci, "MP wants Google boss to explain street cameras," Ottawa Citizen, March 30, 2009; Pierre Poilievre, "Pierre : Updating the law to deal with Google," National Post, April 2, 2009.

33. Kevin J. O'Brien, "Google Threatened With Sanctions Over Photo Mapping Service in Germany," New York Times, May 20, 2009.

34. "Hamburg threatens Google Street View ban," Local: Germany's News in English, May 18, 2009, www.thelocal.de.

35. Kevin J. O'Brien, "New Questions Over Google's Street View in Germany," New York Times, April 29, 2010.

36. Mike Harvey, "Greece bans Google Street View," TimesOnline, May 13, 2009, http://technology.timesonline.co.uk.

37. "Japanese group asks Google to stop map service," Reuters, December 19, 2008.

38. James, "More sensational news from Japan about the dangers of Google Street View," Japan Probe, January 11, 2009.

39. Chris Salzberg and Higuchi Osamu, "Japan: Letter to Google about Street View," Global Voices Online, August 8, 2008, http://globalvoicesonline.org.

40. Stephen Kamizura, "Google Forced to Retake All Street View Images in Japan," DailyTech, May 18, 2009, www.dailytech.com; "Google to reshoot street views of Japanese cities," Japan Today, May 14, 2009, www.japantoday.com.

41. Jo Adetunji, "Google hit by privacy protests over its tour of British cities," Guardian, March 21, 2009.

42. Alex Chitu, "Google's Market Share in Your Country," Google Operating System: Unofficial News and Tips about Google, May 13, 2009, http://googlesystem.blogspot.com.

43. Jane Merrick, "Google Street View forced to remove images," Independent, March 22, 2009.

44. 동일 문서.; Urmee Khan, "Google removes picture of naked child from Street View," Daily

Telegraph, March 22, 2009; "Public urged to report Google Street view fears," Independent, March 21, 2009.

45. Andy Dolan and Eddie Wrenn, "Watch out Broughton! Street View fans plan to descend on 'privacy' village for photo fest," Daily Mail, April 4, 2009.

46. Khan, "Google removes picture."

47. Paul Harris, "Watchdog calls for tighter Google privacy controls," Guardian, April 20, 2010

48. Peter Barron, personal communication, April 21, 2009.

49. Jeffrey Rosen, The naked crowd: reclaiming security and freedom in an anxious age (New York: Random House, 2004); B. Yesil, "Watching Ourselves," Cultural Studies 20, no. 4 (2006): 400-416.

50. "Britain is 'surveillance society'," BBC News, November 2, 2006, http://news.bbc.co.uk

51. "Report says CCTV is overrated," Guardian, June 28, 2002; Alan Travis, "Police and CCTV: pictures too poor, cameras in wrong place," Guardian, October 20, 2007.

52. "Britain is 'surveillance society'."

53. Sarah Lyall, "Britons Weary of Surveillance in Minor Cases," New York Times, October 25, 2009.

54. Eric Schmidt, presentation at Princeton Colloquium on Public and International Affairs, 2009, 동영상은 www.youtube.com 에서 가능.

55. Amartya Sen, Development as freedom (Oxford: Oxford University Press, 2001); Amartya Sen, Identity and violence : the illustion of destiny (New York: W. W. Norton, 2007).

56. Herbert Schiller, Communication and cultural domination (White Plains N.Y.: M.E. Sharpe, 1976). John Tomlinson, Cultural imperialism : a critical introduction (Baltimore MD: Johns Hopkins University Press, 1991).

57. Steven Feld, "A Sweet Lullaby for World Music," Public Culture 12, no. 1 (January 1, 2000): 145-71.

58. David Rothkopf, "Praise of Cultural Imperialism," Foreign Policy, no. 107 (1997): 38-53.

59. Tyler Cowen, Creative destruction (Princeton, NJ: Princeton University Press, 2002).

60. Siva Vaidhyanathan, "Remote Control: The Rise of Electronic Cultural Policy," Annals of the American Academy of Political and Social Science 597 (January 2005): 122-133; Siva Vaidhyanathan, The anarchist in the library : how the clash between freedom and control is hacking the real world and crashing the system (New York: Basic Books, 2004).

61. Edward Herman and Robert McChesney, The global media : the new missionaries of corporate capitalism (London: Continuum, 2001).

62. John Thompson, Ideology and modern culture : critical social theory in the era of mass communication (Stanford, CA: Stanford University Press, 1990).

63. Peter Barron, personal communication, April 21, 2009

64. Michel Foucault, Discipline and punish : the birth of the prison (New York: Pantheon Books, 1977).

65. Oscar H. Gandy, The Panoptic Sort: A Political Economy of Personal Information (Boulder, CO: Westview Press, 1993); David Lyon, Theorizing surveillance : the panopticon and beyond

(Cullompton, U.K.: Willan Publishing, 2006); Satu Repo and Canadian Centre for Policy Alternatives. Teacher surveillance the new panopticon (Ottawa: Canadian Centre for Policy Alternatives, 2005); Mark Andrejevic, iSpy : surveillance and power in the interactive era (Lawrence Kan.: University Press of Kansas, 2007). 팬옵티콘 모델 말고 감시에 관해 연구하는 새로운 접근 방식을 알아보려면 Kevin Haggerty, "Tear down the walls: on demolishing the panopticon," in Lyon, Theorizing Surveillance 참조.

66. B. Brower, review of Sonia Combe, Une societe sous surveillance: Les intellectuels et la Stasi, in Totalitarian Movements and Political Religions 2 (2001): 88-92; Gary Bruce, "The Prelude to Nationwide Surveillance in East Germany: Stasi Operations and Threat Perceptions, 1945-1953," Journal of Cold War Studies 5, no. 2 (May 1, 2003): 3-31; Sonia Combe, Une société sous surveillance : les intellectuels et la Stasi (Paris: Albin Michel, 1999).

67. Chris Anderson, The long tail : why the future of business is selling less of more (New York: Hyperion, 2006).

68. Eric Lichtblau, Bush's law : the remaking of American justice (New York: Pantheon Books, 2008).

4장

1. Amit Agarwal, "French Town Changing Name to Improve Ranks in Google," Digital Inspiration, February 25, 2009, www.labnol.org; Mark Milian, "French town Eu considers changing name for Web search visibility," Los Angeles Times, February 25, 2009.

2. Rachel Donadio, "Larger Threat Is Seen in Google Case," New York Times, February 25, 2010; Jessica Guynn, "Google facing challenges to its bold ambitions in Europe," Los Angeles Times, February 25, 2010.

3. Nazila Fathi, "Iran Disrupts Internet Service Ahead of Protests," New York Times, February 11, 2010.

4. Farhad Manjoo, "How the Internet helps Iran silence activists," Slate, June 25, 2009; Miguel Helft and John Markoff, "Google, Citing Cyber Attack, Threatens to Exit China," New York Times, January 13, 2010.

5. John Ribeiro, "Google Placates India, China With Different Map Versions," PC World, October 23, 2009.

6. Miguel Helft and David Barboza, "Google Shuts China Site in Dispute Over Censorship," New York Times, March 22, 2010.

7. Miguel Helft and David Barboza, "Google's Plan to Turn Its Back on China Has Risks," New York Times, March 23, 2010; John Markoff, "Cyberattack on Google Said to Hit Password System," New York Times, April 19, 2010; John Markoff and Ashlee Vance, "Software Firms Fear Hackers Who Leave No Trace," New York Times, January 20, 2010.

8. Dana Wolfe, "Does Google Violate Its 'Don't Be Evil' Motto?" Intelligence Squared, National Public Radio, November 26, 2008, www.npr.org.

9. Esther Dyson, "Does Google Violate Its 'Don't Be Evil' Motto?"

10. Andrew Shapiro, The control revolution: how the Internet is putting individuals in charge and changing the world we know (New York: PublicAffairs, 1999), 6-7. Gladys Ganley, Unglued empire : the Soviet experience with communications technologies (Norwood, NJ: Ablex, 1996).

11. Richard Oliver, What is transparency? (New York: McGraw-Hill, 2004), 27.

12. Marshall McLuhan, The Gutenberg galaxy: the making of typographic man. (Toronto: University of Toronto Press, 1962); Marshall McLuhan, Understanding media : the extensions of man (New York: Routledge, 2008); Elizabeth Eisenstein, The printing press as an agent of change : communications and cultural transformations in early modern Europe (Cambridge: Cambridge University Press, 1979); Elizabeth L. Eisenstein, "An Unacknowledge Revolution Revisited," American Historical Review 107, no. 1 (February 2002): 87-105; Bernard Bailyn, The ideological origins of the American Revolution, Enlarged ed. (Cambridge, MA: Belknap Press of Harvard University Press, 1992).

13. Gordon Wood, The radicalism of the American Revolution (New York: Knopf, 1992); Adrian Johns, "How to Acknowledge a Revolution," American historical review 107 no. 1 (February 2002): 106-25; Adrian Johns, The nature of the book : print and knowledge in the making (Chicago: University of Chicago Press, 1998).

14. Tony Judt, Postwar : a history of Europe since 1945 (New York: Penguin, 2005), 585-605.

15. 동일 문서., 168-29, Brian Hanrahan, "How Tiananmen shook Europe," BBC News, June 5, 2009, http://news.bbc.co.uk.도 참조.

16. Siva Vaidhyanathan, "Introduction: Rewiring the 'Nation' : The Place of Technology in American Studies," American Quarterly 58, no. 3 (September 2006): 555-67; Siva Vaidhyanathan, The anarchist in the library : how the clash between freedom and control is hacking the real world and crashing the system (New York: Basic Books, 2004).

17. Robert Darnton, "Censorship, a Comparative View: France, 1789?East Germany, 1989," Representations 49 (Winter 1995): 40. Robert Darnton, The Library Underground of the Old Regime (Cambridge, MA: Harvard University Press, 1982); Robert Darnton, The Forbidden Best-Sellers of Pre-revolutonary France (New York: W.W. Norton, 1995); Vaidhyanathan, The anarchist in the library.

18. Jim Yardley, "Chinese Nationalism Fuels Tibet Crackdown," New York Times, March 31, 2008; Edward Wong, "China Admits Building Flaws in Quake," New York Times, September 5, 2008; Austin Ramzy, "Failed Government Policies Sparked Tibet Riots," Time, May 26, 2009.

19. "Dissent in China: A stab at reform," Economist, June 4, 2009; John Pomfret, "After Tiananmen, How Did the Communists Stay in Power?," Washington Post, June 7, 2009; Susan Shirk, China : fragile superpower (Oxford: Oxford University Press, 2007); David Shambaugh, China's Communist Party : atrophy & adaptation (Berkeley: University of California Press, 2009).

20. "Global Internet Freedom Consortium," 2008, www.internetfreedom.org/Background. 2010년 8월 13일 검색.

21. Ben Einhorn and Bruce Elgin, "The Great Firewall of China," BusinessWeek, January 12, 2006;

Howard W. French, "Great Firewall of China Faces Online Rebels," New York Times, February 4, 2008.

22. Aldous Huxley, Brave new world (London: Chatto & Windus, 1932); George Orwell, Nineteen eighty-four (Boston: Houghton Mifflin Harcourt, 2008); Neil Postman, Amusing ourselves to death : public discourse in the age of show business (New York: Penguin, 2006).

23. Kristen Farrell, "Big Mamas are Watching: China's Censorship of the Internet and the Strain on Freedom of Expression," Michigan State Journal of International Law 15 (2007): 577; Rebecca MacKinnon, "Asia's Fight for Web Rights," Far Eastern Economic Review 171, no. 3 (2008): 49; Shaojung Sharon Wang and Junhao Hong, "Discourse behind the Forbidden Realm: Internet surveillance and its implications on China's blogosphere," Telematics and Informatics 27, no. 1 (February 2010): 67-78; K. O'Hara, "Let a Hundred Flowers Bloom, a Hundred Schools of Thought Contend': Web Engineering in the Chinese Context," in China's Information and Communications Technology Revolution: Social changes and state responses, ECS E-Prints Repository, 2009, http://eprints.ecs.soton.ac.uk/17189/.

24. J. Zittrain and B. Edelman, "Internet filtering in China," IEEE Internet Computing 7, no. 2 (2003): 70-77; Joel Schectman, "Countering China's Internet Censors," BusinessWeek, June 3, 2009; Abigail Cutler, "Penetrating the Great Firewall: Interview with James Fallows," Atlantic, February 19, 2008; James Fallows, "The Connection Has Been Reset'," Atlantic, March 2008; Rebecca MacKinnon, "Flatter world and thicker walls? Blogs, censorship and civic discourse in China," Public Choice 134, no. 1 (January 1, 2008): 31-46; "The party, the people and the power of cyber-talk," Economist, April 29, 2006, 27-30.

25. "Global Internet Freedom Consortium."

26. Fallows, "The Connection Has Been Reset'."

27. "The party, the people and the power of cyber-talk."

28. William A. Cohn, "Yahoo's China Defense: How Western Companies are Helping China to Filter Democracy," New Presence 10, no. 2 (2007): 30-33.

29. Neil Haddow and G. Elijah Dann, "Just doing business or doing just business: Google, Microsoft, Yahoo! and the business of censoring China's Internet," Journal of Business Ethics 79, no. 3 (2008): 219-34.

30. William Thatcher Dowell, "Internet, Censorship, and China, The," Georgetown Journal of International Affairs 7 (Summer/Fall 2006): 111; Amnesty International, Undermining Freedom of Expression in China: The Role of Yahoo!, Microsoft, and Google (London: Amnesty International UK, July 2006).

31. 엘리엇 슈라지(Elliot Schrage)가 아시아 태평양 소위원회, 아프리카 소위원회, 국제 인권 단체, 그리고 국제 관계 국제 운영 위원회, 미 하원 앞에서 한 증언에서. February 15, 2006, Official Google Blog, http://googleblog.blogspot.com/2006/02/testimony-internet-in-china.html

32. Joel Schectman, "Countering China's Internet Censors," BusinessWeek, June 3, 2009.

33. Amnesty International, Undermining Freedom of Expression in China; Justine Nolan, The China Dilemma: Internet Censorship and Corporate Responsibility, University of New South Wales Faculty of Law Research Series (2008): 57; J. S. O'Rourke IV, B. Harris, and A. Ogilvy, "Google in China: government censorship and corporate reputation," Journal of Business Strategy 28, no. 3 (2007): 12-22.

34. Matt Looney and Evan Hansen, "Google pulls anti-Scientology links," CNET News, March 21, 2002, http://news.cnet.com.

35. Schrage, Testimony of Google Inc.; Steven Levy, "Google and the China Syndrome," Newsweek, February 13, 2006, 14; "Here be dragons," Economist, January 28, 2006, 59-60.

36. Nolan, The China Dilemma, 57.

37. 동일 문서.

38. Iris Hong, "Google boosts China revenues but falls back in share of searches," Telecomasia.net, June 8, 2009, www.telecomasia.net.

39. "Google Q1 China Market Share Falls to 20.9 Pct," Caijing.com.cn, June 8, 2009, http://english.caijing.com.cn.

40. Reuters, "Google Exit Appears to Benefit Top China Rival, Baidu," New York Times, April 29, 2010.

41. Mao Lijun, "Baidu in dock over alleged blacklisting," China Daily, June 6, 2009; "Google China to push music tracks," BBC News, March 30, 2009, http://news.bbc.co.uk; Bruce Einhorn, "Google Hits and Chinese Wall," BusinessWeek, September 10, 2007, 43; Normandy Madden, "Google is clearly king of search-except in China," Advertising Age, January 22, 2007): 18.

42. MacKinnon, "Flatter world and thicker walls?"

43. Vaidhyanathan, The anarchist in the library; Andrew Feenberg, "From Essentialism to Constructivism: Philosophy of Technology at the Crossroads," www-rohan.sdsu.edu/faculty/feenberg/talk4.html. 2010년 8월 12일 접속; Andrew Feenberg and Alastair Hannay, Technology and the politics of knowledge (Bloomington: Indiana University Press, 1995).

44. Rebecca MacKinnon, "The Green Dam Phenomenon: Governments everywhere are treading on Web freedoms," Wall Street Jounal Asia, June 18, 2009.

45. Siva Vaidhyanathan, "Copyright as cudgel," Chronicle of Higher Education, August 2, 2002; M. Lesk, "Copyright enforcement or censorship: new uses for the DMCA?" IEEE Security and Privacy 1, no. 2 (2003): 67-69.

46. Jürgen Habermas, Between facts and norms : contributions to a discourse theory of law and democracy (Cambridge MA: MIT Press, 1996); Jürgen Habermas, The theory of communicative action (Boston: Beacon Press, 1984); Craig Calhoun, Habermas and the public sphere (Cambridge, MA: MIT Press, 1992); Bent Flyvbjerg, "Habermas and Foucault: Thinkers for Civil Society?" British Journal of Sociology 49, no. 2 (June 1998): 210-33; J?rgen Habermas, "Further Reflections on the Public Sphere," in Calhoon, Habermas and the public sphere, 421-57; John Thompson, Habermas: critical

debates (Cambridge, MA: MIT Press, 1982).

47. John Keane, Global Civil Society? (Cambridge: Cambridge University Press, 2003), 9.

48. 넓은 의미에서 시민 사회는 소니 유니버설이나 엑슨 모빌, 또는 구글 같은 상업적 회사들도 포함된다. 사람들을 납치하거나, 범죄 조직을 형성하는 알카에다 같은 극악무도한 집단들도 포함될 수 있다. 킨은 글로벌 시민사회에 상업적 회사들도 포함시키지만, 나는 이들을 포함시키면 보상을 바라지 않는 비상업적 단체들에 대한 분석을 약화시킨다고 생각한다. 처음에 각각의 행위 집단들을 분리해서 고려해야 나중에 한 집단이 다른 집단에 미치는 영향을 분석할 수 있다. John Keane, Global civil society? (Cambridge: Cambridge University Press, 2003), 20. 참조. Anthony Appiah, Cosmopolitanism : ethics in a world of strangers. (New York: W.W. Norton, 2006); Gillian Brock and Harry Brighouse, The political philosophy of cosmopolitanism (Cambridge: Cambridge University Press, 2005); Martha Nussbaum, The clash within : democracy, religious violence, and India's future (Cambridge, MA: Belknap Press of Harvard University Press, 2007)

49. Jürgen Habermas, "The Public Sphere: An Encyclopedia Article," in Media and cultural studies : keyworks, ed. Meenakshi Durham and Douglas Kellner (Malden, MA: Blackwell Publishers, 2001), 102-7.

50. Jürgen Habermas, The structural transformation of the public sphere : an inquiry into a category of bourgeois society (Cambridge, MA: MIT Press, 1989).

51. 동일 문서. 나는 '혁명(revolution)'이라는 단어를 신중하게 사용한다. 인터넷의 영향을 멀쩡한 정신에 균형 잡힌 시각으로 평가하기에는 너무 이르다. 인터넷이 문화, 사회, 정치, 그리고 경제에 미치는 영향을 토론하기에는 아직 과장이나 두려움이 지배하고 있다. 게다가 인터넷에 대한 과장은 학자들을 혼란스럽게 하면서 다른 혁명을 이끌지 못하게 할 수도 있다. 나는 카세트테이프 등의 보급이 인터넷이 지금까지 전 세계 곳곳의 일상생활에 미친 영향보다 훨씬 더 큰 영향을 미쳤다고 믿는다. Peter Lamarche Manuel, Cassette Culture : Popular Music and Technology in North India (Chicago: University of Chicago Press, 1993).

52. Habermas, Between Facts and Norms. 이 책은 하버마스가 1970년대 의사소통 능력에 관한 연구를 위해 '언어로 전환'하기 전인 1960년대 시작했던 연구들을 확장하고 개정한 것이다. Habermas, The Theory of Communicative Action 참조; Douglas Kellner, "Habermas, the Public Sphere, and Democracy: A Critical Intervention" www.gseis.ucla.edu/faculty/kellner/papers/habermas.htm. 2010년 3월 27일 검색도 참조. 하버마스와 공론장 이론에 대한 비판적 관점을 보려면, Calhoun, Habermas and the Public Sphere, Studies in Contemporary German Social Thought; Bruce Robbins and Social Text Collective, The Phantom Public Sphere (Minneapolis: University of Minnesota Press, 1993).

53. Yochai Benkler, The wealth of networks : how social production transforms markets and freedom (New Haven, CT: Yale University Press, 2006), 212-61.

54. Marshall McLuhan, The global village : transformations in world life and media in the 21st century (New York: Oxford University Press, 1989). 마크 포스터(Mark Poster)와 조디 딘(Jodi Dean) 같은 몇

몇 미디어 이론가들은 프린트물이 중심이 된 과거의 현상과 글로벌 사이버 세상에서의 문화적 · 정치적 움직임을 서로 연계하려는 노력에 비판적이다. 요차이 벵클러나 하워드 라인골드(Howard Rheingold) 같은 사람들은 '동료 제작(peer production)' 관행이나 효율적인 조직 관행을 하버마스의 꿈이 디지털적이며 민주적인 문화로 실현될 수 있는 징후로 본다. Mark Poster, "The Net as a Public Sphere?," Wired, November 1995; Howard Rheingold, The Virtual Community : Homesteading on the Electronic Frontier (Cambridge, MA: MIT Press, 2000); Howard Rheingold, Smart Mobs : The Next Social Revolution (Cambridge, MA: Perseus Publishing, 2002); Craig J. Calhoun, "Information Technology and the International Public Sphere," in Digital Directions, ed. D. Schuler (Cambridge, MA: MIT Press), 229-51; Jodi Dean, "Cybersalons and Civil Society: Rethinking the Public Sphere in Transnational Technoculture," Public Culture 13, no. 2 (2001): 243-65; Manuel Castells, ed., The Rise of the Network Society, 2nd ed. (Oxford: Blackwell Publishers, 2000). 법학교수 마이클 프룸킨 (Michael froomkin)은 하버마스 정신을 가장 잘 구현한 것은 바로 '프로토콜 자체에 개방된 세대라는 점이라고 주장' 한 것이라고 말했다. A. Michael Froomkin, "Habermas@Discourse. Net: Toward a Critical Theory of Cyberspace," Harvard Law Review 116, no. 3 (January 2003): 749-873.

55. Benedict Anderson, Imagined Communities : Reflections on the Origin and Spread of Nationalism, rev. ed. (London: Verso, 1991); Lincoln Dahlberg, "Rethinking the fragmentation of the cyberpublic: from consensus to contestation," New Media Society 9, no. 5 (October 1, 2007): 827-47.

56. Nate Anderson, "How wide is the world's digital divide, anyway?," Ars Technica, July 1, 2009.

57. Eszter Hargittai, "The Digital Reproduction of Inequality," in Social Stratification, ed. David Grusky (Boulder, CO.: Westview Press, 2008); Eszter Hargittai and Amanda Hinnant, "Digital Inequality: Differences in Young Adults' Use of the Internet," Communication Research 35, no. 5 (October 1, 2008): 602-21; Neil Selwyn, "Reconsidering Political and Popular Understandings of the Digital Divide," New Media Society 6, no. 3 (June 1, 2004): 341-62.

58. Richard Rapaport, "Bangalore," Wired, February 1996.

59. Lawrence Liang, "The Other Information City" World-Information.org, March 2, 2005, http://world-information.org/wio/readme/992003309/1115043912.

60. 동일 문서.

61. 동일 문서.

62. "About the Brazilianization of India: An Interview with Ravi Sundaram," in Greek Lovink, Uncanny Networks: Dialogues with the Virtual Intelligentsia (Cambridge, MA: MIT Press, 2004), 125: Liang, "The Other Information City."

63. Ippolita Collective, The Dark Side of Google, Ippolita.net, 2007, http://ippolita.net/google.

64. Miguel Helft, "Amid Iran Turmoil, Google Adds Persian to Translation Service," New York Times Bits Blog, June 19, 2009, www.nytimes.com.

65. Madelyn Flammia and Carol Saunders, "Language as power on the Internet," Journal of the American Society for Information Science and Technology 58, no. 12 (2007): 1899-1903.

66. "Google's Market Share in Your Country," Google Operating System: Unofficial News and Tips about Google, http://quick-proxy.appspot.com/googlesystem.blogspot.com/2009/03/googles-market-share-in-your-country.html. 2010년 8월 21일 접속.

67. Judit Bar-Ilan and Tatyana Gutman, "How do search engines respond to some non-English queries?," Journal of Information Science 31, no. 1 (February 1, 2005): 13-28.

68. Liwen Vaughan and Yanjun Zhang, "Equal Representation by Search Engines? A Comparison of Websites across Countries and Domains," Journal of Computer-Mediated Communication 12, no. 3 (2007), http://jcmc.indiana.edu.

69. Wingyan Chung, "Web searching in a multilingual world," Communications of the ACM 51, no. 5 (2008): 32-40; Fotis Lazarinis et al., "Current research issues and trends in non-English Web searching," Information Retrieval 12, no. 3 (2009): 230-50.

70. "Google's Market Share in Your Country."

71. Choe Sang-Hun, "Crowd's wisdom helps South Korean search engine beat Google and Yahoo," New York Times, July 4, 2007.

72. "S. Korea may clash with Google over Internet regulation differences," Hankyoreh, April 17, 2009; Kim Tong-hyung, "Google Refuses to Bow to Gov't Pressure," Korea Times, April 9, 2009.

73. Marcus Alexander, "The Internet and Democratization: The Development of Russian Internet Policy," Demokratizatsiya 12, no. 4 (Fall 2004): 607-27; Ronald Deibert et al., Access denied : the practice and policy of global Internet filtering (Cambridge, MA: MIT Press, 2008).

74. Jennifer L. Schenker, "Yandex Is Russian for Search?and More," BusinessWeek, November 29, 2007; Jason Bush, "Where Google Isn't Goliath," BusinessWeek: Online Magazine, June 26, 2008; Alexander, "The Internet and Democratization"

75. "Google's Market Share in Your Country."

76. Ojas Sharma, "Where is India's Google?," SiliconIndia, May 22, 2009, www.siliconindia.com.

77. Adoni Alonso and Iñaki Arzoz, Basque Cyberculture: From Digital Euskadi to CyberEuskalherria (Reno: Center for Basque Studies, University of Nevada-Reno, 2003).

78. Rosemary J. Coombe, The Cultural Life of Intellectual Properties : Authorship, Appropriation, and the Law, Post-Contemporary Interventions (Durham, NC: Duke University Press, 1998); Rosemary J. Coombe and Andrew Herman Coombe, "Rhetorical Virtues: Property, Speech, and the Commons on the World Wide Web," Anthropological Quarterly 77, no. 3 (2004); Robyn Kamira, Indigenous Peoples: Inclusion in the World Summit for the Information Society (Geneva: World Summit on the Information Summit, 2002); Ian McDonald, "Unesco-Wipo World Forum on the Protection of Folklore: Some Reflections and Reactions," (Redfern, NSW: Australian Copyright Council, 1997).

79. Michael F. Brown, Who Owns Local Culture? (Cambridge, MA: Harvard University Press, 2003).

80. McDonald, "Unesco-Wipo World Forum."

81. Vaidhyanathan, The Anarchist in the Library; Shanthi Kalathil and Taylor C. Boas, Open Networks,

당신이 꼭 알아둬야 할 구글의 배신

Closed Regimes: The Impact of the Internet on Authoritarian Regimes (Washington, DC: Carnegie Endowment for International Peace, 2003).

82. Coombe and Coombe, "Rhetorical Virtues."

83. Seyla Benhabib, "The Liberal Imagination and the Four Dogmas of Multiculturalism," Yale Journal of Criticism 12, no. 2 (1999). 401.

84. Peter L. Bergen, Holy War, Inc. : Inside the Secret World of Osama Bin Laden (New York: Free Press, 2001).

5장

1. Stephen Gaukroger, Francis Bacon and the transformation of early-modern philosophy (Cambridge: Cambridge University Press, 2001).

2. Kevin Kelly, "Scan This Book!" New York Times Magazine, May 14, 2006, 42.

3. 동일 문서.

4. John Updike, "The End of Authorship," New York Times Book Review, June 25, 2006.

5. Neil Netanel, "Google Book Search Settlement," Balkinization, blog, October 28, 2008, http://balkin.blogspot.com. 참조. James Grimmelmann, "Author's Guild Settlement Insta-Blogging," The Laboratorium, blog, October 28, 2008, http://laboratorium.net 도 참조; Lawrence Lessig, "On the Google Book Search agreement," Lessig Blog, October 29, 2008, http://lessig.org/blog; Paul Courant, "The Google Settlement: From the Universal Library to the Universal Bookstore," Au Courant, blog, October 28, 2008, http://paulcourant.net; Open Content Alliance, "Let's Not Settle for this Settlement," Open Content Alliance (OCA), blog, November 5, 2008, www.opencontentalliance.org.

6. Pamela Samuelson, "Reflections on the Google Book Search Settlement," Kilgour Lecture, University of North Carolina, April 14, 2009), www.slideshare.net/naypinya/reflections-on-the-google-book-search-settlement-by-pamela-samuelson; Pamela Samuelson, "Legally Speaking: The Dead Souls of the Google Booksearch Settlement," O'Reilly Radar, April 17, 2009, http://radar.oreilly.com; Pamela Samuelson, "Google Book Settlement 1.0 Is History," Huffington Post, September 24, 2009, www.huffingtonpost.com.

7. Lessig, "On the Google Book Search agreement."

8. Lawrence Lessig on the Google Book Search Settlement - "Static goods, dynamic bads", August 2009, www.youtube.com에서 동영상 이용 가능. Lessig, "for the Love of Culture," New Republic, January 26, 2010도 참조.

9. Robert Darnton, "Google and the Future of Books," New York Review of Books, February 12, 2009.

10. Andrew Jacobs, "Google Apologizes to Chinese Authors," New York Times, January 12, 2010.

11. Andrew Albanese, "Deal or No Deal: What if the Google Settlement Fails?," Publishers Weekly, May 25, 2009; Tim Barton, "Saving Texts From Oblivion: Oxford U. Press on the Google Book Settlement," Chronicle of Higher Education, June 29, 2009; Ben Hallman, "Do Justice Department Objections Spell

Doom for Google's Online Book Deal?" AmLaw Litigation Daily, September 20, 2009; Miguel Helft, "In E-Books, It's an Army vs. Google," New York Times, October 7, 2009; Steve Lohr and Miguel Helft, "New Mood in Antitrust May Target Google," New York Times, May 18, 2009; Daniel Lyons, "They Might be a little Evil: Why Google Faces Antitrust Scrutiny," Newsweek, June 1, 2009; Randal C. Picker, "The Google Book Search Settlement: A New Orphan-Works Monopoly?" SSRN eLibrary, April 16, 2009, http://papers.ssrn.com; Randal C. Picker, "Assessing Competition Issues in the Amended Google Book Search Settlement," SSRN eLibrary, November 16, 2009, http://papers.ssrn.com; Samuelson, "Google Book Settlement 1.0 Is History."

12. Sergey Brin, "A Library to Last Forever," New York Times, October 9, 2009.

13. 동일 문서.

14. "UC Libraries Partner with Google to Digitize Books Press Releas," press release, University of California Office of the President, August 9, 2006, www.universityofcalifornia.edu/news/2006/aug09.html. Scott Carlson, "U. of California Will Provide Up to 3,000 Books a Day for Google to Scan," Chronicle of Higher Education, September 8, 2006도 참조; Scott Carlson and Jeffrey R. Young, "Google Will Digitize and Search Millions of Books from 5 Top Research Libraries," Chronicle of Higher Education, January. 7, 2005.

15. Michael Gorman & John P. Wilkin, "One College Librarian Worries About 'Atomizing' Books," Chronicle of Higher Education, June 3 2005.

16. Cooperative Agreement, University of Michigan. available at www.lib.umich.edu/mdp.um-google-cooperative-agreement.pdf. Elisabeth Hanratty, "Google Library: Beyond Fair Use?" Duke Law and Technology Review 10 (2005), www.law.duke.edu/journals/dltr.

17. "Google Checks Out Library Books," press releas, Google Inc., December 14, 2004, www.google.com/press/pressrel/print_library.html.

18. 구글의 도서관 프로젝트가 책 판매에 도움이 될 것이라는 주장을 좀 더 알아보려면, Cory Doctorow, "Why Publishing Should Send Fruit-Baskets to Google," post on BoingBoing, February 14, 2006, www.boingboing.net. 참조. 일반적인 구글 책 검색 서비스의 질이나 효과 등에 대한 질문이나 의문에 대해 알아보려면, Siva Vaidhyanathan, "The Great Unanswered Question: Can Google Do It Right?" www.nyu.edu/classes/siva/archives/002811.html (February 20, 2006).

19. Lexmark International, Inc. v. Static Control Components, Inc., 387 F.3d 522 (6th Cir. 2004); Chamberlain Group, Inc. v. Skylink Techs, Inc., 292 F. Supp. 2d 1040 (N.D. Ill. 2003).

20. Copyright Act, 17 U.S.C. § 106 (2006).

21. Robert P Merges, "Contracting into Liability Rules: Intellectual Property Rights and Collective Rights Organizations," California Law Review 84 (1996): 1293; Ariel Katz, "The Potential Demise of Aother Natural Monopoly: Rethinking the Collective Administration of Performing Rights," Journal of Competition Law and Economics 1, no. 3 (September 1, 2005): 541-93; Ariel Katz, "The Potential Demise of Another Natural Monopoly: New Technologies and the Administration of Performing

Rights," Journal of Competition Law and Economics 2, no. 2 (June 1, 2006): 245-84; Picker, "Assessing Competition Issues in the Amended Google Book Search Settlement" ; Samuelson, "Legally Speaking."

22. Picker, "The Google Book Search Settlement."

23. Ganesan Shankaranarayanan and Adir Evan, "The Metadata Enigma," Communication of the ACM 49, no. 88 (2006).

25. 이미 판명됐듯, 인터넷을 통해 수십억 개의 저작권이 있는 음악 파일을 유통했어도 상업적 음악 산업은 붕괴되지 않았다. 더 중요한 것은 비용을 내지 않고 저작권 파일을 주고받는 7천만 명 이상의 사용자 행태가 저작권의 근간을 흔들지 않았다는 점이다. 시스템은 계속 작동하고 있다. 작사가들은 계속 작사를 하고 있다. 제작자들은 여전히 제작을 하고 있다. 유통업자들은 계속 유통을 하고 있다. 변호사들은 계속 소송을 하고, 다운로드 받는 사람들은 계속 다운로드 받고 있다. 이 다운로드 공방에서 사람들은 세 가지 중요한 진실을 배웠다. 공유된 파일은 판매 손실이 아니고, 위기와 도덕적 공황 사이에는 중요한 차이가 있다. 그리고 문화는 제로섬 게임이 아니라는 점이다. Siva Vaidhyanathan, The Anarchist in the library: How the Clash between Freedom and Control Is Hacking the Real World and Crashing the System (New York: Basic Books, 2004), 43-50.

26. MGM Studios, Inc. v. Grokster Ltd., 380 F.3d 1154, 1158 (9th Cir. 2004).

27. Brief for Media Studies Professors as Amici Curiae Supporting Respondents at 4, 10, MGM Studios, Inc. v. Grokster Ltd., 380 F.3d 1154 (9th Cir. 2004) (No. 04-480).

28. 로렌스 레식은 구글 도서관 프로젝트에 관해 초기에 올린 글에서 이 프로젝트가 기각되면 대대적인 권리 침해로 확대될 것이고, 이는 구글의 전체 사업을 위험하게 할 수 있다는 입장을 취하고 있다. 나는 이에 대해 아주 상반된 보수적 결론을 끌어내지만, 내 전제도 본질적으로는 레식과 같다. Lawrence Lessig, "Google Sued," Lessig Blog, September 22, 2005, www.lessig.org/blog.

29. Field v. Google, Inc., 412 F. Supp. 2d 1106, 1124 (2006); Kelly v. Arriba Soft Corp., 336 F.3d 811, 817-22 (2003); see also, Google Free to Cache: Court, " Red Herring, March. 7, 2006, www.redherring.com.

30. John Battelle, The Search : How Google and Its Rivals Rewrote the Rules of Business and Transformed Our Culture (New York: Portfolio, 2005); Khoi D. Dang, "Kelly v. Arriba Soft Corp.: Copyright Limitations on Technological Innovation on the Internet," Santa Clara Computer and High Technology Law Journal 18, no. 2 (2002): 389-403

31. 기준이 저작권 규정이나 관행에 어떤 영향을 미치는지 고려하는 것은 문화 커뮤니티나 산업, 시장, 그리고 규제 장치 간 관계를 충분한 이해하는 데 필수적이다. Ann Bartow, "Electrifying Copyright Norms and Making Cyberspace More Like a Book," Villanova Law Review 48 (2003): 101-206

32. 메디슨은 이렇게 하는 것을 정말 훌륭한 내기라고 생각한다. 나는 그렇지 않다. Michael J. Madison, "Google Print II," Madisonian Blog, October 20, 2005, http://madisonian.net/archives/2005/10/20/google-print-ii/.

33. David Bollier, Silent Theft: The Private Plunder of Our Common Wealth (New York: Routledge, 2002); Niva Elkin-Korean et al., The Commodification of Information (The nHague: Kluwer Law

International, 2002); Benjamin Kaplan, An Unhurried View of Copyright, Republished (and with Contributions from Friends), ed. Iris C. Geik et al. (New York: Matthew Bender, 2005); Lawrence Lessig, Code and Other Laws of Cyberspace (New York: Basic Books, 1999); Lwarence Lessig, Free Culture: The Nature and Future of Creativity (New York: Penguin, 2004); Lawrence Lessig, The Future of Ideas: The Fate of the Commons in a Conneted World (New York: Random House, 2001); Jessica Litman, Digital Copyright: Protecting Intellectual Property on the Internet (Amherst, NY: Prometheus, 2001); Kembrew McLeod, Freedom of Expression: Overzealous Copyeright Bozos and Other Enemies of Creativity (New York: Doublesday, 2005); Kembrew McLeod, Owning Culture: Authorship, Ownership, and Intellectual Property Law (New York: Peter Lang Publishing, 2001); Siva Vaidhyanathan, Copyrights and Copywrongs: The Rise of Intellectual Property and How It Threatens Creativity (New York: New York University Press, 2001); Vaidhyanathan, The Anarchist in the Library; Siva Vaidhyanathan, "Copyright as Cudgel," Chronicle of Higher Education, August 2, 2002.

34. Paul Ganley, "Google Book Search: Fair Use, Fair Dealing, and the Case for Intermediary Copying," unpublished manuscript, available at http://papers.ssrn.com/so13/papers.cfm?abstract_id=875384.

35. Siva Vaidhyanathan, "A Risky Gamble With Google," Chronicle of Higher Education, December 2, 2005; Vaidhyanathan, "The Great Unanswered Question" ; Siva Vaidhyanathan, "The Googlization of Everything and the Future of Copyright," University of California at Davis Law Review 40, no. 3 (2007): 1207-31; Paul Courant, "Quick response to Siva Vaidhyanathan," Au Courant, blog, November 6, 2007, http://paulcourant.net.

36. See generally Jonathan Band, "The Google Library Project: Both Sides of the Story," Plagiary 2 (2006); William Patry, "Google, Revisited," The Party Copyright Blog, September 23, 2005, http://williampatry.blogspot.com; Fred von Lohmann, "Authors Guild Sues Google Eectronic Frontier Foundation, September. 20, 2005, http://www.eff.org/deeplinks/archives/003992.php ; Cory Doctorow, "Why Publishing Should Send Fruit-Baskets to Google"; Larence Lessig, Digital video: Is Google Book Search Fair Use? January 8, 2006. 동영상은 www.youtube.com 에서 이용 가능.

37. Limitations on Exclusive Rights: Fair Use, 17 U.S.C. § 107 (2005).

38. Campbell v. Acuff-Rose Music, Inc., 510 U.S. 569, 585 (1994); Ty, Inc. v. Publications International, Ltd., 292 F.3d 512, 515, 523 (7th Cir. 2002).

39. Campbell v. Acuff-Rose Music, Inc., 510 U.S. at 578-79.

40. 동일 문서.

41. Michael J. Madison, "A Pattern-Oriented Approach to Fair Use," William and Mary Law Review 45 (2004): 1525-1671.

42. Ty, Inc. v. Publications International, Ltd., 292 F.3d 512, 515, 523 (7th Cir. 2002); Madison, "A Pattern-Oriented Approach," 1530; Georgia Harper, "Google This" October. 19, 2005, www.utsystem.edu/ogc/INTELLECTUALPROPERTY/googlethis.htm.

43. Lawrence Lessig, "Google Sued", Lessig Blog, September. 2005, http://lessig.org/blog.

44. David Weinberger, Small pieces loosely joined : how the web shows us who we really are (Reading, MA: Perseus Books Group, 2002).

45. Open Content Alliance, "Let's Not Settle for this Settlement," Open Content Alliance (OCA), blog, November 5, 2008, www.opencontentalliance.org.

46. 우선 2004년 옥스퍼드 대학 출판사 주도로 조직한 컨소시엄에서 돈을 받고 자문을 했다는 점을 밝혀야겠다. 이 프로젝트는 구글이 이 프로젝트의 잠재 시장을 약화시킬 계획이 알려지면서 돌연 끝나버렸다. 옥스퍼드 출판사 측은 이 프로젝트를 접기 전까지 한 번 컨설팅 하는 데 1천 달러를 지불했다. 나는 이 프로젝트에 대한 기대감 외의 다른 보상은 기대하지 않았다. 컨설턴트로 계약하기 전까지는 이 프로젝트의 목적을 이루기 위해 도왔었다.

6장

1. Neil Postman, Amusing ourselves to death : public discourse in the age of show business (New York: Penguin Books, 2006).

2. David Shenk, Data Smog: Surviving the Information Glut (San Francisco: Harper Edge, 1997).

3. Clay Shirky, Web 2.0 Expo NY: It's Not Information Overload; It's Filter Failure, video, September 19, 2008, www.youtube.com 에서 이용 가능. Clay Shirky, Cognitive Surplus: Creativity and Generosity in a Connected Age (New York:Penguin, 2010)도 참조.

4. Jeffrey Olick, The politics of regret : on collective memory and historical responsibility (New York: Routledge, 2007).

5. Jorge Borges, "Funes, His Memory," in Collected Fictions (New York: Viking, 1998).

6. Viktor Mayer-Sch?nberger, Delete : the virtue of forgetting in the digital age (Princeton, NJ: Princeton University Press, 2009).

7. Nicholas Carr, "Is Google Making Us Stupid?," Atlantic, July 2008, 56-63.

8. Marshall McLuhan, The Gutenberg galaxy : the making of typographic man (Toronto: University of Toronto Press, 1965); Marshall McLuhan, The global village : transformations in world life and media in the 21st century (New York: Oxford University Press, 1989); Marshall McLuhan, Understanding media : the extensions of man (New York: Routledge, 2008).

9. Jamais Cascio, "Get smart," Atlantic, July 2009, 94-100.

10. Lester Ward, Dynamic sociology (New York: D. Appleton and company, 1883).

11. Steven Johnson, Everything Bad is Good for You (New York: Penguin, 2006).

12. Gord Hotchkiss, "Marissa Mayer Interview on Personalization," Out of my Gord, blog, February 23, 2007, www.outofmygord.com.

13. Cass Sunstein, Republic.com 2.0 (Princeton, NJ: Princeton University Press, 2007).

14. Jeff Jarvis, What would Google do? (New York: Collins Business, 2009), 210.

15. 동일 문서., 211-15

16. Randall E. Stross, Planet Google : One Company's Audacious Plan to Organize Everything We Know

(New York: Free Press, 2008), 8-10.

17. Lawrence Page et al., The PageRank Citation Ranking: Bringing Order to the Web, Technical Report, Digital Libraries Project, Stanford University, 1999, http://ilpubs.stanford.edu:8090/422/.

18. John Battelle, The Search : How Google and Its Rivals Rewrote the Rules of Business and Transformed Our Culture (New York: Portfolio, 2005).

19. Yochai Benkler, The Wealth of Networks : How Social Production Transforms Markets and Freedom (New Haven, CT: Yale University Press, 2006).

20. Yochai Benkler, "Coase's Penguin, or, Linux and The Nature of the Firm," Yale Law Journal 112, no. 3 (2002): 369-446.

21. Daniel O. O'Connor and Henry Voos, "Laws, Theory Construction and Bibliometrics," Library Trends 30, no. 1 (1981): 9-20; Christine Kosmopoulos and Denis Pumain, "Citation, Citation, Citation : Bibliometrics, the web and the Social Sciences and Humanities," Cybergoe: European Journal of Geography 411 (December 17, 2007), www.cybergeo.eu 도 참조. Dean Hendrix, "An analysis of bibliometric indicators, National Institutes of Health funding, and faculty size at Association of American Medical Colleges medical schools, 1997-2007," Journal of the Medical Library Association 96, no. 4 (October 1996): 324-34 역시 참조.

22. Umut Al, Mustafa Sahiner, and Yasar Tonta, "Arts and humanities literature: Bibliometric characteristics of contributions by Turkish author," Journal of the American Society for Information Science and Technology 57, no. 8 (April 13, 2006): 1011-22. A. Archambault and E Gagn?, Research Collaboration in the Social Sciences and Humanities: Bibliometric Indicators (Ottowa: Social Sciences and Humanities Research Council of Canada, 2004)도 참조.

23. Steve Weber, The Success of Open Source (Cambridge, MA: Harvard University Press, 2004).

24. Jillian R. Griffiths and Peter Brophy, "Student Searching Behavior and the Web: Use of Academic Resources and Google," Library Trends 53, no. 4 (spring 2005): 539-54.

25. Steve Jones and Mary Madden, The Internet Goes to College: How Students are Living in the Future with Today's Technology (Washington, DC: Pew Resarch Center, Internet and American Life Project, September 15, 2002), www.pewinternet.org.

26. Alison J. Head, "Beyond Google: How do students conduct academic research?," First Monday 12, no. 8 (August 2007), http://firstmonday.org.

27. Tara Brabazon, The University of Google : Education in the (Post) Information Age (Aldershot, U.K.: Ashgate, 2007), 16.

28. 동일 문서., 45.

29. 동일 문서., 28-30.

30. Rita Vine, "Google Scholar," Journal of the Medical Library Association 94, no. 1 (January 2006): 97-99.

31. Philipp Mayr and Anne-Kathrin Walter, "An exploratory study of Google Scholar," On-line Information Review 31, no. 6 (2007): 814-30.

32. James A. Evans, "Electronic Publication and the Narrowing of Science and Scholarship," Science 321, no. 5887 (July 18, 2008): 395-99.

33. "About Google Scholar," Google Scholar website, http://scholar.google.com/intl/en/scholar/about.html. 2010년 8월 13일 접속.

34. Burton Callicott and Debbie Vaughn, "Google Scholar vs. Library Scholar Testing the Performance of Schoogle," Internet Reference Services Quarterly 10, nos. 3-4 (April 27, 2006): 71-88; Peter Jasco, "As we may search: Comparison of major features of the Web of Science , Scopus , and Google Scholar citation-based and, citatation-enhanced databases," Current Science 89, no. 9 (November 10, 2005): 1537-47.

35. "Google and IBM Announce University Initiative to Address Internet-Scale Computing Challenges," press release, Google Inc., October 8, 2007, www.google.com/intl/en/press/pressrel/20071008_ibm_univ.html.

36. "NSF partners with Google and IBM to enhance academic research opportunities," American Association for the Advancement of Science, Press release, March 13, 2008, www.eurekalert.org/pub_releases/2008-03/nsf-npw031308.php.

37. Jeffrey Young, "3 Ways Web-Based Computing Will Change Colleges," Chronicle of Higher Education, October 24, 2008.

38. Steve Lohr, "Google and I.B.M. Join in 'Cloud Computing' Research," New York Times, October 8, 2007.

39. Young, "3 Ways Web-Based Computing Will Change Colleges."

40. Chris Anderson, "The End of Theory: The Data Deluge Makes the Scientific Method Obsolete," Wired, June 23, 2008.

41. 동일 문서.

42. Jeffrey Young, "Google Expands Its Bid to Run Student E-Mail Systems," Chronicle of Higher Education, October 20, 2006.

맺음말

1. Jorge Luis Borges, "The Library of Babel," in Collected fictions (New York: Viking, 1998); William Bloch, The unimaginable mathematics of Borges' Library of Babel (Oxford: Oxford University Press, 2008).

2. Holman W. Jenkins, "Opinion: Google and the Search for the Future," Wall Street Journal, August 14, 2010.

3. Dan Farber, "Google's Schmidt: Brands to clean up Internet 'cesspool'," CNET News, October 13, 2008, http://news.cnet.com; "Google Brand update means Authority websites are hogging the rankings," StuckOn-Search Engine Optimization, July 15, 2009, www.stuckon.co.uk; "Big Brands? Google Brand Promotion: New Search Engine Rankings Place Heavy Emphasis on Branding,"

SEOBook, blog, February 25, 2009, www.seobook.com; "What Google Can Do To Make The Web Less Of A 'Cesspool'," paidContent.org - Washingtonpost.com, May 5, 2009, www.washingtonpost.com.

4. Paul Courant, "Quick response to Siva Vaidhyanathan," Au Courant, blog, November 6, 2007, http://paulcourant.net.

5. Leslie Roberts, "Controversial From The Start," Science 291, no. 5507 (February 16, 2001): 1182a-88.

6. Leslie Roberts, "Gambling on a shortcut to genome sequencing," Science 252, no. 5013 (June 21, 1991): 1618-19.

7. Roberts, "Controversial From The Start." Daniel J. Kevles and Leroy E. Hood, The Code of codes : scientific and social issues in the Human Genome Project (Cambridge, MA: Harvard University Press, 1992); Francis S. Collins, Michael Morgan, and Aristides Patrinos, "The Human Genome Project: Lessons from Large-Scale Biology," Science 300, no. 5617 (April 11, 2003): 286-90; Francis S. Collins, "Medical and Societal Consequences of the Human Genome Project," New England Journal of Medicine 341, no. 1 (July 1, 1999): 28-37; John Sulston, The common thread : a story of science, politics, ethics, and the human genome (Washington, DC: Joseph Henry Press, 2002); Siva Vaidhyanathan, The anarchist in the library : how the clash between freedom and control is hacking the real world and crashing the system (New York: Basic Books, 2004).

8. Collins, Morgan, and Patrinos, "The Human Genome Project."

감사의 글

1. Yochai Benkler, The Wealth of Networks: How Social Production Transforms Markets and Freedom (New Heaven, CT: Yale University Press, 2006), 261.

[찾아보기]

번역 : 황희창

연세대학교에서 영문학을 전공했고 '스포츠서울' 체육부, 연예부, 사회부 등에서 기자로 활동했다. 현재 번역가들의 모임인 바른번역에서 전문 번역가로 활동하고 있다. 역서로 《메이저리그 경영학》, 《비즈니스 워게임》, 《영월드 라이징》, 《조니뎁》 등이 있다.

당신이꼭알아둬야할
구글의배신

초판 1쇄 펴낸 날 2012. 1. 27

지은이	시바 바이디야나단(Siva Vaidhyanathan)
옮긴이	황희창
발행인	홍정우

편집인	이민영
디자인	문인순
마케팅	김성규, 한대혁
발행처	브레인스토어
등록	2007년 11월 30일(제313-2007-000238호)
주소	(121-841)서울시 마포구 서교동 465-11 동진빌딩 3층
전화	(02)3275-2915~7
팩스	(02)3275-2918
이메일	brainstore@chol.com
홈페이지	www.grbs.co.kr

한국어출판권 ⓒ 브레인스토어, 2012
ISBN 978-89-94194-25-7(03320)